동학 폭발하다

세계사와 포개 읽는 한국 100년 동안의 역사 ❺

동학 폭발하다

김 용 삼
근현대사 탐구가

백년
동안

프롤로그

'제도적 모순'의 끝판 왕, 조선

조화적신지세厝火積薪之勢.

불길이 다가오고 있는데 장작을 쌓아 올리는 형세라는 뜻이다. 갑신정변이 청군의 개입으로 실패한 1884년부터 1894년 청일전쟁이 발발하기까지 10여 년은 조선의 내·외정에 대한 청나라의 간섭이 극대화해 청의 식민지나 다름없었다. 그 기간은 또 조선 왕조의 제도적 모순이 폭발한 암울한 시기였다.

1884년 대흉년이 엄습해 많은 사람들이 굶어 죽었다. 1886년에는 일본에서 전파된 콜레라가 창궐해 하루에 수백 명이 죽어나갔다. 육영공원 교사로 부임한 헐버트는 7월 29일, 「리퍼블리컨(The Republican)」 신문에 '조선의 콜레라 재앙'이란 제목으로 기고했다. 이 기고문에 의하면 7월 15일부터 25일까지 10여 일 동안 서울 도성 안에서만 3,140명이 죽었다. 콜레라로 희생된 사람의 시체는 죽은 당일에 모두 도성 밖으로 치워졌다.

아비규환의 상황에서 조선 정부가 내린 유일한 조치는 시체를 내다 버릴 수 있는 두 개의 문에 관리를 파견해 시체 숫자를 세는 일이었다. 그런데 이 3,140명은 도성 안의 숫자로, 도시 전체 사망자의 절반에 해당한다. 도성 밖 사망자 수도 도성 안 숫자와 엇비슷하다. 헐버트는 열흘 동안 서울에서 콜레라로 6,280명이 죽은 것으로 파악했다. 제중원 의사 알렌의 집계에 따르면 콜레라로 인한 한 달 동안의 사망자는 총 7,092명이었다.

당시 조선 사람들은 콜레라가 악마 때문에 발생하는 것이라 믿었다. 그 결과 악마를 내쫓기 위해 많은 돈을 들여 시내 여러 곳에 작은 사당을 세웠고, 그곳에서 콜레라 귀신에게 기도를 올렸다. 또 밤이면 여기저기서 북을 치거나 궁궐 뜰에서는 군인들이 계속 총을 쏘아 귀신을 위협해 쫓아내려 했다.

헐버트는 기고문에서 '콜레라'라는 악귀를 쫓아내기 위해 벌이는 각종 무속 행위를 보면서 "조금만 노력해서 현대적 위생 조치를 취했더라면 콜레라를 사전에 예방할 수 있었을 텐데 그러지 못해 많은 사람이 죽어간다는 것은 참으로 슬픈 일"이라고 한탄했다.

이 무렵 조선의 박문국博文局에서 활동했던 후쿠자와 유키치福澤諭吉의 애제자 이노우에 가쿠고로井上角五郎는 도시의 번화한 거리에서 대낮에 도적이 활개를 치고 지방에서는 도처에서 난민이 봉기한다고 기록했다. 무덤을 도굴하는 도적이 있는가 하면, 양민을 협박해 재물을 약탈하고, 가져갈 것이 없으면 조상의 무덤에 분풀이를 했다고 한다(이노우에 가쿠고로, 「한성지잔몽漢城之殘夢」, 한상일 역·해설, 『서울에 남겨둔 꿈』, 건국대학교 출판부, 1993, 68쪽).

조선은 이미 멸망의 도장이 찍힌 나라

조선 왕조는 신분과 직업에 따라 사람을 극심하게 차별했다. 급진 개화당 영수 김옥균은 양반 신분제가 산업 발전과 자본 축적, 국부國富 형성에 가장 큰 장애물이라면서, 양반제를 단칼에 베어 없애야 한다고 주장했다. 소수의 양반에 억눌려 살던 절대다수 하층민들의 절절한 희망이었던 신분제 폐지는 1894년 청일전쟁 당시 일본군이 서울을 점령한 가운데 시행된 갑오개혁을 통해 이루어졌다.

청일전쟁 취재를 위해 서울에 온 「마이니치신문每日新聞」 특파원 사쿠라이 군노스케柵瀨軍之佐가 "조선은 유럽 여러 나라 사이에 끼여 쟁탈의 대상이 되고 있다. 조선은 이미 멸망의 도장이 찍힌 나라다. 다행히 동양에 위치해 의협심 강한 일본 제국에 의지해 명맥을 유지하고 있으니 참으로 복 있는 나라"(사쿠라이 군노스케, 「조선시사朝鮮時事」, 한상일 역·해설, 『서울에 남겨둔 꿈』, 건국대학교 출판부, 1993, 259쪽)라고 비아냥거리는 지경에 이르렀다.

고금동서를 막론하고 개혁이 실행되면 손해를 보는 계층이 생기기 마련이다. 신분제 개혁 과정에서 가장 큰 손해를 보는 계층은 강고한 신분제 아래 온갖 이권을 향유해 온 양반 계층이다. 그들은 기득권 유지를 위해 신분제 폐지에 결사 저항했다.

망국의 진짜 원인은?

우리 사회에는 조선에서 자생적 근대화가 가능했다는 주장을 하는 사람들도 있다. 바로 마르크스주의 유물사관에 기반을 둔 자본주의 맹아론이다. 이것은 북한의 일관된 사관이며, 1970년대부터 김용섭을 중심으로 한 일군의 학자들이 이 이론으로 한국 사회를 재해석하고 있다.

그러나 조선은 말기적 증세가 극에 달했던 후기에 이르기까지 시장, 자본, 유통망, 상품, 유능한 상인, 화폐 등 근대 자본주의 성립을 위한 요소 중 어느 하나도 제대로 갖추지 못한 중세 봉건 사회였다. 노예제와 양반 제도가 19세기 말까지 굳건히 유지됐기에 조선이 근대 산업사회로 이행하는 것은 불가능했다. 20세기 초까지 전국 단위로 통용되는 신뢰할 만한 공용 화폐가 존재하지 않았던 나라에서 무슨 자본주의가 자라날 수 있었단 말인가.

조선 왕조는 스스로 설정한 정치적 이상이나 목표를 실현할 수 있는 경제·사회 제도를 만들어내지 못했다. 그것이 조선 사회를 살았던 사람들의 비극이었다. 이 비극에 대한 무거운 책임은 국왕을 비롯한 왕실과 지배 계급이었던 양반, 그중에서도 양반 관료가 져야 한다(전용덕, 『신분제와 자본주의 이전 사회』, 태학사, 2017, 36쪽 참조).

하나의 조직이나 집단, 왕조나 국가가 폐망廢亡했다면 그에 합당한 이유가 존재하기 마련이다. 멸망의 핵심 원인을 정밀하게 밝혀내야 같은 실수를 되풀이하지 않는다. 조선(1897년 이후 대한제국)은 1910년 일본에 합병당해 식민지로 전락했다. 전쟁에서 패한 결과물이 아니라, '조약'에 의해 망했다. 대한제국 황제 폐하께서 "한국 전체에 관한 일체의 통치권을 완전히 또 영구히 일본 황제 폐하에게 양여"함으로써 제국이 멸망했다. 인류 역사상 희귀한 사례다.

일본인이 기록한 망국의 모습

이데 마사이치井手正一는 일제의 한국 병합을 기념해 1910년 『한국병합기념첩』을 발간했다. 이 책 총론(서문)에서 저자는 조선 망국 무렵의 정황을 다음과 같이 기록하고 있다.

> 1만 4,000여 방리의 영토와 1,510만여의 인민을 가지고 있는데, 형태는 당당한 일개 제국의 외관을 이루면서 질적으로는 독립 자

주의 힘이 없어 내란이나 봉기가 있어도 스스로 이것을 진압할 능력이 없고 외환이나 습래襲來(어떤 일이 벌어지지 않으면, 오히려 이상할 것 같은 예감)가 있어도 한결같이 처리하지 못한다.

하나의 일이 일어날 때마다 서쪽에 의지하고 동쪽에 요청해 오로지 타국에 아부해서 일시적으로 안정된 상태만을 믿고 있다. 때문에 우환을 만들어내고, 타국에 누를 끼치면서도 반성하지 않는다. 민중은 쇠약하고, 관리는 부패했으며, 정치의 대강大綱은 날로 쇠퇴해 민심은 해마다 멀어져 간다. (이데 마사이치, 신동규 옮김, 『1910년 일본인이 본 한국 병합 「조선사정」과 「조선사진첩」』, 동아대학교 역사인문이미지연구소, 2020, 28쪽).

그동안 한국인들은 대한제국이 합병당했을 때 이 나라의 양반 관리, 유생, 선비와 백성이 혼연일체가 돼 격렬하게 저항한 것으로 믿어왔다. 미안하고 괴로운 일이지만, 그런 일은 존재하지 않았다. 제국의 주권과 통치권이 일본 천황에게 넘어갔을 때의 모습을 이데 마사이치는 "어떤 말썽이나 곤란한 상황도 볼 수 없었다. 오히려 사람들을 맥빠지게 할 정도로 극히 평정한 상태에서 무사히 종료됐다. 병합 발표 후에도 그 어떤 분요紛擾(서로 어지럽게 뒤얽힘)를 볼 수 없었으며, 오히려 예상한 것 이상으로 안정된 분위기 속에서 고요하고 편안한 상태"라고 전했다 (이데 마사이치, 『1910년 일본인이 본 한국 병합』, 2020, 32~33쪽).

심지어 이데는 "조선인들이 구름같이 집단으로 모여들어 왁자지껄하고 시끄러울 것으로 생각했으나, 단지 세 명 내지 다섯 명이 다가와 기둥 밑에 우두커니 서서 (병합을 알리는 포고문을) 조용하게 읽고 아무 말 없이 사라질 뿐이었다. 종로에서조차 평일과 다를 바 없었는데, 다만 양쪽에 나란히 늘어서 있는 조선 상인이 빈번히 호객 행위를 할 뿐"이라고 전했다(이데 마사이치, 『1910년 일본인이 본 한국 병합』, 2020, 33쪽).

이데 마사이치의 증언에 의하면 상민들은 거의 모두 병합을 환영했다. 그들은 양반과 관리들에게 생명과 재산 등 모든 자유를 박탈당해 왔는데, 병합으로 양반-상놈의 속박에서 벗어나 법률상 양반과 동등한 인격자가 됐기에 그 기쁨이 평범하지 않았다는 것이다. 특히 이데는 한-일 병합이 다른 나라처럼 병력을 동원해 강제로 빼앗거나 의회에서 독단적인 결정을 통해 강행한 것이 아니라, 군주의 임의적 판단에 의한 평화적 합병이었음이 특기할 만한 일이라고 보았다. 대한제국처럼 조약을 통해 한 나라의 주권을 통째로 넘긴 사례는 인류 역사상 지극히 드문 사례였다는 것이다(이데 마사이치, 『1910년 일본인이 본 한국 병합』, 2020, 37~38쪽).

대한제국 출범이 자주독립 의지의 선포?

자신들을 멸망시킨 주체가 조선 왕조 창업 내내 중화 문명을 모르는 오랑캐, 야만의 족속이라고 멸시 천대해 왔던 왜놈, 쪽발이였기에 망국의 원인을 냉정하게 분석하는 행위가 수치스러웠던 탓일까. 아직도 대한제국 폐망을 일제의 호전성과 침략 근성으로 해석하는 것이 우리 사회의 일반적인 풍토다. 이런 사고방식은 병자호란 이후 삼전도 굴욕을 '정축하성丁丑下城'으로 용어 세탁을 하고, 병력 1만도 안 되는 조선이 3억 인구와 수천 배 국력을 보유한 오랑캐 청나라를 정벌한다고 큰소리 펑펑 내질렀던 북벌 환각과 동일한 정신세계다.

대한제국 선포와 고종의 황제 등극은 이태진 같은 학자가 주장하듯 명실상부한 자주독립 의지를 세계만방에 알린 것이 아니었다. 조선의 양반 지배 세력은 대한제국을 선포하는 순간에도 '명나라'로 대표되는 중화로부터 이탈하는 것을 추호도 상상하지 않았다. 고종의 칭제 논리는 "중화의 황통이 한漢·당唐·송宋·명明을 거쳐 조선으로 계승 간직됐으니 마땅히 칭제할 자격이 있다"라는 것이었다(계승범, 『정지된 시간 조선의 대보단과 근대의 문턱』, 서강대학교 출판부, 2011, 239쪽).

나라가 망한 이유조차 제대로 모르는 국민들

대한제국 선포 시기는 청일전쟁에서 패한 청이 일본 세력에 의해 조선에서 강퇴되고 독립협회가 의회 설립 활동을 벌일 때다. 근대화가 시대의 대세였던 시기에 고종은 느닷없이 조선이 여진 오랑캐 청나라의 영향에서 벗어나 중화 황명의 적통을 계승했다면서 제국을 선포하고 황제에 등극했다. 고종은 1897년 10월 3일 "칭제 건의를 받아들여 허락한다"라는 윤음을 내렸다. 이어 『대명집례大明集禮』와 『대명회전大明會典』에 의거해 황제 격식에 맞도록 모든 의전을 교체했다. 대한제국 황제가 명나라 황통을 잇는 모양새를 완벽하게 갖춘 것이다(계승범, 『정지된 시간』, 2011, 241쪽).

명나라의 중화 적통을 조선이 계승한다는 사실을 선포한 의식이 바로 칭제건원稱帝建元, 즉 대한제국 선포 및 고종의 황제 등극의 참뜻이었다. 이런 사실을 냉정한 시선으로 바라보고 있던 구한말 지식인 윤치호는 "세상에 이보다 더 수치스러운 황제 칭호가 있을까"라고 자신의 일기에 썼다.

대한제국이 일본의 식민지로 전락한 사건은 구한말 지식인 황현이 지적했듯이 우연이 아니며, 오랜 형세의 결과다. 학자들은 제국 멸망의 내적 요인으로 주자성리학, 노비제를 포함한 신분제, 19세기 이전 조정의 각종 경제 정책과 제도, 특히 토지 분배 제도와 조세 제도의 문란, 해금海禁과 쇄국 정책, 당파 제도를 포함한 군신 간의 관계 등을 꼽는다(전용덕, 『신분제와 자본주의 이전 사회』, 2017, 368~369쪽).

우리 사회에서 이런 내적 요인들에 대한 분석이나 탐구는 턱없이 부족한 실정이다. 한 나라가 멸망한 근본 원인에 대한 연구 부족 혹은 의도적 회피의 결과 미신이나 다름없는 반일 종족주의가 판을 치고 있다. 사회에 팽배한 모든 모순이나 폐습은 묻지도 따지지도 않고 일제의 침략 근성 탓으로 돌리는 집단 광기가 합리적 이성을 마비시키고 있다.

어디에서 와서 어디로 가는지도 몰라

이 책의 시대적 풍경은 영국군의 거문도 점령이 가져온 후폭풍이 동아시아를 전운으로 뒤덮은 모습이다. 러시아는 유럽 문명의 상속자인 동시에 유럽 문명의 이방인이다. 도스토옙스키는 1850년대 영국과 프랑스가 이교도인 오스만 제국을 지원해 러시아가 크림전쟁에서 패배한 날을 '유럽의 예수 러시아, 십자가에 못박히다'라고 서술했다.

19세기 중반 대유럽 정책의 한계를 경험한 러시아가 19세기 후반 중앙아시아와 극동 정책을 본격화하자 영국군은 거문도를 점령해 한반도로 남진하는 러시아의 행보에 제동을 건다. 영국군이 거문도를 2년여 점령한 사건은 극동 러시아의 해상 교통로를 질식시켜 위기가 고조됐다. 러시아는 영국 해군의 거문도 점령이라는 '도전'에 대해 시베리아 횡단철도 건설로 '응전'한다.

영국의 방해를 받지 않고 철도를 통해 극동 러시아 지역으로 군대를 이동시킬 수 있는 새로운 교통로를 건설하는 것은 영국·미국·일본 등 해양 국가에겐 대단히 심각하고 위험하며 불편한 응전이었다. 대륙 국가 러시아가 철도를 통해 유럽 지역의 군대를 단시간 내에 극동으로 대량 수송하고 태평양함대를 강화할 경우 영국의 제해권에 심각한 도전이 된다. 러시아의 시베리아횡단철도 건설 전략에 대항하기 위해 영국은 일본과의 동맹을 준비한다.

1900년 시오도어 루스벨트(Theodore Roosevelt)는 "일본이 한반도를 차지해 러시아의 남하를 견제하는 것이 최상"이라고 발언했다. 미국의 전략은 한반도를 향한 러시아의 남진을 차단하고 일본의 북상을 유도해 양국이 태평양으로 관심을 돌리지 못하도록 하는 것이었다. 미국도 일본을 부추겨 러시아의 남진에 브레이크를 걸 준비를 한다.

러시아가 시베리아횡단철도를 완성할 경우 우크라이나 초원에서 풀을 뜯던 코사크 기병대가 2~3주면 블라디보스토크에 도착한다. 그곳은 겨울이면 얼어붙는 항구이니, 시베리아횡단철도의 종착역을 부산이나 마산까지 연결하려 할 것이 불을 보듯 뻔했다. 부산이나 마산에 러시아 깃발이 휘날리는 날이, 일본이 러시아에 침공당하는 날이 될 것이다.

이런 안보 위기를 한숨 쉬며 걱정만 하고 있으면 그것은 나라가 아니다. 일본은 곧바로 행동에 돌입한다. 청의 속방인 조선을 청으로부터 분리한 후 일본의 보호국으로 만들어 러시아가 차지하지 못하도록 막아야 했다. 조선을 청나라로부터 분리하기 위해서는 청과의 전쟁이 불가피하다. 일본은 청나라와 전쟁하기 위한 대대적인 군비 확장을 완료한 후 청과 전쟁할 구실을 찾는다.

우연인지 필연인지 바로 이 시기에 동학농민봉기가 폭발한다. 지방 농민의 봉기조차 자력으로 진압할 능력을 상실한 고종은 청나라에 원군 파병을 요청한다. 이 정보를 입수한 일본은 청군보다 먼저 조선에 대군을 파병해 청일전쟁이 폭발한다.

세상 물정 모르고 남의 전쟁을 돕고, 국토를 전쟁터로 내주었으며, 청과 일본 사이를 오락가락 줄타기하면서 망국을 향해 전속으로 질주하는 시기. 어디에서 와서 어디로 가는지도 모른 채 세계 질서의 미아가 됐던 서글픈 시대의 자화상이 이 책의 주요 내용이다.

| 차례 |

제1장

자본주의 이전 사회, 조선

산업혁명 이후 바다는 더 이상 교류를 가로막는 장애물이 아니었다. 미국이 독립을 선언한 1776년, 증기기관이 상용화하면서 수력과 풍력의 시대는 퇴장했다. 크림전쟁(1853~1856) 이후 증기기관으로 추진되고 선체를 목재가 아닌 철판으로 만든 근대식 선박이 등장하면서, 인류의 이동 수단인 선박의 고속화·대형화 경쟁이 불붙었다. 증기기관과 철선의 결합으로 유럽과 동아시아의 거리는 한층 가까워졌다.

1869년, 인류 역사에서 기념비적인 두 개의 사건이 발생한다. 이해 5월 10일, 미국에서 6년여 공사 끝에 캘리포니아주 새크라멘토에서 네브래스카주 오마하를 잇는 길이 2,826킬로미터의 대륙횡단철도가 완공됐다.

대륙횡단철도는 남북전쟁 중인 1862년에 미 의회가 유니언퍼시픽철도회사와 센트럴퍼시픽철도회사 설립을 인가하면서 시작됐다. 1만여 명의 쿨리苦力(중국인 노동자)가 투입됐다. 유니언퍼시픽철도회사는 오마하에서 서쪽으로, 센트럴퍼시픽철도회사는 새크라멘토에서 동쪽으로 공사를 진행했다. 1869년 5월 10일 유타주 프라몬토리서밋에서 하나

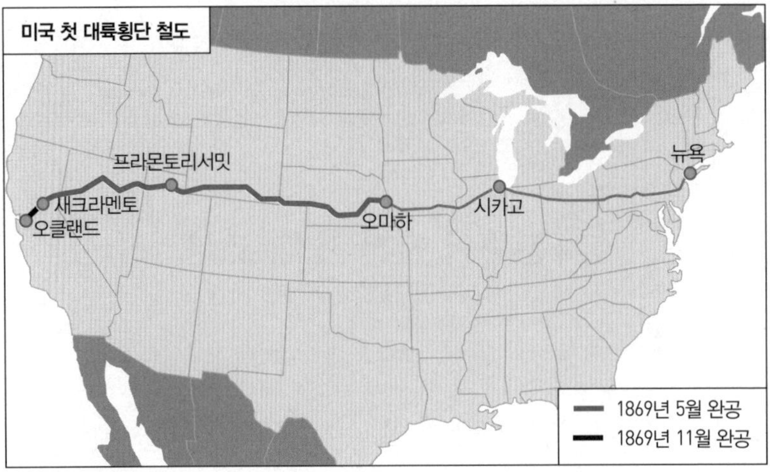

미국 대륙횡단철도

로 연결돼 대륙횡단철도가 완성됐다.

이후 미국 철도망은 대륙 전역으로 거미줄같이 퍼져나가 1870년 8만 3,000킬로미터, 1880년 14만 9,000킬로미터, 1890년 26만 킬로미터, 1900년에는 30만 9,000킬로미터로 급성장했다(이상호, 「19세기 미국의 해군력 확장과 태평양 제국으로의 부상」, 최덕규 편, 『제국주의 열강의 해군과 동아시아』, 동북아역사재단, 2018, 64쪽).

'교통혁명'이 몰고 온 후폭풍

대륙횡단철도 개통 전에는 아메리카 대륙 동부에서 캘리포니아 서부 해안까지 물자를 운반하려면 뉴욕에서 선박으로 남미 대륙 끝을 돌아 샌프란시스코로 가야 했다. 유사시 미국 함대가 대서양에서 태평양으로 이동하려면, 1898년 시점에서 가장 성능 좋은 전함으로 약 68일 걸렸다(최정수, 「미국의 세계안보전략과 만주 개방정책의 실체」, 백준기 외 지음,

『아시아의 발칸, 만주와 서구 열강의 제국주의 정책』, 동북아역사재단, 2007, 91쪽).

대륙횡단철도가 개통되자 불과 6일이면 동부에서 서부로 갈 수 있게 됐다. 교통혁명 덕분에 화물·여객 운임이 10분의 1로 낮아졌다. 대륙횡단철도 완공 후 40년간 미국 제조업은 3.5배 커졌고, 국민총생산은 4배로 늘었다. 미국이 건설한 철도 길이는 세계 철도의 40퍼센트를 차지했다.

1869년 11월 17일, 10년의 공사 끝에 지중해와 홍해를 연결하는 길이 192킬로미터의 수에즈 운하가 개통됐다. 이날 오전, 프랑스 황후 외제니(Eugénie)가 탄 프랑스 황실 요트 에이글(Aigle)호가 선두에서 이끄는 67척의 선박이 포트사이드에서 운하로 진입했다. 배들이 일렬로 천천히 남쪽으로 움직였고, 둑을 따라 군중들의 환호 소리와 악대의 군가 및 축포가 울려 퍼졌다(김종원, 「수에즈 운하 건설에 대한 영국 정부와 자본가의 태도」, 『역사학연구』 40호, 2010, 181~211쪽).

할버그(C. W. Hallberg)는 『수에즈 운하』라는 책에서 수에즈 운하의 완공으로 과학이 파라오의 땅을 고대의 잠에서 깨웠다고 설명했다. 운하 개통을 기념하기 위해 1869년 봄 이집트 부왕 이스마일 파샤(Isma'il Pasha)가 베르디에게 오페라 작곡을 의뢰해 탄생한 작품이 〈아이다〉이다.

수에즈 운하는 해상 물류의 판도를 극적으로 바꾸었다. 런던에서 아프리카 희망봉을 돌아 인도의 뭄바이까지 갈 경우 1만 9,800킬로미터이던 거리가 수에즈 운하를 이용하면 1만 1,600킬로미터로 단축된다. 런던과 싱가포르 간 항로는 2만 4,000킬로미터에서 1만 5,027킬로미터로 줄었다.

인공 동력 발명과 운하 및 철도 건설로 촉발된 교통혁명은 해상 거점의 중요성을 크게 부각시켰다. 그 결과 해상 거점을 확보하기 위한 열강 간의 패권 경쟁이 치열하게 벌어졌다. 영국의 마르크스주의 역사학자 에릭 홉스봄(Eric J. Hobsbawm)이 지적했듯이 19세기는 제국의 시대였다(에릭 홉스봄, 김동책 옮김, 『제국의 시대 1875~1914』, 한길사, 1998, 54쪽). 제국이란 군사력을 바탕으로 식민지에서 초과이윤을 획득하고 정치·경제적 주권을 침탈해 식민지 주민을 억압하고 착취하는 것을 말한다. 주요 열강을 제외한 대부분의 국가는 서구 열강에 의해 식민지로 전락했다.

18세기 영국에서 일어난 제1차 산업혁명의 특징은 석탄과 철에 의한 혁명이었다, 19세기 중엽 시작된 제2차 산업혁명의 핵심은 석유, 강철, 알루미늄, 전기, 화학비료, 의학 분야의 혁신이었다. 새로운 산업 기술의 발달은 자본주의 체제를 더욱 발전시켰고, 독점자본을 형성했다.

무엇보다 과학기술 발전이 공업화로 이어져 각국의 생산량이 폭발적으로 확대됐다. 열강 사이에서 과잉 생산된 자국산 공업 제품의 판매시장 개척 경쟁이 벌어졌다. 그것은 미지의 지역을 침략해 자국 식민지로 만드는 팽창의 과정이었다.

제국주의 팽창의 세 가지 조건

영국 역사학자 로즈(J. Holland Rose)는 팽창의 조건으로 세 가지를 들었다. 첫째, 새로운 땅은 탐사나 정착 사업에 가치가 있어야 하며, 둘째, 새로운 땅에 이주자와 재화를 투입할 수 있는 충분한 활력을 소유해야 하고, 셋째, 천연의 장애물을 극복할 수 있는 기계설비(즉 교통수단)가 발달돼야 한다고 정의했다. 유럽 열강은 산업혁명으로 원료와 노동력의 부족을 느꼈고, 내부적으로는 정치적·경제적 발전을 이루었으며, 증기선과 철도 등이 개발돼 끊임없이 효율성을 발휘했다. 로즈가 지적한 팽창의 세 가지 조건이 충족된 것이다(강정일, 「지정학으로 본 러시아제국의 대對

한반도정책 (1884~1904)」, 고려대학교 정치외교학과 박사학위논문, 2013, 34쪽).

19세기 중엽부터 시작된 유럽 각국의 제국주의적 팽창은 제2차 산업혁명 시기와 일치한다. 우드러프 스미스(Woodruff D. Smith)는 1870년 이전에 나타난 제국주의는 비공식적 제국주의(informal imperialism), 1870년 이후는 공식적 제국주의(formal imperialism), 1880년대 후반부터는 보다 적극적인 영토적 팽창을 추구하는 신제국주의로 구분한다.

비공식적 제국주의는 자국 산업을 발전시키기 위해 해외에 식민지를 건설했다. 이 식민지를 통해 값싼 원료 공급과 생산물 판매를 수월하게 해결했다. 식민지 진출의 주도 세력은 사기업이며, 국가는 자유무역 체제를 채택해 중상주의적 여건을 조성해 주었다.

공식적 제국주의는 치열해지는 유럽 각국의 해외 식민지 쟁탈과 정치적 변화, 유럽 이외의 지역에 대해 경제적 목적을 위주로 하던 제국주의에서 탈피한 것을 말한다. 유럽의 자유무역 체제는 보호무역 체제로 전환됐고, 사기업 차원이 아니라 국가적 차원에서 제국주의 정책을 추진했다. 유럽의 제국주의적 팽창이 확대되면서 아시아·아프리카 지역은 거의 대부분 식민지로 전락했다. 1870년까지 유럽은 아프리카의 10분의 1 정도만을 지배했으나, 1900년에는 거의 전 지역을 분할 점령했다.

1815년 3월 워털루 전투에서 나폴레옹 군대를 격파하고 세계 패권국으로 부상한 영국은 유럽에서의 세력 균형, 주요 통상로에 대한 제해권 확보, 광대한 식민지의 안정적 보유를 제국 안보의 핵심 중추로 삼았다. 열강 중에서 세계 최대·최강의 함대와 상선대를 보유한 나라가 영국이었다.

영국은 군사 작전과 무역, 수송, 해저 전신 중계지 등 주요 거점을 식민지로 확보하는 전략을 추진했다. 그 결과 세계에서 가장 중요한 5개의 전략적 해군 기지인 도버·지브롤터·희망봉·알렉산드리아·싱가포르를 확보했다. 영국은 이들 해상 거점을 기반으로 세계의 주요 해상 교통로를 장악했다.

러시아의 지리적 특성

영국을 비롯한 제국주의 국가들은 자국에서 수천 킬로미터 떨어진 곳에 위치한 나라들을 식민지로 삼았다. 반면에 러시아는 국경 근처의 모든 인접 국가들을 집어삼켰고, 이 과정에서 동쪽과 남쪽으로 영토를 확장해 나갔다(에드워드 사이드, 김성곤·정정호 옮김, 『문화와 제국주의』, 도서출판 창, 1998, 57쪽).

드넓은 평원을 보유한 러시아는 내륙 지역의 적들에 대한 공포에 노출돼 있었고, 숲으로 방호된 지역에서 밀집해 살아갈 수밖에 없었다. 때문에 러시아인들은 국경 안정을 위해 중앙아시아와 유럽으로 팽창할 수밖에 없었다. 이러한 러시아의 지리적 특성은 러시아인들의 삶의 형태, 통치 스타일, 국가 운명 등에 영향을 미쳤다(강정일, 「지정학으로 본 러시아제국의 대對한반도정책 (1884~1904)」, 2013, 44쪽).

러시아는 기후와 영토의 척박함이 국민성과 역사에도 영향을 미쳐 집단적 성향과 고통을 참아내는 인내력으로 반영됐고, 지속된 압제도 참아내는 내성을 가지게 됐다. 게다가 러시아 영해는 러시아를 방호해 주지 못했기에 러시아는 해양으로 진출하기 위해 팽창을 거듭할 수밖에 없었다.

19세기 이전까지 바다는 일종의 자연 방벽이었다. 해양과 맞닿아 있는 해양 국가들은 자연 방벽 덕분에 오랫동안 외부로부터의 침입에 안전했다. 바다라는 자연 방벽이 없는 대륙 국가들은 자국 영토를 보호하고 지리적 안전을 확보하기 위해 영토를 점령하거나 확장하는 데 집중한다. 반면에 해양 국가들은 자신들이 보유한 자원만으로 부강해지기 어려워 해외 진출 욕구가 크게 나타났다. 또 영토 팽창을 통한 안전 확보보다는 주요 거점 선점을 통해 무역과 교육에 중점을 두었다. 안정적인 자원 확보와 해상 무역을 위해 바다를 이용하거나 통제하며 살아왔다(필립 모로 드파르쥐, 이대희·최연구 옮김, 『지정학 입문 공간과 권력의 정치학』, 새물결, 1997, 25쪽).

해양 국가는 바다가 지니고 있는 특성으로 인해 집단보다는 유동적 존재인 개인이 존중되고, 윤리 및 법률적 기준은 대륙 국가보다 상대적으로 유동성을 가진다. 해양 국가는 상업에 종사하고 민주주의를 발전시켰으며, 대륙 국가는 농업을 주업으로 하고 독재주의 정치 체제가 이어졌다는 특징이 있다.

미국의 해양전략가 알프레드 머핸(Alfred Thayer Mahan)은 세계 강국이 되기 위한 전제 조건은 바다를 제압해 '이동의 자유'를 보장받는 것이라고 지적했다. 머핸은 바다 장악, 특히 전략적으로 중요한 수에즈·지브롤터·희망봉·말라카해협 등 협수로(narrow waterways) 장악이 강대국 지위에 결정적인 핵심이라고 보았다.

해양 국가의 전형인 영국은 팍스브리타니카(Pax Britannica) 현상을 마냥 즐길 수만은 없었다. 이유는 명백했다. 제국주의 국가가 다른 나라를 식민지로 정복해 자원과 노동력을 수탈하고 자국 공업 제품의 판매 시장으로 이용하는 과정은 결코 공짜가 아니었기 때문이다.

'해가 지지 않는 나라' 영국의 고민

식민지에서 자원을 수탈하려면 자원 생산 및 운송에 필요한 각종 인프라를 건설해야 한다. 또 식민지의 노동력을 착취하려면 일정 정도 교육을 시켜야 하는데, 이에 필요한 교육 인프라 구축에는 오랜 세월과 많은 비용이 투자돼야 한다. 식민지에서 폭동·반란·저항이 일어나지 않도록 하기 위해서는 군대를 주둔시키고 치안 유지를 위한 경찰력을 유지해야 한다.

이 모든 일에 막대한 비용과 인력이 투입돼야 원활한 식민 통치가 가능하다. 영국은 해외 식민지와 거점이 점점 늘면서 유지·운용 비용이 폭증했다. 제아무리 세계 패권국이라도 식민지와 보호령을 지키기 위한 군사비 지출에는 한계가 있기 마련이다.

육군의 절반 이상이 배치된 인도 주둔군을 포함해 해외 주둔 병력은 이미 영국 전체 병력의 3분의 2 이상에 달했다. 식민지를 취득할 때마다 병력을 분산 배치하다 보니 대영 제국은 영토가 해외로 팽창할수록 제국의 안보는 취약해지는 딜레마에 직면했다.

영국은 19세기 중반부터 병력 분산을 초래할 식민지 확대보다는, 가

세계 교역량의 국가별 분포

단위 : %

연도	영국	미국	독일	프랑스
1840	32	8		10
1860	25	9		11
1880	23	10	9	11
1900	21	11	12	8

능하면 식민 통치의 부담을 피하고 통상과 영향력만을 확대해 다른 열강의 경계심을 자극하지 않는 실질적인 식민지화를 추진했다. 이것이 '무형의 제국(informal empire)'이다(이헌주, 「개항기 영국의 대한정책과 주한 영국공관」, 하원호 외, 『개항기의 재한 외국공관 연구』, 동북아역사재단, 2009, 197~198쪽 참조).

1870년에 출범한 자유당의 글래드스턴(William Gladstone) 내각은 '돈 잡아먹는 하마'나 다름없는 식민지를 방기해야 한다는 '소小영국주의' 정책을 내세웠다. 반면에 1874년 집권한 보수당의 디즈레일리(Benjamin Disraeli) 내각은 러시아의 남하 정책과 독일의 위협에 맞서 식민지 정책을 강화하는 '대大영국주의' 정책을 추진했다(김원수, 「영국의 해양 패권과 동아시아 해양전략」, 최덕규 엮음, 『제국주의 열강의 해군과 동아시아』, 동북아역사재단, 2018, 20~21쪽).

디즈레일리 내각은 '대영국주의' 정책에 따라 1875년 인도 항로 확보를 위해 수에즈운하회사 주식을 매입하고 이집트에 진출했다. 1876년에는 러시아의 남하 정책에 대항해 파키스탄 남부 발루치스탄(Baluchistan) 지역을 보호국으로 만들었다. 1877년에는 빅토리아 여왕이 인도 황제에 올랐고, 1878년에는 키프로스를 획득했으며, 아프간전쟁을 일으켜 1881년 아프가니스탄을 보호국으로 삼았다.

영국은 또 1882년 이집트의 독립운동가 아라비 파샤(Arabi Pasha)가 반란을 일으키자 수에즈 운하의 안전을 이유로 이집트를 군사 점령했다. 1885년, 러시아가 조선 국왕 고종과 밀약을 체결하는 등 한반도로 남하하려는 조짐을 보이자 재빨리 거문도를 점령했다. 이것은 '대영국주의' 정책에 따른 적극적인 조치였다.

1889년 등장한 솔즈베리(Earl of Salisbury) 내각은 '2강국 표준주의(Two

Power Standard)'를 선포했다. 이것은 평시에 가상적敵 2개국의 해군력을 합친 것보다 더 강력한 해군력을 유지한다는 정책이었다. 이를 위해 4년 동안 2,000만 파운드를 투입해 최신예 전함 10척과 차세대 순양함 38척, 신형 어뢰정 18척, 신형 쾌속정 4척을 추가 건조하는 대규모 건함 계획에 착수했다.

하지만 영국이 세계 무역에서 차지하는 비중은 점차 낮아졌고, 제2차 산업혁명으로 대약진한 미국과 독일이 세계 무역의 상당 부분을 잠식했다. 영국이 독점하고 있던 세계 시장은 점차 분할돼 갔다.

비스마르크의 놀라운 외교 수완

비스마르크는 재임 중 독일 통일에 주력하느라 해외 식민지 건설에 신경 쓸 겨를이 없었다. 그는 프로이센-프랑스 전쟁(1870~1871)에서 패배해 복수 기회를 노리고 있던 프랑스를 약화시키고 러시아의 관심을 다른 곳으로 돌려 독일을 안정시키는 데 총력을 기울였다. 비스마르크는 외교적 수완을 발휘해 숙적 프랑스와 영국, 영국과 러시아를 상호 적대 관계로 만드는 데 성공했다.

1871년 독일을 통일해 제2제국을 출범시킨 후 비스마르크는 "러시아는 서방 세계에서 할 일이 없다. 러시아의 사명은 아시아에 있다. 그곳에서 러시아는 문명을 대변한다"라면서 러시아의 극동 진출을 독려했다. 러시아의 관심을 극동으로 돌려 영국과 러시아의 갈등을 유도하기 위해 조선의 외교 협판을 맡고 있던 묄렌도르프에게 "러시아라는 곰을 동아시아의 목장으로 유인하라"라는 지령을 내린다.

독일은 자국 안보에 위협이 되는 프랑스와 러시아를 외교적으로 압박하고 평화를 위한 부담을 동맹국들에게 분산시킴으로써, 유럽 내 힘의 균형 체제와 평화를 이끌어 내는 데 성공했다. 비스마르크의 현란한 외교 정책에 대해 고든 크레이그(Gordeon A. Craig)는 "오른손으로 준 것을 다시 왼손으로 가져가는 양면 외교"라 평했고, 매킨더(Halford Mackinder)는 "양떼 주변에 양몰이용 개들을 풀어서 양떼를 자신에게 내몰도록 한 것과 흡사하다"라고 평했다(강정일, 「지정학으로 본 러시아제국의 대對한반도정책 (1884~1904)」, 2013, 85~86쪽).

독일은 1870년대 들어 인구가 증가하고, 제2차 산업혁명으로 놀라운 발전을 이룩했다. 독일이 제2차 산업혁명을 통해 유럽의 주요 공업국으로 부상한 이유가 있다. 우선 1870~71년 프로이센-프랑스 전쟁 승리에 따라 프랑스로부터 배상금을 받아 제철 기술을 개발하고 철도와 같은 기반 시설에 많은 투자를 했다. 게다가 프랑스로부터 알자스로렌(Alsace-Lorraine) 지방을 양도받아 공업 기반을 확충할 수 있었다. 로렌 지방은 석탄과 철광석 산지로서, 프랑스 철광석의 90퍼센트 이상이 알자스로렌 지역에 매장돼 있었다.

산업 분야에서 후발 주자였던 독일은 영국을 벤치마킹해 자본·노력·시간을 절약했고, 화학 및 기초 연구 분야에서 영국보다 더 많은 투자를 해서 단숨에 영국을 따라잡았다. 독일이 산업국가로 성장하면서 대량생산을 위한 원자재 확보가 초미의 관심사로 등장했다. 게다가 미국의 값싼 농산물이 유럽에 대량 수출돼 시장을 잠식하면서 심각한 경제위기가 찾아왔다. 사회 곳곳에서 "우리도 해외 식민지를 확보해야 한다"라는 목소리가 높아졌고, 그런 열망을 충족시키기 위해 독일식민지협회가 조직됐다.

독일이 해외로 눈을 돌렸을 때는 이미 식민지 건설에 적합한 온대 지역은 영국·프랑스·에스파냐·이탈리아·포르투갈 등이 차지한 뒤였다.

뒤늦게 식민지 획득에 나선 독일은 서남아프리카, 동아프리카, 토고, 카메룬, 뉴기니, 비스마르크제도, 솔로몬제도, 마셜제도 등을 손에 넣었다.

독일 식민 정책은 1884년을 기해 적극적인 활동기에 접어들었다. 비스마르크는 항해장려법안을 국회에 제출해 새로운 항로를 개설했다. 신설된 항로는 정부에서 15년 동안 매년 400만 마르크의 보조금을 지급키로 했다(최종고, 「한독수교 100주년의 군사적 의의」, 『군사』 7호, 국방부 군사편찬연구소, 1983, 22~23쪽).

이 법에 의해 1885년 함부르크-홍콩 간(극동선), 함부르크-시드니-사모아 간(호주선) 정기선이 개통됐다. 또 홍콩에서 상하이上海와 인천을 거쳐 요코하마까지 독일 정기선 비스마르크공公호가 취항했다. 인천에 문을 연 독일 상사 세창양행은 조선 시장에 판매할 독일 제품을 수입하는 데 이 배를 이용했다.

빌헬름 2세의 등장이 몰고 온 파장

1888년 독일 황제 빌헬름(Wilhelm) 1세가 90세의 나이로 사망하고 그의 아들 프리드리히(Friedrich) 1세가 즉위했다. 그는 제위에 오른 지 3개월 만에 암으로 사망했고, 빌헬름 1세의 손자 프리드리히 빌헬름 빅토르 알베르트(Friedrich Wilhelm Victor Albert)가 제위에 올라 빌헬름 2세가 됐다. 선천적 기형(왼팔 발육 부진)이었던 빌헬름 2세는 신체장애로 인해 성격이 조급하고 결단력이 부족했다. 반면에 프라이드가 강하고 군인정신에 충만해 독일이 세계를 지배해야 한다는 확신에 차 있는 인물이었다.

조부로부터 통일 독일을 물려받은 빌헬름 2세는 제국의 팽창과 직접 통치를 원했다. 젊은 황제는 세계제국 건설 열망을 숨기지 않았다.

그는 제국을 건설하고 유지하는 데 있어 모친의 국가인 대영 제국을 롤모델로 삼았다. 그의 생각은 1890년 머핸의 『역사에 미친 해양력의 영향: 1660~1783』이 출간되면서 확고해졌다. 1894년 머핸의 책을 읽은 빌헬름 2세는 국가의 흥망성쇠는 해군에 달려 있다면서 독일의 모든 해군 장교들에게 머핸의 책을 읽으라고 명령했다(강성학, 『시베리아횡단열차와 사무라이 러일전쟁의 외교와 군사전략』, 고려대학교 출판부, 1999, 75쪽).

적극적인 해외 시장 개척과 식민지 확장은 노老재상 비스마르크의 정책과는 맞지 않았다. 빌헬름 2세는 1890년 3월 18일 비스마르크를 퇴진시키고 자신의 직접 통치를 선언한다. 그것은 독일을 세계제국으로 만들겠다는 일종의 선전포고였다.

비스마르크의 외교술은 아테네의 페리클레스(Pericles)에 비교될 정도

역대 주한 독일 외교관

이름	지위	재임 기간	조선에서의 주요 활동
부들러(卜德樂) Hermann Budler	부영사, 총영사	1884.2~ 1886	조선중립화론 제기
젬브시(曾額德) Otto Zembsch	총영사	1884.11.28~ 1885.1.24	조선 조폐국 관련 독일 전문가 초빙
켐퍼만(景伯曼) Peter Kempermann	총영사	1886.1.6~ 1887.5.22	
크린(口麟) Ferdinand Krien	영사대리, 영사	1887.5~ 1900.1.3	청일전쟁 후 삼국간섭 참여, 세창양행 광산 채굴권 확보, 덕어(德語)학교 설립
바에페르트(瓦以壁) Heinrich Weipert	영사, 대리공사	1900.4.1~ 1903.3.31	
잘더른(謝爾典) Conrad Saldern	공사	1903.1~ 1905.12	부산 영사관 설치, 조선 주재 독일 공관 폐쇄

출처 : 나혜심, 「개항기 한국의 독일공관 연구」, 하원호 외, 『개항기의 재한 외국공관 연구』, 동북아역사재단, 2009, 54~102쪽 참조.

였다. 그의 능수능란한 동맹 외교로 유럽의 혼란이 일단락되고 한동안 평화가 유지됐다. 하지만 그를 강제 퇴장시키고 등장한 빌헬름 2세는 '악마와 같은 천재'라는 평을 듣는 알키비아데스(Alcibiades)에 비견됐다. 빌헬름 2세가 강력한 팽창 정책을 추진하면서 비스마르크가 30년 동안 심혈을 기울여 구축한 유럽 동맹 체제가 뿌리부터 흔들렸다.

빌헬름 2세는 해군력을 증강해 아프리카와 아시아에서 정열적으로 식민지 개척에 나섰다. 그의 친동생 하인리히는 군함을 타고 전 세계를 돌아다녔는데, 1898년 7월과 1899년 9월 두 차례 독일 군함 도이칠란트호를 타고 대한제국을 방문했다.

노론의 권력 독점

서양 열강이 경쟁적으로 지구 전체를 작전 범위로 삼는 증기선 철갑 함대를 건설하면서 새로운 사태가 발생했다. 항해로상에 증기선 함대의 연료 보급을 위한 저탄소貯炭所와 해군 기지를 확보하려는 경쟁이 벌어진 것이다. 동아시아에서 열강의 전략적 거점 획득 경쟁을 고조시킨 핫플레이스(hot place)는 한반도와 랴오둥遼東반도였다. 그 가운데 마산과 진해, 뤼순旅順과 다롄大連은 해군 전문가들이 가장 격찬한 항구였다(최덕규 엮음, 『제국주의 열강의 해군과 동아시아』, 동북아역사재단, 2018, 4쪽).

서양 열강이 동아시아에서 전략적 거점 확보를 위해 각축을 벌이고 있을 무렵, 조선은 임오군란(1882)과 갑신정변(1884) 등 정치적 회오리로 인해 미증유의 재난에 처했다. 일본 학자 기무라 간木村幹은 갑신정변을 "소외됐던 젊은 엘리트에 의한 귀족 혁명"이라고 정의했다(기무라 간, 김세덕 옮김, 『조선/한국의 내셔널리즘과 소국의식』, 산처럼, 2007, 259). 하지만 개화당이 일본을 끌어들여 일으킨 갑신정변은 개화와 독립 자주를 열망했던 의도와는 달리 엉뚱한 결과를 낳았다.

임오군란과 갑신정변은 외세에 의한 국정 개입의 단초를 제공했다. 게다가 정변 과정에서 조정의 구심점 역할을 했던 흥선대원군의 형 이최응과 풍양 조씨의 수뇌 조영하가 살해되면서(각기 임오군란과 갑신정변에서 살해됐다) 여흥 민씨 세력은 제 세상을 만났다. 왕비를 비롯한 민씨 척족 세력을 견제해 왔던 두 사람의 퇴장은 여흥 민씨들에게 행동의 자유를 부여하는 결과가 됐다.

조선 왕조 말기에 자행된 각종 부정부패는 국가 권력을 장기적으로는 노론이 독점하고, 단기적으로는 안동 김씨, 풍양 조씨, 여흥 민씨 등 소수 가문이 독점함으로써 가능했다. 송시열을 중심으로 한 노론은 1683년 이후부터 대한제국이 소멸할 때까지 227년간 권력을 독점하다시피 했다. 그들은 자신들의 권력 독점을 위해 왕실의 혼인도 노론 가문 여성에게만 허락할 정도로 왕권을 쥐고 흔들었다.

노론은 임진왜란 이후 사회 동요를 막기 위해 주자성리학을 강화했다. 조선 왕조는 주자성리학에 더더욱 몰입할 수밖에 없었다. 그 결과 조선 사회에 어떤 일들이 벌어졌을까?

우선 노론 당파에 속해야만 요직에 등용될 수 있었다. 때문에 대부분의 양반 사대부들이 부나방처럼 노론 주위로 몰려들었다. 개항기에 조선의 근대화 속도가 일본보다 늦었던 이유는 특정 정파·가문이 요직을 독점하는 등 인재 등용 과정에서 현저한 하자가 발생해 조선의 엘리트층이 얇아졌기 때문이다(이헌창, 「1910년 조선 식민지화의 내적 원인」, 『조선시대사학보』 55, 2010, 261~307쪽). 이것이 붕당정치가 초래한 결정적인 비극이다.

자주독립 의지 전혀 없었던 조선 지도층

미국은 서양 세력 중 최초로 조선과 수교 조약을 체결한 나라다. 주조선 미국 공사관은 1882년 조약 체결 후 1883년부터 1905년 을사보호조약 체결까지 22년간 존속했다. 초대 미국 공사 푸트(Lucius. H. Foote)가 부임하자 고종은 미국을 내정 간섭을 일삼는 청국을 대신해 의지할 수 있는 대국, 혹은 형님 나라로 착각했다. 그는 미국에 호감을 주기 위해 미국인들에게 파격적으로 벼슬을 제수했다.

미국인 총세무사 메릴(Henry F. Merill)에게 호조 참판(현재의 기획재정부 차관), 육영공원 교사 벙커(D. A. Bunker)에게 호조 참의, 미국 사업가 모스(James R. Morse)에게 통정대부를 제수했다. 내무부內務府에는 미국인 데니(Owen N. Denny), 그레이트하우스(Clarence R. Greathouse), 르장드르(Charles W. Legendre) 등이 근무했다. 외국인 고문들은 대부분 내무부 협판을 겸임했다. 고종은 미국 공사를 자주 접견했는데, 그때마다 고종은 "나는 언제나 미국을 내가 의지할 진정한 친구로 생각한다"라고 언급했다(현광호, 『새로운 시각으로 보는 개항기 조선』, 유니스토리, 2015, 17~18·20쪽).

제3대 공사 딘스모어(Hugh Anderson Dinsmore)는 1887년 4월 부임 즉시 한반도 정세를 분석한 결과 청의 간섭이 조선의 발전을 저해하는 최대의 위협 요인이라고 인식했다. '조선은 조선인들에게'라는 구호를 내세운 딘스모어는 조선 지도부 인사들의 독립 의지가 어느 정도인지를 탐색하기 위해 다양한 사람을 만나 인터뷰를 했다.

결과는 절망적이었다. 부임 두 달도 안 돼 딘스모어 공사는 본국 정부에 "청은 조선의 속방화를 시도하는 등 조선을 점진적으로 병합하려 하고 있으며, 조선이 청에 대처하기에는 너무 미약하다. 조선의 독립 전망은 어둡다"라고 보고했다(1887년 6월 21일).

딘스모어의 후임인 허드(Augustine Heard) 공사도 전임자와 생각이 동일했다. 1892년 11월 10일 허드 공사는 "관리들은 그들의 필요가 충족될 때까지 인민 억압 행위를 중단하지 않는다. 공직은 최고 입찰자에게 팔려나가며, 곧 새 구매자에게 인도된다. 고위층의 불법·강탈은 처벌되지 않는다. 정부 수중에 돈이 없으므로 관리 봉급 지불과 부채 청산은 어렵다. 궁중의 의식과 무용한 환상에 거액이 낭비된다. 불만이 고조되고 있으며 소요 발생이 머지않은 것 같다. 조선의 모든 권력과 부를 장악하고 있는 민씨 척족은 증오의 대상이다. 유능한 혁명 지도자가 있다면 쉽게 집단을 모을 것"이라고 본국 정부에 보고했다. 동학농민봉기 발생 1년 3개월 전에 대변란을 예고한 셈이다.

미국에서 일본, 일본에서 프랑스로 관심 옮겨

이런 사실을 아는지 모르는지 고종은 1890년 8월 허드 공사에게 "조선에 대표를 파견한 열강이 해군 함대의 시위를 통해 자신을 지지해 준다면 청에 대한 조공 관행을 단절하겠다"라고 통보했다.

미국인의 조언을 받아 추진한 근대화 사업이 대부분 실패하자 일부 조선인들은 서구적 방식의 발전 단계를 경험했던 일본이야말로 조선을 도울 최적의 상대라고 인식했다. 조선은 박정양 주미 공사단을 파견한 1887년, 도쿄에 주일 공사관을 개설하고 주일 공사를 파견함으로써 실질적인 양국 간의 국교 정상화를 이룩했다. 주일 공사관은 외교 활동을 위해 설립한 역사상 최초의 근대적 상주 공사관으로, 1905년 을사보호조약으로 폐쇄될 때까지 기능했다.

1888년부터 1890년까지 주일 공사로 근무했던 김가진은 조선은 일본을 모방해야 한다고 역설했다. 고종은 미국을 최고의 친구로 간주했지만, 미국인의 자문에 입각한 근대화에 진전이 없자 일본 정부에 근대화 사업의 지원을 기대했다(현광호, 『새로운 시각으로 보는 개항기 조선』, 2015, 33쪽).

프랑스는 1840~60년대 서양 열강 중에서 최초로 조선에 수교를 요청한 나라로서 가장 많은 노력과 대가를 치렀음에도 불구하고 서양 열강 중에서 가장 늦게 수교했다. 프랑스가 동아시아로 본격 진출을 시도한 것은 제1차 아편전쟁 이후 극동분함대를 설치하면서부터다. 프랑스 해군은 동아시아 역내에서 상업 거점과 해군 기지를 얻기 위해 조선과 베트남에 특별한 관심을 기울였다. 하지만 병력이나 함대 규모가 너무 적어 별다른 성과를 내지 못했다.

크림전쟁과 제2차 아편전쟁 참전 이후 프랑스가 동아시아 해역으로 다수의 병력을 이동시키면서 조선과 베트남은 식민지화의 기로에 놓였다. 프랑스는 조선과는 강화도에서 무력 충돌 후 쫓겨났고(병인양요), 베트남에서는 코친차이나를 점령해 동아시아에서 최초로 거점을 획득했다.

프랑스는 1874년 베트남과 제2차 사이공조약을 체결했다. 이때 프랑스는 베트남을 독립국으로 인정해 중국의 베트남에 대한 종주 관계를 간접 부인했다. 프랑스가 조선과 베트남에 취한 외교 방식은 신흥 제국 일본에 직접적인 영향을 끼쳤다. 운요호雲揚號 사건 후 일본 정부는 프랑스인 고문관 부아소나드(Gustave Boissonade)에게 향후 조선 전략을 의뢰했다. 부아소나드는 일본 정부에 조선과 수호 조약을 체결하라고 조언했다(이태진, 「1876년 강화도조약의 명암」, 『한국사 시민강좌』 36, 일조각, 2005, 130쪽).

병인양요 이후 프랑스는 조선과 외교 관계를 수립하는 일과 관련해

"조선에 들어가는 데 최초의 국가가 되는 것도 원치 않으며 최후의 국가가 되는 것도 원치 않는다"라는 입장을 정리했다. 프랑스는 1886년이 돼서야 조선과 수교해 자국 신부들의 피가 스며 있는 조선에 진출했다.

프랑스는 조선과 수교 후에도 한동안 외교 업무를 러시아에 위탁했다가 1888년 6월 베이징에 주재하고 있던 플랑시(Victor Collin de Plancy)를 조선에 파견했다. 이로써 서울 주재 외교사절은 미국(공사)·러시아(공사)·일본(대리공사)·독일(영사)·영국(서리총영사)에 이어 프랑스가 추가됐다.

고종은 영국이 공사보다 등급이 한참 낮은 신분의 외교관을 조선에 파견하자 크게 실망했다. 이 와중에 플랑시가 정부위원(Commissaire) 직함과 신임장을 가지고 나타나자 고종은 플랑시를 크게 환영했다. 영국은 1898년 3월에 가서야 조던(John N. Jordan)을 총영사에서 대리공사로 승진시켰다.

플랑시가 서울에 도착했을 때 조선 주재 외교단은 미·러·일이 한 그룹을 형성했고, 조선에서 총독 노릇을 하고 있던 청의 주차조선총리교섭통상사의總理交涉通商事宜 위안스카이袁世凱를 지지하는 영·독이 다른 그룹을 형성하고 있었다. 플랑시는 전자를 조선의 자주권을 지지하는 자주국가파, 후자를 청의 우월권을 지지하는 청국파로 분류했다(현광호, 『서구 열강과 조선』, 채륜, 2011, 156쪽).

고종의 무능한 통치, 부패한 정부가 망국의 원인

한반도에 주재했던 서양 열강 외교관들은 대한제국 망국의 첫째 원인으로 고종의 무능한 통치와 부패한 정부를 꼽았다. 서양 외교관 중에서 고종에 가장 비판적인 평가를 내린 인물은 조던이었다. 1896년

10월 주한 영국 총영사로 부임해 1898년 3월 대리공사로 승진한 조던은 본국 정부에 "조선 조정은 내각 위기가 끊이지 않아 외국 공관들은 정부 각료가 1주일에 한 번씩 갈렸다는 통고를 접수할 틈도 없을 정도"라고 보고했다.

그는 고종이 개인의 이익을 위해 국가 주권의 일부를 희생할 수도 있는 인물이어서 조선은 독립을 유지하기 어려울 것으로 판단했다. 또 고종의 성격이 매우 나약해 러시아의 압력을 받으면 다른 열강에 의지할 것으로 예측했다. 실제로 고종은 내정 간섭을 탈피하기 위해 미국·영국·러시아 공사관에 여러 차례 파천을 타진했다. 조던은 고종이 대여섯 차례 자신에게 파천 의사를 타진해 왔지만, 그때마다 단호하게 거부했다고 보고했다.

조던은 조선이 점점 외국의 간섭을 요청하는 방향으로 나아가자 일본의 '조선 독립 불가론'에 동조했다. 이러한 조던의 인식은 영국 정부에 영향을 주었다. 영국 정부도 조선이 독립을 유지하면서 타국의 지배를 받지 않는 상태를 가장 선호했지만, 최악의 경우 러시아보다는 일본이 조선을 지배하는 것을 수용하려 했다(현광호, 『서구 열강과 조선』, 2011,

역대 주한 프랑스 공사

이름	재임 기간
플랑시(Victor Collin de Plancy)	1888. 6. 6 ~ 1891. 6. 15
로셰(R. Rocher)	1891. 6. 15 ~ 1892. 3. 6
프랑댕(Hippolyte Frandin)	1892. 4. 9 ~ 1894. 3. 1
르페브르(G. Lefèvres)	1894. 3. 1 ~ 1896. 4. 27

출처 : 현광호, 『서구열강과 조선』, 채륜, 2011, 175쪽.

190쪽).

플랑시 공사도 조선은 부패했고, 국고 고갈로 정신없이 쇠퇴하고 있다고 분석했다. 프랑댕(Hippolyte Frandin) 공사는 고종이 미신을 신봉하고 엉뚱한 곳에 예산을 낭비해 신용이 바닥에 떨어졌다고 규정했다. 조선 조정에는 음모가 가득하고 관직은 가장 많은 돈을 내는 이가 차지하는데도 고종은 이를 시정하기엔 역부족이어서 유혈 혁명 전야와 같은 상태라고 진단했다(현광호, 『서구 열강과 조선』, 2011, 113쪽).

프랑댕 공사와 허드 미국 공사를 비롯해서 1880~90년대 조선에서 활동했던 여러 외교관들은 동학농민봉기가 발생하기 한두 해 전에 이미 왕조의 몰락을 가져올 급변 사태가 쓰나미처럼 닥칠 것을 예고했다. 기존 질서를 전복시킨 반란과 동시에 한반도는 부동항을 노리고 남진 기회를 엿보는 러시아나 그에 저항하는 일본에 넘어갈 가능성이 높다고 보았다. 하지만 현실적으로는 노쇠한 청나라가 종주권을 행사하고 있었다. 한반도는 국제정치 질서의 모순이 얽혀 언제 터져도 전혀 이상할 것이 없는 '동아시아의 화약고'였다.

중화 제국 천하질서 붕괴

중화 제국은 천자(황제)가 물리적 힘을 이용해 직접 통치하는 '법치法治의 영역'과, 실제로는 아무런 개입도 하지 않지만 덕의 감화에 의해 이념적으로 통치하는 '덕치德治의 영역'으로 구성돼 있었다. 조공국은 중화 제국의 일부이면서, 동시에 제국에서 구별된 특수한 존재였다. 중화 제국 주변부에 위치한 조공국 국왕은 중화 제국 천자가 천하의 절대권력자라는 사실만 인정하면 아무런 권익의 침해를 받지 않고 중화 제국의 위협에서 벗어나 자기 왕조를 다스릴 수 있었다.

장기간 무탈하게 유지돼 왔던 중화 제국 천하질서는 서양 열강이 동아시아로 몰려오는 과정에서 무너지기 시작했다. 중화 제국의 외곽에 위치했던 류큐(오키나와)가 일본에 흡수됐고, 베트남이 프랑스의 보호국으로 이탈했다. 천하질서의 견고한 보루였던 조선에서 발생한 임오군란은 천자가 책봉한 국왕을 무력화시키고 대원군이 권력을 찬탈한 행위였고, 갑신정변은 조선이 일본과 손잡고 중화 제국에서 이탈하려 한 정변이었다.

청은 이러한 사태를 방치할 경우 조선이 일본이나 러시아에 넘어갈 우려가 있다고 판단했다. 만약 그렇게 될 경우 청나라의 안전마저 위협받게 된다. 청 조정에서는 이 기회에 조선 왕조를 폐지하고 청이 직접 통치하자는 주장까지 제기됐다(기무라 간, 『조선/한국의 내셔널리즘과 소국의식』, 2007, 248쪽).

1889년, 시중에는 청나라가 총리아문 관리를 총독으로 서울에 보내 고종을 폐위하고 조선을 병합할 계획이라는 풍설이 유포됐다. 고종은 민영환을 프랑스 공사에게, 한규설을 미국과 러시아 공사에게 보내 그들의 군사 지원을 받아 청의 침입을 저지하려 했다. 민영환은 1889년 2월 21·22·24일 세 차례 플랑시와 면담해 청군의 조선 침공설을 알리고 프랑스의 지원을 요청했다. 프랑스는 조선을 주권국가로 인정했지만 조선이 청과 분쟁을 야기하는 사태에 대해서는 개입을 회피했다(현광호, 『새로운 시각으로 보는 개항기 조선』, 2015, 50~51쪽).

제2장

악화(惡貨) 발행해 백성 등쳐먹다 자멸

1880~90년대 조선은 나라와 백성 모두가 극도로 가난했다. 조정 대신 김윤식은 "모든 관리들 봉급이 끊기고, 시장 거래는 정체됐으며, 국가 재정은 기울고, 백성의 힘은 고갈됐다"라고 토로했다. 1896년 전후 조선 조정의 총세입은 500만 원, 그로부터 8년 후인 1904년 대한제국의 세출예산 총계는 1,424만 원이었다. 1907년 국채보상운동이 벌어졌을 때 대한제국의 연간 예산은 1,310만 원이었는데 외국에 빚진 총외채는 1,300만 원이었다.

황현의 기록에 의하면 1910년 경술국치를 당했을 때 일본에서 빌린 외채 총액은 4,453만 7,958원으로, 1904년 정부 세출예산의 3.1배였다. 한 나라 1년 치 총예산의 세 배가 넘는 부채는 어쩌다 생겼을까?

국왕 고종이 돈을 물 쓰듯 했기 때문이다. 대체 일본에서 돈을 빌려 어디에 썼을까? 독일제 철모 사고, 박력 있게 포성 내지르는 개틀링 기관총 사고, 자기 즉위식 기념으로 예포를 쏠 고물 석탄 운반선을 순양함이라고 속아서 구입하고, 생일상에 올릴 프랑스제 식기 구입에 지출했다. 돈 귀한 줄 모르고 무당굿을 하고, 한강의 용왕에게 먹인다면서 몇백 석 밥을 지어 물고기 먹이로 내던졌다.

대한제국 황제가 나라를 일본에 넘긴 1910년 서울 거주 인구는 본국인 16만 1,656명, 일본인 2만 6,316명이고, 서울의 주택이 4만 호가량이었다. 서울의 집주인 중 집문서를 가지고 있는 경우는 5퍼센트인 2,000호에 불과했다. 나머지 3만 8,000호는 외국인에게 집문서를 전당 잡히고 빚을 냈다.

구한말 도시의 전당포와 장시場市 등에서의 단기 이자율, 개항장에서의 일본인에 의한 대부 이자율은 월 10퍼센트가 넘는 매우 높은 수준이었다(서길수, 「개항 후 대차관계 및 이자에 관한 연구 (II)　민간 이식 형태와 이자를 중심으로」, 『국제대 논문집』 15, 1987, 213~252쪽). 대부분의 백성들은 부채와 그로 인한 이자 부담으로 품위 있는 삶은커녕 생존에 급급한 상황이었다.

교육이나 학문적 성취는 의식주가 해결된 후에나 고민할 과제다. 1443년에 훈민정음이 창제되고도 조선은 500여 년 동안 한문漢文을 공용 문자로 사용했다. 배우고 쓰기 어려운 한문은 지식과 정보의 대중화에 치명적 걸림돌이었다. 한문에 문리가 트이려면 장기간의 교육과 학습이 요구된다. 절대다수 백성들이 입에 풀칠하기도 어려운 상황이 되면 미래를 위한 교육은 불가능해진다.

조선은 왜 가난했을까

조선은 세계 최초의 금속활자 발명국이며 과학적으로 가장 우수한 문자라는 훈민정음을 창제했지만 서적의 대중화에 실패했다. 게다가 국민 교육 인프라가 존재하지 않아 절대다수의 백성들은 문맹 상태로 방치됐다. 1884년 갑신정변이 실패한 이유 중 하나는 개화와 변혁을 수용할 만한 지적 능력이나 의식 수준을 갖춘 사회 집단이 존재하지 않았기 때문이다.

그로부터 10년 후인 1894년 갑오개혁이 부분적으로 성공한 이유는 갑신정변 때보다 개혁 지지 세력이 늘어난 덕분이다. 구한말 근대화 개혁이 어느 정도 가능했던 이유 중 하나는 「독립신문」 같은 신문·잡지를 이용한 적극적인 계몽과 교육이 큰 역할을 했음을 부인할 수 없다(이헌창, 「1910년 조선 식민지화의 내적 원인」, 2010, 274~275쪽). 대외 개방에서 중국보다 크게 뒤졌던 조선이 근대화에 대한 반응에서 중국과 우열을 다툴 수 있었던 이유는 한글이 한자보다 다수의 의식 수준에 미친 속도가 빨랐기 때문이다(전용덕, 『신분제와 자본주의 이전 사회』, 2017, 403쪽).

한 나라의 재정이 파탄 나면 가장 먼저 무너지는 것은 군대다. 군사력 유지를 위해선 막대한 재원이 투입돼야 하는데, 조선의 열악한 재정 형편으로는 이를 감당할 수 없었다. 아무리 쥐어짜도 더 이상 나올 것 없는 상황에서 어떻게 대규모 군대를 조직해 근대 무기로 무장시킬 수 있겠는가.

강화도는 조선의 수도 서울(한양)로 향하는 길목을 지키는 군사적 요충이다. 프랑스군(1866), 미군(1871), 일본군(1875)의 침략을 받아 치열한 전투가 벌어졌던 역사 현장이다. 왕조의 운명이 걸린 강화도를 방어하는 군대와 무기 체계는 서양과 비교하면 "아이들 장난에 불과한 수준"이었다.

조선은 후기로 갈수록 군사력이 축소돼 19세기 말에는 몇천 명 수준을 유지하기도 힘들었다. 1891~93년 조선 주재 러시아 서리공사 파벨 안드레예비치 드미트렙스키의 일기에 의하면 1891년 12월 서울 시내와 대로에서 많은 강도 행위가 자행됐다. 강도는 주로 군인이었다. 군인들은 국가로부터 생계 유지에 필요한 월급을 거의 받지 못해 도둑질·

강도 행위로 생계를 유지한 것이다. 군인들이 야밤에 민가에 자주 나타나 주민들의 재산을 털어 가는데도 주민들은 보복이 두려워 감히 고발하지 못했다(1892년 1월 9일 일기).

통치자와 지배 계급이 주도한 매관매직, 사치와 낭비에 필요한 재원은 백성들의 공식·비공식 세금이나 수탈로 충당됐다. 19세기 후반 조선 백성들의 명목 담세율은 낮았을지 모르나 실질 담세율은 상당히 높아 허리가 휠 지경이었다. 조선의 백성들이 가난했던 이유는 감당하기 힘든 공식·비공식 세금 이외에도 여러 가지가 발견된다.

조선은 덕치와 인정을 기초로 하는 왕도정치를 지도 이념으로 삼았다. 덕치와 인정이라는 목표 달성을 위해 조선 왕조는 경제에서 평등과 통제를 지향했다. 평등을 위해 개인들의 경제 행위에 국가가 통제와 간섭을 가한 것은 조선 조정이 사회주의와 간섭주의를 강력 실시했음을 뜻한다. 『신분제와 자본주의 이전 사회』의 저자 전용덕은 유교(주자성리학)는 시장경제와 자본주의를 부정하는 철학이라고 진단한다.

시장경제와 자본주의 부정한 성리학

조선이 가난했던 중요한 이유 중 하나는 왕조의 지배자가 폭력에 의해 피지배자를 지배하는 신분제 사회(즉 패권사회)였기 때문이다. 신분제 사회에서는 모든 결정은 지배자만이 할 수 있으며, 피지배자는 지배자의 결정에 복종할 의무만 존재한다. 지배자는 자신의 이득을 위해 피지배자를 약탈하는데, 이것이 착취다. 약탈과 착취가 만연한 패권사회에서는 주도권 쟁탈, 갈등, 비효율, 빈곤, 혼돈이 지배하므로 생산성이 낮을 수밖에 없다(전용덕, 『신분제와 자본주의 이전 사회』, 2017, 32~43쪽 참조). 그 총체적 결과가 가난이다.

게다가 조선은 해상을 통한 민간 무역은 물론, 바다로 나가는 것을 왕토 이탈 행위로 엄격히 금지했다. "한 치의 널빤지도 바다에 나가는 것을 허락하지 않는" 엄격한 해금 정책을 500여 년 유지한 것이다(기시모토 미오, 노영구 옮김, 『동아시아의 '근세'』, 와이즈플랜, 2018, 22쪽).

여러 여건을 종합할 때 조선은 자유주의 경제학자 미제스(Ludwig von Mises)의 표현을 빌리면 19세기 말까지 시장경제가 존재하지 않았다고 말할 수는 없지만, 그 비중이 너무나 미미한 '자본주의 이전 사회'였다.

조선의 주자성리학자들이 열망했던 '덕치와 인정이 강물처럼 흐르는 사회'가 가능하려면 물질이 풍부해야 한다. 하지만 극단적인 신분제와 자급자족 생산 수단의 소유를 근간으로 하는 '자본주의 이전 사회' 시스템으로는 물질적 풍요의 충족은 불가능했다. 경제적으로는 비효율에 따른 저성장과 빈곤이 장기간 지속됐고, 사회적으로는 반상 간의 약탈과 착취, 갈등과 대립, 부정부패가 만연했다. 그 결과 절대다수 백성들은 가난과 기아 상태에 빠졌고, 사회는 무질서와 혼란이 극에 달해 반란과 봉기가 폭발할 수밖에 없었다.

노예제가 폐지된 후에야 현대 산업사회로의 진입이 가능하다고 주장한 사람이 미제스다(루트비히 폰 미제스, 박종운 옮김, 『사회주의 2』, 지식을만드는지식, 2015, 620쪽). 조선의 노비제는 서구의 노예제와 본질적인 차이가 없었다. 조선은 자국민을 소나 말처럼 사고파는 것은 물론, 노비 신분을 대대로 세습하는 등 지구상에서 유례를 찾아보기 힘든 노예제를 폐망할 무렵까지 굳건히 유지했다.

18세기 이전까지 조선 전체 인구 중 노비의 비율은 30~50퍼센트였다. 19세기 들어 노비 가구는 급격히 줄었지만, 노비 인구는 19세기 중반인 1858년 31.3퍼센트로 적지 않은 비중을 차지했다.

자본주의가 성립하기 위해서는 생산 수단의 사적 소유, 계약의 자유, 건전한 화폐가 존재해야 한다. 이 세 가지 요소에 자유노동, 즉 노비제와 양반제 등 신분제 폐지를 추가하는 학자도 있다.

조선 시대의 경우 토지는 국유제가 기본이었다. 국가 내의 모든 토지의 소유권자는 국왕이고, 조상으로부터 토지를 물려받은 농민은 그 토지의 점유자일 뿐 소유권자는 아니라는 사고방식이다. 생산 수단의 사적 보유(토지의 사유제)는 구조적으로 성립될 수 없었다.

왕실과 특정 양반 가문이 토지 독점

농업국가 조선에서 토지는 노동과 함께 2대 생산 요소이자 중요한 축재 수단이었다. 다만, 토지 소유는 정당한 경쟁에 의한 결과물이 아니라 각종 특혜, 혹은 정의롭지 못한 제도에 의해 만들어진 것이어서 폐해가 양산됐다. 조선 전기에는 왕실 종친과 현직 관리 및 서울에 거주하는 전직 관리에게 관직이나 품계에 따라 나눠준 과전科田, 현직 관리에게 지급한 직전職田, 노비제 등으로 양반에게 토지가 집중됐다.

조선 건국 후 왕실 친인척과 건국 공신들에게 과전·직전을 분배한 결과 그들은 대지주가 돼서 막대한 부를 소유했다. 과전·직전은 토지 소유권을 주는 것이 아니라 일반 민유지에서 토지세를 거둘 수 있는 권리인 수조권收租權를 제공하는 방식이다. 왕실과 공신들이 과전·직전을 소유하는 만큼 국가 세수는 줄었다. 그 결과 왕실과 공신들은 부자가 되고 국가는 가난해지는 구조가 정착됐다.

선조 시절 재상 이항복은 "신료들은 자기 집에 모두 1년을 살아갈 밑천이 장만돼 있는데, 나라는 그렇지 못하다"라고 한탄했다. 대토지를 독점한 왕실과 특정 가문 양반들은 놀고먹어도 부자요, 땅 없는 백성들은 뼈 빠지게 일해도 가난한 나라. 이것이 조선의 민낯이었다.

삼남 지방(충청·경상·전라도)에서는 인구의 10퍼센트 미만의 지주가 전 토지의 50퍼센트 이상을 소유했다. 약간의 자소작自小作 상농上農을 제외하면 전체 농촌 인구의 70퍼센트는 소농 또는 빈농이었다. 이들은 자기의 농업 생산만으로는 생계 유지가 어려웠다(오두환, 『한국근대화폐사』, 한국연구원, 1991, 11~12쪽).

왕실과 특정 양반 가문이 토지를 독점하면서 소작료가 계속 상승했다. 조선 전기에는 지주와 소작인이 연간 수확물을 반씩 나눠 가졌다. 토지에 부과되는 각종 세금과 농사에 필요한 종자·농기구는 지주가 제공했다. 후기로 갈수록 이런 비용들이 소작인에게 전가됐다. 토지는 한정돼 있는 반면, 노비제가 해체돼 소작인 숫자가 늘면서 시장 원리에 의해 소작료가 상승한 것이다.

조선 왕실은 백성들에게 곡식을 빌려주고 높은 이자를 받아 재산을 증식했다. 왕실이 백성을 상대로 이자놀이를 했다는 뜻이다. 이것을 장리長利·갑리甲利라 한다. 장리는 춘궁기에 곡식을 빌리고 추수 후 원금과 이자로 1.5배(이자율 50퍼센트)를 갚는 제도이고, 갑리는 같은 기간에 원금과 이자를 합쳐 2배(이자율 100퍼센트)로 갚는 제도다. 백성을 상대로 한 왕실 곡물 대여소가 전국에서 500여 개가 활발하게 활동했다.

부의 원천인 토지가 특정인이나 특정 계층에 독점되면 토지 소유 지주와 소작인 간에 소득 양극화 현상이 발생한다. 그 결과 중산층이 존재하지 않아 소비가 활성화되지 못하고, 저축률은 낮아지며, 교육 투자 여력도 상실된다. 천정부지로 솟는 소작료와 세금, 관료들의 가렴주구에 시달리던 농민, 가혹한 노동을 견디다 못한 노비들은 농토를 버리고 유민이 돼서 유랑 걸식하다가 화적이 되거나 지배층에 저항해 봉기한다. 이로 인한 사회 불안이 반복된 것이 조선 후기의 모습이다.

중국으로 빨려간 세계의 은銀

1545년 페루의 포토시(Potosi, 현재는 볼리비아 영토)에서, 1548년에는 멕시코의 사카테카스(Zacatecas)에서 은광이 발견돼 유럽에 아메리카 은銀이 본격 유입되기 시작했다. 아메리카에서 채굴된 은은 1600년 이후 세계 경제에 광범위한 영향을 미쳤다(안드레 군더 프랑크, 이희재 옮김, 『리오리엔트』, 이산, 2014, 235쪽).

에스파냐는 아메리카 은으로 은화를 발행했다. 그중에서 국제 교역에 사용된 화폐는 무게 26그램 이상, 순도 93퍼센트로 제작된 8레알화였다. 8레알화 한 개가 1페소였다. 이 은화는 멕시코달러(혹은 에스파냐달러)로 불렸다. 중국에서는 이 화폐를 양은洋銀, 번전番錢, 쌍주雙柱, 화변花邊, 불두佛頭 등 다양한 명칭으로 불렀다(기시모토 미오, 『동아시아의 '근세'』, 2018, 45쪽).

중국에서는 저장浙江과 푸젠福建 은광에서 연 100만 냥 이상의 은이 채굴됐으나 15세기 중반 이후 고갈됐다. 때마침 서양 상인들이 중국산 도자기, 차茶, 비단 등 진귀한 상품을 구입하고 은으로 대금을 결제했다. 그 결과 아메리카 은과 일본에서 생산된 왜은倭銀이 중국으로 유입됐다.

명나라는 15세기 후반 북방 변경에서 준동하는 오이라트(Oyrat)족과 타타르족 등 몽골 세력을 방어하기 위해 만리장성을 정비하고 9개의 군관구를 설치해 대규모 군대를 북쪽 변경에 배치했다. 명나라는 초기에는 곡물 등 현물로 세금을 거두었다. 그런데 부피가 크고 무거운 곡물을 북방 지역까지 운송해 군비로 사용하는 과정에서 큰 불편이 따랐다.

명나라는 세금을 곡식이 아니라 은으로 납부하는 지정은제地丁銀制를 시행했다. 세금으로 거둔 은을 북방으로 보내 현지에서 군수 물자를 조달하는 시스템으로 전환했다. 북방의 군사적 긴장이 높아지면 명나라 군사비가 증대한다. 이렇게 되면 중국의 은 수요가 늘면서 일본 은의 유입 압력이 높아진다. 중국의 남·북 지역이 은을 매개로 깊이 연동됐던 이 시대를 학자들은 북로남왜北虜南倭의 시대로 명명했다.

에스파냐는 1571년 자신들이 점령하고 있던 루손섬에 마닐라를 건설했다. 이곳을 거점으로 에스파냐 상인들은 중국에서 차·비단·도자기를 구입해 유럽으로 실어 날랐다. 이 과정에서 아메리카 대륙에서 생산된 은이 마닐라로 매년 최대 50톤이 수송됐다. 마닐라로 유입된 은은 차·비단·도자기 구입 대금으로 거의 전량이 중국으로 흘러갔다. 중국이 세계 은의 종착역이었던 셈이다.

도쿠가와 이에야스德川家康는 세키가하라 전투(1600)에서 승리한 후 1601년 일본 전국에 유통시킬 목적으로 금화와 은화를 주조했다. 이때 제조된 금속화폐는 연호에서 이름을 따서 게이초금은慶長金銀이라 불렀다. 도쿠가와 막부는 1695년 순도 80퍼센트의 게이초은을 대신해 순도 64퍼센트의 겐로쿠은元祿銀을 만들었다(정성일, 「조선과 일본의 은 유통 교섭(1697~1711)」, 『한일관계사연구』 41호, 한일관계사학회, 2012, 506쪽).

명나라는 민간의 해상 무역을 엄금하는 해금 정책을 시행했다. 이렇게 되자 동중국해 일대의 무장 상인 집단인 왜구倭寇는 자신들의 이익을 실현하기 위해 명의 해금 정책에 도전했다. 1560~1640년 사이 80년 동안 일본의 은 생산량은 8,000~9,600톤가량이었는데, 거의 전량이 중국에 수출됐다. 일본 학자 고바타 아쓰시小葉田淳는 17세기 초 일본이 중국에서 생사生絲를 수입하는 과정에서 연간 400만~500만 냥(150~190톤)의 일본 정은丁銀(순도 80퍼센트의 은)이 중국으로 유입되었다고 분석했다

(기시모토 미오, 『동아시아의 '근세'』, 2018, 31쪽). 17세기 초까지 중국에 가장 많은 은을 공급한 나라는 일본이었다.

조선에 흘러온 중·일의 은

조선에 은이 본격 유입된 것은 임진왜란 때 파병된 명군을 통해서다. 명군과 함께 국내로 흘러온 은은 조선 시장에서 일상적인 거래 수단이 됐다(권내현, 「17~18세기 조선의 화폐 유통과 은」, 『민족문화연구』 74호, 고려대학교 민족문화연구원, 2017, 273~274쪽). 임진왜란과 병자호란의 혼란을 수습하고 주변국과의 관계가 안정되면서 17세기 들어 일본 은이 조선으로 본격 유입됐다.

18세기 전반까지 일본에서 조선으로 유입된 은은 매년 30만 냥을 넘어섰다. 같은 시기 조선에서 청으로 유출되는 은은 연간 50만~60만 냥 수준이었다(권내현, 「17세기 후반~18세기 전반 조선의 은 유통」, 『역사학보』 221, 역사학회, 2014). 쓰시마에서 조선을 거쳐 만주로 이어지는 연결로는 동아시아 은 유통 루트 가운데 하나였다.

은의 또 다른 확보 통로는 국내 생산이었다. 17세기 말 전국 68개 읍에 은점銀店이 설치돼 호조나 지방 관청에서 세금을 거두었다. 호조는 품질이 우수하고 생산량이 풍부했던 단천 은광에서 매년 500~1,000냥을 수세했다. 호조는 18세기 초까지 일본 은과 국내 은을 30만 냥 이상 보유하고 있었다. 17세기 후반 이후 사행 때마다 역관과 상인들은 10만 냥에서 20만 냥을 가지고 갔다(유승주·이철성, 『조선후기 중국과의 무역사』, 경인문화사, 2002, 57쪽). 17세기 후반 이후 연평균 두세 차례 청에 사행단을 파견했으므로 매년 최소 20만 냥은 중국으로 흘러갔을 것으로 추측된다.

조선에서 생산된 은은 일본 정은과 달리 순도 100퍼센트의 천은天銀이 많았다. 이 은은 일본 은과 구분하기 위해 광은礦銀으로 불렀다. 동아시아 3국은 유통되는 은화의 모양이 다 달랐다. 청나라에서는 말발굽 모양의 마제은馬蹄銀, 일본은 해삼과 비슷한 모양의 개서은介西銀과 바둑돌 모양의 기자은碁子銀이 제작됐다. 조선에서 생산된 은은 일정한 형태로 정밀하게 제련하지 않아 갓 채굴한 것처럼 거친 느낌을 주었다.

중국 남방으로 흘러온 은이 북방으로 빨려 올라가고 그 빈틈을 아메리카 은과 일본 은이 메우는 과정에서 누르하치가 등장한다. 누르하치는 유능한 무장武將인 동시에 뛰어난 상업자본가였다. 그는 고가의 국제 교역품인 조선 인삼과 담비 모피 교역을 독점했다.

당시 일본에서는 조선 인삼을 만병통치약으로 생각해 값의 고하를 따지지 않고 매입했다. 17세기 후반에는 에도江戶(현재의 도쿄)에서 인삼 붐이 일어나 효녀들이 아버지의 난치병을 고치기 위해 인삼을 구하려고 몸을 팔았다는 이야기가 연극의 소재가 되기도 했다.

1884년 조선을 여행한 칼스(William Richard Carles)는 "조선 인삼의 효능에 관해서는 중국인들도 완전히 신뢰하고 있었다. 나이가 들어 활력을 잃고 오랜 질병으로 기운이 없고 허약한 사람에게는 인삼이 매우 효력이 있었고, 질이 가장 좋은 것이라면 거의 금의 무게와 같은 값어치가 있다"라고 소개했다. 1894년부터 1896년까지 조선을 여행한 비숍(Isabella Bird Bishop) 여사도 한국의 수출품 중 가장 가치 있는 것은 인삼이며, 세입의 중요한 원천이라고 밝혔다. 많은 중국인들은 조선 인삼을 강장제, 해열제, 진통제 또는 불로장생제로 복용하거나 술에 넣어 먹는다고도 했다.

미국 인삼 중국 수출

동아시아에서 가장 많은 은을 산출했던 일본의 은광이 고갈되면서 80퍼센트 이상 순도였던 일본 은이 순도 20퍼센트 이하로 떨어졌다. 일본 막부는 조선 인삼을 수입하기 위해 전국 각지에서 은을 모아 길이 10센티미터, 무게 210그램, 순도 80퍼센트의 특주은을 제작했다. 이것이 인삼대왕고은人蔘代往古銀이다. 이 특주은은 1714년부터 교토에서 제조돼 쓰시마를 거쳐 왜관으로 유입됐다. 매년 일본에서 조선으로 들어온 특주은의 양은 5.3톤에 달했다.

조선 인삼의 인기가 치솟자 누르하치는 휘하에 1만 명의 심마니 부대를 조직했다. 누르하치는 심마니 부대가 백두산 일대에서 채취한 인삼을 명나라에 수출해 명나라 은의 25퍼센트가 누르하치에게 흘러갔다(누르하치와 은 관련 내용은 제1권 『한반도의 깊은 잠: 아편전쟁에서 일본의 개국까지』, 105~107쪽 참조).

중국에서 인삼의 인기가 폭발하자 1757년부터 네덜란드와 영국의 동인도회사는 미국산 인삼을 중국에 수출하기 시작했다. 미국 인삼은 북아메리카 인디언 모호크(Mohawk)족이 매사추세츠와 코네티컷에서 채취해 네덜란드 상인에게 판매했다. 네덜란드 상인들은 허드슨강을 따라 대서양으로 나가 런던이나 암스테르담의 동인도회사에 500퍼센트의 이익을 남기고 팔았다(이민식, 「초기 미국의 대조선 교섭에 관한 일연구　한국문화에 대한 인식문제를 중심으로」, 『문화사학』 8, 1998, 139쪽).

중국에서 미국산 인삼이 인기를 끌자 오하이오주나 미시시피 계곡의 인삼도 청나라로 수출됐다(이민식, 『여명기초 한미관계사 연구』, 정훈출판사, 1996, 34~35쪽). 미국 독립전쟁의 도화선이 됐던 보스턴 차茶 사건 이후 동양 무역에 종사했던 뉴욕이나 보스턴의 미국 선박이 선적한 주요 물품은 인삼이었다(이칠성, 「조선후기 연행무역과 수출입 품목」, 『조선실학사상연구』 20, 2010, 53쪽).

일본 은의 고갈로 인해 조선에 유입되는 일본 은은 1732년 이후 매년 10만 냥을 넘지 못하다가 18세기 중엽 단절된다. 막부의 제8대 쇼군 도쿠가와 요시무네德川吉宗는 해외에서 생사·인삼·사탕수수를 수입할 은이 부족해지자 일본 국내에서 자급하기 위한 프로젝트를 대대적으로 추진했다.

면포를 생산하지 못했던 일본은 16세기에 조선으로부터 면포를 수입해 의류로 사용했다. 16세기 말 조선에서 면화 재배와 면포 직조 기술을 배워 국산화하면서 일본의 면포 수입은 크게 줄었다. 16세기 일본이 선호한 제품은 중국 도자기였다. 임진왜란 당시 일본군 지휘관들은 조선 도공을 포로로 잡아가 일본 국내에서 도자기 생산을 시작했다. 그들은 또 조선인 포로를 '상품'으로 파는 노예 무역으로 부를 축적했다. 서양 선교사들이 본국에 보낸 보고서에 의하면 임진왜란 당시 조선인 포로는 10만에 달했으며, 그들의 절대다수가 포르투갈 노예상에 팔렸다고 한다(이원순, 「임진·정유왜란시의 조선부로노예 문제」, 『변태섭박사 회갑기념 사학논총』, 삼영사, 1985).

상평통보 발행의 비극

동아시아의 은은 작은 저울을 갖고 다니며 물건을 매매할 때 무게를 재서 거래하는 칭량稱量화폐였다. 때문에 단위는 중국에서는 냥兩, 일본에서는 문匁 등 중량을 나타내는 명칭이 붙었다. 청나라 중기부터는 멕시코달러(에스파냐달러)가 중국에서 통용됐다.

은화는 둥근 모양이어서 은화를 세는 단위는 엔円, 혹은 엔과 발음이 같은 원元이 사용됐다. 메이지 정부가 '엔'을 새로운 화폐 단위의 호칭으로 채용한 것은 이러한 역사적 배경 덕분이다. 19세기 말 중국과 조선에서 근대적 화폐 제도 수립 과정에서 위안元과 원圓이 사용된 것은 멕시코달러의 둥근 모양에서 파생된 것이다.

일본 에도 시대 화폐 제도의 기본은 금화·은화·동화였다. 중국의 명·청 시대에는 저울로 달아 사용하는 은과 각 황제의 연호를 딴 동전 두 가지가 통용됐다. 조선은 소금·쌀·면포 등을 화폐 대용으로 사용하다가 숙종 시절인 1678년 상평통보常平通寶라는 법정화폐를 발행했다.

화폐는 물품화폐, 금속화폐, 신용화폐의 단계를 거쳐 발전한다. 상품유통이 증가하면 화폐량이 많아지고, 고액 거래를 위한 고가치 화폐가 유통되며, 동시에 신용 제도가 발전한다. 조선 왕조는 1423년 지폐인 저화楮貨와 조선통보朝鮮通寶라는 동전을 발행했다. 하지만 동전 원료인 구리銅 부족으로 주전량이 너무 적어 유통에 실패했다. 이후 화폐가 없어 일상 거래는 미곡과 포목 등 상품을 통해 이루어졌다.

일본 에도 시대의 화폐

종류	명칭	내용
금화	고반(小判)	16세기 후반부터 에도 시대 말기까지 주조된 타원형 금화. 1냥의 가치.
	이치부킨(一分金)	에도 시대에 통용된 직사각형 금화. 1냥의 4분의 1에 해당.
은화	초긴(丁銀)	저울로 달아 사용하는 순도 80퍼센트의 은화. 해삼처럼 길쭉하게 생겼고, 무게는 100~200그램 정도.
동화	간에이통보(寛永通寶)	1636년 막부에 의해 공식 주조돼 에도 시대에 대량 주조. 구리가 부족했던 중국에도 흘러감.

출처 : 기시모토 미오, 노영구 옮김, 『동아시아의 「근세」』, 와이즈플랜, 2018, 31~40쪽.

일본 공사관 정보 보고에 의하면 1881년까지만 해도 원산에서는 물물교환이 대세였고 동전 거래는 거의 없어 원산 시중에는 동전을 다수 비축한 자가 없었다고 한다. 부산도 1889년까지만 해도 민간은 물물교환이 주를 이루었다. 1905년까지 개항장 주변에서도 부는 여전히 곡물과 가축으로 평가됐으며, 서구적 의미의 화폐는 존재하지 않았다(오두환, 『한국근대화폐사』, 1991, 13쪽).

숙종 시절인 1678년부터 1697년까지 19년간 조선 왕조는 450만 냥의 상평통보를 주조해 전국 유통에 성공했다. 상평통보 발행은 한국 화폐사에서 획기적인 사건이다. 조선 왕조의 숙원 사업이었던 동전의 전국 유통이 숙종 시절에 가능해진 이유는 일본으로부터 동전 원료인 구리를 4,000톤 이상 수입할 수 있었기 때문이다. 구리 수입 대금은 청-일 간 생사 중계무역과 인삼 수출로 벌어들인 은으로 해결했다.

조선이 청-일 간 중계무역을 담당하게 된 것은 명조 부활을 외치며 봉기한 정청궁鄭成功 세력 덕분이다. 청조는 중국 남부 해안 지역과 타이완을 거점으로 활동하는 정청궁 세력을 무너뜨리기 위해 고강도 해금 정책을 실시했다. 그 결과 정청궁 세력이 쥐고 있던 청-일 간 생사 무역은 조선이 담당했다.

청-일을 연결하는 개성상인들의 생사 중계무역을 통해 대량의 은이 조선에 유입되면서 조선 경제에 활력이 돌기 시작했다. 효종·숙종 시절 조선에서 소중화와 북벌 주장이 나온 이유는 일본에서 막대한 은이 흘러들어와 경제에 기름기가 돌았기 때문이다. 조선의 내수 시장이 확대하면서 농업 생산성이 상승했다. 내수 시장 확대로 인해 교환 수단에 대한 수요가 증가하면서 쌀과 면포만으로는 화폐를 대신하기 힘든 상황이 발생했다. 그 결과 일본에서 구리를 대량 수입해 상평통보 발행이 시작된 것이다.

화폐 주조 차익, 정부와 왕실이 독점

상평통보는 구리를 기본으로 제작돼 조선은 동본위화를 채택했으나, 대외 무역 결제 수단으로 은냥銀兩을 함께 사용한 이중 화폐 체제였다. 상평통보는 1관貫=10냥兩=100전錢=1,000푼分(혹은 문文)이 단위였다. 개항 직후 법정으로 정해진 엽전비가는 엽전 1관문(10냥)에 일본은행 은태환권(일본 지폐) 2엔이었다.

조선 정부는 상평통보 발행을 독점해 화폐 주조에 따르는 수익, 즉 시뇨리지(seigniorage)로 10~50퍼센트를 얻었다(원유한, 『조선 후기 화폐사 연구』, 한국연구원, 1975, 110쪽). 중앙 정부는 각 부처를 비롯해 지방 정부와 군사 관련 부서 등에서 상평통보를 주조해 화폐 발행으로 얻는 시뇨리지를 해당 관청의 경비로 사용했다.

이때까지만 해도 화폐 주전 수익은 국가 운용에 필요한 공적인 분야

상평통보의 연도별 주조 수익률

연도	이윤율(%)	연도	이윤율(%)
1679 (숙종5)	50	1825 (순조25)	10
1731 (영조7)	50	1830 (순조30)	27
1755 (영조51)	30	1832 (순조32)	27
1798 (정조22)	20	1855 (철종6)	20
1807 (순조7)	12	1857 (철종8)	24
1814 (순조14)	10	1886 (고종3)	360

출처 : 원유한, 『조선 후기 화폐사연구』, 한국연구원, 1975, 110쪽.

에 건전하게 사용됐다. 하지만 고종 시절 주전 수익이 국가 재정에 편입되지 못하고 왕실의 사치와 푸닥거리 등 사적 용도로 전용되면서 망조가 들기 시작했다.

조선 조정은 1678년부터 1865년까지 188년간 약 1,582만 냥의 상평통보를 발행했다(이헌창, 「1678-1865년간 화폐량과 화폐가치의 추이」, 『경제사학』 27, 1999, 3~45쪽). 조정이 상평통보를 대량 주조한 결과 인플레가 발생해 물가가 급등했다. 상평통보 원료인 구리 가격이 상승하자 조정은 동전 제조에 들어가는 구리의 양을 계속 줄였다.

『속대전續大典』의 국폐조國弊條에 의하면 동전 1매의 무게는 9.4그램(2전 5푼)이었다. 숙종 연간에 발행된 동전 1매의 무게는 7.5그램으로 줄었고 1752년엔 6.8그램, 1800년에는 4.5그램으로 더 줄었다(원유한, 『조선 후기 화폐사 연구』, 1975, 110~111쪽). 100년 만에 상평통보의 구리 함량은 첫 제조 당시의 48퍼센트로 감소했다.

조선 조정은 상평통보의 실질 가치를 지속적으로 떨어뜨리는 가치 변조를 통해 화폐 주조 차익을 챙겼다. 19세기 후반 들어 상평통보의 실질 가치를 더 이상 떨어뜨리기 힘들게 되자 당백전을 발행해 유통시켰다. 대원군은 1866년 12월부터 1867년 6월까지 6개월 동안 경복궁 중건 등에 필요한 재정 충당을 위해 무려 1,600만 냥의 당백전을 발행했다. 그전까지 189년 동안 정부가 발행한 상평통보 공급량과 동일한 액수를 6개월 만에 쏟아낸 것이다. 당백전의 대량 발행으로 조선의 화폐 총재고는 1867년 6월 말 두 배로 폭증했다.

당백전 발행으로 경제 파탄

당백전의 명목가치는 상평통보의 100배였으나, 실질가치는 상평통보의 5~6배에 불과했다. 상상을 초월하는 악화惡貨였다는 뜻이다. 그 결과 2년 동안 쌀값이 무려 600퍼센트나 치솟아 하이퍼인플레이션이 발생했다. 당백전 발행에 따른 시뇨리지는 무려 360퍼센트였다(원유한, 『한국화폐사 고대부터 대한제국 시대까지』, 한국은행, 2006, 190쪽). 이를 근거로 계산하면 당백전 주조로 인해 조정이 가져간 시뇨리지는 1,100만~1,200만 냥으로 추정된다.

인플레 만연으로 백성들이 죽어나든 말든 화폐 발행으로 인한 주전 차익은 국왕과 왕실, 조정이 독점했다. 악화의 표본인 당백전의 대량 공급으로 온갖 모순이 폭발하자 조정은 6개월 만에 주조를 중단했다. 당백전은 탄생 2년 만인 1868년 11월 유통이 금지돼 퇴장당했다.

당백전을 발행했는데도 경복궁을 중건할 자금이 모자라자 대원군은 원납전願納錢이라는 미명하에 돈과 현물을 바치도록 강제했다. 원납전 헌납 총액은 약 748만 냥이었다. 말이 좋아 원납일 뿐, 사실상 권력을 동원한 강탈이었다. 정부가 민간으로부터 강탈한 원납전 총액은 당백전 발행량의 절반에 해당하는 거액이었다. 이 밖에 민간으로부터 결두세結頭稅(곡식을 심는 토지에 부과한 세금), 서울의 사대문을 통과하는 사람들에게 성문세城門稅 등을 징수했다.

여기서 심각하게 따져볼 이슈는 당백전 발행으로 얻은 주전 차익 1,100만~1,200만 냥을 어디에 사용했을까 하는 점이다. 그 돈을 국방·치안·외교 분야에 사용했다면 임오군란 같은 사건은 일어나지 않았을 것이고, 일제와 청나라가 그것을 빌미로 조선에 파병하는 사태도 없었을 것이다(전용덕, 『신분제와 자본주의 이전 사회』, 2017, 376~377쪽).

당백전 발행에 따르는 주전 차익은 왕실의 권위를 세우기 위한 경복궁 중건에 투입됐다. 경복궁이 중건된 후에는 중추부中樞府(당상관으로 소임이 없는 자들을 예우하는 기관), 사헌부, 사학四學(서울의 교육 기관), 의금부 감옥, 도성, 성문, 종묘, 성균관 등의 수리나 중건 사업에 쓰였다.

일부 관료들은 경복궁 중건 등 대형 토목공사는 나라 경제를 위태롭게 만들 것이라고 거듭 경고했다. 대원군은 관료들의 경고를 무시하고 화폐 발행과 세금 징수를 병행한 결과 기울어가던 경제에 치명타를 가했다. 정부 지출의 우선순위를 잘못 정해 나라를 총체적 위기 상황으로 몰아넣은 것이다.

당백전 주조를 중단한 후 조정은 중국 화폐인 청전清錢을 폐철로 수입한 다음 법정화폐로 유통시켰다. 국내에서 유통된 청전은 가경통보嘉慶通寶, 도광통보道光通寶, 동치통보同治通寶 등이었다. 1867년부터 6월부터 합법화된 청전의 실질가치는 상평통보의 3분의 1에 불과했지만, 명목가치는 상평통보와 동일하게 시중에 유통됐다.

1874년 청전의 유통량은 300만~400만 냥으로, 전체 동전 유통량의 30~40퍼센트를 차지했다. 바로 이해에 고종은 부인 민 왕후의 코치를 받아 아버지 대원군을 실각시키고 친정을 선언한다. 고종은 친정 선언 직후 느닷없이 청전 유통을 금지하라는 어명을 내렸다. 아무런 사전 준비도 없는 상황에서 총유통량의 30~40퍼센트를 차지하던 청전이 시중에서 퇴출되면서 급격한 통화량 감소 현상이 조선 경제를 강타했다.

끝없이 악화 발행한 조선

당백전과 청전 유통에 거듭 실패한 조선 조정은 1882년 10월부터 1883년 6월까지 3종의 은화(대동일전, 대동이전, 대동삼전)를 발행했다. 가운데 구멍이 뚫려 있지 않은 서양식 주화인 이 은화는 은 가격 상승으로 극소량만 발행된 후 중단됐고, 1883년부터 당오전을 주조해 유통시켰다.

당오전은 구리 80퍼센트, 주석 20퍼센트로 엽전과는 다른 금속 성분으로 주조됐다. 이 동전은 상평통보의 5배인 5푼文의 액면 가치로 발행됐으나 발행 초기의 실질가치는 상평통보의 2배, 그 후에는 상평통보와 동일가로 통용됐다. 초기에는 서울 만리창萬里倉, 강화, 의주 등에서 주조됐다.

문제는 각처 주조소에서 주조한 당오전의 모양이 조잡한 것은 말할 것도 없고, 가장자리가 떨어지고 구멍이 비뚤어진 것이 열 개 중 서너 개나 될 정도로 품질이 조악했다는 것이다. 동전의 무게가 어떤 것은 3전 3푼, 어떤 것은 2전으로 무게와 크기가 일정하지 않았다. 심지어 원료가 구리도 아니고 납도 아니어서 깨진 기왓장이나 다름없는 것도 이따금 있다는 상소가 올라올 정도였다(『승정원일기』 고종 21년(1884) 6월 6일).

당오전의 품질이 워낙 조악하다 보니 시중에서 몰래 엽전 2~3매를 녹여 다른 불순물과 혼합한 다음 당오전 1매를 주조하면 2푼 이상의 이

신식화폐조례 당시 발행된 화폐

	종류	발행량
은화	5냥	19,923원
	1냥	70,402원
보조 주화	2전 5푼 (백동화)	51,835원
	5푼 (적동화)	91,678원
	1푼 (황동화)	888원 42전

출처 : 원유한, 『한국화폐사　고대부터 대한제국 시대까지』, 한국은행, 2006, 293쪽.

익이 발생했다. 이로 인해 곳곳에서 위조 동전 제조가 유행했다. 일본인이나 청국인들이 대량으로 동전을 위조하는 사례까지 발생했다.

1883년 7월, 임시로 운영되던 주전 사업을 상시 사업으로 전환하고 서양의 화폐 주조 기계를 도입해 근대적 화폐 제도를 수립하기 위해 전환국典圜局을 신설했다. 전환국 설치 이후에는 평안 주전소(민씨 척족), 강화도 주전소(조영하·한규직), 삼청동 주전소(민태호가 관리하는 전환국 직영 주전소) 등 세 곳에서 당오전을 주조했다(오두환, 『한국근대화폐사』, 1991, 68쪽 참조).

1884년 2월 묄렌도르프를 전환국 총판에 임명하고 세창양행을 통해 독일에서 동전 발행 기계와 프리드리히 크라우스(Friedrich Kraus), 클라우스 디드리히트(Claus Diedricht), 리트(C. Riedt)를 기사로 초빙했다. 크라우스는 묄렌도르프의 후임으로 전환국 책임을 맡았고, 디드리히트는 엔지니어, 리트는 화학자로 금·은의 분석과 검사를 담당했다(한스 알렉산더 크나이더, 최정인 옮김, 『독일인의 발자취를 따라 한독관계 초창기부터 1910년까지』, 일조각, 2013, 111~154·299~321쪽 참조).

당오전도 명목가치와 실질가치가 크게 차이가 나는 악화여서 급격한 물가 상승을 유발했다. 1884년 봄에는 쌀 1되에 25문이었으나, 그 해 11월 75~80문으로 세 배 이상 물가가 뛰었다. 당오전 발행 여파로 10년간 생필품 가격이 100배 이상 급등했다. 결국 1891년에 가서야 조정은 당오전 주조를 중단했다.

1892년 일본의 도움을 받아 신식화폐조례를 제정했다. 이때부터 은화銀貨를 본위화로 하고 동화銅貨를 보조화로 채택한 근대식 화폐 제도가 도입됐다. 신식화폐조례에 의거해 발행한 5종의 화폐는 주조 비용을 제외하면 실질가치와 명목가치가 일치하는 상품화폐였다. 이 제도가 정상 작동했다면 조선은 은본위제도로 이행할 수 있었을 것이다. 하지만 조선 정부가 주조한 신식 화폐는 재정 파탄으로 인해 은화 발행에 필요한 원료 확보에 실패했다. 그 결과 제조된 화폐의 수량이 너무 적어 일반 유통을 하지 못했다.

일본은 1894년 청일전쟁에 따르는 군사비 조달을 위해 일본 화폐의 한국 진출을 원했다. 이런 의도에서 조선 조정에 압박을 가해 신식화폐발행장정을 체결했다. 이때 1892년 조선 정부가 신식화폐조례에 의거해 주조했으나 사용하지 않고 있던 5냥 은화 등을 근대식 화폐로 사용했다. 또 외국 화폐 중 본국 화폐와 동질·동량·동가인 화폐에 한해 조선 내에서 통용을 허가했다. 이에 따라 일본의 1원·20전·10전·5전·2전·1전 등 경화硬貨가 조선에 유입됐다. 일본 화폐를 조선에서 사용할 수 있도록 문을 열어준 것이다.

악화에 무너진 조선

신식화폐발행장정은 외견상 은본위제였지만, 조선 정부는 은화 발행에 필요한 원료 조달 능력을 상실했다. 그 결과 백동화 한 개의 실질가치는 5푼 미만이었지만 액면가치는 그 다섯 배인 2전 5푼으로 부풀렸다. 조선 조정은 주전 차익을 취할 수 있는 보조 화폐인 백동화 발행에 주력했다.

1892년부터 1904년까지 은화를 포함한 주화의 총발행량은 1,896만 원. 이 중 백동화가 1,674만 원으로 총발행량의 88퍼센트를 차지했다. 1896년 정부 세입예산 중 26.6퍼센트가 화폐 발행으로 얻은 것이다(원유한, 『한국화폐사』, 2006, 293쪽).

백동화 발행에 따르는 시뇨리지가 워낙 컸기에 곳곳에서 위조·밀조가 자행됐다. 동전 위조 대열에 일본인·영국인·독일인·중국인도 가담했다. 일본인들은 오사카에서 백동화를 대량 위조한 다음 몰래 조선에 들여와 유통시켰다. 그 결과 1905년 위조 백동화 액수가 1,000만 원이나 됐다. 위조된 백동화가 전체 통화량의 20~30퍼센트, 평양 지방은 80퍼센트를 차지했다(원유한, 『한국화폐사』, 2006, 300쪽).

민간인들이 비밀리에 위조 화폐를 주조하는 것을 '사주'라 했는데, 아예 관료에게 뇌물을 바치고 관료의 묵인하에 비밀리에 백동화를 주조하는 경우는 '묵주'라 했다. 일본인을 포함한 왕가의 특수 관계인에게 정부가 일정한 액수의 돈을 받고 화폐 주조권을 넘기는 행위도 있었는데, 이는 '특주'라 불렀다(원유한, 『한국화폐사』, 한국은행, 2006, 300쪽).

연도별 인천 항의 수출입액

단위: 원(円)

수출입 / 연도	수출(A)			수입(B)	무역수지 (A–B)
	화물	금지금	계		
1897	3,643,066	976,970	4,620,036	5,771,781	−1,151,745
1898	2,319,478	1,258,635	3,578,113	7,694,459	−4,116,346
1899	1,614,562	1,789,080	3,403,642	6,252,036	−2,848,394
1900	4,238,150	1,927,665	6,165,815	6,782,608	−616,793
1901	2,807,592	2,556,095	5,363,687	9,121,398	−3,757,711
1902	2,635,356	2,538,101	5,173,457	7,975,090	−2,801,633
1903	3,495,498	2,128,704	5,624,202	10,146,588	−4,522,386
1904	2,497,753	2,094,450	4,592,203	16,160,539	−11,568,346

출처 : 오두환, 『한국근대화폐사』, 한국연구원, 1991, 220쪽.

신식화폐발행장정은 은본위제 시행 실패로 1901년 중단됐다. 그 직후 대한제국 정부는 금본위제를 채택하는 광무 5년 화폐조례를 반포했다. 이 조례를 통해 일본 은화의 국내 사용이 금지됐다. 화폐조례를 뒷받침하기 위해 1903년 중앙은행조례와 태환금권조례를 제정했으나 러일전쟁 발발과 국내 정세 혼란 등으로 광무 5년 화폐조례 시행은 중단됐다.

조선 후기 악화의 대량 발행으로 물가가 상승한 결과 수출은 어려워진 반면 수입은 쉬워졌다. 그 결과 조선은 상당 기간 무역수지 적자를 면치 못했다. 인천 항의 수출입액은 조선이 처했던 국제 무역수지 적자의 생생한 증거물이다.

화폐 발행으로 백성 뜯어먹다 자멸

상평통보를 비롯해서 조선 조정이 발행한 화폐는 강제력에 의해 기축통화가 됐다. 법정화폐법에 의해 은화와 상평통보의 법정 교환 비율이 정해졌는데, 시장 교환 비율보다 언제나 낮게 고정됐다. 조선 정부는 1678년 상평통보 발행을 시작으로 1867년 이후 40여 년 동안 당백전·청전·당오전·백동화 등 네 종류의 화폐를 발행·유통시켰다. 화폐 발행으로 얻은 어마어마한 주전 수익은 국왕과 왕실, 정부가 가져갔다. 그 결과 상상조차 할 수 없는 인플레가 발생해 조선 경제는 내부적으로 붕괴했다. 과도한 악화 발행이 왕조를 무너뜨린 것이다.

조선 경제는 조정의 끝없는 악화 발행으로 회복 불능의 위기에 빠졌다. 그 결과 조선에는 나라가 망할 때까지 화폐다운 화폐가 존재하지 않았다. 조정과 왕실이 가져간 시뇨리지는 정부가 민간으로부터 무상으로 자원을 뜯어 갔음을 의미한다. 민간이 시뇨리지에 해당하는 만큼의 화폐 주조세를 부담했으니, 그것은 일종의 세금이나 마찬가지였다. 이것이 조선 백성들이 찢어지게 가난했던 제도적 원인 중 하나였다.

정부의 화폐 발행 독점은 그 시점부터 조선의 화폐 제도가 간섭주의가 됐음을 의미한다. 이러한 간섭주의는 대부분 사회주의와 같은 결과를 초래한다. 전용덕은 1678년부터 정부가 상평통보를 독점 발행한 역사는 정부의 대단한 실패로 기록돼야 한다고 주장한다. 왕조 멸망의 원인 중 가장 중요한 원인이 화폐 독점 발행이었다는 것이다(전용덕, 『신분제와 자본주의 이전 사회』, 2017, 211쪽).

조선은 중국 중심의 세계질서인 책봉-조공 체제에 편입돼 많은 군사비를 지출하지 않아도 안보를 담보할 수 있었다. 이것이 중국 지배 질서에 편입된 조선이 누린 혜택이었다. 이 시스템은 중국이 조공국을 보호할 의지가 사라지거나 보호할 능력을 상실했을 경우 심각한 하자가 발생한다.

19세기 후반 들어 서세동점의 시기에 중국이 이런 상황에 직면하자 조선은 스스로의 힘으로 나라를 지켜야 했다. 조선은 국방·치안·외교에 소요되는 지출을 위해 당백전·당오전·백동화 등을 발행하고 그 주전 수익으로 세입을 증대시키려 했다. 이러한 머니타이제이션(monetization)은 경제를 파탄시켰고, 국가와 백성의 삶을 위기로 몰아넣었다. 오두환은 『한국근대화폐사』에서 이러한 머니타이제이션이 조선 왕조를 식민지로 전락하도록 만들었다고 주장한다.

스스로 붕괴한 조선

러일전쟁이 발발하자 대한제국 정부는 1904년 한일의정서를 체결해 국가 재정과 화폐 금융 관련 업무를 일본인 메가타 다네타로目賀田種太郎에게 위임했다. 대한제국 정부는 메가타의 건의에 따라 1904년 11월 조폐 업무를 일본의 오사카 조폐국으로 넘겼고, 1905년 1월 18일 광무 9년 화폐조례를 공포해 금본위제도를 채택했다. 1905년 6월 1일부터 대한제국의 금본위제를 일본 화폐 제도와 동일하게 한다는 칙령을 공포함으로써 대한제국의 화폐 주권은 일본 통제하에 들어갔다.

1905년 6월 8일 일본은행이 발행한 일본은행권과 이를 기초로 한 다이이치은행권을 대한제국의 본위화폐로 사용하는 훈령이 발표됐다. 일본의 다이이치은행권이 대한제국의 법화法貨가 됨으로써 화폐 주권이 일본에게 넘어갔다. 일본은 백동화의 가치를 2분의 1로 계산해 다이이치은행권과 교환해 주었다.

대한제국 정부의 화폐 관리 실패는 1905년 일본이 화폐 주권을 탈취하게 만드는 계기를 제공했다. 화폐 발행으로 인한 극심한 물가 상승과 그 결과물인 경제 위기가 도래하지 않았다면 일본의 한국 지배가 그토록 손쉽게 이루어질 수 있었을까? 일본의 지배 이전에 조선 왕조는 간섭적 정치철학으로 인한 극도의 저생산성과 비효율, 화폐 발행 독점에 따른 위기가 중첩되면서 스스로 붕괴했다고 보는 것이 진실이다(전용덕, 『신분제와 자본주의 이전 사회』, 2017, 267쪽 참조).

제3장

영국군 거문도 철수

1885년 리훙장李鴻章-이토 히로부미伊藤博文가 체결한 톈진天津조약으로 조선에서 청·일 양군이 철수했다. 제4권에서 설명했듯이 톈진조약은 영국의 기획에 의한 청·일 양국의 합의였다. 그 결과 한반도에 10여 년에 걸쳐 평화가 찾아왔다. 그것은 불안정하고 기묘한 평화였다. 조선을 둘러싼 동아시아 정세는 지각 아래에서 마그마가 부글부글 끓듯 소용돌이쳤는데, 조선 지도부만 그런 사실을 인지하지 못했다.

아프가니스탄에서의 군사적 충돌 위기와 1885년 4월 15일 영국 해군의 거문도 점령으로 촉발된 영국-러시아의 긴장은 양국에 큰 부담이었다. 영국은 식민 지배 영역을 더 이상 확장하기 힘든 한계에 부딪쳐 '무형의 제국' 전략을 추진할 수밖에 없었다. 인도 지배와 거대한 중국 시장만으로도 벅찬 상황에서 시장성이 낮은 일본이나 한국에 관심을 기울일 여유가 없었다(구대열, 「자유주의 열강의 한반도 진출과 그 성격」, 『한국사상과 문화』 21, 한국사상문화학회, 2003, 31~32쪽).

하지만 영국은 세계 질서를 선도하는 패권국답게 순순히 거문도에서 물러나지 않았다. 영국군이 철수할 경우 러시아가 거문도를 점령할 지도 모른다는 우려 때문이었다. 난감한 상황이 된 러시아는 해군상 셰스타코프(A. Shestakov) 제독이 거문도를 직접 방문해 현지 상황 점검에 나섰다. 1886년 5월 24일 러시아 의용함대 소속 군함 모스크바호를 타고 흑해의 오데사(Odessa)를 출발한 셰스타코프 제독은 7월 3일 아침 거문도에 정박했다(최덕규, 『근대 한국과 동아시아 변경 연구』, 경인문화사, 2016, 24~25쪽).

셰스타코프가 승선한 모스크바호의 거문도 입항과 관련한 법적 근거는 1884년 7월 7일 체결된 조러수호통상조약이었다. 이 조약 제8조에 의하면 조선과 러시아 양국 군함은 상대국 항구를 방문해 장비와 물품을 구매할 수 있는 권리를 허용하고 있다. 러시아 해군 함정은 이 조항에 근거해 조선의 항구를 출입했고, 개항장에서 다양한 비품을 무관세로 구입해 적재할 수 있었다. 이 권리는 1883년 조-영 신조약(일명 파크스조약)에 의거해 영국이 조선으로부터 획득한 권리와 동일한 내용이었다.

거문도 방문한 러시아 해군상 셰스타코프

셰스타코프 제독은 영국의 중국함대 사령관 리처드 해밀턴(Richard V. Hamilton) 제독의 환대를 받았다. 그는 해밀턴 제독의 안내로 거문도의 가장 높은 곳에 설치된 관측소에서 영국 해군의 배치 상황을 비롯해 군비 태세를 살펴보았다(최덕규, 『근대 한국과 동아시아 변경 연구』, 2016, 25쪽).

셰스타코프 해군상은 1886년 7월 6일 거문도를 출항했다. 그의 다음 방문지는 러시아가 1881년 초부터 점령 가능성을 검토했던 영흥만이었다. 영흥만을 시찰한 해군상은 블라디보스토크를 거쳐 귀국 길에 일본에 기항했다. 이때 주일 러시아 공사관 서기관 슈페예르(Alexei de Speyer)로부터 1885년 서울을 방문했던 사정을 보고받았다.

셰스타코프 해군상은 거문도 및 영흥만 현지 시찰과 슈페예르의 보고를 통해 조선에서 부동항을 획득하더라도 "얻을 것은 별로 없고 잃을 것이 거의 확실한 포커판"이라는 확신을 가지게 됐다. 영흥만의 전략적 가치에 대해서도 "엄청난 지출과 대일對日 적대를 제외하고는 영흥만이 우리에게 가져다줄 것은 아무것도 없다"라고 깨달았다. 그가 영흥만의 가치를 낮게 평가한 이유는 영국과 전쟁이 발발할 경우 지형상 블라디보스토크보다 방어가 힘들 것으로 판단했기 때문이다.

러시아 해군 대장 알렉산드르(M. Aleksandr)도 러시아가 한반도에서 부동항을 획득할 경우 동아시아에서 러시아의 방어력이 약화될 것이라면서 조선 내 항구 점령에 반대했다. 코르프 프리아무르 총독도 한반도 국경선을 방어하기 위해서는 큰 희생이 필요하므로 러시아는 한반도 장악이 불필요하다고 주장했다(송금영, 『러시아의 동북아 진출과 한반도 정책(1860~1905)』, 국학자료원, 2004, 136~137쪽).

영흥만의 전략적 가치에 대한 러시아 해군상의 부정적 평가는 상트페테르부르크로 귀환한 후 문서로 작성돼 알렉산드르 3세에게 보고됐다. 셰스타코프 제독의 "조선에서의 항구 획득 포기" 제안은 1886년 12월 12일 개최된 '동아시아에서 새로운 항구 획득에 관한 해군상의 보고를 검토하기 위한 특별위원회'에서 채택돼 러시아의 동아시아 정책으로 공식화됐다(최덕규, 『근대 한국과 동아시아 변경 연구』, 2016, 26쪽).

러시아는 1854년 크림전쟁 당시 영국-프랑스 연합함대의 공격을 받았던 캄차카의 페트로파블롭스크 대신 니콜라옙스크를 군항으로 이용했고, 1872년에는 블라디보스토크를 태평양함대의 제1 해군항으로 정했다. 블라디보스토크는 12월에서 이듬해 3월까지 4개월간 결빙돼 쇄빙선 없이는 출입이 여의치 않았고, 지리적 위치도 북쪽에 치우쳐 전략적 가치가 떨어졌다. 러시아는 총인구 10만 명도 안 되는 연해주를 소유하게 되면서 1880년 이전까지 이미 5,500만 루블의 적자를 보았다. 무역 이익의 대부분은 청국과 외국 상인에게 돌아갔다.

영국 해군의 거문도 점령으로 블라디보스토크의 군항으로서의 한계가 명백하게 드러났다. 게다가 블라디보스토크와 흑해의 러시아 항구 오데사를 연결하는 해상로는 영국 해군에 의해 언제든 봉쇄당할 수 있다는 교훈을 얻었다. 셰스타코프 제독은 거문도와 영흥만 방문을 계기로 전략의 대전환을 구상한다.

러시아 해군상, 시베리아횡단철도 부설 건의

무엇보다 유럽과 극동 지역에 걸쳐 있는 러시아 영토를, 영국 해군의 봉쇄 위협이 상존하는 해상로가 아니라 적국으로부터 어떤 방해도 받지 않는 육로로 연결하는 것이 급선무였다. 이를 위한 현실적 대안으로 시베리아횡단철도를 부설하고, 태평양함대를 증강해 중국해 일대에서 강력한 영향력을 보유하는 것이 합리적 대안이라고 판단했다.

셰스타코프 해군상이 제안한 시베리아횡단철도 건설과 러시아 태평양함대 증강 정책은 재정 문제로 인해 한동안 주의를 끌지 못했다. 하지만 1894년 알렉산드르(Alexandr) 3세의 아들 니콜라이(Nikolay) 2세가 제위에 오르면서 이 구상은 급물살을 타기 시작한다. 니콜라이 2세는 러시아의 미래는 태평양에 있으며, 태평양으로 향하는 출구 확보가 자신에게 부여된 역사적 사명이라고 판단했다. 니콜라이 2세의 등장과 맞물린 시베리아횡단철도 건설과 러시아 태평양함대 증강 정책은 한반도 주변 해역에 소용돌이를 일으키게 된다.

셰스타코프가 제안한 시베리아횡단철도 건설 아이디어의 이론적 배경은 영국 지리학자 핼퍼드 매킨더(Halford J. Mackinder)다. 과학기술의 발달로 철도가 부설되면서 대륙에서의 기동성이 해양을 앞지르게 됐다. 대륙 국가들이 새로운 교통수단을 이용하게 되면서, 과거에 바다가 해양 국가에게 기동성이라는 이점으로 작용한 것처럼 철도를 이용한 육상 교통수단의 발달은 러시아와 독일 등 대륙 국가의 이점으로 나타나기 시작했다(이영형, 『지정학』, 엠애드, 2006, 219쪽). 매킨더는 시베리아횡단철도가 러시아 제국에 기동성을 부여해 군사력과 경제력의 팽창 조건을 구비하게 해주었고, 이로써 러시아는 몽골 제국을 대신해 유라시아의 광활한 지역의 정치적 주축으로 자리 잡았다고 평한다.

조선에서 부동항 획득을 포기해야 한다는 셰스타코프 제독의 결정은 러시아 외무성에 전달돼 청과 한반도의 영토 보전과 현상 유지에 관한 협약 체결로 진화하게 된다. 이것이 리훙장과 베이징 주재 러시아 전권공사 라디젠스키(Nikolai Fedorovich Ladyzhenskii) 간에 체결된 리-라디젠스키 협약이다.

아프가니스탄에서 전쟁 위기로 치달았던 러-영 양국 관계는 영국이 러시아-아프가니스탄 국경 획정 문제를 국제중재재판소에 회부하기로 결정해 외교적 해결의 실마리를 찾았다. 러시아도 영국 해군에 의한 쓰시마해협 봉쇄를 풀기 위해 이에 동의했다. 영국이 거문도를 점령한 지 5개월 후인 1885년 9월 10일, 아프가니스탄과 러시아는 런던에서 아프가니스탄 서북 국경선 획정에 관한 의정서에 서명했다. 1887년 7월 상트페테르부르크에서 하리루드강과 아무다리아강을 경계로 하는 조약이 체결돼 아프가니스탄의 정세가 안정됐다(송금영, 『러시아의 동북아 진출과 한반도 정책 (1860~1905)』, 2004, 133~134쪽).

이 와중에 영국 해군본부의 거문도 조사 결과 거문도는 "많은 경비를 들여 요새화하지 않는 한 군항으로서 적당치 않다"라는 평가가 내려졌다. 이로써 영국 정부는 거문도에서 철수를 결정한다.

영국의 거문도 철수는 아프간 문제가 해결된 지 1년 5개월이 지난 1887년 2월에야 단행됐다. 이처럼 거문도 철수에 오랜 시간이 걸린 이유는 영국이 거문도로부터 명예로운 철수를 위한 최소한의 조건으로 "러시아가 거문도를 점령하지 않겠다"라는 담보를 받아내기 위해서였다.

리훙장-라디젠스키 협약 체결

1886년 4월, 로즈버리(Rosebery) 영국 외상은 영국 주재 청국 공사 쩡지쩌曾紀澤에게 "영국이 거문도에서 철수한 후 어떤 국가도 이곳을 점거하지 않는다는 사실을 청국이 확실하게 보증하면 점령을 풀겠다"라고 밝혔다. 영국은 거문도 철수를 위한 선행 조건을 청나라에 제시한 다음, "러시아가 거문도를 점령하지 못하도록 당신들이 책임지라"라고 등을 떠민 것이다.

리훙장은 영-러 양국 관계를 이용해 조선에 대한 종주권을 지키기 위해 영국 정부의 제의를 수락했다. 그는 주청 러시아 공사 라디젠스키와 1886년 9월 12일·25일·29일 등 세 차례 회담했다. 라디젠스키 공사는 "러시아는 영국이 거문도에서 철수할 경우 거문도는 물론 조선의 주권이 살아 있는 영토의 어느 곳도 점령하지 않겠다"라고 밝혔다.

리훙장은 관련 사실을 공식 외교 채널을 통해 서약할 것을 요구했다. 러시아가 이 요구를 수용해 "러시아와 청국은 조선에서의 평화를 확보하고, 오해를 방지하기 위해 조선의 현상을 변경하지 않고 영토를 점령하지 않는다"라는 내용에 합의했다.

리훙장은 합의 내용을 협정문으로 정리하는 과정에서 조선에 대한 청의 종주권을 명시하는 조항을 명문화하려 했다. 러시아는 조선과 수호통상조약을 체결할 때 조선을 독립 국가로 인정했기에 이를 거부했다. 결국 두 나라는 관련 내용을 명문화하지 않고, 구두 협약으로 확인하는 방식으로 조선의 영토 보전에 합의했다(최덕규, 『근대 한국과 동아시아 변경 연구』, 2016, 31쪽). 이것이 1886년 10월 6일 체결된 리-라디젠스키 신사협정, 일명 톈진협약이다.

리훙장은 10월 31일, 주청 영국 공사 존 월섬(Sir John Walsham)에게 라디젠스키와 합의한 내용을 통고하고 영국 해군의 거문도 철수를 요구했다. 11월 24일, 영국 정부는 청국 정부에 리훙장의 요구에 동의한다고 알렸고, 1887년 2월 27일 거문도에서 함대를 철수했다.

러시아는 영국 해군이 거문도에서 철수하기 20일 전인 2월 7일, 상트페테르부르크에서 극동 문제 특별 회의를 열었다. 이 회의에서 러시아 정부는 전년의 톈진협약을 성문화하기 위해 청국 정부와 교섭할 것을 결정하고 극동에서 러시아 군사력 증강, 특히 태평양함대의 보강을 결정했다. 이러한 결정하에 극동에서 러시아의 영향력이 강화될 때까지, 지금까지 실시해 온 평화적 정책을 지속하기로 했다. 그리고 장차 조선의 영토가 타국에게 침략당할 경우 러시아도 부동항을 점령할 것이라는 의도를 열강에게 시위하기 위해 1887년 여름 베스티니크(Vestinik)라는 쾌주선快走船 1척을 조선에 파견했다(김원수, 「청일전쟁 및 삼국간섭과 러시아의 조선정책」, 『한국정치외교사논총』 제36집 2호, 한국정치외교사학회, 2015, 40쪽).

조선을 철저히 무시한 영국

조선과 영국은 1884년 4월 28일 제2차 조영수호통상조약(일명 파크스조약)의 비준서를 상호 교환함으로써 양국 간 공식 외교 채널이 가동됐다. 하지만 1년 후인 1885년 4월 영국은 거문도 점령 과정에서 조선과 외교적 접촉을 하지 않았다. 거문도 점령 중에도 영국은 청 및 러시아 정부와 접촉했을 뿐, 당사국인 조선은 철저히 무시했다. 철수 과정에서도 조선이 아니라 리훙장과 라디젠스키 공사를 통해 진행된 리-라디젠스키 협정에 의존했다(김현수, 『대영제국의 동아시아 외교 주역 해리 S. 파크스』, 단국대학교 출판부, 2011, 303~304쪽 참조).

청은 톈진조약을 통해 일본군을 조선에서 철수시켰고, 리-라디젠스키 신사협정을 통해 러시아로부터 "조선 영토를 차지할 생각이 없다"라는 약속을 받아냈다. 영국 해군의 거문도 점령은 러시아와 청으로부터 '조선의 독립과 영토 보전'을 재확인하는 것으로 막을 내렸다. 이 과정에서 조선에 대한 청의 종주권은 더욱 강화됐다.

국제 정세에 대한 정확한 정보가 현저히 부족했던 고종은 영국군의 거문도 철수가 러시아의 영향력 덕분이라고 오판했다. 1888년 4월 3일 러시아 태평양함대 사령관 슈미트 제독과 그를 수행한 세 명의 함장, 여섯 명의 장교가 고종을 알현했다. 고종은 이들을 통 크게 환대하고 슈미트 제독에게 "러시아 전함이 조선 해역에 1년 내내 정박해 줄 것"을 요청했다(최덕규, 『근대 한국과 동아시아 변경 연구』, 2016, 38쪽).

당시는 청나라를 앞세워 러시아로 하여금 "조선으로 남하하지 않겠다"라는 신사협정까지 체결해 영국 함대가 철수한 지 1년도 안 된 상황이었다. 이 와중에 또다시 러시아 세력을 조선에 끌어들이려 한 고종의 행보를 어떤 논리로 이해할 수 있을까?

1884년 7월 조러수호통상조약 체결에도 불구하고 1885년 블라디보스토크-원산 간 해상 무역은 1,671멕시코달러에 불과했다. 1886~88년

사이 조·러 양국의 해상 무역 총량은 212만 6,744멕시코달러였다. 양국의 무역량을 늘리기 위해서는 육로 무역이 급선무였다. 그 결과 1888년 8월 20일 양국은 육로통상장정을 체결한다.

조·러 양국이 육로통상장정 체결을 추진하자 청·영국·미국이 반대하고 나섰다. 포크 미국 공사는 고종에게 "조-러 육로 무역이 개시되면 시베리아와 평양 사이는 러시아 영토가 될 것"이라고 경고했다(송금영,

1886~97년 조선의 대외 해상교역량

(단위 : 달러)

연도	조선의 총 대외무역량			조선과 러시아 간 무역량		
	수입	수출	계	조선의 수입	조선의 수출	계
1886	2,474,185	504,225	2,978,410	14,036	2,207	14,243
1887	2,815,441	804,996	3,620,437	10,996	2,371	13,367
1888	3,046,443	867,058	3,913,501	19,975	9,874	18,849
1889	3,377,815	1,233,841	4,611,656	7,431	1,767	9,198
1890	4,727,839	3,550,478	8,278,317	5,245	4,458	9,703
1891	5,256,468	3,366,344	8,622,812	7,734	9,993	17,727
1892	4,538,485	2,443,739	7,042,224	5,145	21,950	27,095
1893	3,880,155	1,608,116	5,578,271	25,414	20,917	46,331
1894	5,881,563	2,311,215	8,142,778	120,019	98,553	218,572
1895	8,088,213	2,481,808	10,570,021	129,833	23,698	153,531
1896	6,531,324	4,728,700	11,260,024	78,255	68,413	146,668
1897	10,067,514	8,973,895	19,041,409	99,536	147,539	247,075

근거 자료 : 『조선에 대한 설명』, 요약본, 모스크바, 1960, 538~561쪽: A. G. Lubjenczov(1897), 『조선의 함경도와 평안도-하바롭스크』, 235쪽.

『러시아의 동북아 진출과 한반도 정책 (1860~1905)』, 2004, 150~151쪽). 격렬한 반대에도 불구하고 조·러 양국이 조청상민수륙무역장정과 동일한 조약을 체결하자 영국은 조선이 러시아에 넘어가는 것을 막기 위해 청의 조선 식민화 정책에 손을 들어주었다. 조선이 청의 속국으로 남아 현상을 유지하는 것이 영국에게는 최상이었기 때문이다.

영국은 거문도 점령을 통해 그 후 10년간 러시아의 한반도 진출을 봉쇄하는 데 성공했다. 크림전쟁으로 러시아의 지중해 진출을 20년 가까이 저지한 것과 동일한 국제정치적 승리였다. 하지만 영국이 승리를 자축할 수만은 없는 일들이 물밑에서 전개되기 시작했다.

미국 지정학의 대부 스파이크만(Nicholas J. Spykman)의 이론에 따르면 극동과 한반도는 림랜드(Rimland, 유라시아 대륙의 연해부)에 속한다. 스파이크만은 "림랜드를 지배하는 자가 유라시아 지역을 지배하고, 유라시아 지역을 지배하는 자가 세계를 지배한다"라고 주장했다. 극동과 한반도는 영국과 러시아 어느 일방이 단독으로 점령해서는 안 되는 핵심적 이익 지역이었다(강정일, 「지정학으로 본 러시아제국의 대對한반도정책(1884~1904)」, 2013, 157쪽).

일본 해군 대약진, 만주에 군사력 강화한 청국

세계 최강 영국 함대가 거문도를 점령한 2년 동안 블라디보스토크 해군 기지를 모항으로 한 러시아 태평양함대는 저항 한번 못 하고 봉쇄당했다. 1886년 극동 주둔 러시아군 병력은 1만 5,000명에 불과했다. 이 병력 대부분이 블라디보스토크를 중심으로 배치돼 시베리아 지역은 무방비 상태였다. 예비 병력은 확보되지 않았으며, 본토로부터 증원 병력을 요청하기도 어려운 상황이었다.

동아시아 지역에서 저탄 기지를 확보하지 못한 러시아 함대는 원양 작전이 불가능했다. 영국 함대가 쓰시마해협을 봉쇄하면 동해는 출구가 봉쇄돼 '아시아의 흑해'로 변한다. 영국 해군의 거문도 점령으로 러시아 태평양함대는 우물 안 개구리, 독 안에 든 쥐 신세라는 사실이 명확해졌다. 러시아는 중대한 전략상의 변화를 추구해야 하는 상황에 처했다.

메이지유신 이후 일본 해군의 비약적인 발전도 러시아에 심각한 위협 요인이었다. 1877년 사이고 다카모리西鄉隆盛 일파가 서남전쟁을 일으켰을 때만 해도 일본 해군은 보잘것없는 존재였다. 그로부터 6년도 되지 않아 일본 해군은 영국에서 건조한 신예 2급 군함을 도입해 함대의 중추 세력으로 삼았다. 소형 군함은 일본 국내 조선소에서 건조했고, 함정 수리를 위한 도크 시설을 완공했으며, 일본 내해에 해군 기지도 건설됐다.

청나라의 북양함대에 눌려 있던 일본은 1883년, 6년에 걸쳐 6척의 대형 군함을 비롯해 20척 이상의 군함을 획득하는 함선 건조 계획에 착수했다. 예정된 기간 내에 건함 계획이 완료되면서 일본은 동아시아의 주요 해군국으로 부상했다. 동아시아에서 2급 군함을 건조할 수 있는 조선소를 보유한 나라는 일본이 유일했다(A. 말로제모프, 석화정 옮김, 『러시아의 동아시아정책』, 시식산업사, 2002, 64쪽).

일본은 1885~89년 쓰시마 정박지를 요새화했다. 이 요새를, 쓰시마해협을 통과하는 선박을 요격하는 기지로 탈바꿈시켰다. 일본 해군이 쓰시마를 거점으로 해협을 봉쇄할 경우 러시아의 해상 교통로가 차단될 수도 있는 상황이었다. 영국·일본 해군의 존재로 인해 극동 러시아의 생명선인 해상로가 중대한 위협을 받게 되면서 1888년 무렵 블라디

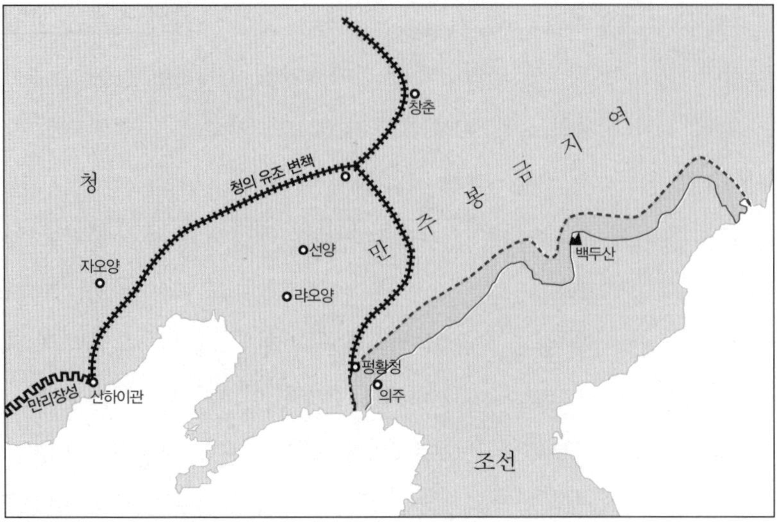

만주 일대의 봉금 지역

보스토크의 가치는 평가 절하됐다.

러시아는 자국 해군력이 영국을 압도하지 못하는 한, 극동 러시아 지역의 방위를 해군력에 의지하는 것은 위험하다고 판단했다. 그 결과 육군력에 의존하는 새로운 방위 정책 구상에 착수한다.

이 무렵 만주 일대에 대한 청나라의 영향력이 급속하게 확대됐다. 청조는 왕조의 탄생지인 만주를 신성화하기 위해 봉금封禁 지역으로 선포하고 250여 년 일반인의 출입을 금지했다. 1860년대 태평천국의 난으로 중국 대륙을 탈출한 난민들이 출입이 금지된 만주로 불법 이주해 왔다. 1882년부터 1890년까지 북만주에 정착한 청나라 이주자는 아무르와 연해주 지역에 정착한 러시아 이주민 수보다 30배나 많았다.

봉금의 둑이 무너지자 청조는 만주에 식민을 장려했고, 군비도 크게 증강했다. 1881년 이후 만주 주둔 청군 병력은 계속 늘었고, 이들은 신식 무기로 무장했다. 1885년 만주 주둔군의 재무장과 재조직이 이루어졌을 때 동북 3성 일대의 청군 병력은 평시 편제로 8만 5,000명에 달했다(A. 말로제모프, 『러시아의 동아시아정책』, 2002, 48쪽).

시베리아횡단철도 건설 구상

러시아는 1884년 바이칼호 동부의 러시아령을 이르쿠츠크와 프리아무르 총독 관할로 나누었다. 프리아무르 총독의 담당 지역은 자바이칼, 아무르, 연해주, 사할린섬으로 구성됐고 행정 중심지는 하바롭스크로 옮겨졌다. 1884년 새로 구획된 프리아무르 행정 구역의 초대 총독으로 재능과 역량을 겸비한 코르프(Andrey Nikolayevich Korff) 남작이 부임하면서 이 지역에 대한 러시아의 관심이 고조됐다.

청나라 정부가 추진한 만주 일대의 군사력 강화 전략은 극동 러시아 지역에 위협 요소로 작용했다. 1886년 극동 러시아 일대에 주둔한 러시아 지상 부대는 코사크(Cossack) 정착민을 제외하면 1만 5,000명에 불과했다. 이들 가운데 1만 1,000명은 블라디보스토크 근처에 주둔했고, 나머지 지역은 텅 비어 있는 상황이었다. 아무르의 군사 지역에 근무한 장교들 추산에 따르면 모스크바를 출발한 병력이 도보 행군으로 연해주 지방에 도달하는 데는 18개월이 걸렸다(A. 말로제모프, 『러시아의 동아시아정책』, 2002, 50쪽).

러시아 군부와 정치권은 만주 일대에 군사력을 강화하는 청나라의 움직임을 예의주시했다. 그들은 제2차 아편전쟁 와중에 아이훈愛琿조약(1858)과 베이징조약(1860)으로 러시아에 강탈당한 극동 지역 영토를 수복하기 위해 조만간 러시아를 공격할 가능성이 농후하다고 판단했다.

러시아는 아이훈조약으로 아무르강 일대를 병합한 후 만주의 여러 지역을 철도로 연결하는 계획이 제기됐다. 최초의 시베리아횡단철도 아이디어는 1857년 러시아의 로마노프(C. M. Romanov)가 제안했다. 그는 시베리아의 자원 개발과 무역 시장 확대를 위해 이르쿠츠크-치타 간 철도 건설 허가를 신청했다.

1874년 교통상에 취임한 포시에트(K. N. Posiet)는 1875년 알렉산드르 3세에게 볼가강에서 아무르강까지 철도 부설을 건의했다. 알렉산드르 3세는 시베리아 지역의 철도 건설은 영국을 자극해 군사적 충돌로 이어질 수 있다는 점을 들어 이 건의를 수용하지 않았다.

당시 철도는 국가의 권력과 위신, 국가 발전의 상징이었다. 유럽 열강은 자국의 영향력을 먼 지역까지 투사하기 위해 철도를 부설했다. 1886년 영국에 의해 캐나다 횡단 태평양철도가 완성됐고, 청나라가 만주횡단철도 건설을 진행한다는 소식이 들려왔다.

코르프 남작과 이르쿠츠크 총독인 육군 중장 이그나티예프(Nicholas Pavlovich Ignatiev)는 알렉산드르 3세 황제에게 극동 러시아 일대를 방어하기 위해서는 유럽 러시아에서 병력과 물자를 빠른 시간 안에 극동 지역으로 수송하는 육로 교통수단 건설이 시급하다고 여러 차례 청원했다.

극동 지역 관리들의 건의와 거문도 사건으로 극동의 전략적 가치가 급변하자 황제의 생각도 바뀌었다. 1886년 봄, 알렉산드르 3세는 "시베리아를 최단 거리로 횡단하는 철도를 부설하라"라는 포고문을 발표했다. 황제의 포고에 의해 모스크바와 극동 러시아 영토를 육로로 연결하는 장장 9,300여 킬로미터의 시베리아횡단철도 건설 계획에 시동이 걸렸다.

러시아, 제국을 향한 야심찬 모험

1887년 6월 18일 상트페테르부르크에서 시베리아횡단철도 부설을 위한 고위 당국자 회의가 열렸다. 이 회의에서 "시베리아의 화물량이 얼마 되지 않기 때문에 어느 정도 시간이 흘러야 이득이 있을 것이라는 사실에도 불구하고 국익을 위해, 특히 전략적인 면을 고려할 때 유럽 러시아와 동아시아를 연결하는 운송 기관의 필요성이 해가 갈수록 절박해지고 있다"라는 내용이 만장일치로 의결됐다(A. 말로제모프, 『러시아의 동아시아정책』, 2002, 70쪽).

다음 날 러시아 황제는 고위 당국자 회의에서 내린 결정을 승인하고, 교통상에게 시베리아철도 부설을 위한 측량을 실시하라고 명령했다. 시베리아횡단철도는 대륙 국가 러시아가 해양 국가들에 비해 기동성에서 우위를 차지할 수 있는 전략적 수단이었으며, 제국을 향한 야심 찬 모험이었다(강성학, 『시베리아횡단열차와 사무라이』, 1999, 186쪽). 하지만 재정이 빈약한 러시아 입장에서 총 35억 루블에 달하는 막대한 건설 자금이 큰 부담이었다.

러시아가 시베리아횡단철도 건설 비용을 마련한 것은 프랑스 덕분이다. 1887년 러시아 재무상 비슈네그라드스키(I. A. Vyshnegradskii)는 러시아-프랑스 동맹을 통해 프랑스 금융계로부터 500억 프랑의 차관을 도입했다. 러시아 수뇌부는 그해 6월 18일 시베리아횡단철도 건설을 결정했고, 다음 날 러시아 황제가 이 계획을 승인했다.

이 와중에 동유럽과 중앙아시아에서 외교적 긴장이 발생했다. 러시아 내부에서도 보수주의자들이 신기술 도입으로 러시아의 전통적 요소들이 해를 입는다는 이유로 철도 건설을 반대했다. 그 결과 시베리아횡단철도 건설은 1891년에야 최종 확정된다. 1891년 3월 대신 회의에서,

동쪽 종착역인 블라디보스토크에서는 1891년부터, 서쪽 종착역인 첼랴빈스크에서는 1892년부터 철도 부설을 개시하기로 결정했다. 1892년 8월에 비테가 재무상에 오르면서 시베리아철도 건설을 그가 관장하게 됐다(김용구, 『러시아의 만주·한반도 정책사, 17~19세기』, 푸른역사, 2018, 205쪽).

영국군의 거문도 점령과 일본의 군비 증강 속에서, 청나라 국경과 1,600킬로미터 이상을 맞대고 있는 연해주 방어를 위해 시베리아횡단철도 부설은 러시아 극동 정책의 생명선으로 등장하게 된다.

1884년 청-프랑스 전쟁을 전후해서, 그리고 러시아가 시베리아횡단철도 건설을 추진하자 중국에서도 "우리도 철도를 놓아야 한다"라는 움직임이 일었다. 국가 발전을 위해서는 서양의 기술뿐만 아니라 정치 제도까지 과감히 수용해야 한다고 강조한 『이언易言』의 저자 정관잉鄭觀應은 러시아가 시베리아횡단철도를 완성할 경우 중국의 신장新疆, 이리伊犁, 지린吉林 등에 불과 며칠이면 도달할 것이라면서 중국도 변방 지역과 연결되는 철도를 부설하자고 주장했다.

코르프와 지노비예프, "조선은 병합할 가치가 없는 나라"

러시아는 시베리아횡단철도가 완공되기 전까지는 조선과 청나라의 전통적인 종속 관계가 다른 열강의 조선 병합을 막아주는 유용한 장치라고 판단했다. 이 와중에 러시아가 조선에서 부동항을 얻기 위해 움직일 경우 영국과 청나라를 자극해 영-청 연합을 부추길 우려가 있었다. 러시아는 조선에 대한 청의 종주권을 묵시적으로 인정하는 현상 유지 정책을 택했다.

1888년 5월 8일 아무르주 총독 코르프와 외무성 아시아국장 지노비예프(Ivan Alekseevich Zinoviev)가 대對한반도 정책과 관련한 기본 노선을 확정하기 위해 상트페테르부르크에서 회동했다. 두 사람은 러시아의 조선 병합은 불리한 결과를 초래할 것이며, 조선은 너무 가난해 러시아에 유익한 통상 시장이 될 수도 없다는 점에 동의했다.

또 조선은 방어의 어려움과 불리함 때문에 전략 기지로서의 중요성이 떨어지며, 러시아의 중핵 부대들과도 너무 멀리 떨어져 있으며, 러시아가 조선을 획득하는 것은 청국뿐만 아니라 영국과의 관계도 손상할 우려가 있기 때문에 조선 병합을 포기해야 한다고 밝혔다(A. 말로제모프, 『러시아의 동아시아정책』, 2002, 40쪽).

"조선은 전쟁을 치러가면서 병합할 정도로 가치 있는 나라가 아니다. 조선으로의 팽창은 러시아에 이익 될 것이 없다"라는 것이 코르프의 논리였다. 그에게 중요한 과제는 조선의 획득이 아니라 아무르 지역 개발을 위한 동아시아의 안정과 현상 유지였다. 1889년 러시아 참모본부 요원으로 조선에서 근무했던 베벨리 육군 중령은 한술 더 떠 "우리는 조선을 완전히 무시해야 한다. 만주에서 작전할 경우 조선은 만주의 견고한 보루가 된다. 동맹국으로서 조선은 전혀 도움이 되지 않으며, 적국이 되기에도 조선은 무력하다"라는 보고서를 제출했다.

이들이 한사코 조선 병합을 반대한 이유는 조선이 청·일 양국 상인의 이권 쟁탈장이 돼서 러시아 상품의 구매력을 기대할 수 없었기 때문이다. 러시아가 조선에서 취할 수 있는 이권은 자원 개발이 유일했다. 자원 개발을 위해서는 막대한 투자가 선행돼야 하며, 투자 자금 회수가 장기적이라는 한계가 있었다. 자본력이 취약한 러시아로서는 선뜻 뛰어들기 어려운 분야였다.

게다가 조선은 러시아 중심부에서 너무 멀리 위치하고 있다. 또 3면이 바다로 둘러싸인 반도의 지형적 특성상 러시아가 해군력으로 한반도의 긴 해안선을 방위할 능력도 보유하지 못했다. 한반도의 군사적 가치에 대해서도 부정적인 평가가 내려졌다.

코르프와 지노비예프는 부동항 획득이라는 숙원에도 불구하고 청·일본·영국과 전쟁을 각오하면서까지 조선을 병합할 가치는 없으며, 조선이 정치적 독립을 유지하는 한 러시아는 당장 문제 될 것이 없다는 점에 의견의 일치를 보았다. 두 사람의 회담 결과는 지노비예프가 문서로 정리하고 코르프가 서명했다. 이때 정리된 러시아의 조선에 대한 노선이 청일전쟁 발발 때까지 러시아 정책의 기본 골격이 됐다(최문형, 『한국을 둘러싼 제국주의 열강의 각축』, 지식산업사, 2006, 79쪽).

해상 교통에서 육상 철도로 전략 방향을 전환함으로써 러시아 외교 정책은 전면 수정이 불가피했다. 시베리아철도가 완공될 때까지 러시아는 "우리의 명예가 지켜지는 한" 조선에 대한 '신중 정책(cautious policy)'을 채택했다(최문형, 『제국주의시대의 열강과 한국』, 민음사, 1990, 105쪽).

이런 증거들을 근거로 말로제모프는 동아시아에서 러시아의 남진 위협과 부동항 획득 노력은 영국을 비롯한 서양 열강에 의해 의도적으로 부풀려진 마타도어라고 비판한다. 동아시아에서 상선이나 함대를 제대로 보유하지 못한 러시아가 부동항 획득을 정책화했다는 것을 믿을 수 없다는 주장이다.

철도를 통한 돈벌이 주목

말로제모프는 러시아가 조선에서 부동항 획득을 시도한 사실이 없음에도 불구하고 조선과 일본에 지속적으로 '러시아에 대한 공포증恐露症'

을 증폭시킨 것은 영국과 미국의 정책 당국자들이었다고 분석한다. 특히 1882년 그리피스(William Elliott Griffis)가 저술한 『은자의 나라 조선(Corea, the Hermit Nation)』이 러시아의 침략 야욕, 특히 러시아가 조선의 부동항을 노리고 있다는 이론을 확산시키는 데 결정적 역할을 했다고 주장했다(A. 말로제모프, 『러시아의 동아시아정책』, 2002, 56쪽).

그는 또 러시아 정부가 1885년 이전에 블라디보스토크 항구에 대해 만족하지 못했음을 보여주는 자료는 발견되지 않는다고 주장했다. 1877~79년 러시아가 블라디보스토크를 요새화하고 개발하는 데 막대한 경비를 지출했는데, 블라디보스토크가 러시아의 동아시아 제1의 항구였음은 이로써 증명된다는 것이다(A. 말로제모프, 『러시아의 동아시아정책』, 2002, 55~56쪽).

결론적으로 말로제모프는 오랫동안 러시아는 조선의 항구를 마음에 두고 있다는 혐의를 받아온 것은 근거가 없으며, 러시아는 해양에 대해 과도한 욕심을 낸 적도 없다고 주장했다(A. 말로제모프, 『러시아의 동아시아정책』, 2002, 66쪽).

시베리아횡단철도 건설 계획은 처음에는 군사적 목적으로 검토됐다. 차관 공여국인 프랑스는 러시아에서 시베리아 쪽으로가 아니라 러시아에서 유럽 방향으로 병력을 수송하기 위한 철도 건설을 요청했다. 이런 의견에 이의를 제기한 인물이 철도 전문가 비테(Sergey Yulyevich Witte)다. 그는 1877년 오데사철도 개발 책임자, 1889년 재무성 산하 철도국 책임자로 중앙 부서에 진출했다. 알렉산드르 3세의 총애를 받아 1892년 2월 교통상, 같은 해 8월 재무상에 임명됐다.

러시아 황제 알렉산드르 3세는 힘으로 밀어붙이는 외교 정책이 아니라, 러시아의 국력을 강화할 수 있는 경제적 안정을 원했다. 비테는 황제의 정책과 노선을 적극 수행했다. 그는 새로 건설된 자국 제철소에서 생산된 철강으로 시베리아철도 부설을 추진했다.

비테는 군사적 목적에 덧붙여 철도를 통한 돈벌이에 지대한 관심을 보였다. 시베리아철도를 이용해 중국산 차茶를 유럽으로 운송하고, 자국산 면제품과 모직물을 만주로 보내 아시아 시장을 개척한다는 구상이었다. 이로써 시베리아횡단철도의 전략적 가치는 군사적 목적에 경제적 목적, 그리고 러시아 실업자를 동아시아로 이주시켜 극동 지역을 개발한다는 목적이 부가됐다(A. 말로제모프, 『러시아의 동아시아정책』, 2002, 82쪽).

비테는 대륙 국가 러시아가 극동에서 일본처럼 해군력을 강화하는 방식으로는 지정학적 조건을 살릴 수 없다고 판단했다. 그는 시베리아철도 건설을 통해 육군의 신속한 극동 진출을 도모했다. 시베리아철도 건설 이후 극동 지역에서 러시아의 영향력이 강화되면 남아시아까지도 진출할 수 있다고 생각했다. 그는 청일전쟁이 러시아의 시베리아횡단철도 건설에 대한 일본의 반발이자 러시아에 반대하는 일본의 적대적 행동이라고 해석했다(김영수, 『미쩰의 시기 을미사변과 아관파천』, 경인문화사, 2013, 25쪽).

제4장

시베리아횡단철도 건설의 충격

우랄산맥과 태평양 사이에 있는 북아시아 전체를 포함하는 광대한 지역을 시베리아(Siberia)라 부른다. 타타르어로 시베리아는 '잠자는 대지'를 뜻한다. 오랜 기간 예네츠인, 네네츠인, 훈족과 같은 유목민들의 삶터였던 시베리아는 모피 산지로 각광 받으면서 역사 무대에 등장했다.

하지만 교통이 문제였다. 시베리아 일대는 인간의 발길을 허용하지 않는 대자연 그대로의 원시성을 간직하고 있었다. 러시아의 극동 개척은 유럽 러시아에서 시베리아 가도를 따라 육로로 동진한 다음, 배나 뗏목을 이용해 아무르강을 따라 수로로 이동하는 방식이었다. 인적이 없는 툰드라 지대의 동토는 겨울이면 눈밭, 여름이면 진창으로 변한다. 이용 가능한 교통로는 강의 지류로 연결된 하천 수로인데, 겨울이면 얼어붙어 인간의 통행을 거부한다.

겨울에는 영하 40도의 혹한, 여름엔 진창을 헤쳐가며 러시아인을 태평양으로 진출하도록 만든 원동력은 모피 획득을 통한 이윤 창출이었다. 모피를 얻기 위해 정열적으로 시베리아 개척에 나선 러시아는 제2차 아편전쟁의 와중에 청나라를 겁박해 연해주 일대의 광활한 영토를 획득했다. 새로 획득한 극동 지역 영토와 유럽의 영토를 연결하기 위해 1870년대 말부터 흑해의 오데사 항구에서 수에즈 운하, 아덴만, 싱가포르, 홍콩, 나가사키를 경유해 블라디보스토크로 이어지는 남해 항로를 개척했다. 이것이 유럽 러시아와 극동 러시아를 연결하는 메인 루트였다.

러시아가 개척한 남해 항로상 주요 기착지는 홋카이도 남부의 하코다테函館와 나가사키였다. 극동 러시아 지역에 필요한 식량, 일용품, 일본산 석탄이 나가사키를 통해 블라디보스토크로 공급됐다. 나가사키로부터 물자뿐만 아니라 다수의 가라유키상唐行きさん(일본의 해외 진출 매춘부)들이 블라디보스토크와 시베리아로 향했다(오타니 다다시, 이재우 옮김, 『청일전쟁 국민의 탄생』, 오월의봄, 2018, 45~46쪽).

이 와중에 고종이 두 차례의 조-러 밀약을 통해 러시아를 한반도로 끌어들이려 하자 영국은 거문도 점령으로 응전한다. 2년여에 걸친 영국 해군의 거문도 점령은 극동 러시아의 해상로 봉쇄라는 충격적인 사태를 몰고 왔다.

러시아가 시베리아횡단철도 건설하면?

그동안 동대서양과 지중해, 인도양에서 동아시아로 향하는 해상로는 영국 해군의 수중에 있었다. 때문에 유럽 열강의 아시아 정책은 영국에 의해 좌우됐고, 그 결과 팍스브리타니카(영국 주도의 세계 평화)가 유지됐다(야마무로 신이치, 정재정 옮김, 『러일전쟁의 세기』, 도서출판 소화, 2010, 64~65쪽). 고종의 조-러 밀약 추진은 러시아의 시베리아횡단철도 건설이라는, 전혀 엉뚱한 '나비 효과'를 촉발시켰다.

시베리아횡단철도가 건설될 경우 러시아는 영국 제해권의 구속을 받지 않고 육군을 자유롭게, 단시일 내에, 대량으로 유럽에서 극동으로 이

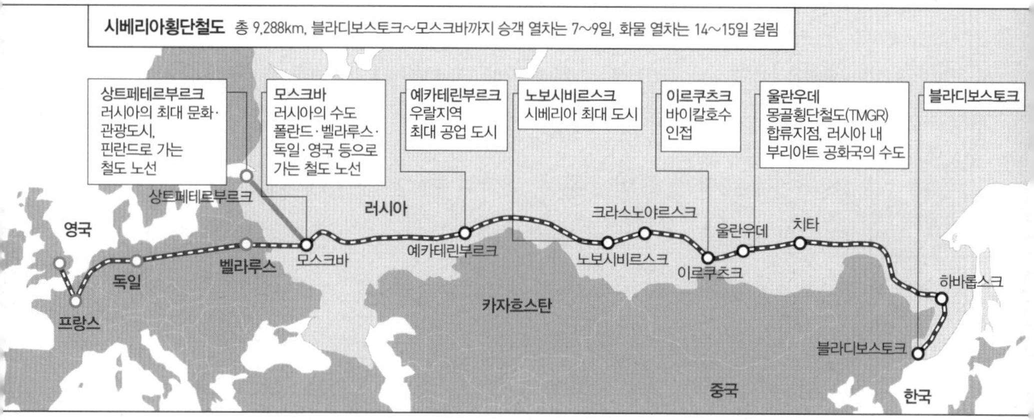

동시킬 수단을 확보하게 된다. 게다가 영국은 홍콩 이북 지역에는 군사 기지가 없었다. 러시아가 시베리아횡단철도를 이용해 자국 군사력을 극동으로 투사할 경우 러시아는 블라디보스토크에서 홍콩 일대를 손쉽게 장악할 가능성이 열린다.

이처럼 시베리아횡단철도 건설은 단순히 러시아 국내 문제에 국한된 사안이 아니었다. 영국이 해군력으로 유지해 온 유럽 열강 간의 주도권 판도를 뒤흔들 뿐 아니라, 인도의 영국 통치에 불안을 주고, 아프가니스탄에서 영-러 항쟁을 격화시켜 아시아의 기존 권익과 세력 지도를 고쳐 쓴다는 의미에서 국제정치 정세에 큰 충격을 주었다(야마무로 신이치, 『러일전쟁의 세기』, 2010, 65쪽).

그보다 더 큰 문제가 숨어 있었다. 블라디보스토크는 12월부터 이듬해 4월까지 결빙되는데, 이 기간에 러시아 태평양함대 함정들은 나가사키만 안쪽의 이나사稻佐 앞바다를 정박지로 이용했다. 이나사에는 러시아 수병을 위한 유곽이 존재했고, 러시아 해군 장교의 일본인 아내들이 거주하는 '러시아촌'이 형성됐다(오타니 다다시, 『청일전쟁』, 2018, 46쪽).

러시아가 태평양으로 나가는 양호한 출해구를 확보하기 위해서는 시베리아횡단철도의 종착역을 겨울철에도 사용이 가능한 부동항까지 연결하는 것이 급선무였다. 그들이 극동 지역에서 횡단철도의 종착역으로 활용할 후보지는 한반도에서 부산과 마산, 중국에서는 랴오둥반도의 남단에 위치한 뤼순과 다롄이었다. 한반도와 랴오둥반도가 러시아의 점령 가능성이 높은 지역으로 급부상한 것이다.

경악한 일본 군부

러시아의 시베리아횡단철도 건설 계획이 구체화되자 일본에 비상이 걸렸다. 이 철도가 완공될 경우 유럽 쪽 러시아에서 블라디보스토크 혹은 부산이나 마산까지 선박으로 60일 이상 걸리던 운송 기간이 2~3주로 단축된다. 유럽 지역에서 대병력이 영국 해군의 방해를 받지 않고 2~3주 만에 극동으로 이동이 가능해지는 것이다. 일본 군부는 "우크라이나 초원에서 풀을 뜯던 코사크 기병대가 열차에 실려 3주 후면 헤이룽강黑龍江 물을 마실 수 있게 됐다"라면서 경악했다.

1890년 11월 29일 대일본제국 헌법에 의해 일본 최초로 제1회 제국의회가 개원됐다. 야마가타 아리토모山縣有朋 총리는 역사적인 개원을 맞은 제국의회에 출석해 행한 시정 방침 연설에서 '국가 독립 자위의 길'을 위한 군비 확장 예산 편성을 설명했다. 야마가타는 "군사비가 예산의 30퍼센트 가까이 차지하는 이유는 국가의 독립과 주권 신장을 위해서"라고 주장했다.

그는 제국주의 시대에 주권국가는 다른 나라의 침해를 허용하지 않는 국경으로서의 주권선主權線을 지키는 것만으로는 불충분하며, 자국 주권선의 안위와 긴밀하게 관련을 맺는 구역인 이익선利益線까지 보호해야 한다고 연설했다(야마무로 신이치, 『러일전쟁의 세기』, 2010, 70~71쪽).

야마가타 아리토모에게 주권선·이익선 개념을 가르친 인물은 오스트리아 빈대학의 정치경제학 교수 로렌츠 폰 슈타인(Lorenz von Stein)이었다. 슈타인은 이토 히로부미에게는 메이지 헌법의 기둥이 되는 권력분립의 기본 구조, 국가가 행하는 사회 정책의 필요성 등을 가르친 학자였다.

슈타인 교수는 시베리아철도로 러시아가 일본을 유린하는 것은 무리이며 오히려 러시아 철도는 조선 점령에 필요한 요소라는 입장이었다. 그는 시베리아철도가 일본에게 사활적으로 중대해지는 것은 러시아가 조선 점령을 고려할 때라고 논점을 정리했다(가토 요코, 박영준 옮김, 『근대 일본의 전쟁논리』, 태학사, 2003, 87~88쪽).

시베리아횡단철도가 일본에 미치는 영향은 "타국이 하루아침에 조선을 점유할 경우 일본은 이루 말할 수 없을 정도로 위험해진다. 이런 논리에서 일본의 이익 강역(이익선)은 조선의 중립에 있고, 이것을 방해하려는 자가 있다면 힘을 다해 이에 간섭해야 한다"라는 것이 슈타인의 기본 입장이었다. 그는 야마가타에게 "이런 이유 때문에 조선을 점령하려는 자는 일본의 적국으로 간주해야 한다"라고 조언했다. 그는 조선의 중립을 무력으로써 담보하라는 지침을 준 것이다(가토 요코, 『근대 일본의 전쟁논리』, 2003, 90~93쪽).

"일본 이익선의 초점은 조선"

시베리아철도가 완성되면 러시아 세력의 동아시아 침투는 막을 수 없는 현실이 된다. 조선은 스스로를 지킬 능력이 없는 나라이기 때문에 한반도는 러시아의 수중에 넘어갈 것이 거의 분명하다. 이 사태가 현실화되면 로렌츠 교수의 말처럼 일본의 안보에 심각한 위협을 받는다.

야마가타 총리는 의회에 「군사 의견서」를 제출했다. 그 내용은 야마가타가 제국의회 개원식에서 연설한 주권선·이익선 개념을 구체화한 것이었다. 이 의견서에서 야마가타는 "동양 사정 가운데 가장 절박한 것은 러시아의 조선에 대한 관계"라면서 "시베리아철도가 완성되면 러시아는 필연적으로 부동항을 조선 땅에서 구하게 될 것이니 이 철도 준공일이 러시아가 조선 침략을 시작하는 날이다. 러시아 철도 건설은 아시아에서 일대 파란을 불러일으킬 것이니 이 위기에 대응해 군비 증강을 서둘러야 한다"라고 주장했다(최문형, 『한국을 둘러싼 제국주의 열강의 각축』, 2006, 85쪽).

이것이 야마가타 총리가 주장한 주권선·이익선 개념의 핵심이었다. 야마가타는 이익선, 즉 조선을 지키기 위해서는 "우리에게 불이익이 되는 자가 있을 때에는 우리 책임으로 이를 배제하고, 부득이한 경우에는 강력한 힘으로 우리의 의지를 달성한다"라는 단호한 결의를 보였다. 일본이 독자적인 힘으로 이익선까지 보호하기 위해서는 군비 확장이 반드시 필요하니 국민들이 허리띠를 졸라매서라도 이에 필요한 재원을 만들어 달라고 의회에 요구했다.

1890년 상하이에 일청日淸무역연구소를 설립해 중국 전문가를 양성한 대륙 낭인浪人의 선구자 아라오 세이荒尾精는 시베리아횡단철도가 완성되면 "조선과 중국은 이미 조선인과 중국인의 것이 아니고, 입술이 없으면 이가 시려 우리만 베개를 높이 하고 동방에 편안히 누워 있을 수 없다"라고 경고했다. 그는 일본이 조선과 청나라의 재정권과 군사권을 장악해 국가 위상을 크게 높여야 한다고 주장했다.

야마가타가 주권선·이익선 개념을 선언한 때부터 일본은 "조선을 중국의 영향력에서 분리한 후 러시아가 조선을 차지하는 것을 막는다"라는 데 전략의 초점이 맞춰졌다. 하지만 현실은 일본 지도부의 생각처럼 간단치 않았다. 일본이 아무리 조선을 이익선이라고 주장해도 오래전부터 한반도를 '이와 입술의 관계脣亡齒寒'로 여겨온 청이나 러시아가 쉽게 한반도를 포기하고 물러서지는 않을 것임을 일본은 잘 알고 있었다. 야마가타 아리토모가 주권선·이익선 보호를 선언한 순간, 한반도의 지배권을 둘러싼 청일전쟁·러일전쟁은 피할 수 없는 외통수 길로 들어서게 된다.

사무라이 전통의 무인 통치 집단의식이 깊이 뿌리박힌 일본 지도부의 특성은 주변에 대한 불안의식과, 그에 대처하는 방식이었다(W. G. 비즐리, 정영진 옮김, 『일본제국주의 1894~1945』, 한국외국어대학교 출판부, 2013, 4쪽). 역사상 일본이 외부의 적으로부터 침략을 당한 사례는 1274년과 1281년 두 차례다.

세계제국 건설 야망에 불타던 원나라 황제 쿠빌라이는 속국이었던 고려에서 900척의 함선과 군량, 8,000여 병력을 동원해 여麗-원元 연합군을 구성한다. 1274년 10월 27일 고려의 김방경이 지휘하는 8,000명, 원나라 흔도忻都와 홍다구洪茶丘·유복형劉復亨이 지휘하는 몽한군蒙漢軍 2만 5,000명을 실은 900여 척의 함선이 원정 기지인 합포(마산)를 출발했다.

여-원 연합군은 쓰시마와 이키노시마一岐島를 점령하고 규슈九州의 하카타博多에 상륙했다. 가마쿠라 막부의 실권자 호조 도키무네北條時宗가 지휘하는 일본군의 저항으로 고전을 면치 못하던 여-원 연합군은 엎친 데 덮친 격으로 거친 폭풍우를 만났다. 수많은 전함이 침몰해 절반가량 병력을 잃자 여-원 연합군은 11월 27일 퇴각했다.

일본, 한반도 정책 둘러싸고 강온파 대립

제1차 원정에 실패한 원나라는 1281년 재차 일본 정벌에 나선다. 고려군은 김방경 휘하에 1만 5,000명, 몽한군은 흔도와 홍다구 지휘하에 3만 명과 900척의 함선이 동원됐다. 남송의 범문호范文虎가 지휘하는 강남군 10만 명과 3,500척의 함선이 가세했다. 5월 3일 합포를 출항한 고려군과 몽한군은 이키노시마에서 강남군과 만나 연합 작전을 펼치기로 했는데, 또다시 태풍을 만났다. 폭풍우 속에서 배가 침몰해 10만여 명을 잃는 심각한 피해를 당하고 또다시 철수했다.

일본의 유명 작가 이노우에 야스시井上靖가 여-원 연합군의 일본 침공을 『풍도風濤』라는 소설로 흥미진진하게 엮어냈는데, 두 차례 외적의 침공은 일본 사회에 큰 충격을 주었다. 원정군의 출발지이자 전진 기지가 한반도였고, 병력과 함선의 노잡이 등이 한반도에서 동원됐다. 일본인들은 한반도가 자신들의 적대 세력에게 넘어갈 경우 자국 안보에 결정적인 위협이 된다는 사실을 두 차례의 여-원 연합군 침략을 통해 절실하게 깨달았다.

미국 스탠퍼드대학의 마크 R. 피티는 『식민지』라는 저서에서 세계 각국의 식민지 획득 사례를 연구한 후 일본의 독특한 패턴을 발견했다. 서구 열강은 국가적 이익, 시장에서의 이익, 그리고 국내 과잉 인구 유출을 위해 식민지를 획득한 반면, 일본은 자국의 안전 보장을 위해 식민지를 획득했다는 것이다.

피티는 일본의 식민지는 일본의 전략적 이익에 합치한다는 최고 수준의 신중한 결정을 근거로 획득했고, 그에 기초해서 식민지를 영유했다고 지적한다. 다시 말하면 일본이 차지한 식민지는 거의 대부분 일본의 안전 보장과 관련된 지역이라는 것이다. 이처럼 안전 보장을 위해 식민지를 확대한 나라는 거의 없다는 것이 도쿄대 교수 가토 요코加藤陽子의 분석이다(가토 요코, 윤현명·이승혁 옮김, 『그럼에도 일본은 전쟁을 선택했다』, 서해문집, 2018, 203~204쪽).

청·일 양국은 임오군란·갑신정변을 둘러싸고 한반도에서 두 차례 무력 충돌했다. 이때 일본에서는 조선 문제를 둘러싸고 강·온 외교 노선이 대립했다. 이노우에 가오루井上馨와 이토 히로부미를 대표로 하는 조슈 파벌은 조선이나 청과의 개전을 회피하고 평화적 해결을 추구하는 주화론主和論 입장이었다.

그 반면에 가바야마 스케노리樺山資紀, 니레 가게노리仁禮景範, 노즈 미치쓰라野津道貫 등을 중심으로 한 사쓰마 파벌은 대청 개전론을 주장하는 강경 주전론主戰論 입장이었다. 그들은 시간이 갈수록 군사력 면에서 청이 유리해지므로 지금이 개전 기회라는 입장이었다(오타니 다다시, 『청일전쟁』, 2018, 38~39쪽).

임오군란 당시 일본 육군의 상비 병력은 1만 8,600명, 예비역 2만 7,600명을 포함해도 4만 6,000여 명에 불과했다. 해군은 24척, 2만 7,000톤으로 소형함과 구식함 위주였다. 반면에 청군은 리훙장 휘하의 회군淮軍만 10만이 넘는 병력을 보유하고 있었다. 주전론자들이 보기에도 이 정도 병력으로 청과 싸워 승리할 수 있다고 생각한 사람은 많지 않았다(오타니 다다시, 『청일전쟁』, 2018, 52~53쪽).

임오군란은 청과의 군사력 격차를 실감한 일본으로 하여금 군비 확장의 길로 나아가게 만드는 계기가 됐다. 일본 정부는 1882년 11월 해군 예산 4,300만 엔, 포대 시설 552만 엔, 육군 예산 1,200만 엔을 증액하는 '군비 확장 8개년' 예산을 결정했다. 이 예산으로 육군은 1885년부터 10년간 28개 보병연대, 7개 기병대대, 7개 야전포병연대, 7개 치중병(병참)대대를 조직했다. 해군도 1883년부터 8년 동안 대형함 5척, 중형함 8척 등 총 32척의 건함에 돌입했다(쿠로노 타에루, 최종호 옮김, 『참모본부와 육군대학교 제국육군의 영광과 종언』, 논형, 2015, 40~41쪽 참조).

조선을 일본 국내 문제로 인식

갑신정변은 다케조에 공사가 본국 정부 훈령이 없는 상태에서 자의적 판단으로 주재국 쿠데타에 가담한 외교적 참사였다. 갑신정변 실패는 조선 정책을 담당해 온 이노우에 가오루 외무경, 이토 히로부미 궁내경 등 조슈벌의 대실책이었다. 때문에 사쓰마파의 발언력이 커졌다.

갑신정변 당시 창덕궁에서 청군과 일본군이 교전을 벌이는 등 여차하면 전쟁으로 번질 상황에서 양국 관계를 평화적 해결로 이끈 주역은 영국이었다. 청·일 양국은 영국의 중재로 1885년 4월 텐진조약을 체결해 양국이 조선에 대한 재파병권을 인정하고 조선에서 철군하기로 합의한다. 이로써 전쟁은 회피됐고, 일본에서는 조슈 파벌의 정국 주도가 유지됐다(오타니 다다시, 『청일전쟁』, 2018, 40~41쪽).

텐진조약 체결과 동시에 영국 해군이 거문도를 점령했다. 일본 정부는 러시아가 영국에 대항해 조선으로 남하하는 것 아닌가 하는 불안감이 커졌다. 부산이나 마산에 러시아 제국 깃발이 휘날리면 지척에 있는 일본의 주권선은 '머리 위에 칼날을 대는' 정세가 전개될 것이 분명했다.

일본의 이익선인 조선의 독립이 상실되면 러시아는 한반도를 발판으로 삼아 제2의 '여-원 원정군'을 편성해 일본의 주권선을 위협할 것이다. 야마가타 아리토모는 이런 불행을 사전 예방하기 위해 조선을 중국으로부터 분리해 자주독립국으로 만들고, 러시아가 조선을 차지하는 것을 막겠다는 정책을 정했다(가토 요코, 『그럼에도 일본은 전쟁을 선택했다』,

2018, 110~111쪽).

야마가타를 비롯한 일본 군부는 메이지 일본이 근대 국가를 형성하기 위해서는 조선이라는 존재가 반드시 필요하다는 사고방식을 가지고 있었다. 그들은 조선을 국제 문제가 아니라 국내 문제로 인식했다. 즉, 일본이 조선을 보호하는 것은 제국주의 열강으로부터 일본의 독립을 유지하기 위한 불가결의 조건이라고 믿은 것이다. 이를 위해서는 육·해군 경비가 세출의 대부분을 차지하더라도 선택의 여지가 없다고 보았다.

이런 생각은 러시아도 동일했다. 다만 러시아는 청나라가 한국의 독립을 침해할 것으로 본 데 비해, 일본은 러시아가 그럴 것으로 확신했다. 러·일 양국이 내세우는 '조선 독립'은 자국이 한반도를 차지할 때까지 상대를 견제하겠다는 속셈이었다(최문형, 『한국을 둘러싼 제국주의 열강의 각축』, 2006, 87쪽).

일본 군부는 어차피 치러야 할 러시아와의 전쟁이라면 하루빨리 결전을 벌이는 것이 유리하다고 판단했다. 시베리아철도가 완공돼 러시아가 극동 지역으로 병력과 물자를 원활히 수송할 수 있게 되면 힘겨운 전쟁이 될 것이므로 개전 시기를 앞당기는 것이 유리하다는 논리였다.

1889년 2월 11일, 일본은 '대일본제국 헌법'을 선포했다. 일본 지도부는 10여 년에 걸쳐 대일본제국 헌법의 본질과 내용에 대해 토론을 거듭했다. 도사土佐 출신의 사무라이 우에키 에모리植木枝盛는 자유민권 운동 지도자로서 일본에 천부인권론·주권재민·저항권 개념을 알렸다. 그는 국민주권을 독려하기 위해 "헌법을 위해 단결하자. 국민의 의회 선거를 위해서도 단결하자. 전진! 전진! 우리 나라 국민들이여. 자유와 인권을 향해 돌격하자"라는 노래를 만들어 유행시켰다(이안 부루마, 최은봉 옮김, 『근대일본』, 을유문화사, 2014, 43~44쪽).

일본 지도부가 헌법을 제정한 이유는 서구 세계에 일본이 근대 민족 국가라는 인상을 심어주고, 일본 내에서 유럽인의 특권을 가능케 하는 치외법권 등의 불평등 조약을 평등 조약으로 개정하기 위해서였다. 하지만 대일본제국 헌법의 모델이 된 것은 자유, 인권, 국민주권을 보장하는 영미권 헌법이 아니라 강력한 군주권을 보장하는 프로이센 헌법이었다.

청국과의 본격적인 전쟁 준비 돌입

비스마르크는 국민주권이 대단히 위험한 것이라고 보았다. 그는 "우리 헌법의 기초는 황제주권이기 때문에, 우리 체제는 왕이 국민과 함께 다스리는 몇몇 유럽 국가들의 방식과 사상에 근거하고 있지 않다"라고 밝혔다(이안 부루마, 『근대일본』, 2014, 44~45쪽).

일본제국 헌법에 의하면 천황은 통치에 관여하지 않는다. 관료 엘리트가 천황의 이름으로 정치적 결정을 하고, 천황은 세속적인 성격을 넘어서는 영역에 머물도록 돼 있었다. 반면에 일본 군대는 민간 정부에 대해서가 아니라 천황에게만 충성을 맹세했다. 이처럼 연막과 베일에 싸인 헌법으로 인해 권력은 자신들의 통치 행위에 최종 책임을 지는 사람이 없이 거의 견제되지 않은 상태로 행사됐다.

한편에선 부국강병을 위해 국가가 두 팔을 걷어붙이고 나섰다. 강력한 군대 건설을 위한 전략 산업인 제철·철도·시멘트 산업 등은 정부가 적극 지원했다. 국가 주도로 출발한 공장들을 개인 기업가에게 헐값으로 매각해 일본은 산업 부흥기를 맞는다. 일본의 산업혁명은 영국에 뒤지긴 했으나, 독일보다는 몇 년 늦었을 뿐이다(이안 부루마, 『근대일본』, 2014, 48쪽).

정부로부터 헐값에 불하된 공장들이 특정 소수 인사에게 집중되면서 미쓰이三井·미쓰비시三菱 같은 거대 산업연합, 즉 재벌財閥이 탄생한다. 러시아의 움직임에 자극받은 일본 군부는 대대적인 군비 증강에 돌입했다. 대외 전쟁 준비를 위한 근대 무기 생산 과정에서 재벌과 군부가 손잡고 연합전선을 형성했다. 그 선두에 선 인물이 야마가타 아리토모였다. 그는 국가 생존을 위해 군대와 교육을 중시했다. 이 무렵 일본에서 교육이란 충성심·규율·복종을 가르치고, 이기적인 개인주의를 갖지 않도록 하는 것이었다.

일본은 1885년부터 본격적으로 청나라와의 전쟁 준비에 돌입했다. 1889년 일본은 청과 당장 전쟁에 돌입할 수 있을 정도의 육군을 보유하게 됐고, 해군의 함선 건조 계획도 성공적으로 추진됐다.

일본 군부의 기본 입장은 러시아와 전쟁을 벌이기에 앞서 조선을 속국으로 압제하고 있는 청나라와의 전쟁이 불가피하다는 것이었다. 야마가타 아리토모가 선두에 서서 추진한 군비 증강은 "중국을 끌어내리고 일본이 열강 대열에 올라야 한다" "아시아에서 유일하게 근대화를 이룩한 위대한 민족 일본이 조선을 근대화시켜야 한다"라는 국수적 민족주의로 포장됐다.

이 와중에 일본을 청·러시아와의 전쟁의 길로 등을 떠민 주인공은 영국이었다. 주일 영국 공사는 "시베리아철도가 완성돼 러시아가 자유롭게 태평양 연안에 접근하기 전에 일본은 청나라와의 문제를 먼저 해결할 필요가 있다"라고 조언했다.

일본군, 참모본부 조직

헌법 제정 과정에서 메이지유신 지도부가 심혈을 기울인 부분은 새로 조직된 대일본제국 군대의 역할이었다. 일본은 사무라이에게 칼을 찰 수 있는 특권을 허용하고 사무라이만이 전쟁에 참여할 권리가 주어진 '사무라이의 나라'였다. 이러한 '칼의 나라'에서 메이지유신을 성공시킨 전위 조직인 사무라이를 퇴출시키고, 징병을 통해 국민군 건설이라는 혁명적 제도를 도입한 인물이 야마가타 아리토모였다.

징병제에 의해 1873년부터 건장한 일본 남성은 3년간 상비병(현역)으로 복무하며, 상비병 복무를 마친 후에는 4년간 예비병(예비역)으로 복무해야 했다. 예비병 종료 후에는 5년간 후비병으로 편입됐다(현광호, 『새로운 시각으로 보는 개항기 조선』, 2015, 71~72쪽). 징집된 청년들은 서구식 제복을 입고, 서구식 막사에서 생활했으며, 서구식 군대 기술을 비롯해 읽고 쓰는 법을 배웠다. 국민군은 외국에 대항해 나라를 지키는 기초가 될 뿐 아니라, 국가 통합의 지름길이었다.

군사 조직은 지휘관이 각자의 판단에 의해 부대를 통솔하는 것이 원칙이다. 나폴레옹전쟁부터 총력전 개념이 도입되면서 전투 부대는 물론, 보급·통신·병참 등이 복합적으로 연계돼 전쟁 양상이 고도로 복잡해졌다. 그 결과 지휘관의 부대 통솔을 보좌하기 위한 참모 조직의 필요성이 제기됐다. 프로이센은 군대 내에 지휘관을 보좌하는 상설 기관으로 참모본부를 도입했다.

1870년 프로이센-프랑스 전쟁에서 참모본부 제도를 운영한 프로이센이 프랑스에 압도적인 승리를 거두면서 참모본부의 진가가 입증됐다. 일본군은 이런 추세를 면밀하게 관찰한 후 참모본부 제도를 신설해 천황의 참모 임무를 담당하도록 했다. 1871년 7월 일본 병부성兵部省 내에 참모 조직인 육군 참모국이 설치됐다. 참모국의 최고 책임자가 참모총장이다.

육군 참모국의 주요 임무는 적국에 대한 기밀 탐지를 비롯한 첩보 활동, 지도 제작 및 지지서地誌書 편찬이었다. 참모본부가 편찬한 『참모연혁지參謀沿革誌』에 의하면 참모국의 하부 기구로 평상시에 적국에 대한 지리 조사와 지도 작성을 관장하는 간첩대를 설치하도록 돼 있었다. 간첩대는 두세 명이 한 조로 조선과 만주에 침투해 지도 제작을 위한 측량과 첩보 수집 활동을 전개했다.

1873년 4월 참모국은 제6국으로 개칭돼 지도 측량 및 군사 관련 정보 수집을 주요 임무로 삼았다. 제6국은 1874년 6월 다시 참모국으로 개칭됐는데, 그 산하에 아세아병제과(제1과), 지도정지과(제5과)를 두었다.

1878년 12월 5일, 육군성 산하의 일개 국으로 설치됐던 참모국이 참모본부로 승격함과 동시에 천황 직속 기관으로 독립했다. 참모본부가 육군성에서 분리돼 천황 직속 기관으로 탈바꿈하면서 천황은 태정대신太政大臣이나 육·해군경의 자문 없이도 참모본부의 보좌를 받아 군대를 지휘·감독하는 통수권을 행사할 수 있게 됐다.

군정·군령 기능 분리된 일본군

참모총장은 칙명으로 황족 중에서 임명하게 돼 있었다. 메이지 천황은 자신이 신임하는 아리스가와노미야 다루히토有栖川宮熾仁 친왕親王을 참모총장에 임명했다. 다루히토 친왕은 제국 육·해군 최고사령관으로서 천황의 통수권을 사실상 대행했다. 이를 계기로 일본군은 군정軍政과 군령軍令이 병렬하는 이원 조직이 되고 말았다.

지옥으로 가는 길은 선의로 포장돼 있다고 한다. 야마가타 아리토모가 추진한 통수권 독립도 처음엔 합당한 의미를 가진 행위로 평가됐다. 참모본부가 육군성으로부터 독립한 시기는 사이고 다카모리가 일으킨 서남西南전쟁을 간신히 진압한 후였다.

메이지 정부군이 악전고투 끝에 서남전쟁을 진압한 다음 해인 1878년 8월 근위포병대가 급료 지급 불만으로 폭동을 일으켰다. 이 무렵 일본에서는 메이지 정부에 저항하는 자유민권 운동이 광범위하게 퍼져나갔다. 새로 출범한 메이지 정부의 기반이 취약한 상황에서 국민에게 인기 있는 인물이 자유민권 운동 같은 반정부 세력을 지도하고 군대와 손잡을 경우 서남전쟁 같은 대규모 반란이 재발할 수도 있었다.

게다가 의회에 진출한 자유민권파가 군의 행동을 제약하는 법을 제정할 경우 메이지 정부에 치명적 위협이 될 수도 있었다. '일본 육군의 교황'이라 불린 야마가타 아리토모는 자유민권 운동의 영향력이 군대까지 미치는 일을 사전 차단하는 것이 급선무라고 보았다. 그는 서남전쟁의 교훈을 살려 군대의 명령권자와 정치 지도자를 분리해 대규모 반란을 막는 것이 국가의 안전을 위해 반드시 필요하다고 생각했다.

야마가타는 정치로부터 군을 분리해 군을 비정치화하고, 통수권을 강화해 천황의 절대적 지위를 확립하기 위해 천황 직속 참모본부를 설치했다.

이토 히로부미는 새로 제정된 헌법을 통해 천황에게 무제한의 대권

일본 참모본부 독립의 후폭풍

군정·군령	군정(軍政)	군령(軍令)
기능	군대 유지에 관련된 일반적인 행정적 기능	군대 운용에 관한 통수적 기능
세부 내용	군대의 편제, 무기 준비 및 사용, 급여, 검열, 군율 등	국방 계획, 작전 계획, 전·평시의 병력 사용 등
지휘권	천황→태정대신→육군경	천황→참모본부장

을 부여한 반면, 국민의 기본적 권리는 제한했다. 군 통수권은 천황이 군 참모총장과 군령부장의 보좌를 받아 행사함으로써 내각의 직무 밖으로 독립시켰다. 군사 대권을 천황의 고유 권한으로 만들어 국방 계획, 작전 계획, 용병 등을 내각으로부터 독립시킨 것이다(이삼성, 『동아시아의 전쟁과 평화 2』, 한길사, 2017, 405쪽 참조).

야마가타는 자신이 참모본부장에 취임해 군령은 참모본부장이 관리한다는 규칙을 제정했다(가토 요코, 『그럼에도 일본은 전쟁을 선택했다』, 2018, 70~71쪽). 하지만 통수권 독립은 야마가타의 원대한 구상과는 달리 엉뚱한 결과를 야기했다. 일본 군부는 정치 지도자의 통제 범위에서 벗어나 제멋대로 행동할 수 있는 권리를 획득했다. 그 결과 군부는 내각의 간섭을 받지 않고 천황을 마음대로 주물러 군국주의로 향하는 기틀이 마련됐다.

중일전쟁과 태평양전쟁 과정에서 일본은 정치·외교 분야와 군사 분야가 서로 소통하지 못해 전쟁을 멈출 수 있는 기회를 번번이 놓쳤다(가토 요코, 『그럼에도 일본은 전쟁을 선택했다』, 2018, 71~72쪽).

군령 기능마저 육·해군으로 이원화

1882년 일본 천황은 참모본부장 야마가타 아리토모가 초안을 잡은 「군인칙유軍人勅諭」 교서를 내렸다. "나는 여러분의 최고 지휘자다. 여러분과의 관계는 내가 여러분을 나의 팔다리로서 의지하고, 여러분은 나를 여러분의 머리로 인정할 때 가장 친밀한 관계가 될 것이다"라는 「군인칙유」는 군대에서 정치의 영향력을 제거하고 천황의 의지를 군대보다 더 높은 영역으로 끌어올리기 위한 조치였다. 군과 천황이 일심동체라는 사실을 알리기 위해 천황이 군복을 착용하고, 군사 행진과 사관학교 졸업식에 참석했다.

정치와 군사의 분리라는 목적에서 탄생한 참모본부는 정치의 통수에 대한 관여를 거부하는 본성을 가지고 있었다. 때문에 외국과의 전쟁 과정에서 필요한 정치와 군사의 일체화, 즉 정략政略과 전략의 통일을 꾀할 수 없게 되는 치명적 문제점을 내포하고 있었다(쿠로노 타에루, 『참모본부와 육군대학교』, 2015, 12~13쪽).

또 하나 문제가 발생했다. 참모본부가 천황의 통수권을 보좌하는 것으로 일원화돼 있던 군령 기능이 해군의 약진과 함께 해군 참모본부인 해군군령부가 설치돼 청일전쟁 후에는 육군과 해군이 이원화됐다(쿠로노 타에루, 『참모본부와 육군대학교』, 2015, 14쪽).

일본 육·해군 참모 조직의 변천

시기	육군	해군	근거 법령
1871. 7.	병부성 육군참모국		병부성 직원령
1874. 6.	참모국		참모국 조례
1878. 12.	참모본부		구 참모본부 조례
1884. 2.	참모본부	군사부	
1886. 3.	참모본부		메이지 19년 칙령
1888. 5.	육군참모본부	해군참모본부	메이지 21년 칙령 제25호
1889. 3.	참모본부	해군참모부	메이지 22년 칙령 제25호, 제30호
1893. 5.	참모본부	해군군령부	메이지 26년 칙령 제37호
1933. 10.	참모본부	군령부	쇼와 8년 군령 해제5호
1945. 10.	폐지		쇼와 20년 군령 해제8호 등

출처 : 남영우, 『일제의 한반도 측량침략사』, 법문사, 2011, 19쪽.

참모본부 독립을 추진한 야마가타 아리토모나 이토 히로부미 등은 통수권을 독립시켜도 정치와 군사를 일체화해 정략과 전략을 통일시킬 수 있다는 자신감이 있었다. 청일전쟁 때는 이토 총리가 정치와 군사의 분리를 극복하고 정략과 전략을 통일시켜 전쟁을 지도했다.

군령 기능마저 육·해군으로 이원화된 상태에서 진행된 러일전쟁에서는 야마가타 아리토모나 오야마 이와오大山巖, 가쓰라 다로桂太郞, 고다마 겐타로兒玉源太郞, 야마모토 곤베에山本權兵衛 등의 군사 지도자가 번벌 출신이라는 공통점과 일체성, 뛰어난 능력이라는 개인적 자질에 의해 육·해군의 전략·작전을 통일함으로써 그 결함을 메웠다(쿠로노 타에루, 『참모본부와 육군대학교』, 2015, 14~15쪽).

그렇다면 리더십이 출중한 번벌 출신 인사들이 퇴장한 후에는 어떻게 할 것인가? 이에 대해서는 누구도 확실한 대안을 내놓지 못했다. 그 결과 원로들이 모두 퇴장한 다이쇼大正·쇼와昭和 시절에는 국방 주도권을 둘러싸고 육·해군 대립에서 파생된 군령 기능의 이원화 문제점이 적나라하게 터져 나왔다.

일본의 정치·군사 시스템상 군인의 유일한 의무는 국가에 대한 충성이 아니라 천황에 대한 충성이었다. 그 결과 군이 천황의 의지를 묵살하는 민간 정치가에게 반대하는 행위는 반역이 아니라 합법이 된다. 1936년 파시즘을 신봉하는 청년 장교들이 황권에 대한 충성심을 보여주기 위해 내각 관료를 살해하는 사건이 벌어진 것은 일본군의 제도적 모순 때문이다.

정치와 군사를 컨트롤하는 리더십 뛰어난 인물이 퇴장한 결과, 결함으로 가득 찬 조직만 남았다. 일본 정부의 어느 누구도 정치와 군사에 대한 제어 통제가 불가능해지면서 일본은 미국과 영국, 소련과 중국이라는 대국을 모조리 적으로 만들어 패망의 길로 질주했다.

프로이센화한 일본 군부

참모란 여단 이상의 고등 통수 직무를 보좌하는 사람을 말한다. 구체적으로는 참모본부 등에서 군의 행동 계획 작성과 명령 기안 업무를 수행하는 장교를 뜻한다. 참모본부가 독립한 1878년, 정규 교육을 받은 참모는 프랑스 육군대학을 졸업한 고사카 지히로小坂千尋가 유일했다.

청나라와의 전쟁에 대비해 독일식 군대를 건설 중이던 육군은 참모 양성을 위해 육군대학교를 창설했다. 육군대학교는 독일에서 야콥 멕켈(Klemens Wilhelm Jakob Meckel) 소령을 초빙해 독일식 전술을 중심으로 참모들을 교육했다. 멕켈 소령은 오스트리아 및 프랑스와의 전쟁을 승리로 이끈 몰트케 장군의 전략을 일본 장교들에게 소개했다. 그는 전쟁 수행에서 철도 등 운송 수단의 필요성을 강조하고 장교들과 야전 숙영을 하는 등 실전을 방불케 하는 교육을 실시했다(박영준, 『제국 일본의 전쟁 1868-1945』, 사회평론아카데미, 2020, 111쪽).

멕켈은 일본 장교들에게 "일본의 안전은 '일본의 심장을 겨누고 있는 비수'나 다름없는 한반도를 다른 나라의 영향으로부터 빼내는 데 있다"라고 가르쳤다. 멕켈의 지도를 받은 일본군 장교들은 이를 전략의 기본으로 삼았다. 그는 또 프로이센주의를 일본 엘리트 장교들에게 전파했다.

프로이센주의의 핵심은 "국가의 모든 기능을 국방 한 곳에 집중시킨다"라는 명제다. 그 결과 국가가 군대를 보유하고 있는 게 아니라, 군대가 국가를 보유하고 있다는 평을 들었다. 프로이센주의는 전쟁에서 승리하기 위해 초전에 적의 허점과 급소를 타격하는 선제공격을 당연시했다. 이를 위해 평시에도 적국에 대한 첩보 수집에 전력을 기울였다.

멕켈 소령의 지도를 받은 일본군 장교들은 독일로 유학을 가서 프로이센주의의 핵심을 연구하고 귀국했다. 대표적인 인물이 가와카미 소로쿠川上操六였다(이승만 편저, 김용삼·김효선·류석춘 번역 해제, 『쉽게 풀어쓴 청일전기』, 북앤피플, 2015, 373~374쪽 참조). 가와카미는 1887년 1월부터 1년 반 동안 베를린에서 프로이센군 참모본부 조직과 운영을 연구했고, 귀국 후 육군 참모차장에 임명됐다. 이때부터 일본 육군 참모본부는 '일본 내의 프로이센'이라 불렸다.

골수 프로이센주의자 가와카미는 참모본부 활동이 정치의 울타리를 벗어날 수도 있다고 생각했고, 군이 국가를 이끌어 가고자 했다. 군부의 이런 사고방식은 청일·러일전쟁은 물론 만주사변·중일전쟁·태평양전쟁으로 일본이 패망할 때까지 국가와 육군 참모본부의 관계를 규정했다. 첩보를 중시한 가와카미는 휘하의 참모본부 장교 중 엘리트를 선발해 적지에 잠입시켜 현지 작전과 용병에 대한 모든 사항을 준비시켰다. 전쟁이 발발하면 현장 정보를 가장 정확하고 풍부하게 알고 있는 이들이 작전과 지휘를 담당한다는 점이 일본군의 특징이었다.

참모본부의 기틀을 다진 인물은 독일 유학을 마치고 귀국한 가쓰라 다로 소좌였다. 후에 제11·13·15대 등 세 차례 일본 총리에 올라 미국의 태프트(William Howard Taft) 육군 장관(후에 제27대 미국 대통령)과 태프트-가쓰라 비밀 협정을 체결하게 되는 가쓰라는 독일 참모본부를 모델로 군을 지휘·운용하면서 천황의 통수를 보좌하는 참모본부 조직을 만들었다.

가쓰라는 참모본부 내에 관동국管東局과 관서국管西局을 설치했다. 관동국의 담당 범위는 가라후토樺太(사할린), 만주, 캄차카반도, 시베리아였고, 관서국은 한반도와 중국 연해였다. 다음 해인 1879년 만주와 한반도가 관동국 관할로 넘어갔다.

군사용 작전 지도 제작 위해 간첩대 운용

일본은 1877년 서남전쟁 때 사무라이 군대가 아닌, 징병제에 의한 국민군의 근대 전쟁을 최초로 수행했다. 이때 군사용 작전 지도가 없어 반군과의 전투에서 낭패를 경험했다. 이후 참모본부는 군사 지도 제작을 위한 총력전을 전개한다.

참모본부에서 첩보 수집과 지도 제작은 정보과와 특무과 담당이었다. 정보과 산하에는 분석반·북방반·동방반·서방반·남방반·식민지반·해외반·지도반이 조직됐다. 분석반은 외국의 병요지지兵要地誌를 파악하고 기밀 사항을 정탐하며 정세 분석을 담당했다. 지도반은 군용 지도의 정비와 보관 및 배포를 담당하는 부서였다. 특무과에는 첩보반·모략반·방첩반·과학첩보반·교육반이 있었다. 분석반·지도반을 중심으로 외국 지도를 제작하기 위한 측량 작업을 '외방 측량'이라 했고, 그 결과 만들어진 지도를 '외방도外邦圖'라 불렀다(남영우, 『일제의 한반도 측량침략사』, 법문사, 2011, 26~27쪽).

조선을 대상으로 한 일본의 정보 활동은 메이지유신 직후부터 시작됐다. 처음에는 부산 왜관에 체류한 쓰시마인을 통해 이루어졌다. 정한론征韓論 주창자였던 사이고 다카모리는 1872년 만주와 조선에 첩보대를 파견했다. 이들은 상인으로 위장하고 만주와 조선에 침투해 지도 제작을 비롯한 각종 정보 수집 활동을 벌였다.

조선을 대상으로 한 최초의 첩보 활동 수행자는 1872년 외무 대승 하나부사 요시모토花房義質를 수행해 조선에 온 기타무라 시게요리北村重賴 중좌와 벳부 신스케別府晉介 소좌였다. 당시 조선에서는 외국인의 활동이 금지돼 있었다. 두 사람은 한복을 입고 조선 사람으로 위장하고 삼남 지방 정찰을 마친 후 귀국해 자신들이 수집한 정보를 참모국에 보고했다.

비슷한 시기에 이케가미 시로池上四郎 소좌를 비롯해 다케치 마사모토武市正幹, 사카키 나카히라彭城中平가 랴오둥 지방에 파견돼 첩보 활동을 수행했다. 1873년에는 요시우지 기요모토美代淸元 중위, 1874년에는 오하라 리켄大原里賢 대위를 위시한 8명의 첩보원을 청나라에 파견했다.

일본은 1876년 조선과 강화도조약(조일수호조규)을 체결했다. 이 조약 제7조, "조선은 일본의 해안 측량을 허용한다"라는 조항에 근거해 일본은 한반도 일대의 해안 측량 작업을 시작했다. 일본 군함 다카오마루高雄丸가 1877년과 1879년 조선 남해안, 서해안, 영흥만에서 측량을 했고, 아마기天城함도 1878년 4월 20일 원산 항에서 해로를 측량했다. 1880년에는 울릉도와 독도 일대를 탐사한 후 울릉도 삼림에 대한 일본의 벌목이 시작됐다. 해로 측량 과정에서 조선 관리와 마찰이 벌어지면 그들은 강화도조약을 앞세워 자신들의 측량이 합법적이라고 주장했다.

서울에 파견된 일본군 간첩대의 활동상

군함을 동원한 해로 측량과 달리 육상 지도 제작을 위한 측량은 사정이 복잡했다. 1877년 개항장 교섭을 위해 조선에 파견된 하나부사 대리공사를 수행해 가이즈 미쓰오海津三雄 공병소위가 조선에 파견됐다. 측량사인 그는 하나부사 공사를 수행하면서 조선의 수도 서울 일대의 정황을 탐색하라는 비밀 임무를 받았다. 그는 오랜 기간 서울·부산·원산에 머물며 개항장을 중심으로 한반도 관련 정보를 수집하고 비밀 측량을 실시했다.

1878년 참모본부가 설치되자 가이즈는 조선 전문 참모관에 임명돼 한반도 전역을 정탐했다. 1879년 개항장 협정서에 조인하기 위해 하나부사가 조선에 파견될 때 가이즈는 그를 수행해 경인 지방과 부산에서 첩보 활동을 수행했다. 참모본부의 「역사초안歷史草案」에는 가이즈 소위의 비밀 측량이 한반도에 대한 첩보 명령의 시작이라고 기록돼 있다(남영우, 『일제의 한반도 측량침략사』, 2011, 36쪽).

가이즈는 서울과 원산의 봉수대 위치, 풍속, 물산 상황을 조사했다. 그는 1883년 6~8월 두 명의 부하와 함께 47일 동안 매일 최소 20리에서 최대 100리까지(평균 50~80리) 이동하며 비밀 측량을 했다. 가이즈 팀이 수집한 정보를 토대로 「원산항 거류지도」와 「의주 왕복 노상도」가 제작됐다(남영우, 『일제의 한반도 측량침략사』, 2011, 65~66쪽). 가이즈 팀의 정보는 훗날 일본 지질학자들의 광산 탐사에 크게 기여했다(남영우, 『일제의 한반도 측량침략사』, 2011, 72~73쪽).

가이즈는 1885년 11월 주한 일본 공사관 무관으로 임명된다. 그는 외교관 면책 특권을 이용해 전국을 돌며 비밀 측량 작업을 했다. 지방 여행 중 조선 돈이 필요하면 지방 관아에 공문을 가지고 나타나 조선 엽전 200~250냥을 지급받았다. 1887년 소좌로 전역한 가이즈는 1904년 러일전쟁이 발발하자 재소집돼 평양 병참부사령관으로 활동했다.

1905년 1월, 고종은 가이즈에게 훈3등 서훈과 문무관 중에서 공이 뛰어난 사람에게 수여하는 팔괘장八卦章을 하사했다. 1906년 8월 경의선이 완공되자 가이즈는 육군 공병중좌로 승진했고, 그 후 통감부 철도국 촉탁으로 근무했다.

참모본부는 인접국에 대한 고급 정보 수집을 위해서는 주변국 언어를 습득하고 최상층부에 인맥을 형성하는 일이 필요하다고 판단했다. 그 결과 1880년 2월, 어학연수생 10명을 조선에 파견했다. 이들은 조선에 거주하며 언어를 배우고 인맥을 형성해 향후 첩보 활동에 필요한 거점을 마련하는 예비 간첩대원이었다.

같은 해 11월 호리모토 레이조堀本禮造 공병소위가 서울에 파견돼 연수생 지휘 감독을 담당했다. 호리모토의 실제 임무는 서울 주재 초대 첩보장교였다. 하나부사 공사가 조선 정부에 호리모토를 군사교관으로 초빙해 줄 것을 제안해 그는 별기군 교관으로 활동한다. 조선의 신식 군대인 별기군이 서울 주재 일본 첩보장교에 의해 양성된 것이다. 호리모토는 1882년 7월 임오군란 와중에 조선 난민들의 습격을 받아 사망했다.

임오군란 후 참모본부는 미즈노水野弘毅, 마쓰오카松岡利治 중위를 조선에 파견했다. 하나부사 공사는 1882년 8월, 세토구치 나카오瀬戸口中雄 대위,

조선에서 활동한 첩보장교 명단과 측량 지역(1883~1887년)

성명	병과	계급	측량 지역
가이즈(海津) (1853~?)	공병	소위 중위 대위	원산거류지(1883), 의주(1883), 원산–용지원(1883), 함경도(1883), 원산–문천(1883), 전관교–광주로(1885), 제물포–석천원(1885), 제물포 묘지 주변(1885), 강원도(1885~1886)
이소바야시(磯林) (?–1884)	보병	중위 대위	양화진–오류동(1883), 평양(1883), 마포(1884), 마포–문수산성(1884), 제물포 거류지(1884)
와타나베(渡邊)	보병	중위 대위	경상도(1883)
오카(岡) (?~1905)	보병	대위	함경도–평안도(1884), 북청–중령진(1885), 덕원–안정(1885), 한성–원산(1886)
미우라(三浦)	보병	대위	한성–부산(1886), 한성 부근(1887), 평양–영흥로(1887)
가라다(柄田)	보병	중위 대위	순천–창원(1887)

출처 : 남영우, 『일제의 한반도 측량침략사』, 법문사, 2011, 68쪽.

이토伊藤祐義 중위, 이소바야시 신조磯林眞三 중위 등 간첩대 장교 세 명 및 두 명의 관서국 요원과 함께 서울에 도착했다. 이소바야시는 제1대 서울 주재 첩보장교 호리모토의 후임이었다.

임오군란 뒷수습을 위한 제물포조약에는 "일본 공사, 영사 및 수행원과 가족의 조선 내륙 지방에 대한 여행을 허락하며, 여행할 지역을 지정하면 예조에서 증명서를 발급하고 지방관은 증서를 대조해 호송한다"라는 조항이 포함됐다. 이로 인해 조선에 파견된 일본 장교들의 첩보 활동이 더욱 손쉬워졌다.

하나부사 공사는 1883년 1월, 조선 정부에 영사관원 이소바야시를 비롯해 부산 영사관원 가이즈와 와타나베에게 여권 발급을 의뢰해 장교들의 신변 안전과 한반도 내륙 지방 정탐 활동을 도왔다. 조선에 파견된 간첩대 요원 중에서 지도 제작에 필요한 정탐 활동을 가장 활발하게 추진한 3인방은 가이즈, 이소바야시, 미우라였다.

제5장

청나라와 전쟁 준비에 돌입한 일본

참모본부 조직의 기틀을 다진 인물은 가쓰라 다로였다. 그는 참모본부 관서국장을 역임하는 등 운영에도 깊이 관여했다. 가쓰라는 1884년 2월 오야마 이와오 육군경을 비롯해 훗날 주한 공사로 파견돼 민 왕후 시해를 지휘한 미우라 고로三浦梧樓 중장, 일본군의 프로이센화에 앞장선 가와카미 소로쿠 대좌 등과 함께 유럽 시찰을 다녀왔다.

이후 가쓰라 다로는 육군 대개혁에 착수했다. 그는 군대를 1등국 군대와 2등국 군대로 구분했다. 간략하게 정리하면 2등국 군대는 적의 침략으로부터 국가를 방어하는 수준, 1등국 군대는 해외 침략이 가능한 수준의 군대다(쿠로노 타에루, 『참모본부와 육군대학교』, 2015, 45쪽 참조). 가쓰라는 일본군을 '자유로운 국외 행동이 가능한' 1등국 군대로 탈바꿈시키기 위해 고군분투했다.

1887년 이전까지 일본군이 수립한 대청對淸 작전 계획은 엉성하기 짝이 없었다. 1874년 타이완 출병 시 야마가타 아리토모가 수립한 '외정3책外征三策'은 "수만 명의 병력을 이끌고 장쑤江蘇를 유린하고 기회를 엿

봐 즈리直隸로 진격한다"라는 식이었다. 1880년 완성된 '대청 작전책'도 전쟁이 발발하면 일거에 근거지를 공격해 항복을 받는 것을 목적으로 한다는 방침 아래 "3개 사단을 즈리 평야에 상륙시켜 일거에 베이징을 점령한다"라는 막연한 내용이었다.

1887년 7월 일본 참모본부는 청나라와의 전쟁 준비를 위해 엘리트 장교를 북중국에 파견해 상륙지 선정, 군대 수송, 상륙 후의 전략 목표 등을 선정했다. 또 인천에서 톈진으로 이동해 다구大沽 포대를 견학하고, 베이징을 거쳐 허베이성河北省의 산하이관山海關까지 비밀 시찰을 했다. 당시 참모본부가 중국과 조선에 파견한 첩보장교 대표가 가쓰라 다로였는데, 그는 청일전쟁이 벌어졌을 때 제3사단장으로 전투를 지휘했다.

외국을 무력으로 침략하기 위해서는 해당국에서 군사 작전을 벌여야 한다. 이를 위해서는 치밀한 현지 작전 계획과 병참 지원, 군사 행동에 필요한 세세한 지식과 정보, 정교한 군사용 작전지도가 필요하다. 일본군은 군사 작전 수행에 필요한 지역의 지리와 기후, 물산, 제도, 풍속, 군사 제도 등 지역별 정보를 집대성한 자료집을 병요지지서兵要地誌書라고 명명했다.

간첩대 요원 이소바야시 신조

참모본부가 주관해 작성한 대표적인 병요지지서는 1875년 최초로 간행한 자국 지지서인 『일본지지략日本地誌略』이다. 이를 토대로 1877년 11월에는 여섯 권의 중국 작전용 『지나지지支那地誌』를 간행했다. 1888년 11월에는 여덟 권의 『조선지지략朝鮮地誌略』, 1893년 12월에는 시베리아 지지서인 『서백리지지西伯利地誌』 등 다섯 종을 발간했다. 『조선지지략』은 일본군이 조선에서의 군사 작전에 대비해 1884년 발간한 『병요조선사정兵要朝鮮事情』의 후속작이다. 이 자료는 조선에 대한 상세하고 풍부한 정보를 담고 있어 청일전쟁 당시 일본군이 조선에서 작전을 수행할 때 큰 도움을 주었다.

참모본부는 군사 작전용 지도 제작을 위해 조선에 파견한 간첩대 요원들에게 측량 작업을 명령했다. 이소바야시 대위는 서울, 와타나베 소위는 부산, 가이즈 소위는 원산에서 활동을 개시했다. 이소바야시는 1882년 8월 세토구치 대위와 함께 「종인천지한성도從仁川至漢城圖」를 작성했고, 1884년에는 마포 일대의 주요 시설을 담은 「마포근방도」와 「자마포지문수산성노상도自麻浦至文殊山城路上圖」를 완성했다(남영우, 『일제의 한반도 측량침략사』, 2011, 49~56쪽).

1884년 12월 갑신정변 직전, 이소바야시는 어학연수생 아카바네赤羽平太郎와 충청도·경기도 일대를 정탐하던 중 서울의 일본 공사관으로부터 "정변이 발생했으니 빨리 귀경하라"라는 급보를 받았다. 서울로 귀환하던 이소바야시는 남대문 밖 청파 갈오리에서 조선 난민들에게 살해당했다.

갑신정변의 후속 처리를 위해 1885년 1월 9일 조·일 간에 체결된 한성조약 제3조는 이소바야시 대위를 살해한 흉도를 체포해 중형에 처하도록 돼 있었다. 조선 조정은 이소바야시 살해범 김대흥·원한갑을 체포해 일본군 장교, 공관원, 호위병 1개 소대 입회하에 참수형을 집행했다. 범인 처형 과정에서 사형을 집행하는 망나니의 칼날이 무뎌 무려 63회나 목을 내리친 후에야 죄수들이 숨을 거두었다고 한다. 임무 수행 중 살해당한 호리모토와 이소바야시 등 다섯 명의 유골은 야스쿠니 신사에 합사됐다.

조선에서 활약한 간첩대의 측량 자료를 토대로 해서 1883년에 1만분의 1 지도인 「조선국 경성지략도京城之略圖」와 2만분의 1 지도인 「한성근방도」가 제작됐다. 이러한 지역별 지도를 토대로 20만분의 1 측량 지도인 「조선육도」(전 68매)가 작성됐고, 1893년에는 거대한 「조선전도」가 간행됐다.

청나라와의 전쟁 준비

일본 육군의 대표적인 중국 전문가는 참모본부 제2국장 오가와 마타지小川又次였다. 가와카미 소로쿠 참모차장의 심복이었던 오가와는 1879년과 1886년 두 차례 중국을 방문해 사회 곳곳을 상세히 관찰했다. 오가와는 일본이 독립을 유지하기 위해서는 구미 열강이 중국을 분할하기 전에 일본이 먼저 분할하는 방법밖에 없다면서, 그에 따른 계획을 초안했다.

그의 계획은 8개 사단을 중국에 상륙시켜 5개 사단은 베이징을 공격하고 3개 사단은 양쯔강揚子江 유역의 주요 거점을 점령해 상군湘軍(후난성 지방군)의 북상을 막는다는 계획이었다(함재봉, 『한국사람 만들기 III: 친미기독교파 1』, H프레스, 2020, 599~600쪽).

오가와 마타지가 조선과 중국에 파견된 간첩대 및 첩보장교들의 조사 결과를 바탕으로 청일전쟁 작전 계획인 「청국정토책안淸國征討策案」을 완성한 시기는 1887년이다. 1894년 청일전쟁이 발발하자 오가와는 제1군 참모장으로 발탁돼 사령관 야마가타 아리토모를 보좌했다. 1904년 러일전쟁 때는 제4사단장으로 뤼순 전투와 랴오양遼陽 회전을 치른 후 대장으로 진급했다.

「청국정토책안」에서 일본은 중국에 대한 본격적인 침략 로드맵을 다음과 같이 명확하게 정리하고 있다.

> 일본 제국의 독립을 유지하려면 국위를 신장해 만국 속에 우뚝 설 수 있어야 한다. (중략) 영국의 부강 유지에는 반드시 인도가 필요했다. 일본이 중국의 땅을 약탈해 부속적인 방어물로 만드는 것은 영국에서의 인도와 같은 도리다. 더구나 중국과 일본은 최종적으로 병립할 수 없는 형세에 처해 있다. (중략) 가장 주의해야 할 점은 시운에 맞추어 중국이 아직 유치한 시기에 처해 있을 때 그 사지를 꺾어버리고 신체에 중상을 입혀 더 이상 활동하지 못하게 만들어야만 일본의 안녕을 유지하고 아세아의 대세를 유지할 수 있다.

참모본부는 「청국정토책안」에서 개전 시기는 청군이 개혁을 실현하기 이전, 혹은 서양 각국이 동양에 원정할 실력을 갖추기 이전으로 규정하고, 1892년까지 청과의 전쟁 준비를 마쳐 "시기가 오면 공격해야 한다"라고 주장했다. 전쟁이 벌어지면 가이핑蓋平 이남의 랴오둥반도, 산둥성 덩저우부登州府, 저우산舟山군도, 펑후澎湖제도, 타이완 및 양쯔강 좌우 10리 땅의 병탄을 계획했다.

이 밖에도 랴오둥반도는 청나라 북부 및 조선을 제압할 요충이기 때문에 러시아가 중앙아시아 경영에 바쁜 와중을 틈타 점령해야 한다고 기술했다(후지무라 미치오, 허남린 옮김, 『청일전쟁』, 도서출판 소화, 1997, 69쪽). 마지막으로 오가와는 "제국의 독립을 유지하고, 만국 속에서 위업을 가지고 안녕을 지키려면 중국을 공격하고 청국을 분할해 몇 개의 방국으로 만들어야 한다"라고 주장했다.

청일전쟁에 대한 일본의 개전 목적은 조선 속방론이었다. 일본 군부는 정치인들과는 생각이 달랐다. 일본 육군 입장에서 볼 때 조선은 출병과 전투의 장 이외에는 아무것도 아니며, 일본의 지배 대상에 지나지 않았다(모리야마 시게노리, 「청일전쟁 중 일본 군부의 대한정략」, 김기혁 외 지음, 『청일전쟁의 재조명』, 한림대학교 아시아문화연구소, 1996, 179~180쪽).

일본은 일련의 계획을 토대로 청일전쟁을 준비했다. 육군은 별문제가 없었으나 해군은 상황이 심각했다. 해군력 건설에는 많은 예산과 고도의 기술, 함대 운용에 요구되는 경험과 시간이 필요했다. 일본은 그에 따르는 모든 요소가 현저히 부족했다.

1890년 일본을 강타한 경제 공황도 일본을 전쟁으로 향하도록 만든 원인 중의 하나였다. 경제 공황으로 일본의 도시와 농촌에서 빈민이 크게 늘어 민심이 흉흉해지자 일본 정부는 국민의 불만을 외부로 돌리기 위한 탈출구를 진지하게 검토했다. 일본 군부는 1893년 4월 '출사出師준비품취급위원회'를 조직해 무기와 군수품 비축을 시작했고, 5월에는 전시대본영조례와 해군군령부조례를 제정하는 등 군제 면에서도 전쟁 준비가 진행됐다.

"청은 일본이 두려워할 상대 아니다"

가와카미 소로쿠 참모본부 차장은 일본이 청나라와 전쟁을 시작하면 중국에 이권이 걸려 있는 러시아·프랑스·독일이 영향력을 행사할 가능성을 우려했다. 이 나라들에 대한 정세 파악을 위해 유럽에도 후쿠시마 야스마사福島安正를 비롯한 참모본부 소속 장교들을 파견했다.

중국어·러시아어·영어에 능통한 후쿠시마는 1883년 중위 시절 청국 주재 일본 공사관 무관으로 정보 수집 업무를 시작했다. 1891년 중좌 시절에는 가와카미의 명을 받아 혼자서 시베리아를 횡단하면서 다양한 정보를 수집해 참모본부에 제공했다.

일본은 전통적으로 주요한 국가 시책, 전쟁 관련 결정 등의 사안이 있을 때 당대의 가장 유능한 고위 인물을 현지에 파견해 정찰을 하는 관행이 있었다. 이 관행에 따라 청일전쟁 국책 결정을 위한 정찰자로 가와카미 육군참모본부 차장이 임명됐다. 수행원으로 이지치 고스케伊地知幸介 중좌, 다무라 이요조田村怡與造 중좌, 시바 고로柴五郎 대위와 회계원 등 네 명이 선발됐다. 시바 고로는 청국 주재 일본 공사관 무관으로 스파이 활동을 시작했고 참모본부에서 전쟁 준비 실무를 담당한 장교였다.

1893년 4월 18일, 가와카미 일행은 부산에 상륙해서 무로타 요시아야室田義文 부산 주재 일본 총영사의 영접을 받았다. 4월 26일에는 인천에 도착해 각국 거류지를 시찰한 후 4월 28일 서울에 입성했다. 29일과 30일 일본 공사 오이시 마사미大石正巳의 안내를 받아 조선의 상왕 행세를 하던 위안스카이袁世凱와 환담했다.

이어 가와카미는 대원군을 면담했고, 광화문 일대와 조선 친위대를 방문해 조선 궁궐 수비대의 실상을 파악했다. 5월 4일에는 고종을 알현하기 위해 경복궁을 예방했다. 그가 인사치레를 위해 고종을 예방한 것이 아니다. 당시 일본은 방곡령으로 인해 발생한 피해에 대한 막대한 배상금을 조선 조정에 요구했고, 조선은 이를 거부했다. 가와카미는 고종을 알현해 "배상금 지급을 거부하면 일본군이 활동을 개시할 것"이라고 최후통첩을 했다.

이때 가와카미는 경복궁 일대의 지형지물과 조선 궁궐 수비대 배치 상황을 주도면밀하게 관찰했다. 그로부터 14개월 후인 1894년 7월 23일, 청일전쟁의 첫 군사 작전으로 일본군이 경복궁을 점령해 조선 궁궐 수비대를 무장 해제시켰다.

서울 방문을 마친 가와카미 일행은 서해를 건너 청국의 즈푸芝罘에 도착했다. 이후 북상해 베이징, 탕산唐山, 베이탕北塘을 방문했다. 그런 뒤에

난징南京, 주장九江, 한커우漢口, 한양漢陽을 방문하고 양쯔강을 거슬러 올라갔다가 상하이로 돌아와 7월 7일 귀국했다. 가와카미 일행이 방문한 지역은 참모본부 제2국장 오가와 미타지가 작성한 「청국정토책안」에 기술된 작전 지역과 정확하게 일치한다. 또 가와카미 차장의 방문지는 청나라의 주요 병기 제조창 위치와도 일치했다. 그들은 지형 정찰과 군사 상황 정찰을 위해 순방 코스를 선정한 것이다.

가와카미 차장은 1893년 4월 18일 부산 도착부터 6월 30일 상하이 출발까지 74일간 청일전쟁의 무대가 될 조선 및 청나라의 주요 지역과 일대의 시설, 주민 동향 등을 정찰했다. 이 정찰을 통해 일본은 "청나라는 결코 일본이 두려워할 대상이 아니다"라는 확신을 가지게 됐다(육군 군사연구소, 『청일전쟁 (1894~1895)』, 육군인쇄창, 2014, 205쪽).

방곡령 사건은 일본의 전쟁 도발 위한 책략

1892년 8월 출범한 제2차 이토 내각(1892년 8월~1896년 9월)은 청과 러시아를 겨냥한 군비 확장을 일본의 공식 정책으로 채택했다. 자국의 이익선 방어를 위해 청·러시아와 전쟁을 하기로 결심한 일본은 조선에 대한 그동안의 무관심 정책을 철폐하고 적극 정책으로 선회했다. 그 첫 시동이 방곡령防穀令으로 폭발했다.

당시 일본은 조선으로부터의 쌀 수입이 중요한 이슈였다. 조선 쌀의 품질이 우수해 일본인의 기호에 적합했고, 또 일본 쌀에 비해 가격이 저렴해 큰 인기를 끌었다. 1884년 3월 조·일 양국이 체결한 조일통상장정 제37조에는 조선의 양곡 수출을 규제하는 내용이 담겨 있었다.

방곡防穀이란 행정력을 동원해 쌀·보리·콩 등 곡물의 역외 유출을 금지하는 정책이다. 곡물 수확량은 날씨나 풍수해 등의 직접적인 영향을 받는다. 조선에서 가뭄이나 수해 또는 병란이 발생하면 국내의 식량이 부족해진다. 이런 상황이 발생할 경우 일본으로의 미곡 수출을 통제하기 위해 조선 조정이 곡물의 역외 유출을 금지한 것이 방곡령이다. 단, 곡물의 해외 수출 통제를 위해서는 조선의 지방관이 관련 사실을 한 달 전에 일본 영사관에 공식 통보하도록 돼 있었다.

일본은 1889~90년 대흉작으로 식량이 크게 모자랐다. 같은 시기 조선도 흉작이어서 문제가 복잡해졌다. 이 와중에 오사카 상인 사타케 신조佐竹甚造, 도이 가메타로土井龜太郎 등이 1888년 10월부터 1889년 3월까지 백미 1만 8723석, 대두 2만 8,001석, 소두 7,928석, 벼 1만 121석 등 막대한 곡물을 평안도와 황해도에서 사재기했다.

이로 인해 곡물 가격이 급등하자 황해도 관찰사 오준영이 방곡령을 발동했다. 이 조치는 일본 공사의 항의로 11일 만에 해제됐는데, 사타케 등은 방곡령으로 총 8만 1,334엔의 손해를 입었다면서 조선 정부에 원금과 이자를 보상하라고 청구했다(후지무라 미치오, 『청일전쟁』, 1997, 43~44쪽).

1889년 10월 24일에는 함경도 관찰사 조병식이 일본인에게 콩 판매를 금지했다. 이때의 방곡령은 조병식의 작품이 아니라, 조선의 총독 역할을 자처하고 있던 위안스카이가 일본에 타격을 가하기 위해 제안했다(김인곤·유명철, 「일본의 청일전쟁 도발의 국제적 요인」, 『경북대학교 논문집』 40, 1985). 위안스카이의 요구에 따라 함경 감사 조병식이 함경도에서 방곡령을 실시하면서 문제가 불거졌다(이민식, 「19세기말 한미관계 연구」, 한국교원대학교 박사학위 논문, 1994, 87쪽).

그런데 일본 공사관에 관련 사실이 통보된 것은 방곡령 시행 15일 전이었다. 조일통상장정의 '한 달 전 통고' 규정을 조선 측이 어긴 것이다.

일본이 이를 문제 삼아 배상을 요구하면서 분쟁이 발생했다. 방곡령 사건의 당사자는 조선과 일본이었지만, 사실은 일본이 청나라에 전쟁을 도발하기 위한 계략이었다(김원수, 「청일전쟁 및 삼국간섭과 러시아의 조선정책」, 2015, 41쪽).

방곡령은 배상액만 타협하면 되는 단순 사건이었다. 하지만 일본은 갈등을 부추기기 위해 1893년 5월, 재야의 자유민권론자이자 우익 강경파 수령이며 대청對淸 개전론자인 오이시 마사미를 주한 공사로 임명해 부임시켰다. 민감한 시기에 외교와는 거리가 먼 사람을 주한 공사로 파견한 이유는 그가 『부강책富強策』(1891)이란 저서를 통해 조선을 강경하게 다루어야 한다고 주장한 인물이었기 때문이다.

강경파 인물을 주한 공사로 임명

오이시는 자신의 저서에서 영국과 러시아가 충돌하면 '동양 제일의 요지'인 부산과 쓰시마를 점령하는 나라가 승리를 차지할 가능성이 크다고 예측했다. '태평양의 발칸반도'인 조선을 점령하는 나라가 동양의 패권을 손에 넣을 수 있다는 주장이었다. 오이시는 조선이 모든 분야에서 낙후 정체돼 독립을 유지할 수 없으니, 동양의 맹주 일본이 조선을 보호국 혹은 중립국으로 만들어 전쟁을 막고 일본의 독립을 공고히 해야 한다고 역설했다.

조선에 부임해 현지 정황을 심층 분석한 오이시 공사는 "조선은 이미 망실됐고, 다만 다른 나라가 아직 집어삼키지 못한 상황이다. 국가를 조직하는 골격이 모두 붕괴해 거의 절망적인 상태"라고 진단했다. 오이시 공사가 이런 결론을 내린 이유는 다음 세 가지였다.

첫째, 강대국 러시아와 국경을 접하면서도 국경을 방위할 군사가 한 명도 없다. 해안에 군함이나 군항 하나도 없을 정도로 국방력이 아프리카 토인보다 못한 세계 최악이다.

둘째, 관리의 부패와 뇌물수수로 정부 재정이 궁핍하며 경제 전체가 침체됐다.

셋째, 근대식 교육 제도가 미비해 앞날의 희망이 보이지 않고, 국가 위기를 극복하기 위해 대책을 강구할 인재도 없다.

일본 정부가 초강경파 인물을 서울에 부임시키자 서양 외교관들은 신중론을 유지해 왔던 일본의 대조선 정책에 변화가 생길 것을 예감했다. 허드 주한 미국 공사는 "일본에는 이토 히로부미처럼 중국과의 평화를 추구하는 세력과 적극적인 정책을 추구하는 세력 등 두 개의 파벌이 존재한다. 최근에는 후자가 힘을 얻고 있는데, 신임 주한 일본 공사는 적극 정책을 위해 파견됐다"라고 본국 정부에 보고했다.

오이시 공사의 부임 목적은 방곡령을 이용해 조선과 청을 자극하고 전쟁으로 확대하는 것이었다. 그는 고종을 알현할 때 외교관 제복이 아닌 평복을 입고 나타나 "방곡령에 대한 일본의 배상 요구가 2주 내에 받아들여지지 않으면 공관을 철수할 것"이라고 위협했다. 일본으로 망명한 김옥균과 친하다고 알려진 인물이 외교 관례를 무시하고 평복으로 나타나 협박하자 고종은 분노했다.

오이시 공사는 조선의 종주국 청나라를 자극하기 위해 도발을 계속했다. 그는 위안스카이처럼 궁궐 출입 규정을 무시하고 편전 계단까지 가마를 타고 드나들었고, 위안스카이에게 모욕적인 언동을 서슴지 않았다. 그의 행동은 청과의 전쟁을 위해 개전 날짜 선정만 남겨놓은 일본 군부의 입장을 반영한 것이었다.

오이시 공사는 방곡령에 따른 손해 배상으로 원금 14만 7,100원과 이자 2만 8,500원 등 총 17만 5,700원을 요구했다. 조선 조정은 국제법을 아는 사람이 없어 쩔쩔매다가 화폐 발행을 위해 조선에 초빙된 일본 제58은행장 오미와 조베에大三輪長兵衛에게 한문으로 번역된 국제공법 3부를 구해 달라고 요청했다. 외무 독판 민종묵은 일본의 강경한 요구에 전전긍긍하다가 "책임지고 자결하겠다"라는 편지를 올려 책임을 피하려 했다(사쿠라이 군노스케, 「조선시사」, 1993, 306·264쪽).

협상이 교착 상태에 빠지자 일본 외무성 통상국장 하라 다카시原敬는 군대를 동원해 부산 또는 인천 세관을 무력 점령하고 조선 각 지역의 공미貢米를 압류하도록 건의했다. 오이시 공사도 같은 요청을 하자 일본 정부는 1893년 4월 중순, 군함 야에야마호를 조선 해역에 보내 무력시위를 벌였다(임종국, 『일본군의 조선침략사 I』, 일월서각, 1988, 52~53쪽).

이 무렵 일본의 국수주의 강경파인 국권당(메이지 시대의 대표적인 대외 강경 노선 정치단체) 수령인 삿사 도모후사佐佐友房, 자유민권파인 하야시 유조林有造와 오에 다쿠大江卓, 자유민권 운동가 다케우치 쓰나竹内綱 등이 서울로 몰려왔다. 앞서 소개한 대로 주전파의 몸통 가와카미 소로쿠 참모차장이 서울을 방문해 고종에게 최후통첩을 전달한 것도 이 무렵이다.

조선과 충돌을 일으켜 청과의 전쟁으로 확대하려는 일본의 의도를 간파한 리훙장은 위안스카이에게 일본과의 충돌을 피하고 중재와 조정에 나서라고 훈령했다. 또 조선에도 "일본의 요구를 수용하라"라고 압력을 넣었다.

청으로부터의 압력을 받은 조선 조정은 일본 측 요구를 수용했다. 배상금 중 절반은 3개월 내에, 나머지는 5~6년 나눠 일본 상인들에게 지급하기로 합의해 사건이 일단락됐다. 배상금조차 지급할 여력이 없었던 조선 조정은 조선 해관 수입을 담보로 베이징으로부터 20만 냥을 차관해 해결했다. 방곡령 파동은 외형상으로는 조선의 굴복이었지만, 사실은 일본의 강공에 대한 청의 굴복이었다. 일본은 방곡령 처리 과정에서 청나라의 약세를 파악했다. 이때부터 일본은 노골적으로 청일전쟁을 위한 도발을 시작했다(최문형, 『한국을 둘러싼 제국주의 열강의 각축』, 2006, 88쪽).

일본에서 청일전쟁을 부추긴 집단은 1882년 저명한 민주주의 지도자 오쿠마 시게노부大隈重信가 창립한 개진당改進黨이었다. 도시 지식인과 상공인 계층의 이익을 대변하는 개진당의 시마다 사부로島田三郎는 "조선을 러시아가 취하느냐, 중국이 취하느냐, 아니면 일본이 취하느냐가 문제의 핵심"이라면서 일본 정부의 강력한 대처를 촉구했다.

개진당 계통의 「호치報知신문」도 "두만강 입구, 원산, 부산, 인천의 방위는 일본 해군의 임무"라면서 그 임무를 달성하기 위해 요충지 두세 곳을 매수하거나 조선으로부터 할양받아야 한다고 주장했다.

일본 자본주의의 현실

일본 언론이나 지식인들이 조선 침략을 사주한 이유는 일본 자본주의가 처한 절박한 현실 때문이다. 1894년은 의무교육을 제도화한 소학교령이 공포된 지 8년이 지난 해였다. 이해에 아이치현愛知縣의 섬유 노동자 문맹률은 남자 공원 20.7퍼센트, 여자 공원 70.9퍼센트였다.

일본 자본주의는 비참할 정도의 저임 노동력을 기반으로 구축됐다. 저임금을 유지하기 위해 저렴한 외국산 쌀을 장기간 안정적으로 확보하는 것은 메이지 정부의 주요 과제 중 하나였다. 개항 이후 1882년까지 조선이 외국으로부터 수입한 제품의 88.3퍼센트는 유럽·미국산이었고, 일본 제품은 11.7퍼센트에 불과했다. 수입품의 78.2퍼센트는 면직물이었다.

조선의 수출품은 쌀(30퍼센트), 콩(10.9퍼센트), 금(19퍼센트) 등이었다. 일본은 조선의 값싼 쌀을 수입해 일본 노동자의 저임을 유지하기 위한 식량으로 삼았고, 자국산 쌀은 국제 시장에 높은 값으로 파는 '쌀의 이중 교역'을 통해 본원적 자본을 축적했다(국사편찬위원회, 『한국사 39: 제국주의의 침투와 동학농민전쟁』, 탐구당, 2013, 2쪽 참조). 일본 입장에서 조선의 지배는 저렴하고 우수한 쌀을 안정적으로 확보하고 과잉 인구를 식민 명목으로 조선으로 내보내기 위해 반드시 필요했다(후지무라 미치오, 『청일전쟁』, 1997, 50쪽).

1890년 러시아의 제위 후계자인 니콜라이 황태자(후에 니콜라이 2세)가 22세가 됐다. 이해에 니콜라이 황태자가 정규 교육 과정을 수료하자 아버지 알렉산드르 3세는 이를 축하하기 위해 세계 여행을 주선했다. 황태자가 성년이 됐을 때 세계 여행을 하는 것은 로마노프 왕조의 전통이었다.

알렉산드르 3세는 미래의 러시아 황제가 활동할 지역은 아시아라면서 니콜라이에게 아시아 여행을 권했다. 니콜라이 황태자는 어린 시절부터 아시아에 관심이 많았다. 황태자가 열 살이 되자 어머니 마리아 표도로브나는 러시아 육군 장교 프르제발스키(N. M. Przhevalskii)에게 중앙아시아에 관한 교육을 맡겼다. 프르제발스키는 1867년부터 1885년까지 다섯 차례 신장·몽골·티베트 일대를 원정했고, 1870년부터 3년 동안 신장·몽골 일대에서 생활하는 등 러시아 첩보장교 중 최고의 중앙아시아 전문가였다(김용구, 『러시아의 만주·한반도 정책사, 17~19세기』,

2018, 203쪽).

프르제발스키가 1883년 티베트 원정을 떠날 때 니콜라이 황태자는 망원경을 선물했고, 그의 원정 기록 발간에 필요한 2만 5,000루블을 지원했다. 이런 인물들의 영향으로 니콜라이는 자연스럽게 아시아 중시론에 심취했다. 그의 아시아 여행 일정 중에는 1891년 5월 블라디보스토크에서 거행되는 시베리아횡단철도 기공식 참석도 포함돼 있었다.

니콜라이 황태자, 일본에서 암살 모면

니콜라이 황태자는 1890년 10월 말 러시아 해군 함정에 승선해 상트페테르부르크를 출발했고 지중해, 수에즈 운하, 인도양을 거쳐 1891년 4월 27일 나가사키에 도착했다. 황태자는 한 달간 일본을 유람할 예정이었다. 1891년 5월 11일 니콜라이는 교토를 관광한 후 황태자의 외사촌인 그리스 왕국의 왕자 게오르기오스 공, 아리스가와노미야 다케히토有栖川宮威仁 친왕과 인력거를 타고 시가현滋賀縣 오쓰大津 시가를 지나갔다.

이때 경호를 담당한 시가현 경찰서 소속의 쓰다 산조津田三藏라는 순사가 니콜라이 황태자를 암살하기 위해 검을 휘둘렀다. 니콜라이는 쓰다 산조가 휘두른 검에 머리를 맞아 오른쪽 두부 두 곳에 9센티미터, 7센티미터의 상처를 입었다. 황태자의 안면에서 피가 분수처럼 솟았지만 생명에는 지장이 없었다.

범행 직후 체포된 쓰다 산조는 러시아 황태자가 천황을 예방하지 않고 유람만 즐기는 것에 격분해 범행했다고 자백했다. 러시아 함대가 고베神戶 항에 정박 중인 상황에서 암살 미수 사건이 발생하자 일본은 러시아의 보복 공격이 있지나 않을까 공포에 떨었다. 급보를 받은 메이지 천황은 교토로 달려가 황태자를 문안했다.

각급 학교는 근신의 뜻을 표하기 위해 휴교했고, 신사神社와 사원, 교회에서는 황태자의 회복을 위한 기도가 이어졌다. 니콜라이 황태자에게 보낸 문안 전보가 1만 통을 넘었다. 5월 20일에는 하타케야마 유코畠山勇子라는 여성이 "니콜라이 황태자에게 죽음으로 사죄한다"라면서 교토 부청 앞에서 스스로 목숨을 끊었다. 프랑스어가 가능한 게이오대학 학생들은 프랑스어로 사과 편지를 작성해 니콜라이 황태자에게 보냈다.

암살 미수 사건에 대한 책임을 지고 외무 대신 아오키 슈조青木周藏와 내무상 사이고 쓰구미치西鄉從道가 사임했다. 암살 미수범 쓰다 산조는 무기 징역을 선고받고 복역 중 1891년 9월 옥사했다.

니콜라이 황태자는 5월 19일 고베를 떠났는데, 메이지 천황은 러시아 군함에까지 올라가 황태자를 위문했다. 일본에 대해 지울 수 없는 증오와 복수심을 갖게 된 니콜라이 황태자는 머리에 붕대를 맨 채 블라디보스토크로 가서, 1891년 5월 하순 시베리아횡단철도의 동부 종착역에서 기공식을 거행했다.

러시아에 등장한 베조브라조프 그룹

전 세계 외교관들은 이날 기공식 뉴스를 통해 시베리아횡단철도가 완성되면 극동에서 역학관계가 극적으로 변화할 것이란 사실을 즉각 깨달았다. 니콜라이 황태자는 아무르강을 따라가다가 블라고베셴스크·이르쿠츠크·옴스크를 거쳐 상트페테르부르크로 귀환했다. 그는 일본에서 봉변을 당했지만 아시아 여행을 통해 러시아의 미래는 극동에 있다는 확신을 갖게 됐다.

니콜라이 황태자의 아시아 순방에는 러시아 외무성의 동양미술과 불교 전문가 우흐톰스키(E. E. Ukhtomskii)가 수행했다. 그는 러시아 정부

내에서 전형적인 동방 중시자였다. 니콜라이 황태자를 중심으로 아시아 지역으로의 모험적 팽창, 특히 조선 북부 지역 병합을 주장하는 세력이 결집해 베조브라조프(A. M. Bezobrazov) 그룹을 형성하게 된다(김용구, 『러시아의 만주·한반도 정책사, 17~19세기』, 2018, 206~221쪽 참조).

베조브라조프는 기사근위대 퇴직 대령으로, 반혁명 조직인 신성친위

베조브라조프 그룹의 주요 구성원

이름	주요 활동 내역
베조브라조프 (1855~1931)	– 기사근위대 퇴직 대령 – 비공식 반혁명 조직인 신성친위대 창립 회원 – 표현력이 풍부하고 성실하며 자신감 넘치는 인물
본리아르리아르스키 (1852~1940)	– 기사근위대 출신 대령 – 마튜닌과 귀족학교(itsei) 동창. 마튜닌으로부터 압록강 목재 채벌 이권 전해 듣고 관심 – 목재보다는 금광 채굴 사업에 관심
마튜닌	– 야쿠치아 지방에서 25년 근무, 1870년대 말 연(沿)아무르 지역 국경수비대 근무 – 1898년 4월~1899년 1월까지 조선 주재 공사 역임하며 조선에서의 러시아 사업 적극 추진 – 비테의 모략으로 멜버른 영사로 발령 나자 명령 거부하고 러시아로 귀국
아바자 (1853~1915)	– 재무상 아바자(A. A. Abaza)의 조카 – 해군성 수장 알렉세이 알렉산드로비치 대공의 조수로 해군 복무 – 1902년 해군 소장 승진, 1903~1905년 극동문제특별위원회 사무국장
알렉세예프 (1843~1918)	– 해군사관학교 출신, 파리 주재 무관, 해군 요직 섭렵 – 극동 총독, 베조브라조프 그룹의 후원자
플레베 (1846~1904)	– 1902년 내무상이 돼 경찰력 장악 – 베조브라조프의 대외 정책 지원, 황제에게 베조브라조프 지원 발언 – 1904년 암살당함
보가크	– 육군 대령 당시 두 차례 청국 주재 무관, 일본 주재 무관 역임 – 육군 중장 예편. 베조브라조프의 충실한 지지자

출처 : 김용구, 『러시아의 만주·한반도 정책사, 17~19세기』, 푸른역사, 2018, 206~208쪽.

대 창립 회원이었다. 그를 중심으로 주한 공사를 역임한 마튜닌(Nikolai G. Matiunine), 마튜닌의 친구인 본리아르리아르스키(V. M. Vonliarliarskii), 해군 소장 출신인 아바자(A. M. Abaza), 파리 주재 무관 출신인 알렉세예프(E. I. Alekseev), 내무상을 역임한 플레베(V. K. Plehve), 청·일 양국 무관을 역임한 육군 중장 출신의 보가크(K. I. Vogak) 등이 그룹을 형성했다.

일본에 고쿠류카이黑龍會와 동아동문회 등의 국수주의 단체가 조선·만주·시베리아로의 팽창을 주장했듯이, 베조브라조프 그룹은 아시아로의 팽창 정책을 추진하면서 양 세력은 마주 보고 달리는 기관차처럼 충돌하게 된다.

동양 문제가 크게 움직이기 시작한 1891년

1891년, 일본의 전문가나 사상가, 정치인과 군부가 두려워했던 시베리아횡단철도가 지축을 울리며 건설되기 시작했다. 「니혼日本」이라는 유력 신문의 주필이자 일본의 근대 사상가, 정치평론가로 필명을 떨친 구가 가쓰난陸羯南은 시베리아횡단철도가 착공된 1891년을 "동양 문제가 크게 움직이기 시작한 해"라고 평했다.

교통수단의 변화는 지구라는 공간을 인식하는 관점에 혁명적 변화를 불러일으켰다. 시베리아횡단철도 건설이 시작되면서 태평양 연안의 블라디보스토크에서 모스크바를 거쳐 유럽까지 철도로 연결되는 것은 시간문제가 됐다. 그렇다면 시베리아철도가 완성되면 무슨 일이 벌어질 것인가?

군사적 측면에서는 심각한 위기가 고조됐다. 우선 세계 제일의 육군국으로 평가받는 러시아가 영국 해군의 방해를 받지 않고 중국·만주·조선뿐만 아니라 일본까지 군사력을 투사할 수 있는 능력을 보유하게 되기 때문이다.

하지만 문명의 이기인 철도는 경제·산업 측면에서는 무한한 기회를 제공하게 된다. 이런 낙관적 관점의 소유자가 영국 케임브리지대학에서 유학하고 귀국한 이나가키 만지로稲垣滿次郎였다. 이나가키는 일본에 지정학적 국제정치론을 유포시킨 인물이다. 그는 전 지구적 차원에서 충돌하고 있는 영국과 러시아의 '그레이트게임'이 동유럽에서 중앙아시아를 거쳐 동아시아로 이동해 태평양에 이를 것으로 분석했다. 이러한 극적인 변화를 야기하는 최대 요인이 철도였다. 이나가키는 시베리아철도 건설로 인해 러시아가 새로운 유형의 대륙 국가로 등장할 것임을 간파했다.

이나가키는 시베리아철도가 군사적으로는 위협일지 모르나, 경제적으로는 러시아를 매개로 아시아와 유럽 시장이 연결될 것으로 판단했다. 그는 글로벌 차원에서 동서와 남북의 축에 일본이 위치해야 한다고 주장했다. 즉 동서 축으로는 시베리아철도가 태평양 항로, 캐나다·미국 철도와 연결돼 일본은 유럽·아시아·미국의 결절結節 고리가 된다. 남북 축으로는 시베리아에서 타이완·필리핀을 거쳐 오스트레일리아·뉴질랜드와 연결되는 결절 고리에 일본이 위치한다. 그 결과 시베리아철도 개통을 통해 일본은 전 세계의 중심에 설 수 있다는 것이 이나가키의 입장이었다(야마무로 신이치, 『러일전쟁의 세기』, 2010, 68~69쪽 참조).

유럽인들에게 철도는 혁명과 진보의 상징이었고, 석탄과 철이 결합된 증기 시대의 화신이었으며, 산업혁명의 총아였다. 개인적 주체로서 자신을 자각하기 시작한 근대인들은 철도가 이성과 합리성의 세계를 열었고, 무한한 진보로 나아가는 통로라고 생각했다(윤상원, 『동아시아의 전쟁과 철도 한국철도의 정치사』, 도서출판 선인, 2017, 5쪽).

한편에선 철도는 제국주의와 침략의 대명사라는 야누스의 얼굴을 가지게 된다. 제국주의 열강이 약소국에 철도를 부설하면서 침략의 창구 역할을 했기 때문이다. 열강은 철도 부설 예정지를 헐값으로 구입했고, 철도 수비를 빌미로 자국 군대를 주둔시켰으며, 철도 주변 지역을 배타적 치외법권 지대로 만들어 약소국의 주권을 침해했다. 또 군사적 압력이나 전쟁 수단을 통해 철도 근처의 광산 채굴권이나 농산물을 약탈했다(윤휘탁, 「극동세계의 제국주의적 근대화 증언」, 조지 린치 지음, 정진국 옮김, 『제국의 통로』, 글항아리, 2009, 5~6쪽).

철도는 '제국의 통로'

영국의 언론인이자 기행문학가 조지 린치(George Lynch)는 1903년 시베리아횡단철도 건설 현장을 돌아본 후 "세계에서 가장 관심을 둘 만한 제국의 길은 시베리아횡단철도"라고 주장했다. 그는 철도를 '제국의 통로'로 규정했다. 즉 철도는 피를 흘리지 않는, 은근하면서도 새로운 침략 방식이었다. 국가의 재산이나 교역 및 자원을 둘러싸고 다투지만, 병사들이 싸우는 것이 아니라 외교관이나 상인, 금융인, 회사원, 무역상, 기술자들이 싸운다. 거칠고 비용이 많이 드는 원정 전쟁 대신 '철도'라는 좀 더 개화된 정복 방법을 동원한 것이다(조지 린치, 『제국의 통로』, 2009, 11쪽).

러시아는 시베리아철도 건설을 통해 자신들의 영향력을 극동 지역으로 투사하려는 의도를 노골화하기 시작했다. 그 결과 대륙으로 향한 욕망의 소유자 일본과의 충돌은 어쩔 수 없는 현실로 나타나게 된다.

러시아의 시베리아횡단철도 착공을 계기로 일본의 정계·언론계·학계에서 대외 강경파가 형성되기 시작했다. 1891년 동방협회가 설립돼

소에지마 다네오미副島種臣가 회장, 이나가키 만지로가 간사장에 취임했다. 동방협회는 청나라와 조선에 대한 열강의 간섭을 배제하기 위해 일본의 적극적 팽창 정책이 필요하다고 주장한 아시아주의 단체다. 동방협회가 존속한 20여 년간 청일전쟁, 러일전쟁, 한국병합 등 중요한 사건이 일어날 때마다, 일본의 대외 정책이 팽창 정책으로 나아가는 데 영향력을 행사했다(최혜주, 「일본 동방협회의 조선사정 조사활동과 조선인식」, 『한국독립운동사연구』 통권 43호, 한국독립운동사연구소, 2012, 318쪽).

동방협회는 동양 여러 나라 및 남양제도南洋諸島, 러시아에 대한 지리와 시장, 병제兵制 등을 연구하기 위해 설립됐다. 그들은 조사원 양성을 위해 러시아어학교(동양어학교)를 병설했다. 이 학교에서 러시아어를 배운 학생 중 한 명이 대大아시아주의자, 천황주의자가 된 우치다 료헤이內田良平다.

우치다는 청일전쟁 후 삼국간섭으로 일본이 랴오둥반도를 반환하게 되자 러시아에 대한 복수를 위해 시베리아를 조사했다. 귀국 후 그는 "러시아와 싸워 그들을 격퇴하고 만주·몽골·시베리아를 한 덩어리로 삼는 대륙 경영"을 위해 1901년 고쿠류카이를 결성했고, 후에 한일합방 운동의 주역이 된다(야마무로 신이치, 『러일전쟁의 세기』, 2010, 69쪽).

제6장

일본과 청나라, 해군력 건설 경쟁

로버트 풀턴이 미국 동부의 허드슨강에서 움직이는 증기선을 공개한 것이 1807년이다. 그로부터 30년 후 외륜선 시리우스호가 증기기관의 힘으로 18일 만에 대서양을 횡단했다. 2년 후에는 대서양 횡단 기록이 14일 8시간으로 단축됐다. 영국 정부가 1839년 우편물 수송 선박에 보조금을 지급하면서 기술 개발 속도는 폭발적으로 빨라지기 시작했다.

1840년대에는 스크루 프로펠러가 도입됐고, 대형 증기선의 선체가 목재에서 철판으로 바뀌었다. 시리우스호의 엔진은 320마력이었지만, 21년 후에 등장한 그레이트이스턴호의 엔진은 1,600마력이었다. 증기기관과 철갑선은 곧바로 해군에 적용돼 거함거포의 전함이 출현했다. 함포가 거대화하면서 이를 방어하기 위해 강철 장갑이 점점 두꺼워졌고, 이로 인한 선체 무게의 증가는 더욱 강력한 엔진을 요구했다.

18세기 증기기관과 철제 군함의 접목은 강철 장갑함이라는 가공의 무기 체계를 탄생시켰다. 1857년 프랑스 해군 기사 뒤퓌 드롬(Dupuy de Lôme)은 목재 선체에 120밀리미터 이상의 강철 장갑을 부착한 신종 함선을 제안했다. 이 아이디어가 채택돼 1859년 인류 최초의 장갑함 글루아르(Gloire)호가 완성됐다.

장갑함은 스스로의 추진력으로 항해 가능한 증기기관과, 철강공업 혁명의 상징인 크루프 강철이나 하베이강으로 제작된 철갑, 기존 함포와는 비교할 수 없을 정도로 강력한 강철제 라이플 포, 분당 발사 속도가 15~20발에 이르는 후장 속사포 등으로 무장했다.

기존의 군함은 현측에 다수의 소구경 포를 배열하는 방식이었으나 장갑함은 소수의 대구경 화포를 회전식 포탑 및 포가에 장비했다. 그 결과 함포 수는 줄이면서도 공격력은 더욱 향상됐다(장갑함 관련 부분은 김영림, 「청조의 근대식 함선 도입과 동아시아의 충격 갑철함 정원과 진원의 등장과 그 여파」, 동국대학교 사학과 석사학위 논문, 2006, 10~14쪽 참조).

중국에는 지방 해역 경비를 위해 무장한 목조 범선인 정크선 집단으로 편성된 수사水師라는 제도가 있었다. 동치제 원년(1861)에 청나라는 북양北洋·남양南洋·푸젠福建·광둥廣東 등 4개의 수사(함대)를 건설했다.

중국에서 근대식 해군력 건설의 기초는 1862년 당시 총리각국사무아문이었던 리훙장이 영국인 총세무사 레이(Horatio Nelson Lay)를 통해 병륜선兵輪船 7척을 구매하면서 시작됐다. 이때 함대를 이끌고 온 영국 장교 오스본과 용병들은 청 조정과 계약상의 문제로 마찰을 일으키다 영국으로 돌아갔고, 선박은 해체돼 매각했다.

청-프 전쟁에서 전멸당한 청국 함대

1866년에는 민저閩浙총독(푸젠성과 저장성을 다스리는 총독) 쭤쭝탕左宗棠이 프랑스의 지원으로 푸젠선정국을 설치하고 마웨이馬尾선정창(조선소)에서 군함 건조를 시작했다. 또 해군선정학당을 설립해 사관 양성에 돌입했다. 이로써 푸저우福州는 청나라 근대 해군의 발상지가 됐다.

청나라는 마웨이선정창에서 프랑스 조선 기술자 지젤의 지도하에 1873년까지 15척의 대형 기선을 건조했다. 하지만 10척은 녹이 잘 슬어 가동하지 못하고 항구에 묶여 있었고, 실제 가동된 기선은 몇 척에 불과했다. 근대식 조선 관련 인프라가 미비해 건조비도 당초 예상했던 300만 냥의 두 배 가까운 535만 냥이 투입됐다.

푸젠수사는 청-프랑스 전쟁 때 프랑스 해군의 공격을 받아 불과 몇 시간 만에 전멸당했다. 서구보다 뒤떨어진 산업 기반으로 서양의 근대식 함선을 모방해 그들을 따라잡는 것은 불가능하다는 사실을 마웨이선정창이 여실히 보여주었다.

일본의 근대식 해군 건설은 1850년 네덜란드의 빌럼(Willem) 3세가 막부의 13대 쇼군 도쿠가와 이에사다德川家定에게 목조 증기선 숨빙(Soembing)호를 선물하면서 시작됐다. 이 배는 이듬해 간코마루觀光丸로 개명돼 나가사키 해군전습소의 훈련선으로 사용됐다.

일본은 막부 말부터 메이지 초기까지는 해군을 위주로 하는 해주육종海主陸從 정책이었다. 막부 말기인 1861년 전국 해안을 7개 구역으로 나누고 증기선 군함 370척을 확보해 함대를 건설하자는 논의가 있었다. 중국이 마웨이선정창을 건설한 1866년 일본도 최초의 국산 증기 추진 함선 지요다千代田를 건조했다. 이 배는 60마력 증기기관을 탑재한 140톤급 목제 전함으로 최대 속력 5노트, 무장은 150밀리미터 주포 1문을 달았다.

1869년 9월 27일에는 육·해군 가운데 어느 편제를 우선할 것인가를 논의하기 위해 천황이 임석한 가운데 회의가 열렸다. 226명의 참석자 중 해군 우선론은 52명, 육군 우선론은 1명에 불과했다(박영준, 『제국 일본의 전쟁 1868-1945』, 2020, 43쪽 참조).

메이지 정부의 해군은 1869년 5월 발족했다. 이 과정에서 빼놓을 수 없는 인물이 에노모토 다케아키榎本武揚다. 그는 막부 해군 부총재로서 메이지 정부에 저항하기 위해 막부 군함 8척을 이끌고 홋카이도北海島로 들어가 에조蝦夷공화국을 건국했다. 하지만 메이지 정부군의 압박을 받자 항복하고 군함을 몰수당했다. 메이지 정부는 에조공화국에서 몰수한 군함과 각 번이 헌상한 소형함 16척을 끌어모아 해군을 출범시켰다.

일본은 류큐 병탄(1873), 타이완 침공(1874) 과정에서 해군력 부족으로 애를 먹었다. 제 역할을 한 함정은 목재 선체에 철갑을 씌운 2,000톤급 장갑 프리깃함 가데츠甲鐵(후에 히가시로 개명) 정도에 불과했다.

아시아 최초로 철갑선 도입한 청국

일본이 청의 속방인 류큐·타이완을 차례로 침공하자 리훙장은 외국에서 철갑선을 도입해서 해군력을 강화해야 한다는 상소를 올렸다. 1875년 푸저우선정국 기술감독 지젤이 귀국할 때 해군선정학당 학생 5명을 영국·프랑스에 보내 근대 해군을 견학시켰다. 1877년에는 후에 북양함대 기함인 딩위안定遠 함장에 임명되는 류부찬劉步蟾을 비롯한 12명의 해군 유학생을 영국에 파견했다. 1879년 귀국한 류부찬은 후에 전위안鎭遠 함장에 오르는 린타이쩡林泰曾과 함께 정부에 최신예 장갑함 도입 의견서를 제출했다. 리훙장은 류부찬을 최신예 장갑합 2척과 순양함 지위안濟遠 구입 사절로 독일에 파견했다(김영림, 「청조의 근대식 함선 도입과 동아시아의 충격」, 2006, 18~19쪽 참조).

리훙장이 장갑함 도입 상소를 올린 지 5년 후 청조는 독일에 장갑함을 긴급 발주했다. 이유는 1879년 일본이 류큐 왕국을 오키나와현으로 편입해 류큐에 대한 중국의 종주권을 부정했기 때문이다. 일본이 해군력을 앞세워 청조를 겁박하자 장갑함을 도입해 권위를 되찾아야 한다는 의미였다.

청조가 세계 최강의 해군국 영국을 제치고 독일에 장갑함을 발주한 사연이 있다. 1877년 영국 유학생 류부찬은 독일 주데텐 지방의 불칸 슈테틴(AG Vulcan Stettin) 조선소에서 거행된 독일 신형 장갑함 작센(Sachsen)호 진수식에 초대받았다. 이때 류부찬은 작센호에 대한 상세한 보고서를 작성해 리훙장에게 보냈다. 리훙장은 류부찬의 보고서를 통해 독일 전함이 영국에 뒤지지 않는다는 판단을 하게 된다.

또 한 가지 이유는 리훙장이 영국으로부터 차오융超勇·양웨이揚威 등 거포를 탑재한 렌델식 순양함 2척을 구매한 것이다. 1880년에는 영국이 오스만 제국을 위해 건조하고 있던 철갑선을 청나라가 구매하려 했다. 영국은 이 배를 청나라에 판매할 경우 러시아로 넘어갈 수도 있음을 우려해 거절했다.

청국 장갑함 딩위안·전위안 제원

배수량	7,335t (만재 배수량 7,670t)
길이·너비·흘수	93.88×17.98×6.10m
동력	7,500마력급 증기기관, 최대 시속 15.7노트
장갑 두께	선체 측면 장갑대: 14인치(356㎜) 갑판: 3인치 포좌(포탑 설치부): 12~14인치 포곽(포를 감싸는 포탑부): 8인치
무장	주포: 12인치(305㎜) 25구경 2연장 회전포탑 2개(총 4문) 부포: 5.9인치 포 3문 어뢰 발사관: 14인치급 3개
승무원 수	329명

북양함대의 기함 딩위안
12인치 함포 4문, 14인치의 강철 장갑을 두른 공포의 함정이었다.

영국이 청나라에 장갑함 판매를 거절했다는 소식을 접한 주청 독일 공사 막스 폰 브란트(Max von Brandt)는 "청나라가 원하는 장갑함을 우리가 만들어주겠다"라고 제안했다. 청조는 1880년 독일에 작센급 개량형 장갑함 2척과 어뢰정 10척을 발주해 탄생한 배가 딩위안定遠과 전위안鎭遠이다.

불침 전함으로 불린 딩위안·전위안함

장갑 포탑함으로 분류되는 딩위안·전위안함은 동형으로서 제조국이었던 독일 해군조차 보유하지 못했던 최신예 1등 전함이었다. 게다가 12인치(305밀리미터) 크루프 함포 4문을 탑재한 막강한 화력과, 당시의 과학으로는 관통할 수 없다고 평가된 두께 14인치(356밀리미터)의 측면 강철 장갑(ironclad)을 장비했다.

선체는 '치타델'(독일어로 성곽이라는 뜻)이라 불린 두꺼운 장갑벽이 증기 보일러, 탄약고, 포탑 등을 사면에서 둘러싸는 집중 방어 구조로 제작됐다. 당시의 함포 수준으로 볼 때 비교적 장갑이 얇은 배의 흘수선吃水線(선체가 물에 잠기는 한계선) 아래를 타격하는 어뢰 같은 무기를 사용하지 않고는 딩위안·전위안을 격침시킬 능력을 보유한 군함은 존재하지 않아 '불침 전함'이라 불렸다.

1880년대 초 당대 최강으로 평가받았던 영국 해군에서 딩위안·전위안보다 규모가 큰 함정은 데바스테이션급(Devastation: 9,330톤급) 두 척과 드레드노트호(Dreadnought: 10,886톤), 넵툰호(Neptune: 9,130톤), 인플렉시블호(Inflexible: 11,880톤) 등 5척뿐이었다. 영국 해군 함정은 톤수나 장갑에서 일부 우위가 있었으나 무장면에선 딩위안·전위안에 뒤졌다. 미국 해군은 1881년 무렵 장갑함을 한 척도 보유하지 못한 소해군국이었다.

흥미로운 관전 포인트는 이 함정의 인도 시기다. 청나라가 독일에 주문한 1번함 딩위안은 1881년 12월 28일, 자매함 전위안은 1년 후인 1882년 11월 28일 불칸 조선소에서 완공됐다. 두 척의 거함이 청조에 인도된 시기는 1885년 11월이었다. 완공된 지 무려 3년 후에야 인도된 이유는 무엇이었을까?

이 무렵 청나라와 프랑스 간에 긴장이 고조돼 급기야 청-프랑스 전쟁이 발발했다. 독일 정부는 함정을 청나라에 배송하는 도중 프랑스 해군에 나포될 것을 우려해 계속 시간을 끌었다. 여기에는 신형 전함의 인도를 방해하기 위해 프랑스가 독일에 공작을 했을 가능성도 배제할 수 없다. 만약 두 척의 거함과 10척의 어뢰정이 1년 정도 빨리 인도됐다면 청-프랑스 전쟁의 서막인 마장馬江 해전에서 프랑스 해군은 승리를 장담하기 힘들었다.

1885년 1월 리훙장은 영국 해군 윌리엄 랭(William H. Lang) 대령을 북양함대 군사고문으로 초청했다. 랭 대령은 청조가 영국에 주문한 순양함을 이끌고 왔다. 1885년 11월을 기점으로 청조는 최신예 장갑함 두 척과 순양함, 어뢰정을 보유한 근대 해군국으로 발돋움했다.

청조는 1885년 11월 9일 베이징에 해군아문을 설립하고 순친왕 혁현奕譞을 통상해군사의에, 리훙장을 회판會辦대신에 임명했다. 리훙장은 1887년 베이징과 광저우廣州에 수사학당을 설립했고, 웨이하이威海의 류궁다오劉公島에 북양수사학당, 난징에 남양수사학당을 설립했다. 1887년에는 순양함 즈위안致遠·징위안靖遠·징위안經遠·라이위안來遠 등 4척을 추가 구입했다.

일본 제압 위해 함대 건설한 청국

북양수사는 남양·푸젠·광둥의 세 수사와 다른 지위를 가지고 있었기 때문에 이들과 구별하기 위해 북양해군이라고 칭했다. 다른 세 수사의 지휘관(통령)은 총병이지만, 북양해군에는 제독 1명, 총병 2명을 두었다(다보하시 기요시, 김종학 옮김, 『근대일선관계의 연구 (下)』, 일조각, 2016, 509쪽). 북양해군 소속 전함들의 함정 이름은 '멀다'는 뜻의 위안遠을 돌림자로 사용했으며, '안정시키다定' '진압하다鎭' '다하다致' '평안하다靖' 등을 조합해 함명을 부여했다. 위안遠이란 단어는 그동안 중국에 여러 차례 수모를 안긴 일본을 의미하는 것이었다. 북양해군 소속 전함들은 '일본을 진압한다'라는 뜻을 품고 있었던 것이다.

도입한 전함의 기항과 수리, 보급, 교육훈련을 위해 근대식 모항이 랴오둥遼東반도의 끝에 위치한 뤼순커우旅順口와 산둥반도의 웨이하이웨이威海衛에 건설됐다. 뤼순의 전략적 가치를 발견한 사람은 리훙장이었다. 그는 1881년 10월 뤼순의 바이위산白玉山에 올라 지세를 살핀 후 뤼순이 천혜의 요새라는 사실을 확인했다. 리훙장은 뤼순에 도크와 함선 수리용 공창工廠을 건설했다. 톈진에는 해군 전문가 양성을 위한 수사학당과 기기제조국을 설치해 해군 창설과 확장에 전력을 기울였다(다보하시 기요시, 『근대일선관계의 연구 (下)』, 2016, 509쪽).

리훙장은 독일 장교 콘스탄틴 폰 한네켄(von Hanneken)에게 뤼순커우 일대의 요새화 작업을 맡겼다. 한네켄은 1890년 최신 기술로 포대를 설치하고 240·210·150밀리미터 포와 소형포 및 기관포를 배치해 요새화 작업을 완료했다. 이로써 뤼순 항은 북양함대 도크와 공창이 위치한 만주 최대의 군사 거점이 됐다.

뤼순 일대의 포대를 조사했던 일본군 장교는 1개 중대로 1개 사단에 대항할 수 있을 정도의 요새라고 평했다(제노네 볼피첼리, 유영분 옮김, 『구한말 러시아 외교관의 눈으로 본 청일전쟁』, 살림출판사, 2009, 253~254쪽). 일본군은 뤼순 항을 '아시아의 콘스탄티노폴리스(이스탄불)'라 부를 정도로 전략적 요충으로 생각했다. 이 무렵 뤼순 항은 영국 해군 포함 알제린(Algerine)호를 지휘한 윌리엄 아서(William Arthur) 대위의 이름을 따서 포트 아서(Port Arthur)로 불렸다.

1888년 북양함대는 영국식 해군 규정에 따라 해군 규정집을 만들었다. 북양함대 지휘 체계는 제독(사령관) 딩루창丁汝昌 휘하에 딩위안 함장 류부찬이 우익총병, 전위안 함장 린타이쩡이 좌익총병에 임명됐다. 린타이쩡은 1840년 제1차 아편전쟁 당시 바텔(Emmerich de Vattel)의 만국공법 이론을 토대로 영국 아편을 불태운 린쩌쉬林則徐의 손자다.

청나라는 막대한 재원을 투자해 독일·영국에서 건조한 세계 수준의 전함 25척 등 총 78척의 함정을 구입했다. 총배수량이 8만 3,900톤에 달했다. 이 중 비교적 성능이 뛰어난 함정을 북양함대에 배치했다. 이로써 청나라는 근대 해군 편성을 완료했다.

청국보다 뒤진 일본 해군력

국제 관계를 보면 한 나라의 국력이 강해지면 그것을 바탕으로 보다 적극적인 국가 전략을 주장하는 전략가나 정치가가 등장하는 것이 자연스런 현상이다. 1879년 일본의 「요코하마마이니치橫濱每日신문」은 의미심장한 사설을 게재했다. "메이지유신 이래 일본의 정치 체제와 법 제도가 진보해 독일·러시아와 비교해도 부끄러움이 없고, 학술과 문예가 진보한 정도는 포르투갈·에스파냐에 비교해도 뒤지지 않는다. 산업 발전은 터키와 이집트보다 앞서 동양에서는 상등국上等國 지위에 이르렀다. 유럽 국가들과 비교해도 포르투갈·에스파냐·벨기에·네덜란드 등과 어깨를 나란히 하는 수준에 도달했다"라고 자평했다(「요코하마마이니치신문」 1879년 6월 27~28일).

후쿠자와 유키치도 1881년, 여전히 유교의 가르침에 머물러 있는 청국은 문명개화에 노력을 기울인 일본에 비해 국력 면에서 10분의 1에도 미치지 못한다고 혹평했다. 같은 해 9월 후쿠자와는 "지나(중국)와 조선은 느리고 둔해서 서양 세력에 맞설 수 없으니 일본이 무력으로 이들을 보호하고 우리의 본을 받아 빠른 시일 내에 문명에 들어갈 수 있도록 해야 한다"라고 주장했다.

하늘 높고 땅 넓은 줄 모르던 일본의 우월감은 해군 분야에서는 입을 닫았다. 청은 막대한 자금을 투입해 영국·독일로부터 최신예 장갑함과 순양함을 도입함으로써 서양 열강을 공포에 떨게 할 정도의 해상 전력을 구축했다. 반면에 일본은 타이완 침공 과정에서 군함의 필요성이 제기돼 1874년 철갑함 후소扶桑, 철골판함板艦 곤고金剛와 히에이比叡 등 세 척을 영국에 주문해 1878년 인도해 왔다. 이것이 일본 해군 신예함 건조의 시작이다(후지와라 아키라, 서영식 옮김, 『일본군사사日本軍事史 (上)』, 제이앤씨,

2013, 121쪽).

후소는 동아시아 최초의 장갑함으로 평가받았으나 중량은 3,717톤, 무장은 25센티미터 포 4문, 장갑은 231밀리미터, 최고속도 13노트 수준이었다. 곤고와 히에이는 2,200톤급이었다. 1878년 일본은 후소·곤고·히에이 등 총 20척의 함선을 보유했으나, 전투 수행에 적합한 함선은 10여 척에 불과했다(박영준, 『제국 일본의 전쟁 1868-1945』, 2020, 96쪽). 북양함대 전력과 비교할 경우 해군력은 일본이 압도적 열세였다.

청나라는 딩위안·전위안함을 인수한 지 8개월 후 속방인 조선에 대한 열강의 간섭을 견제하고 북양함대의 위력를 주변국에 보여주기 위해 위력 항해에 나섰다. 1886년 7월 딩루창 제독은 딩위안·전위안을 비롯해 순양함 양웨이·웨이위안威遠·차오융·지위안 등 북양함대 소속 함정 6척을 이끌고 부산과 블라디보스토크를 방문한 후, 8월 10일 귀로에 선저船底 수리 명목으로 나가사키에 입항했다.

이것은 예정에 없던 비공식 방문이었다. 선저 수리는 핑계였고 사실상 "일본, 너희들 청나라 속국인 조선을 넘보면 재미없어!"라는 무력시위나 다름없었다. 당시 나가사키에는 콜레라와 이질이 퍼져 연일 많은 사망자가 발생하고 있었다. 이 와중에 나가사키에 나타난 북양함대의 거함거포는 일본 시민들에게 극도의 공포감을 유발했다.

북양함대는 장교단과 400여 명의 수병을 상륙시켰다. 나가사키 전체가 공포감과 적대감에 떨던 와중에 유곽 부근에서 청나라 수병과 시민이 충돌했다. 폭력 사태를 진압하기 위해 출동한 일본 경찰과 청나라 수병들 간에 난투극이 벌어졌고, 주변 시민들이 칼을 들고 합세해 대폭동으로 번졌다. 일본 측은 경찰 2명 사망, 29명 중경상, 청나라 측은 8명 사망, 42명이 중경상을 입었다.

격분한 영국인 군사고문 랭 대령은 일본에 전쟁을 선포하고 딩위안함의 12인치 주포로 나가사키 항을 포격하자고 딩루창 제독에게 건의했다. 북양함대의 위력 앞에서 일본인들의 자존심은 여지없이 구겨졌다.

일본, 해군력 증강 총력전 전개

메이지 정부 초기 해주육종海主陸従 정책을 추진하던 일본은 서남전쟁 등 각종 정변 진압을 위해 내부 치안에 힘쓰다 보니 자연스럽게 육주해종陸主海従 정책으로 전환됐다. 반란 진압 등 일련의 군사 행동에 필요한 전비 마련을 위해 불환지폐를 대량 발행했고, 이것이 극심한 인플레를 유발했다. 일본 대장 대신(재무 장관) 마쓰카타 마사요시松方正義는 재정 안정을 위해 뼈를 깎는 긴축 재정 정책에 돌입했다.

일본이 인플레 억제를 위해 정부 지출을 억제하던 시기에 청조가 근대식 해군을 정비해 일본을 위협한 나가사키 사건이 발생했다. 메이지 정부는 1868년부터 1877년까지 10년간 평균 국가 예산(일반회계)의 15.9퍼센트를 군사비에 투입했다. 1883년부터 청일전쟁이 발발한 1894년까지는 긴축 재정의 상황에도 불구하고 매년 국가 예산의 25퍼센트를 군사비로 지출해 군비 증강에 나섰다.

일본 육군은 프랑스 제도를 도입해 6개 진대를 구성했다. 1872년 4월 마르크리(C. A. Marquerie) 중령 이하 15명의 프랑스 장교가 일본에 초빙돼 육군 교육훈련을 지원했다. 또 프랑스 육군 교범을 번역해 메이지 육군의 군사 교리로 삼았다(박영준, 『제국 일본의 전쟁 1868-1945』, 2020, 69쪽).

프로이센-프랑스 전쟁에서 프로이센의 압도적 승리를 목격한 일본은 육군 편제를 프랑스식에서 프로이센식으로 전환했다. 1888년 프랑스 제도를 도입해 편성했던 진대를 폐지하고 근위사단과 제1~6사단까지 총 7개 사단을 조직했다. 사단은 하나의 전략 단위로서 자유롭게 행동할 수 있는 기동성을 가지게 됐다(서민교, 「1894~5년 중일전쟁기의 일본군과 조선군」, 강성학 편저, 『용과 사무라이의 결투　중(청)일전쟁의 국제정체와 군사전략』, 리북, 2006, 138~139쪽).

일본은 조선 문제와 관련해 1880년대 중엽부터 청나라와 타협하면서, 한편에선 청·러시아와의 전쟁에 대비해 군비 확장에 나섰다. 상비군 외에 후비군後備軍을 설치해 동원 가능 병력을 두 배 이상으로 확대했

일본 육·해군 병력 및 함정 수의 변천

연도	장병 수			함정 수	
	육군	해군	합계	척수	총톤수
1869				4	3,416
1871	14,841	1,798	16,639	14	12,351
1872	17,901	2,641	20,542	14	12,351
1885	54,124	11,399	65,523	25	28,243
1894	123,000	15,091	138,091	55	62,866
1895	130,000	16,596	146,596	69	77,536
1900	150,000*	31,114	181,111	112	212,933
1904	900,000	40,777	940,777	147	236,558
1905	990,000	44,959	1,034,959	171	341,643
1912	227,861	59,777	287,638	192	533,386

① 장병 수는 군인과 군속의 총계임 ② *는 추정치

출처 : 서민교, 「1894~5년 중일전쟁기의 일본군과 조선군」, 강성학 편저, 『용과 사무라이의 결투』, 리북, 2006, 139쪽.

다(후지무라 미치오, 『청일전쟁』, 1997, 47쪽). 일본군은 상비군, 예비군, 국방 의용군, 본토방위군을 포함해 총병력 27만 5,000명이었다. 그중 17만 4,000명이 청일전쟁 당시 해외에 출정했다(육군군사연구소, 『청일전쟁(1894~1895)』, 2014, 19쪽).

해군 공채 발행으로 함대 건설

일본 해군은 1870년부터 1873년까지 더글러스(A. L. Douglas)를 비롯한 영국 교관단 34명을 해군병학교에 초빙해 해군 전략·전술을 전수받았다. 1871년 2월 해군병학교 생도 및 교관 12명을 영국과 미국에 유학 보낸 이래 수시로 해군 장교와 사관들이 해외에 파견돼 공부했다.

1881년 해군경 가와무라 스미요시川村純義는 20년에 걸쳐 연간 세 척씩 합계 60척 규모의 건함 계획을 상신했다. 1882년 11월 15일에는 현재 보유 함정 12척에 더해 향후 8년간 48척을 건조해 총 60척의 함대를 보유하자는 해군 확장 방안을 재차 상신했다. 해군 확장에 필요한 예산 확보가 긴축 재정으로 인해 불가능하자 1883년에는 계획을 축소해 대형함 5척, 중형함 8척, 소형함 12척 등 총 32척 확보로 수정했다. 이 계획에 의해 영국에 방호순양함 나니와浪速(3,759톤)·다카치호高千穗, 프랑스에 방호순양함 우네비畝傍(3,615톤) 등이 발주됐다.

1886년 나니와·다카치호가 완성돼 일본에 인도됐다. 이로써 1878년 장갑함 후소 이래 8년 만에 신형 주력함 두 척을 확보했다. 우네비는 프랑스에서 완성돼 1886년 10월 19일 함장 르페브르의 지휘하에 출항해 일본으로 향하던 중 12월 남중국해에서 실종됐다. 일본은 보험금을 받아 대체함으로 지요다千代田함을 영국에 주문했다.

일본의 분투에도 불구하고 청-일의 해군력 격차는 줄어들지 않았다.

일본 해군은 1883년부터 추진한 전함 획득 계획 추진 과정에서 예산 범위 내에서 방어 작전을 수행한다는 수비파와, 선제공격을 통해 적을 격파한다는 공세파로 의견이 갈렸다. 공세파는 북양함대의 딩위안·전위안을 앞서는 1만 톤급 전함 두 척을 주력으로 하는 2개 함대를 편성해야 한다고 주장했다. 이것은 정해진 국가 예산 규모를 초월하는 무법적 발상이었다.

당시 일본은 연간 국가 예산이 7,000만 엔이었는데 그중 29퍼센트인 2,000만 엔을 군사비로 지출했다. 나가사키에서 북양함대의 위용에 충격을 받은 일본은 연간 군사비의 6분의 1에 해당하는 330만 엔을 함정 건조비에 투입하기로 결정했다. 이 정도 예산으로 북양함대를 따라잡기에는 역부족이었다.

일반 조세 수입으로는 해군력 건설이 불가능하자 1885년 말 해군경에 취임한 사이고 쓰구미치西鄕從道는 특단의 조치를 내놓았다. 함정 건조 재원 마련을 위해 1,700만 엔의 해군 공채를 발행해 배수량 합계 6만 6,300톤, 총 54척의 신조함을 획득한다는 아이디어였다. 이 안이 1886년 6월 각의에서 통과됐다. 이 예산으로 제1차 해군 확장 계획을 추진하는 과정에서 장갑함 획득 예산이 전액 삭감당했다. 이유는 프랑스에서 새로운 해군 전략이 제기됐기 때문이다.

프랑스의 테오필 오브(Théophile Aube) 제독을 비롯한 청년 장교 그룹은 해군의 임무를 자국 연안 방어와 적국의 통상로 파괴로 축소할 경우 값이 비싼 장갑함 대신 저렴하면서도 파괴력이 강한 신병기로 전략적 목적을 달성할 수 있다는 이론을 제기했다.

즉 장갑으로 보호받는 흘수선 위를 타격하는 강력한 함포 대신, 방어력이 취약한 흘수선 아래를 타격해 일격에 적함을 격침시키는 자주추진식 어뢰를 소형 어뢰정에 탑재하고 연안에서 적의 주력함을 상대하며, 원양 통상로는 장갑함보다 속도가 빠르고 설비가 간소해 가격이 싼 순양함으로 지킨다는 비대칭 전략을 제안한 것이다(김영림, 「청조의 근대식 함선 도입과 동아시아의 충격」, 2006, 31~33쪽 참조).

프랑스 함정 설계가 베르탕 초빙

일본에서 오브 제독의 비대칭 전략을 환영한 사람은 육군 출신의 노정객 다니 간조谷干城였다. 그는 지켜야 할 식민지가 없는 일본이 영국과 같은 대해군국 체제를 군비 확장의 모델로 삼는 것을 비판했다. 그 결과 일본은 건조 비용이 많이 드는 대형 전함 대신 어뢰정, 순양함, 장갑해방함 등 가격이 저렴한 함정으로 적 함대에 대항하는 것이 현실적이라고 판단했다.

일본 해군은 고심 끝에 기존의 상식에서 벗어난 혁신적 설계로 유명세를 탄 프랑스의 함정 설계가 루이에밀 베르탕(Louis-Émile Bertin)을 초빙해 왔다. 베르탕은 4년간 일본을 위해 7척의 주력함과 22척의 어뢰정을 설계·건조했는데, 그것이 일본 해군의 주력함이 됐다. 베르탕은 구레呉와 사세보佐世保의 해군 공창工廠 건설도 지도했다.

1886년부터 베르탕이 귀국한 1890년까지 일본의 해군 군비 확장은 어뢰에 의한 방어를 중시하는 프랑스의 해군 사상을 받아들인 경제적인 해군 건설이었다(오타니 다다시, 『청일전쟁』, 2018, 58쪽).

그가 설계한 함정 중에서 유명세를 떨친 작품이 삼경함三景艦이다. 어떻게 하든 해군만은 청나라보다 유리한 위치에 서야 한다는 바람을 알게 된 베르탕은 주포 구경이라도 북양함대를 앞서는 군함을 만들자는 차원에서 '4전함 합체 작전'이라는 기상천외의 아이디어를 내놓았다.

삼경함의 제2번함 이쓰쿠시마. 중형 선체에 거포 1문을 탑재한 군함이다.

즉 선체는 딩위안·전위안함의 절반 수준인 4,227톤급 해방함海防艦(Escort Ship)에다가 주포는 딩위안·전위안함보다 더 크고 강력한 프랑스 화포 제작사인 카네(Canet) 사의 1890년형 12.5인치 대구경 함포 1문을 장착한다는 것이었다. 한 척은 함수에, 다른 한 척은 함미에 달아 두 척이 세트로 움직이면서 거함을 공격한다는 계획이다.

거함거포의 북양함대에 중함거포로 맞선다는 구상하에 중형 선체에 거포 1문을 달랑 탑재한 기형 변태의 마쓰시마松島급 방호순양함이 탄생했다. 처음엔 네 척 건조 계획을 세웠으나 일본 의회가 한 척 예산을 삭감하는 바람에 세 척만 건조됐다. 함의 명칭은 에도 시대의 유학자 하야시 슌사이林春齋가 일본의 3대 절경이라고 칭송한 히로시마의 이쓰쿠시마嚴島, 교토의 하시다테橋立, 도호쿠의 마쓰시마로 정해 삼경함이 됐다.

마쓰시마급에 탑재된 12.5인치 함포는 400킬로그램짜리 포탄을

8,550미터까지 날려 보내 204밀리미터 장갑을 관통할 수 있었다. 449킬로그램 철갑탄을 사용하면 8,000미터에서 현측 장갑 334밀리미터의 관통이 가능했다. 이처럼 강력한 펀치력으로 북양함대가 자랑하는 딩위안·전위안의 강철 장갑판을 꿰뚫을 수 있을 것으로 기대를 모았다.

기상천외한 상상력의 산물, 삼경함

1번함 마쓰시마는 주포가 함미에, 2번함 이쓰쿠시마는 함수에 장착됐다. 이 함정은 두 척이 한 세트를 이루어 작전하도록 설계됐다. 게다가 측면 장갑은 딩위안·전위안과 비교할 수 없을 정도로 얇아 딩위안·전위안의 포탄에 피격되면 치명상을 입을 수밖에 없었다.

삼경함 가운데 두 척은 프랑스에서 건조해 도입했고, 3번함 하시다테는 요코스카에서 건조했다. 이 과정에서 낮은 기술 수준과 노동자의 숙련 부족으로 4,000톤이 넘는 대형 함선은 일본 국내에서는 건조가 불가능하다는 사실이 확인됐다. 이후 전함 후지富士·야시마八島 등 1만 2,000톤급 전함은 영국에 발주했다.

삼경함은 중형 선체에 무리하게 큰 대구경 포를 탑재하는 바람에 심각한 하자가 발생했다. 먼저 엔진이 말썽을 부렸다. 마쓰시마는 프랑스 노빌레 조선소에서 1890년 1월 22일 진수돼 일본으로 오는 과정에서 엔진 고장을 일으켜 인도로 긴급 회항했다. 이때부터 툭하면 엔진이 고장 났고, 함정 속력도 설계 속도를 밑도는 11~12노트에 불과했다.

선체의 밸런스도 예상보다 심각했다. 거포의 포탑을 선회하면 함정의 침로가 틀어지고 목표물 조준에 장애가 발생했다. 발사 속도도 느린 데다가, 한 번 발사할 때마다 함정의 침로가 바뀌었다. 예비 포신도 확

청일전쟁 당시 주력함으로 활약한 요시노. 세계 최고 속도와 소구경 속사포로 무장했다.

보하지 못해 사격 훈련을 제대로 못 한 상황에서 청일전쟁에 투입됐다. 그 결과 압록강 입구에서 6시간에 걸쳐 벌어진 황해 해전(일명 압록강 해전)에서 삼경함이 12.5인치 주포를 발사한 숫자는 이쓰쿠시마 5발, 하시다테 4발에 불과했다.

삼경함으로 골치를 썩인 일본 해군은 딩위안·전위안함 같은 거함을 단시간 내에 건설하기는 불가능하다고 판단하고, 기동력과 속사포로 무장한 쾌속 순양함 획득으로 방향을 전환했다. 거함거포지만 속도가 느린 북양함대를 상대로 권투 선수 무하마드 알리처럼 경쾌한 스피드와 속사포로 치고 빠지는 아웃복싱 전략을 채택한 것이다.

일본은 배수량 4,160톤에 시속 22.5노트를 낼 수 있는 세계 최고속 순양함 요시노吉野를 영국 암스트롱 사에 발주했다. 북양함대의 딩위안·전위안은 최고 속력이 14노트에 불과했다. 요시노에 탑재된 함포는 구경은 작지만 발사 속도는 재래식 함포의 8배였다. 동일 시간에 대량의 포탄을 발사할 수 있는 함정이었다.

학수고대했던 쾌속 순양함 제1번함 요시노가 1893년 9월 말 인도됐고, 2번함 아키쓰시마秋津洲는 청일전쟁 발발 4개월 전인 1894년 3월 일본에 도착했다. 일본 해군은 청일전쟁 직전까지 여섯 척의 쾌속 순양함을 확보해 북양함대와 대등하게 싸울 수 있을 것으로 기대를 모았다.

제1차 해군 확장 계획은 긴축 예산으로 인해 목표했던 총 54척의 신조함 계획 중 숫자를 채운 것은 어뢰정 16척에 불과했고, 합계 22척 확보에 그쳤다. 1888년 사이고 쓰구미치 해군상은 1889년부터 5년 동안 46척의 함정을 확보한다는 제2차 해군 확장 계획을 발표했으나 1890년 의회에서 난관에 부딪쳤다.

청국 북양함대가 던진 충격

1890년 일본 총리 야마가타 아리토모는 제국의회 개원 연설에서 주권선·이익선 연설을 했다. 주권선 수호는 물론, 이익선인 조선까지 보호하기 위해 군비를 대대적으로 늘리겠다면서 대외 팽창을 국가 전략으로 선포한 것이다. 야당이 과반 의석을 차지한 의회는 정부의 뜻과는 달리 지조地租 경감과 민력휴양民力休養을 앞세워 해군 예산을 삭감했다.

의회가 해군 확장 계획에 제동을 걸자 해군상 사이고가 사임하고 후임으로 가바야마 스케노리가 취임했다. 가바야마는 1891년 7월, 9년에 걸쳐 장갑함 4척 등 함정 11척과 어뢰정 60척 확보 계획을 상신했다. 이 안도 의회가 부결하자 그도 사임하고 후임으로 니레 가게노리가 부임했다. 니레는 7년에 걸쳐 1만 2,000톤급 장갑함 두 척과 3등 순양함, 통보함 각 한 척을 획득하는 계획을 세웠다.

1891년 북양함대가 일본을 친선 방문하면서 해군은 전기를 맞게 된다. 1886년의 나가사키 사건과 달리 이때는 일본의 공식 초청에 의한

우호적 방문이었다. 나가사키 때와 같은 불상사를 예방하기 위해 북양함대는 수병을 엄격하게 통제했고, 일본 국민도 우호적으로 그들을 맞았다.

1891년 7월 북양함대는 시모노세키, 구레, 세토 내해를 거쳐 일본 해군의 본거지인 요코하마에 입항했다. 북양함대 사령관 딩루창은 기함인 딩위안 함상에서 황족 기타시라카와노미야 나루히사北白川宮成久 친왕, 마쓰카타 마사요시 총리를 비롯한 정·관계 명사와 군인, 신문기자 등 500여 명을 초대해 대연회를 열었다. 연회에 참석한 일본인들은 딩위안함의 위용과 승조원들의 절도 있는 군기에 큰 충격을 받았다.

딩위안의 모습에 충격을 받은 「마이니치每日신문」은 「해군 낙담落膽」이란 사설을 게재했다(「每日新聞」 1891년 7월 15일자). 이 사설은 요코하마에 정박 중인 청나라 군함 6척과 일본 군함 6척을 비교한 결과 배수량은 청이 2만 5,160톤, 일본 1만 5,730톤, 속력 평균은 청 96노트, 일본 90노트, 함정 길이는 청 1,656피트, 일본 1,462피트로 소개했다.

이 신문은 일본 함대가 선령이나 성능, 속력, 길이 모든 면에서 청나라에 열세인 현실을 개탄했다. 이런 현실에도 불구하고 해군력 건설 여론이 일지 않는 이유는 유신 이래 군벌 이미지를 벗지 못한 해군성과 해군에 있음을 지적했다.

1년 후인 1892년 10월 16일 북양함대의 2차 공식 방문 때도 일본 정치인과 군인, 관료를 초청한 연회가 열렸다. 이때는 딩위안함의 주포 사격이 진행됐다. 1891년과 1892년 의회의 거듭된 거부에도 불구하고 일본 해군은 당초 계획을 축소한 해군 확장 계획 예산 확보를 위해 총력을 기울였다. 하지만 의회는 축소된 안까지 부결했다.

이때 응원군으로 등장한 인물이 일본 최초의 정당인 자유당 창립자

이타가키 다이스케板垣退助다. 그는 1891년 6월 발간한 『동방책東方策』이란 저서에서 러시아의 일본 침략 위기를 강조하면서 "일본이 동양 무대에서 웅비하기 위해서는 해군 확장이 급선무"라고 주장해 책이 날개 돋친 듯 팔렸다.

자유당은 이타가키의 주장을 뒷받침하기 위해 11월 25일 당보黨報를 통해 10만 톤 전함 계획을 발표했다. 그들은 "해군 확장은 긴급을 요하므로 10년 세월을 기다리기 힘들다. 신속하게 일대 강국과 겨룰 수 있는 해군을 건설해야 한다"고 주장했다.

천황까지 나서서 군함 건조 성금 마련

두 번째 구세주는 메이지 천황이었다. 의회가 해군 예산안을 전액 삭감하자 1893년 2월 9일 일본 정부는 메이지 천황에게 상주했다. 천황은 다음 날 국무대신과 추밀고문관, 귀족원 및 중의원 양원 의장을 불러 "국방의 일은 하루라도 늦추면 백 년의 후회를 남기게 될 것"이라면서 "짐은 내정內廷 경비를 절약해 6년간 매년 30만 엔을 내려보내고, 문무 관료에게 명해 같은 기간에 봉급의 10분의 1을 납입토록 해서 군함 제조비에 충당할 것"이라는 칙어를 내렸다.

북양함대의 충격으로 "일본도 대해군을 건설해야 한다"라는 여론이 들끓는 와중에 나온 천황의 칙어는 대단한 반향을 일으켰다. 양원은 니레 가게노리의 안을 재심의해 해군 확장 7개년 계획을 원안대로 통과시켰다. 천황이 내탕금 30만 엔을 하사하자 의원들도 연봉의 4분의 1을 군함 제조비로 쾌척했다. 전국의 화족과 부호들로부터 헌금이 들어와 9월 말까지 총 103만 8,000엔이 모금됐다.

일본 해군은 1893년부터 1899년까지 군함 제조비로 1,808만 엔을 지출키로 하고 장갑함 후지富士와 자매함 야시마八島, 순양함 아카시明石, 통보함 미야코宮古 등 4척을 영국에 발주했다. 장갑함 후지·야시마 두 척의 건조 예산 1,542만 엔은 1893년 일본 총세출예산 8,458만 엔의 18퍼센트를 차지할 정도로 엄청났다.

이 배는 배수량 1만 2,533톤, 장갑 두께 457밀리미터, 주포 305밀리미터 4문과 부포 10문으로 무장했고, 최대 속력이 18.3노트로 모든 면에서 딩위안·전위안을 능가하는 고성능 전함이었다. 두 척의 장갑함은 1897년 완성돼 러일전쟁에서 주력함으로 활약하게 된다.

일본은 국내에서 철갑 신예 전함을 건조할 능력이 없어 대부분 영국 등지에서 구입했다. 외국 조선소에서 자국 군함을 건조하는 과정에서 기술진이 참여해 경험을 쌓은 후 자국 조선소에서 순양함과 전함들을 건조하기 시작했다.

일본은 청일전쟁 발발 직전까지 55척, 총톤수 6만 톤의 해군 건설에 성공했다. 북양함대는 1문도 보유하지 못한 최신예 속사포를 일본 함대는 155문이나 보유했다. 1894년 시점에서 북양함대는 일본 해군에 비해 주력함 평균 시속이 1노트 늦고, 평균 선령은 2년 낡았으며, 포의 발사 속도는 4~6배 늦는 등 열세였다(고지마 신지·아루야마 마쓰유키, 박원호 옮김, 『중국근현대사』, 지식산업사, 1998, 46쪽).

함정 스피드와 속사포로 거함거포에 대항

전투함 속력은 전투력을 결정하는 중요 요소 중 하나다. 속력 면에서 일본 함대는 북양함대를 앞섰고, 북양함대는 거포에서 우세한 반면 일본 함대는 경포와 속사포에서 우세했다. 일본 해군은 경쾌한 속도와 속사포 위력을 극대화하기 위해 함대를 둘로 나누어 현란한 기동 전술로 거함거포의 북양함대에 대항한다는 전략을 세웠다.

청나라가 일본보다 먼저 해군 근대화를 추진했지만 청일전쟁 무렵에 해군력이 역전된 것은 청조 말 횡행했던 권력층 부패 탓이다. 딩위안·전위안함의 대금 결제 책임자는 주독일 공사이자 과학기술자 리펑바오李鳳苞였다. 그는 대금 620만 마르크(청조 은으로 300만 냥) 중 21만 냥을 착복했다가 파면됐다.

또 북양함대 전력 증강 및 유지·운용에 필요한 막대한 자금이 당대의 실력자 서태후의 환갑을 축하하기 위한 이허위안頤和園 공사에 전용됐다. 이허위안은 총 2.9제곱킬로미터의 면적 중 4분의 3인 2.2제곱킬로미터가 사람 손으로 파내 조성한 쿤밍호昆明湖다. 엄청난 인공 호수를 조성하기 위해 파낸 흙으로 70미터 높이의 만수산을 쌓았다.

이허위안 건설이 시작된 1888년 이후 연간 400만 냥이던 해방 기금은 100만 냥으로 줄었다. 이 예산으로는 신예함 도입이 불가능했고, 기존 전력의 유지·보수도 버거웠다. 급기야 함대의 포탄 구입 예산까지 서태후의 호화 생활에 전용되면서 북양함대 전력은 급전직하했다.

외적에 대비해야 할 군비가 별장 조성비로 낭비된 이유는 청나라 특유의 민족 모순 덕분이다. 군사력이 증강되면 리훙장을 비롯한 한족漢族 지휘관들의 발언권이 강해진다. 이렇게 되면 황족인 만주족의 정권 유지에 심각한 도전이 제기될 우려가 있었다. 청 황실은 한족 지휘관들의 발언권이 강해질 위험을 사전 제거하기 위해 함대 예산을 의도적으로 다른 곳에 전용했다.

또 한 가지 눈여겨볼 점은 리훙장이 방어 전략의 신봉자였다는 점이다. 태평천국의 반란을 성공적으로 진압한 쩡궈판曾國藩과 리훙장은 전쟁의 주객 이론을 신봉해 "방어자가 전투장의 주인이고, 공격자는 객이다. 창을 가지고 결투를 할 때 먼저 치는 자는 객이요, 공격을 막은 뒤 후에 치는 자가 주인"이라고 주장했다(육군군사연구소, 『청일전쟁(1894~1895)』, 2014, 21쪽).

일본, 개혁에서 대외 팽창으로 궤도 수정

막대한 예산을 투입해 건설한 북양함대가 유지·운영비 부족으로 고철로 변해 가는 사이, 일본은 부산 앞바다의 절영도를 조차해 저탄소를 확보했고, 중국해와 황해 작전을 위해 히로시마현 남서부의 구레呉와 나가사키현 사세보佐世保에 군항을 개설했으며, 쓰시마에 경비대를 설치했다.

이토 내각은 1892년 8월부터 1896년 9월까지 존속했는데, 이 기간에 일본은 청과 러시아를 겨냥한 군비 확장에 열을 올렸다. 1890년까지 일본 국가 발전 전략의 핵심이 '개혁'이었다면, 1890년 이후에는 '대외 팽창'으로 전환됐다.

청일전쟁 직전 일본 군함 (『明治三十七八年 日露戰史』)

함선명	종류	진수	배수량(t)	속력(kn)	주요 무장	마력	승조원
나니와(浪速)	순양함	1885.3	3,709	18	26㎝크루프×2 15㎝크루프×6 6斤속사포×6 기관포×6	7,704	361
다카오(高雄)	순양함	1888.10	1,778	15	15㎝크루프×4 12㎝크루프×1 7㎝크루프×1 47㎜속사포×2 37㎜속사포×2 기관포×6	2,322	226

함선명	종류	진수	배수량(t)	속력(kn)	주요 무장	마력	승조원
쓰쿠시 (筑紫)	순양함	1880	1,372	16	10인치암스트롱×2 40斤암스트롱×4 47㎜속사포×2 7.5㎝크루프×1 기관포×2	2,433	177
지요다 (千代田)	순양함	1890.6	2,439	19	12㎝속사포×10 47㎜속사포×15 기관포×2	5,678	306
아키쓰시마 (秋津洲)	순양함	1892.7	3,172	19	15㎝속사포×4 12㎝속사포×6 47㎜속사포×10 기관포×4	8,576	352
요시노 (吉野)	순양함	1892.12	4,225	22.5	15㎝속사포×4 12㎝속사포×8 47㎜속사포×24	15,967	204
다카치호 (高千穗)	순양함	1885.4	3,709	18	26㎝크루프×2 15㎝크루프×6 47㎜속사포×6 기관포×6	7,604	337
하시다테 (橋立)	해방함 (삼경함)	1891.3	4,278	16	32㎝크루프×1 12㎝속사포×11 47㎜속사포×18 기관포×1	5,400	179
마쓰시마 (松島)	해방함 (삼경함)	1890.1	4,287	16	32㎝카네×1 12㎝속사포×12 47㎜속사포×15 37㎜속사포×2	5,400	401
이쓰쿠시마 (嚴島)	해방함 (삼경함)	1889.7	4,278	16	32㎝카네포×1 12㎝속사포×11 47㎜속사포×19 37㎜속사포×2	5,400	352
무사시 (武藏)	슬루프	1886.3	1,502	13	17㎝크루프×2 12㎝크루프×5 7.5㎝크루프×1 기관포×1	1,622	230
아마기 (天城)	슬루프	1877.4	926	11	12㎝크루프×6 47㎜속사포×4 기관포×2	720	148

함선명	종류	진수	배수량(t)	속력(kn)	주요 무장	마력	승조원
덴류 (天龍)	슬루프	1883.8	1,547	12	17㎝크루프×1 15㎝크루프×1 12㎝크루프×4 7.5㎝크루프×1 기관포×5	1,267	208
야마토 (大和)	슬루프	1885.5	1,502	13	17㎝크루프×2 12㎝크루프×5 7.5㎝크루프×1 기관포×6	1,622	229
가쓰라기 (葛城)	슬루프	1875.3	1,502	12	17㎝크루프×1 12㎝크루프×5 7.5㎝크루프×1 47㎜속사포×2 6斤속사포×2 기관포×6	1,622	114
가이몬 (海門)	슬루프	1882.8	1,367	12	17㎝크루프×1 12㎝크루프×6 7.5㎝크루프×1 기관포×5	1,267	181
야에야마 (八重山)	통보함 (報知)	1989.3	1,609	20	12㎝속사포×3 47㎜속사포×8	5,400	126
쓰쿠바 (筑波)	코르벳	미상 (1871.4 구매)	1,978	8	전장16㎝크루프×8 4斤포×3 기관포×2	526	251
후소 (扶桑)	甲鐵 코르벳	1878.4	3,777	13	24㎝크루프×4 17㎝크루프×2 12㎝속사포×4 47㎜속사포×11 기관포×4	3,650	345
곤고 (金剛)	철갑대 코르벳	1877.4	2,284	13.2	17㎝크루프×3 15㎝크루프×6 7.5㎝크루프×2 47㎜속사포×2 기관포×6	2,535	321
히에이 (比叡)	철갑대 코르벳	1877.6	〃	〃	〃	〃	300
아타고 (愛宕)	포함	1887.6	662	10	21㎝크루프×1 12㎝크루프×1 기관포×2	963	103

함선명	종류	진수	배수량(t)	속력(kn)	주요 무장	마력	승조원
마야 (摩耶)	포함	1886.8	622	14	15㎝크루프×2 47㎜속사포×2 기관포×2	963	60
아카기 (赤城)	포함	1888.8	"	10	12㎝페브리니×4 47㎜속사포×6	"	126
호쇼 (鳳翔)	포함	미상	321	7.5	8㎝크루프×2 40斤바바써×1 20斤바바써×2	217	96
이와키 (磐城)	포함	1878.7	667	10	15㎝크루프×1 12㎝크루프×1 8㎝크루프×2 기관포×2	659	109
조카이 (鳥海)	포함	1887.8	622	10	21㎝크루프×1 12㎝크루프×1 기관포×2	963	89
오시마 (大島)	포함	1891.10	640	13	12㎝페브리니×4 47㎜속사포×5 기관포×1	1,217	130

출처 : 후지와라 아키라(藤原彰), 『日本軍事史 (上)』, 제이엔씨, 2013, 128~129쪽.

제7장

갑신정변 주역 김옥균의 최후

쿠데타는 성공하면 권력 장악이요, 실패하면 죽음이다. 사흘천하로 막을 내린 갑신정변은 풍운아 김옥균의 인생뿐만 아니라 조선의 운명까지 송두리째 뒤집어 놓았다. 김옥균은 일본 우편선 지토세마루千歲丸에 간신히 올라 아홉 명의 동지들과 함께 일본으로 망명함으로써 목숨은 건졌지만, 그 후의 삶은 비루하고 구차했다.

일본 망명 직후 김옥균 일행은 2주 정도 나가사키에 머물며 본국의 사태 추이를 지켜보았다. 그 후 도쿄로 가서 후쿠자와 유키치가 마련해 준 하숙집에서 잠시 숨어 지냈다. 다른 동지들은 쿠데타 실패로 인한 충격으로 외부 출입을 못 할 정도로 의기소침해 있었다. 반면에 천성이 낙천주의자였던 김옥균은 조금도 위축되지 않고 활발하게 활동했다.

1885년 체결된 한성조약에 따라 일본에 갑신정변 사태를 사죄하기 위해 전권대신 서상우와 묄렌도르프가 일본을 방문했다. 그들은 일본 정부에 갑신정변을 일으킨 대역죄인 김옥균·박영효와 서광범·서재필의 신병 인도를 집요하게 요구했다. 이노우에 가오루 일본 외상은 양국 간에는 범죄인 인도 조약이 체결되지 않았으며, 조선 측이 요구하는 네 명은 정치적 망명객이라는 이유로 거절했다.

고종과 민 왕후는 국왕을 농락한 만고의 역적 김옥균 일당을 용서할 수 없었다. 대역죄인이 일본에서 활개 치도록 방치할 경우 또다시 개화당이 흉계를 꾸밀 가능성을 배제할 수 없었다. 정변의 와중에 개화당이 고종과 민 왕후가 총애했던 민태호·민영목·조영하를 참살했고, 민영익을 살해하려다 미수에 그쳤다. 자파 핵심부를 도륙한 김옥균 일당에 대한 민씨 척족들의 원한은 상상할 수 없을 정도로 강했다.

1893년 조선에서 활동했던 일본 「마이니치신문」 특파원 사쿠라이 군노스케는 조선 관리와 대화를 나누었다. 화제가 김옥균과 박영효에 이르자 그들은 안색이 변하더니 "그 문제에 대해 더 이상 말하지 마시오. 우리는 그 두 사람의 심정을 잘 이해합니다. 그러나 대낮에 그들에 관한 일을 이야기하다가는 극형의 화가 우리에게 미칠지도 모릅니다. 부디 우리 입장을 헤아리시고 김옥균과 박영효에 관해 말하지 마십시오"라고 호소했다(사쿠라이 군노스케, 「조선시사」, 1993, 318쪽).

각자도생 위해 흩어진 갑신정변 주역들

조선 수뇌부의 불타는 적개심을 아는지 모르는지 망명객 김옥균은 일본에서 재기를 위해 고군분투했다. 대인 기질을 타고난 김옥균은 전혀 기죽지 않고 각계각층 인사들과 폭넓게 교류하면서 조선의 정치를 변화시키기 위해 동지들을 포섭해 나갔다.

그는 시詩·서書·화畵는 물론 풍류·도박에도 일가견이 있는 엔터테이너였다. 형편이 궁해지면 도박장에 가서 돈을 따서 동지들에게 나눠주었다. 서재필의 회고에 의하면 김옥균은 어디서 무슨 방법으로 돈을 마련했는지 늘 양질의 술과 안주를 풍족하게 마련해 건달패 같은 일본인들을 대접했다. 주연酒宴이 벌어질 때마다 그 자리에는 여성이 빠지지 않았다고 한다. 일본인들과 어울려 술잔을 기울일 때마다 김옥균은 조선의 개화를 열렬하게 주장했다.

김옥균 일행이 도쿄에 머물던 1885년 4월, 영국에 등을 떠밀린 이토 히로부미와 리훙장이 톈진조약을 체결하고 조선에서 청·일 양국군이 동시 철군했다. 이것은 일본 정부가 조선에 대한 적극 개입 정책을 당분간 단념한다는 외교적 신호였다. 이로써 개화당 망명객들은 일본 정부의 후원을 얻어 조선에서 재기를 모색하기가 어려워졌다.

톈진조약을 계기로 일본이 조선에서 한발 물러서자 조선에 대한 청나라의 내정 간섭이 전방위적으로 노골화했다. 기약 없는 망명 생활 과정에서 생활고에 시달리던 쿠데타 동지들은 각자도생을 모색했다. 서광범과 서재필은 조선에 파송되기 위해 일본에서 현지 적응 준비를 하고 있던 미국 선교사 언더우드(Horace Grant Underwood)와 아펜젤러(Henry Gerhart Appenzeller)를 만나 그들에게 한국어를 가르쳤다. 이 과정에서 서광범은 동갑내기 선교사 언더우드와 친해졌다. 서광범은 보빙사로 미국에 다녀온 경험이 있어 영어로 의사소통이 가능했던 점이 큰 도움이 됐다.

1885년 박영효를 비롯해 서광범·서재필·변수·이규완은 미국으로 떠났다. 박영효를 비롯한 일행 5명의 미국행 여비가 만만치 않았는데, 그들이 어떻게 여비를 마련했는지는 미스터리다. 이와 관련해 『근대일선관계의 연구』의 저자 다보하시 기요시의 추리를 소개한다.

톈진조약 체결 후 일본 정부는 조선 문제와 관련해 청나라와 '조선 개혁안 8개조'에 합의하는 등 협조주의 노선을 걸었다. 이런 분위기에서 일본으로 도피한 개화당 망명객들이 모종의 정치적 책동을 꾸미다 외교적 분란을 일으킬 우려가 있었다. 일본 정부는 후쿠자와 유키치를 통해 개화당 인사들을 설득해 미국으로 떠나도록 유도했다. 이 과정에서 미국행 여비를 일본 정부가 지급했을 가능성이 있다(다보하시 기요시, 『근대일선관계의 연구 (下)』, 2016, 150쪽).

중인 출신 변수는 미국에서 메릴랜드 농과대학을 졸업해 한국인 최초의 미국 대학 학사 학위 취득 기록을 세웠다. 하지만 큰 뜻을 펴보지도 못하고 대학 졸업 후 4개월 만에 교통사고로 사망했다. 이규완은 미국에서 2년여 생활하다 1887년 일본으로 돌아왔다.

박영효·서재필 등 동지들이 미국으로 떠나고 김옥균 곁에는 유혁로와 이윤고만 남았다. 재기를 위해 애쓰던 김옥균은 일본 국수주의 정치결사인 겐요샤玄洋社와 깊은 연계를 맺고 있는 도야마 미쓰루頭山滿와 만난다.

1881년 메이지유신으로 몰락한 사무라이들이 조직한 겐요샤는 초기에는 의회 개설 등 민권운동에 주력하다가 아시아주의를 표방하는 국수주의 단체로 발전했다. 도야마의 애제자인 우치다 료헤이는 요시쿠라 오세이吉倉汪聖, 다케다 한시武田範之 등을 규합해 1901년 2월 3일 고쿠류카이黑龍會를 창립한다.

김옥균, 방탕한 망명 생활

중국·만주·러시아에 걸쳐 흐르는 헤이룽강에서 이름을 따온 고쿠류카이는 일본의 급선무는 러시아와의 전쟁이며, 그 후 만주·몽골·시베리아로 진출해 대륙 경영의 초석을 닦아야 한다고 주장했다. 러일전쟁 때는 만주에서 의병을 조직해 게릴라 활동을 벌이는 등 대륙 침략의 전위 부대 역할을 수행했다.

도야마는 김옥균을 비롯해 중국의 혁명가 쑨원孫文과 교우하는 등 폭넓은 활동을 하던 인물이었다. 김옥균은 도야마와 겐요샤의 힘을 빌려 재기를 모색했다. 일본에서 일정한 직업 없이 떠돌던 김옥균은 일본의 지인들이 원조한 생활비로 근근이 살아야 했기에 늘 생활고에 시달렸다. 그는 아무리 형편이 어려워도 일세를 풍미했던 인물답게 대범했다. 비판적으로 표현한다면 그는 도움받은 자금을 거리낌 없이 향락에 탕진했다.

대부분의 혁명가들은 혁명에 실패해 해외로 망명할 경우 언어와 습속이 다른 나라에서 온갖 역경과 고초를 겪으며 생활비를 구하고, 그 나라 관헌의 감시를 속여가며 독립의 대의를 선전하고 동지를 얻기 위해 노력한다. 혁명가라면 대부분 그런 모습으로 정형화돼 있었다.

김옥균에게서는 뜨거운 혁명가 정신은 찾아보기 힘들었다. 다보하시 기요시는 박영효와 김옥균은 제정 시대 러시아의 공산당원이나 청조 시대 중국 혁명당원은 물론, 프랑스 혁명 당시의 망명 귀족에도 미치지 못한다는 혹평을 내놓았다. 그는 "조선인에게 아낌없는 동정심을 가졌던 후쿠자와 유키치조차도 조선인 망명객의 무책임과 뻔뻔스러움에 불만을 표출했다"라고 기록하고 있다(다보하시 기요시, 『근대일선관계의 연구(下)』, 2016, 151쪽).

조선 국왕과 민씨 척족 세력 입장에서 볼 때 바다 건너 일본에서 국수주의 정객들과 역모를 꾸미고 있는 개화당 인사의 모습은 사나운 범을 들판에 풀어놓은 형국이었다. 조선 조정은 김옥균 송환을 위해 비상한 외교적 노력을 기울였다. 그때마다 일본 정부의 반대로 뜻을 이루지 못하자 고종은 과격하고 직접적인 방식으로 대역죄인 송환 작전을 추진한다.

수단 방법을 가리지 않고 박영효와 김옥균을 납치하거나 강제 귀국시켜 일망타진하기 위한 미끼로 고종의 사촌 형인 강화 유수 이재원이 동원됐다. 이재원은 갑신정변 당시 개화당에 가담한 원죄가 있던 인물이다. 자신의 생존과 신용 회복을 위해 어려운 임무를 자임해야 했다. 이재원은 심복인 장은규(일명 장갑복)와 송병준을 일본에 보낼 첩자로 고종에게 추천했다.

김옥균 암살 위해 일본에 자객 밀파

장은규가 고종의 밀명을 받고 일본에 밀파된 시기는 1885년 6월이었다. 국왕의 밀지를 받고 일본에 잠입한 장은규는 신분을 속이고 이재원의 소개장을 앞세워 김옥균에게 접근했다. 이재원은 장은규를 통해 한글로 쓴 밀서를 김옥균에게 보냈다. 밀서에는 "전년에 혁신 운동(갑신정변)이 실패한 것은 유감이다. 김옥균에 대한 국왕의 신임은 조금도 변함없다"라고 쓰여 있었다.

이재원은 강화 유수라는 자신의 지위를 이용해 정예병을 모집해 거사를 도모할 뜻이 있음을 밝히고 김옥균의 귀국을 요청했다. 이재원의 밀서에 감격한 김옥균은 장은규를 통해 "일본 자유당 수령 이타가키 다이스케, 고토 쇼지로後藤象二郎 등과 제휴해 소총 1,000정을 입수할 수 있고, 또 임진왜란 당시 포로로 정착한 조선인 자손들로 구성된 의병 1,000명과 함께 강화부에 상륙해 서울로 진격하면 민씨 척족을 일소하고 정국을 일변시킬 수 있을 것"이란 회신을 보냈다.

이재원은 관련 내용을 고종에게 보고했다. 이 무렵 일본에 망명했던 백춘배가 김옥균으로부터 조선 내부 사정을 정탐하라는 명을 받고 비밀 귀국했다가 체포됐다. 백춘배의 진술 내용과 김옥균이 이재원에게 보낸 비밀 서한이 일치하는 부분이 많았다. 충격을 받은 조선 조정은 1885년 12월 20일, 주한 일본 대리공사 다카히라 고고로高平小五郎에게 조회를 보내 김옥균 등 망명 정치인들의 체포와 처분을 요구했다.

이 무렵, 일본 신문에 김옥균이 일본 무뢰배 수백 명을 고용해서 폭약과 총포로 무장하고 조선에 잠입해 정부를 전복하려 한다는 쿠데타 모의설이 보도됐다. 근거가 불분명한 '가짜 뉴스'였으나 서울 장안에는 "김옥균이 일본 침략군을 정크선 여덟 척에 태워 조선을 정벌하기 위해 시모노세키를 출발했다"라는 소문이 파다하게 퍼졌다.

또 개화당 망명객들이 미국에서 다이너마이트를 지급받아 왕실 및 종친을 폭살할 계획이라는 유언비어가 나도는 등 민심이 흉흉했다. 충격을 받은 고종은 포크 주한 미국 공사에게 사실 여부를 확인했다. 김옥균의 침략에 맞서기 위해 청은 군함을 급파했고, 영국도 군함을 제물포에 출동시켰다.

이재원을 미끼 삼아 김옥균을 국내로 유인하려던 시도가 실패하자 고종은 현지에서 김옥균을 암살하기 위해 자객을 일본에 밀파했다. 첫 번째 자객은 조선에 종두법을 전파한 지석영의 형 지운영이었다. 중인 출신인 지운영은 1882년 수신사 박영효의 수행원으로 일본을 방문했던 인물이다. 1883년 통리군국사무아문 주사主事로 임명됐고, 이듬해 사진관을 설립해 한국인 최초로 고종의 사진을 촬영한 특이한 경력의 소유자다.

조선 자객들, 김옥균 암살 실패

윤효정의 『한말비사』에 의하면 지운영은 추사 김정희의 제자인 개화사상가 강위姜瑋를 중심으로 조직된 육교시사六橋詩社에서 문장을 배웠다.

육교시사는 청계천 광교 주변에 모여 살던 개화 핵심 세력인 의역중인들의 모임이었다. 지운영은 강화도조약 때는 일어 통역을 맡았고, 민태호·민영익·민응식과 함께 4민閔 체제의 핵심으로 꼽힌 민영목과도 선이 닿아 그의 도움으로 개화 기관인 통리군국사무아문의 말단 주사 자리를 얻었다.

지운영이 사진술 도입의 선구자가 된 것은 1882년 임오군란 덕분이다. 일본 공사관이 불타고 일본인 살해에 대한 사죄를 위해 그해 8월 박영효를 전권대표로 한 수신사가 파견됐다. 지운영도 수행원의 일원으로 일본에 갔다가 사진에 매료됐다. 수신사 일행이 귀국한 후에도 그는 일본에 남아 사진을 배웠다. 다음 해 귀국한 지운영은 도화원 출신 김용원과 함께 관립 촬영국撮影局을 열었고, 1884년 개인 사진관을 개업했다.

고종으로부터 "개화당의 두목 김옥균의 목을 따 오라"라는 밀명을 받은 지운영은 '사진 기구 구입' 명목으로 위장해 1886년 5월 일본에 나타났다. 그는 왕명으로 작성된 '명여특차도해포적사命汝特差渡海捕賊使'라는 위임장을 소지하고 있었다. 도해포적사란 바다 건너가 역적을 체포하는 특사라는 뜻이다.

개화의 선봉에 섰던 지운영이 개화당 수괴 암살 특공대로 변신한 이유는 1884년 12월 발생한 갑신정변 쿠데타 때문이다. 민영목은 지운영을 관직의 세계로 이끌어 준 은인이자 멘토였다. 갑신정변이 벌어졌을 때 병조 판서 민영목은 고종이 임시로 거처하던 경우궁으로 입궐하던 중 개화당 자객들에게 참살당했다. 게다가 지운영이 운영하던 사진관이 일본인 소유로 착각한 조선 군민들에게 공격을 당해 폐허가 됐다. 졸지에 개화파의 쿠데타로 은인과 전 재산을 잃고 분노한 그는 개화당 타도의 선봉에 서게 됐다.

지운영은 고베에 머물던 장은규와 자주 왕래하며 호형호제했다. 지운영이 김옥균의 신변 경호를 담당하는 유혁로·정난교에게 접근하자 두 사람은 그를 붙잡아 일본 경찰에 넘겼다. 조사 과정에서 지운영이 고종의 특명을 받고 파견된 암살범이란 사실이 드러났다.

지운영은 본국으로 추방돼 의금부에서 조사를 받은 후 "김옥균 암살을 제대로 실행하지 못한 죄"로 영변에 유배됐다. 그가 영변에서 유배 생활을 하던 1887년, 동생 지석영도 완도로 유배를 갔다. 지석영은 "조선 종두계의 대은인"(「조선일보」 1935년 2월 3일자)이다. 당시 천연두는 전염성과 치사율이 높은 공포의 질병이었다. 운 좋게 생존해도 온몸에 선명한 곰보 자국이 남는다. 때문에 발병하면 임금을 칭하는 '마마'라고 존칭하면서 빨리 지나가기만을 엎드려 빌 뿐 속수무책이었다.

1879년 지석영은 일본 해군 소속 서양식 병원인 부산 제생의원을 찾아가 두 달 동안 일본 군의관에게서 종두법을 배웠다. 접종을 위한 우두 원료를 구해 가지고 와서 종두법을 시행하려 했다. 누구도 우두 접종을 하겠다고 나서지 않자 자신의 처남에게 우두를 맞혀 종두법을 보급하는 데 앞장섰다. 그가 체포돼 유배된 이유는 "우두 기술을 가르쳐 준다는 구실로 도당을 형성한 죄"였다.

지운영이 실패하자 고종은 세 번째 자객으로 사헌부 감찰 송병준에게 "일본에 있는 김옥균을 체포 압송해 오라"라는 밀명을 내렸다. 훗날 일본 정부로부터 백작 작위를 받은 친일파가 된 그 인물이다. 송병준은 감찰부 부하들과 일본에 침투해 김옥균 체포에 성공했다. 압송 과정에서 김옥균은 송병준에게 조선이 문명 세계로 나아가기 위해서는 개화가 시급하며, 이를 위해 갑신정변 거사를 일으킨 동기를 구구절절 설명했다.

김옥균의 일장 연설에 감복한 송병준은 그를 풀어주고 빈손으로 귀국했다. 고종은 왕명 불복종죄로 송병준을 감옥에 잡아넣었다. 그는 인연을 맺고 있던 민씨 척족들의 도움으로 간신히 풀려났다.

당시 조선 왕조는 예산이 없어 초빙해 온 외국인 고문이나 군사교관 월급도 몇 개월씩 체불하는 형편이었다. 이 나라 차관을 갚기 위해 저 나라에서 차관을 얻어 변통하는 과정에서 수많은 이권이 헐값에 외국에 넘어갔다. 심지어 왕실에 납품한 물품 대금도 갚지 못해 구차하게 떼어먹는 실정이었다.

극도의 재정 공황 상태에도 불구하고 고종은 자신의 권력에 도전한 개화당을 도륙 내기 위해 돈을 물 쓰듯 했다. 합리적 이성을 가진 국왕이라면 감히 엄두도 못 낼 일들을 고종은 장기간에 걸쳐 집요하고 일관되게 추진했다. 만약 경제 살리기를 김옥균 암살 시도하듯 했다면 거꾸러졌던 경제가 벌떡 살아나지 않았을까 싶을 정도다.

자신의 목을 노린 자객들이 연이어 일본에 출몰하자 강심장 김옥균도 심리적 타격을 받았다. 그는 이와타 슈사쿠岩田周作란 가명으로 위장해 일본 각지를 방랑하거나 자포자기 심정이 돼서 도쿄 윤락가를 배회하며 세월을 축냈다.

일본 정부, 김옥균을 태평양 섬으로 유배 보내

일본 정부 입장에서 볼 때 본국으로부터 정치적 사망 선고를 받은 김옥균은 외교적 마찰만 불러일으키는 귀찮고 번거로운 존재였다. 1886년 5월 지운영이 일본 경찰에 체포되자 일본 정부는 "조선 정부의 불쾌감을 불러일으키고 외교상 평화를 저해할 우려가 있다"라는 이유로 김옥균에게 국외 퇴거령을 내렸다. 퇴거 명령서에는 명령서를 수령한 날로부터 15일 이내에 일본을 떠나라고 돼 있었다.

가나가와神奈川 현령은 6월 12일 김옥균에게 퇴거 명령서를 송달하면서 내무 대신 명의로 미국으로의 망명을 권고했다. 김옥균이 미국으로 망명을 원할 경우 미국행 여권을 발급하고 여비를 지급하겠다는 말도 전했다. 김옥균은 "나는 일본 밖으로 나갈 뜻이 없다"라고 단호하게 거절했다.

김옥균이 미국 망명을 거부하자 일본 정부는 김옥균에게 1,000킬로미터 떨어진 태평양상의 절해고도 오가사와라小笠原제도로 이주하도록 명령하고, 그 섬에서 생활하는 데 필요한 비용을 지급하겠다고 통보했다. 유혁로·이윤고 등에게는 김옥균을 수행하든지 내지에 남아 있든지 자유지만, 동행 의사가 있을 경우 동행을 허가하고 동행자에게는 식비만 지급한다고 알렸다.

김옥균은 "섬에 귀양 보내는 것은 형벌 중에서도 가장 무거운 것이니 죄명을 적시하지 않으면 승복하기 어렵다"라면서 항의했다. 김옥균이 유배에 불응하자 일본 경찰은 1886년 8월 7일 새벽, 김옥균을 체포해 강제로 범선 슈고마루秀鄉丸로 끌고 가 도쿄부에서 파견한 관리에게 인도했다.

김옥균은 동료이자 자신의 종자였던 이윤고와 함께 오가사와라제도로 호송돼 지치시마父島 오기무라扇村의 도쿄부 출장소에 억류됐다. 김옥균의 유배 소식을 접한 후쿠자와 유키치는 일본 정부의 결정에 대해 "바보스럽고 미치광이 행동 같다"라고 성토하면서 "김옥균을 빨리 육지로 데려오라"라는 칼럼을 발표했다.

태평양에 처녀 젖가슴처럼 볼록 솟은 30여 개의 화산도로 구성된 오가사와라제도는 요코하마에서 정기선이 1년에 네 차례밖에 왕래하지 않는 오지였다. 아열대의 원시림이 우거지고 습도가 높았다. 낙도 오지의 유배 생활에 지친 김옥균은 일본 외무성에 "미국으로 망명하겠다"라는 탄원서를 보냈으나 받아들여지지 않았다.

유배지 오가사와라에서 김옥균은 섬의 어린아이들에게 공부를 가르치거나 그들과 어울려 놀았다. 세월을 잊기 위해 시를 짓고 바둑으로 소일했다. 이 과정에서 김옥균은 와다 엔지로和田延次郎라는 소년과 인연을 맺는다. 그는 후에 김옥균을 따라 상하이로 갔다가 둥허양행東和洋行에서 김옥균의 최후를 지켜보는 인물이 된다.

3개월에 한 번씩 왕래하는 정기선을 이용해 망명 동지이자 심복 유혁로가 와서 조선 정세를 알리고 김옥균의 글씨와 그림을 받아 갔다. 그것을 일본 지인들에게 팔아 자금을 마련했다.

5년 만에 유배 풀려 도쿄로 귀환

갑신정변 실패 후 일본에 망명한 유혁로는 조선인 유학생을 위한 사립 학교인 친린의숙親隣義塾을 경영하며 박영효와 김옥균의 경호를 담당했다. 친린의숙은 박영효가 조선 유학생 교육을 위해 도쿄 나가타永田에 세웠는데, 기숙사는 고지마치麴町에 있었다. 김옥균이 상하이에서 암살당한 후 그는 박영효의 경호원으로 활동했다.

만능 엔터테이너 김옥균은 바둑에도 출중한 재능을 보였다. 김옥균은 일본의 4대 바둑 가문 중 하나인 혼인보本因坊의 대를 잇고 있던 17대 혼인보 슈에이秀榮와 슈사이秀哉 등 명인들과 교류했다. 김옥균이 오가사와라제도로 유배를 떠나기 6개월 전인 1886년 2월 20일 일본 최고의 바둑 고수 슈에이와 여섯 점을 깔고 대국을 벌여 230수 만에 불계승을 거둔 기보棋譜가 1992년 일본 국회도서관에서 발견됐다. 슈에이는 김옥균이 오가사와라제도로 추방되자 그 먼 곳까지 친구를 찾아가 3개월간

김옥균 암살 당시 일본의 한 신문사에 실린 기사와 삽화.

머물며 망명객을 위로하고 대화를 나누었다.

섬에서 유배 생활을 하는 동안 김옥균은 친구들에게 편지로 사나운 비바람과 파도 소리, 소금을 타놓은 것 같은 샘물, 먹을 것이라곤 거북이밖에 없는 섬 생활의 불편함을 하소연했다. 병원 시설도 없고 의약품 부족으로 지병인 류머티스와 위장병 등 병마에 시달리던 김옥균은 유배 2년여 만에 건강이 크게 악화됐다. 일본 정부는 1888년 8월 1일 김옥균의 유배지를 홋카이도北海島 삿포로札幌로 변경했다.

삿포로에서 기약 없는 유배 생활이 이어지자 슈에이가 삿포로까지 찾아왔다. 두 사람의 뜨거운 우정은 삿포로에서 6개월가량 계속됐다. 김옥균에 대한 유배는 1890년 11월에야 해제돼 그는 5년 만에 도쿄의 거리에 나타났다.

달변에 미남형의 혁명 지도자, 망명객이라는 파란만장한 인생의 주인공답게 김옥균은 일본에서 적지 않은 스캔들의 주인공이 됐다. 홋카이도 하코다테函館 시절, 김옥균은 가쓰다勝田 온천에서 스기타니 다마杉谷玉라는 게이샤와 깊은 사랑에 빠진다. 미인이었던 스기타니는 1890년 11월 21일, 김옥균이 유배에서 풀려나자 함께 도쿄로 와서 살림을 차렸고, 김옥균의 아이를 낳았다.

일본 정부가 김옥균의 유배를 해제한 것은 인도적 차원 따위의 사치스런 감정에 의한 결정이 아니었다. 이 무렵 일본은 러시아의 시베리아 횡단철도 건설 계획이 진행되는 것을 보면서 국가 생존을 위해서는 러시아와의 전쟁을 피할 수 없다고 판단했다. 이를 위한 전초전으로 청나라와의 전쟁 준비를 서둘렀다.

이 과정에서 일본은 조선을 청의 속국 지위에서 이탈시켜 일본의 세력권으로 끌어들여 보호국화한다는 전략 목표를 설정했다. 일본은 '대륙으로부터의 위협'을 이용해 '대륙으로의 진출'을 시도한 것이다. 일본은 조선 문제 해결을 위해 대륙 진출을 모색하는 과정에서 김옥균이란 존재가 이용 가치가 있다고 판단했다.

김옥균, 리훙장의 양자 리징팡과 교제

김옥균은 일본 망명 동안에 영국 해군의 거문도 점령 사실을 알게 됐다. 이때부터 그는 외세의 침략적 속성을 들여다보면서 동아시아 세력이 서구의 침략에 공동 대응한다는 삼화주의三和主義에 눈을 뜨기 시작했다. 삼화주의란 한·중·일 세 나라의 공존과 단합된 힘을 이용해 서양 침략에 대응하고 아시아를 부흥시킨다는 이념이다.

이 무렵 도쿄에 거주하는 조선·중국·일본 지식인이 동맹해 서양 세력에 맞서자는 취지에서 흥아회興亞會란 단체가 출범했다. 흥아회는 러시아의 남하 정책을 막기 위해 청·조선·일본의 군사 동맹이 필요하다면서 '아시아 연대론'을 주창했다. 이것이 삼화주의의 모태다. 삼화주의는 황쭌셴의 『조선책략』, 안중근의 『동양평화론』에도 언급됐으며, 훗날 일제에 의해 대동합방론大東合邦論과 대동아공영권으로 확대돼 일본이 조선을 합병하고 아시아를 지배할 명분을 만드는 데 이용됐다.

갑신정변의 주역 박영효, 서재필, 김옥균(왼쪽부터)

그동안 청나라의 간섭을 끊어내기 위해 일본을 이용하려 했던 김옥균은 조선 문제의 근본을 해결하기 위해서는 청나라의 역할이 필요하다는 점을 인정했다. 즉 청을 맹주로 삼아 서구 열강과 연합해 조선을 중립국으로 만들어 자주독립을 지킨다는 방안이었다. 이 구상을 실천에 옮기기 위해 김옥균은 주일 청국 공사이며 리훙장의 양자인 리징팡李經方과 교류하기 시작했다.

일본 정부는 김옥균이 리징팡과 접촉하는 모습을 예의주시했다. 청나라 입장에서 볼 때 김옥균은 틈만 나면 일본 세력을 조선에 끌어들여 자신들의 종주권에 도전한 위험인물이니 수단 방법 가리지 않고 제거해야 할 대상이었다. 리징팡은 김옥균에게 청나라 방문을 요청하는 편지를 여러 차례 보내 김옥균의 환심을 샀다.

김옥균이 유배에서 풀려 도쿄에 나타나자 조선 조정은 또다시 그를 살해하기 위해 자객을 일본에 파견했다. 이일직과 행동대원 권동수·권재수 형제는 1892년 5월 전 병조 판서 민영소로부부터 "국왕의 뜻에 따라 역적 김옥균과 박영효를 토멸하라"라는 명을 받고 거금 5만 7,000엔을 받아 일본에 침투했다.

이일직은 미곡 무역상, 권동수·권재수 형제는 일본 여행객으로 가장해 오사카에 나타났다. 권동수는 친군 장위영壯衛營 장교였는데, 권재수는 일본어를 못 하는 형의 통역을 맡았다. 이일직은 돈을 물 쓰듯 뿌려대며 외무 대신을 역임한 정치인 소에지마 다네오미, 협객 도야마 미쓰루 등 명사들에게 접근했다.

이 무렵 박영효는 일본 유력 인사들의 도움을 받아 도쿄에 조선인 청년들을 교육시키기 위한 사설 학교인 친린의숙을 설립하고 일본에 온 조선 청년 30명에게 신교육을 시켰다. 박영효는 이 학교를 후쿠자와 유키치의 게이오의숙慶應義塾처럼 발전시키기 위해 이토 히로부미 총리, 이노우에 가오루 외상 등에게 운영 자금 원조를 요청했으나 별 성과가 없었다. 결국 학교 기능은 거의 못 하고 이규완과 정난교 등 박영효를 따르는 망명객들의 거처로 이용됐다.

김옥균을 상하이로 유인 살해 계획

이일직은 아낌없이 돈을 뿌려 박영효에게 접근했다. 생활이 어려웠던 박영효는 이일직과 자주 만나 그에게서 생활비를 얻어 썼다. 이일직은 김옥균에게도 접근해 친교를 맺었다. 암살범들은 역적을 체포해 조선으로 납치하거나, 일본에서 살해한 후 시신을 소금에 절여 주일 조선공사관에 보내려 했다. 그러나 김옥균과 박영효 주위에 개화당 행동대 이규완·유혁로·정난교와 도야마 미쓰루가 보낸 경호원이 호위하고 있어 기회를 잡지 못했다.

이일직은 조선 전환국 간부로 근무한 일본 제58 국립은행장 출신 오

김옥균을 상하이로 유인해 암살한 조선 최초의
파리 유학생 홍종우

미와 조베에의 도움을 받아 그의 일본 자택에 기숙하던 조선 청년 김태원과 프랑스 유학을 마치고 도쿄에서 방랑하던 홍종우, 일본인 가와쿠보 쓰네키치를 포섭했다. 이일직은 이들을 동원해 역적 김옥균·박영효 살해 계획을 세웠다.

우선 고종이 철천지원수로 여기는 김옥균을 제삼국인 상하이로 유인해 그곳에서 살해하기로 모의하고, 조선 최초의 파리 유학생으로 도쿄에 체류하던 홍종우에게 그 임무를 맡겼다. 친린의숙에 거주하는 박영효는 이일직과 권동수·권재수 형제, 김태원과 가와쿠보 쓰네키치가 납치 살해하기로 역할을 분담했다.

황현의 『매천야록』에 의하면 1850년생인 홍종우는 경기도 안산에서 홍재원의 외아들로 태어났다. 부친은 하급 문관 출신의 잔반이었을 가능성이 높다. 그는 어린 시절 '쑥물도 버리기 어려울 정도로' 구차한 생활을 했다고 한다. 전국을 유랑하다가 고금도에까지 흘러가 살았던 홍종우는 나가사키로 건너가 막노동을 하며 일본어를 익혔다.

국제 정세에 나름대로 식견이 있었던 그는 「아사히朝日신문」 식자공으로 취직해 견문을 넓혔다. 홍종우는 일본에서 신문사 생활을 하면서 근대화를 추진하는 일본의 생생한 모습을 지켜보았다. 그는 일본이 '동양의 영국'이라면 조선은 '동양의 프랑스'가 돼야 한다는 생각에서 프랑스어를 독학으로 배우기 시작한다. 40세 되던 1890년 12월, 그는 프랑스로 유학을 떠나 2년 반 정도 파리에 체류했다.

조선 최초의 파리 유학생 홍종우

홍종우는 조선 최초의 프랑스 유학생이다. 당시 프랑스에는 아시아 붐이 일었는데, 이 무렵 파리에 나타난 40세의 중년 유학생 홍종우는 현지 사람들의 눈길을 끌었다. 그는 프랑스 유학 기간 동안 파리 사교계의 명사들과 폭넓게 교류했고, 제국주의 세력의 본질과 속성을 이해하게 됐다.

홍종우는 레가미의 소개로 진귀한 아시아 예술품을 소장하고 있는 국립 기메(Guimet) 동양박물관에 취업해 외국인 협력자로 근무했다. 당시 홍종우의 월급은 월 100프랑이었다. 기메 박물관은 사업가이자 동양학자이면서 페시네 그룹 회장을 지낸 에밀 기메(Emile Guimet)가 리옹에 설립했는데, 이것을 1884년 파리로 옮겼다.

기메 박물관을 앙코르와트 사원 조각상, 히말라야 미술품, 중국 청동기·칠기, 일본·인도·베트남·인도네시아에서 수집한 불상 등 아시아 문화를 소개하는 4만 5,000점의 희귀한 소장품을 보유하고 있었다. 홍종우는 이 박물관에 한국 문화 전시실을 만드는 데 큰 역할을 했다.

홍종우는 파리 사교계의 중심이자 유명 인사들이 모이는 카페 레 되 마고(Les Deux Magots)의 사교 모임에도 자주 참여했다. 이 카페는 후에 작가 사르트르, 보부아르, 헤밍웨이, 생텍쥐페리 등이 자주 애용했던 프랑스 현대 문학의 발상지다.

홍종우는 파리의 인기 소설가 로니와 함께 『춘향전』을 프랑스어로 번역해 『향기로운 봄』이란 제목으로 출간했다. 러시아 발레계의 거장이자 모던발레의 선구자인 안무가 미하일 포킨(Michel Fokine)이 홍종우의 『향기로운 봄』을 원작으로 〈사랑의 시련〉이란 발레극을 제작했다. 이 작품은 현재까지 유럽인들의 사랑을 받으며 공연되고 있다.

『향기로운 봄』이 히트하자 『심청전』을 번역해 『마른나무에 꽃이 피다』란 제목으로 출간했고(1895년), 민간에서 점성술로 운세를 풀이하는 『직성행년편람直星行年便覽』을 프랑스어로 번역 출간했다. 또 프랑스인들이 조선어를 배울 수 있도록 조선어 사전과 조선어 교습서를 펴냈으며, 서양 요리를 배워 뛰어난 요리 솜씨를 자랑했다.

그는 유럽 사상가들에게 심취해 있었으면서도 조선 문화에 대한 자부심을 가졌고, 동양의 가치를 존중했던 특이한 인물이었다. 김옥균이 일본 망명 시절 단발을 하고 이와타 슈사쿠로 개명한 데 반해, 그는 파리에서 '조선의 한복 신사'로 통할 만큼 늘 상투를 틀고 한복을 입은 채 거리를 활보했다. 상하이에서 김옥균을 살해하는 순간에도 홍종우가 한복을 입고 범행한 것은 그의 독특한 캐릭터를 잘 보여주는 대목이 아닌가 싶다.

김옥균은 일본을 조선이 나아갈 모델로 보고 일본의 도움을 받아 근대화를 추진하려 했다. 반면에 홍종우는 서구 문명을 접하면서도 그 속에 숨겨진 제국주의 야심을 경계했다. 그가 프랑스에 체류했던 기간은 나폴레옹 3세 제정이 몰락하고 프로이센(독일) 세력이 유럽을 호령하던 시기였다. 그는 프랑스 유학을 통해 조선의 개화를 위해서는 공화정보다는 프로이센처럼 황제 중심의 입헌군주국이 훨씬 더 적합하다는 생각을 굳히게 됐다.

1893년 프랑스를 떠나 일본에 도착했을 때 홍종우는 고종의 밀명을 받고 도쿄에 파견된 자객 이일직과 만났다. 이일직은 홍종우에게 김옥균 암살을 제안한다. 이것은 이일직 개인의 뜻이 아니라 민 왕후의 의지였다. 서양 외교관 부인들과 자주 어울렸던 민 왕후는 그들로부터 파리 사교계의 유명 인사 홍종우의 존재를 알게 됐고, 이일직을 통해 홍종우에게 개화당 수괴 김옥균 암살을 지시한 것이다.

외세를 등에 업는 방식의 개화를 극도로 혐오했던 홍종우는 김옥균이야말로 하루빨리 제거해야 할 구악舊惡이라고 판단하고 암살 권유를 받아들였다. 조선 최초의 파리 유학생 홍종우는 자신의 신분을 갑신정변 때 척살당한 개화당 동지 홍영식의 친척이라고 속이고 김옥균에게 접근했다. 그는 파리에서 배운 서양 요리 솜씨로 김옥균의 환심을 사는 데 성공했다.

김옥균·박영효 암살 작전은 1894년 1월부터 본격 추진됐다. 김옥균은 조선의 중립국화와 삼화주의를 바탕으로 자주독립을 실현하기 위해서는 청나라 외교를 장악하고 있는 리훙장과의 담판이 필요하다고 판단했다. 김옥균의 중국행을 부추긴 것은 리징팡의 중국 초청 편지와 이일직의 자금 제공이었다.

이일직은 김옥균이 일본 생활 과정에서 지인들에게서 빌린 빚을 갚아주었고, 상하이까지 가는 여비와 중국에서 사용할 활동 자금까지 제공하면서 홍종우와 함께 상하이로 떠나자고 권유했다. 일본의 지인들은 그의 청국행 소식을 듣고 "너무 위험한 모험"이라며 만류했다. 김옥균은 "호랑이 굴에 들어가지 않으면 호랑이 새끼를 잡을 수 없다"라면서 비장한 심정으로 상하이로 떠날 결심을 했다.

리훙장에게 줄 선물 마련

김옥균의 상하이행이 결정되자 이일직은 본국에서 가져온 6연발 권총과 단도를 홍종우에게 전하고 김옥균 암살 작전을 지시했다. 김옥균의 숙소는 상하이 미국 조계 내의 일본 여관인 둥허양행으로 하고, 배가 심야에 도착하면 여관으로 가는 길에 권총으로 사살한 다음 그의 머리를 베어가지고 도주하라고 지시했다.

이 방법이 여의치 않을 경우 둥허양행에 투숙한 후 객실이 3층이면 권총을 사용하고 2층 이하면 사람들이 총성에 놀라지 않도록 단도로 살해한 후 머리와 손발을 잘라 가죽 가방에 넣어 도주하며, 상황이 급박해서 머리와 손발을 잘라낼 겨를이 없으면 즉시 도주해도 무방하다는 지령을 내렸다. 이일직은 상하이에 상륙할 때 무기를 압수당하는 것을 막기 위해 권총과 단도를 숨기기 편하도록 두루마기 속에 주머니를 단 한복 한 벌을 만들어 주었다(다보하시 기요시, 『근대일선관계의 연구 (下)』, 2016, 176~177쪽 참조).

김옥균은 상하이로 떠나기 전날, 그동안 우정을 나누었던 일본인 친우 도야마 미쓰루의 자택을 방문했다. 도야마 집안에서 대대로 가보家寶로 전해 내려온 '히젠 사다요시肥前貞吉' 보검을 얻기 위해서였다. 김옥균은 전에도 몇 차례 그 보검을 갖고 싶다고 말했으나 도야마는 "이것은 나의 집 가보이며, 김 군 외에도 탐내는 사람이 많으므로 물질에 담백한 나도 그것만은 어쩔 수 없다"라고 거절했다.

이날도 도야마에게 보검을 달라고 요청하자 도야마는 "군자는 두말을 하지 않는다. 내가 그것을 줄 수 없다고 했으니 그냥 줄 수는 없다. 김 군이 그렇게도 소원이라면 그것을 훔쳐 가라"라고 말했다. 김옥균은 도야마가 두 눈 뜨고 보는 앞에서 보검을 훔쳐 가지고 나왔다. 중국의 리훙장에게 선물하기 위해서였다. 도야마는 김옥균에게 도둑맞는 형식으로 가보를 내주었다.

1894년 3월 23일, 김옥균은 고베에서 일본우선주식회사 소속 사이쿄마루西京丸에 올랐다. 영국 글래스고 조선소에서 건조된 사이쿄마루는 1888년 8월부터 고베-상하이 항로에 취항했다. 김옥균이 이 선박을 타고 상하이로 간 지 4개월 후인 1894년 7월 25일 청일전쟁이 발발하자 일본 해군은 이 배를 징발해 순양함으로 개조한 다음, 9월 17일 압록강 입구에서 벌어진 황해 해전에 참전했다.

김옥균의 수행원은 오가사와라제도에서 만난 와다 엔지로(당시 19세), 자객 홍종우, 중국어 통역인 주일 청국 공사관 번역관 우바오런吳葆仁이었다. 김옥균의 오랜 막료인 가이 군지甲斐軍治가 송별을 위해 부두까지 나왔다. 김옥균의 여인 스기타니니는 김옥균이 상하이로 가기 위해 집을 나선 순간부터 끼니마다 김옥균을 위해 밥상을 차리고 그의 무사 귀환을 위해 불공을 드렸다.

사이쿄마루는 시모노세키와 나가사키를 거쳐 4일 후인 3월 27일 오후 상하이에 입항했다. 상륙과 동시에 홍종우는 둥허양행 지배인과 먼저 출발해 객실을 배정받았다. 선박에 남아 있던 김옥균 일행은 오후 7시 30분경 상하이의 미국 조계 테마루鐵馬路에 위치한 둥허양행 여관에 도착했다. 2층 1호실에 김옥균과 와다 엔지로, 3호실에 홍종우, 4호실에 우바오런이 투숙했다.

김옥균은 여관에서 갑신정변 후 상하이로 망명해 중시학원中西學院 교수로 활동하던 윤치호를 10년 만에 재회했다. 그것이 김옥균과 윤치호의 마지막 만남이었다.

김옥균 암살을 손뼉 치며 기뻐한 고종과 민씨 척족

1894년 3월 28일 오후 3시.

김옥균은 외출을 다녀온 후 컨디션이 좋지 않아 객실에서 휴식을 취하기 위해 의자에 반쯤 드러누워 『자치통감資治通鑑』을 폈다. 그사이, 홍종우는 한복으로 갈아입고 이일직에게서 받은 리볼버 권총에 실탄을 장전했다. 그리고 김옥균이 투숙한 객실로 들어가 독서 중이던 김옥균을 조준했다.

김옥균이 놀라 일어서는 순간, 첫 탄이 김옥균의 얼굴을 향해 발사됐다. 굉음과 함께 총구를 떠난 탄환은 김옥균의 왼쪽 광대뼈 아래에 박혔다. 두 번째 총탄은 복부에 명중했다. 비틀거리며 홍종우에게 다가가는 순간, 세 번째 총탄이 어깨뼈 아랫부분을 관통했다. 김옥균은 자기 방에서 20미터 기어 나와 2층 8호 객실 앞에서 절명했다. 홍종우는 범행 후 우쑹吳淞으로 도주했는데, 범행에 사용한 권총을 우쑹강에 버리고 한 여관에 숨었다.

요란한 총성이 연이어 울리자 2층 8호실에 투숙했던 일본 해군 대좌 시마자키 요시타다島崎好忠가 방에서 뛰쳐나왔다. 그는 피를 흘리며 쓰러져 있는 김옥균을 발견하고 1층 카운터에 신고했다. 의사가 총소리 난 곳으로 달려갔을 때 유혈이 낭자한 김옥균은 이미 숨이 끊어져 있었다. 당시 나이 44세.

혁명을 통해 시대의 운명을 바꾸려 했던 지사志士적 풍운아라면 천수를 누리다 자연 수명이 다하는 따위의 죽음은 사치에 해당한다. 김옥균은 한 시대를 뒤흔든 혁명가답게 객지에서 암살로 최후를 맞았다. 그것도 망명지 일본이 아니라, 물설고 낯선 중국 상하이의 낯선 여관에서.

윤치호는 중시학원에 있다가 김옥균이 총격을 받아 사망했다는 소식을 듣고 둥허양행으로 달려갔다. 김옥균은 이미 피투성이가 된 채 숨이 끊어져 있었다. 훗날 윤치호는 당시 정황에 대해 "이것을 인생무상이라고 하기엔 너무나 완만하고, 그저 아까운 이의 죽음이라고 불러버리기에는 피눈물 나는 사실이외다. 나는 울면서 학교로 돌아와 아까 그에게서 온 편지를 다시 휴지통에서 꺼내어 그의 최후의 절필인 편지를 읽으면서 내 사지가 점점 목석같이 굳어지는 것을 느꼈습니다"라고 토로했다(윤치호, 「김옥균 씨의 최후」, 『삼천리』 제8권 제11호(1936), 박은숙, 『김옥균 역사의 혁명가, 시대의 이단아』, 너머북스, 2011, 254쪽에서 재인용).

둥허양행 사장 요시지마 도쿠사부로는 경찰국과 상하이 주재 일본 총영사관에 사건을 신고했고, 홍종우는 살해 사건 다음 날인 3월 29일 새벽에 체포됐다. 그는 현지 경찰의 심문에서 자신의 범행에 대해 "김옥균은 조선의 재상으로 대역부도한 사건에 연루돼 몇백 명을 죽였다. 그는 일본으로 도피해 이름까지 바꿨다. 나는 김옥균을 죽여 왕의 마음을 편하게 해드린 것이다. 이제 나라를 위해 그를 죽였으니 나는 죽어도 좋다. 나는 국가의 대사를 위해 이 일을 하려고 생각한 것이니, 그가 죽은 사실을 우리나라에 전하면 회답 전보가 와서 내 말이 사실임이 입증될 것"이라고 답했다.

현지 경찰은 홍종우를 구치하고 김옥균의 시체는 와다 엔지로와 둥허양행 사장에게 인계했다. 그리고 조선에 있는 위안스카이에게 타전해 홍종우의 진술에 대한 진위를 확인하고 사건 처리를 마무리할 생각이었다.

3월 29일 주일 대리공사 유기환으로부터 김옥균 암살을 보고받은 고종과 민씨 척족들은 일제히 손뼉을 치며 기뻐했다. 고종은 위안스카이에게 살해범 홍종우가 통상적인 살인범 취급을 받지 않고 즉시 본국으로 송환될 수 있도록 교섭을 요청했다.

조선·청·일본 합작으로 살해된 김옥균

조선 조정은 위안스카이를 통해 홍종우의 보호와 송환을 요청했다. 위안스카이로부터 협조 전문을 받은 리훙장은 상하이 해관에 "홍종우에게 적당한 보호를 제공하고, 관련 사건을 적절히 처리하라"라고 타전했다. 이때부터 범인 홍종우는 청나라 정부로부터 융숭한 대접을 받았다.

김옥균을 상하이로 유인하는 공작에는 조선 조정, 조선의 황제 노릇을 하고 있는 위안스카이, 주일 청국 공사관, 그리고 일본 외무성이 깊이 관련돼 있었다. 뿐만 아니라 일본 재야의 거물 오미와 조베에의 자금이 연루돼 있었다(국사편찬위원회, 『한국사 39: 제국주의의 침투와 동학농민전쟁』, 2013, 57쪽).

김옥균이 상하이로 간 직접적인 계기는 북양대신인 즈리 총독 리훙장의 아들 리징팡의 초청을 받았기 때문이다. 리징팡은 1890년 주일 청국 공사로 부임해 시모노세키조약 때 중국 측 전권대신으로 조약에 서명하게 되는 인물이다. 1893년 7월 리훙장의 부인 조씨가 사망하자 복상을 위해 사직하고 귀국했다. 그의 후임으로 왕평짜오汪鳳藻가 주일 청국 공사로 활동했다.

청나라 입장에서 볼 때 김옥균의 반청反清 자주 노선은 자신들에 대한 명·백한 도전이며, 만에 하나 김옥균이 일본과 연대해 조선 정계에 복귀할 경우 복잡한 세력 갈등을 야기할 우려가 있었다.

일본 정부는 1894년 초부터 조선의 전환국 간부로 활동하는 오미와 조베에를 통해 이일직과 홍종우의 움직임을 예의주시했다. 이들을 중심으로 암살 음모가 진행되고 있음을 상세하게 파악했음에도 불구하고 일본 정부는 김옥균의 상하이행을 방치했다. 청나라의 힘을 이용한 조선 중립론, 러시아·미국과의 연대를 주장하는 김옥균은 일본의 행보에 걸림돌이 된다고 판단했기 때문이다.

조선·일본·청나라 정부로부터 토사구팽兎死狗烹당한 김옥균의 운명은 이미 정해져 있었다. 홍종우는 단지 그 폭탄의 도화선에 불을 붙였을 뿐이다.

김옥균의 수행원 와다 엔지로는 시신을 일본으로 운구하기 위해 청국 관헌의 허가를 받아 관을 사서 시체를 넣고 방부용 석회를 칠했다. 그리고 3월 30일 고베로 귀항하는 사이쿄마루 사무장과 접촉해 김옥균의 관을 배에 신는 적재 비용을 지불한 후 통관 수속을 마쳤다. 이때 상하이 주재 일본 영사관에서 "김옥균 시신의 운구를 당분간 중지하라"라는 연락이 왔다.

와다 엔지로가 일본 영사관을 찾아가 항의하는 사이, 시신이 감쪽같이 사라졌다. 고종의 긴급 명령을 받고 상하이로 달려간 주텐진 통상사무 서상교는 리훙장에게 범인 홍종우를 국내로 호송하고 김옥균 시신을 조선으로 운구하는 문제를 부탁했다. 리훙장의 지시를 받은 상하이 해관은 와다 엔지로에게 인도했던 시신을 회수해 서상교에게 넘겼다.

청국 정부가 자객 홍종우의 신병과 김옥균의 시신을 조선에 인도한 국제법적 근거는 1882년 체결한 조청상민수륙무역장정 제2조, "양국 인민이 본국 또는 피차의 통상 항구에서 본국의 법률을 범하고 도피한 경우 각 지방관은 체포해 본국으로 압송해서 처벌한다"라는 규정이었다.

청국 정부는 조선 정부의 요청에 따라 군함을 한 척 파견해 김옥균의 시신과 범인 홍종우를 호송키로 했다. 이에 따르는 제반 비용은 조선 정부가 지불했다. 서상교는 청국 관헌으로부터 암살범 홍종우의 신병과 김옥균 시신을 인계받은 즉시 김옥균 시신을 소금에 절인 다음 청국 군함 웨이징威靖호에 실었다.

상하이를 출발한 웨이징호는 4월 12일 오후 1시 인천에 입항했다. 서상교는 김옥균의 시신을 기선 한양호에 옮겨 싣고 4월 13일 양화진에 도착했다. 서상교와 홍종우는 즉시 입궐했고, 김옥균 시신은 나루터 근처 민가로 옮겨져 군졸들이 엄중하게 감시했다.

김옥균 시신에 능지처참형 가한 고종

위안스카이는 4월 14일 영의정 심순택에게 조회를 보내 홍종우 및 김옥균 시신의 호송과 인도를 통고했다. 이것은 갑신정변 당시 일본군과 공모해 청국 군대에 총부리를 들이댄 김옥균의 행위에 대한 위안스카이의 마지막 보복이었다.

일본 외무 대신 무쓰 무네미쓰陸奧宗光는 상하이 주재 총영사대리의 보고를 통해 김옥균 시신과 범인 홍종우가 조선에 넘겨진 사실을 알게 됐다. 그는 조선 국왕과 민씨 척족들이 김옥균의 시신에 잔혹한 형벌을 가해 국제적 신용을 잃는 것은 물론, 일본 국내 여론을 자극할 것을 우려했다.

무쓰는 주한 공사 오토리 게이스케大鳥圭介에게 "서울 주재 각국 대표와 협력해 김옥균의 시신에 가혹한 형벌을 가하지 말 것을 조선 조정에 권고하라"라고 훈령했다. 오토리 공사는 4월 14일 외교단 회의를 소집해 조선 조정에 대한 권고에 동참할 것을 요청했다. 러시아 공사 베베르는 "김옥균은 중대한 범죄자이기 때문에 그 처형은 조선 국왕의 권한이며, 외교단의 공동 권고는 내정 간섭에 해당할 수 있다"라면서 반대했다.

외교단 회의는 결렬됐다. 다만 각국 공사가 개인 자격으로, 죄인의 시신에 참혹한 형벌을 가하는 조선의 관습은 국제 신용을 크게 해친다는 사실을 비공식으로 조선 외교 당국에 설명하기로 정리됐다.

외교단 회의를 마친 오토리 공사는 외아문 독판 조병직과 회견하고 "김옥균이 중대한 정치범이나 이미 죽음을 당한 이상 형벌은 충분히 내린 것이다. 만약 그 시체에 다시 형벌을 가하면 각국 여론이 묵과하지 않을 것"이라고 경고했다. 이에 대해 조병직은 "그것은 조선의 오랜 형률"이라면서 오토리 공사의 권고를 거부했다(다보하시 기요시, 『근대일선관계의 연구 (下)』, 2016, 183~184쪽 참조).

김옥균 시신이 양화진 처형장에 도착하자 의금부는 김옥균의 죄상은 모반대역부도율謀叛大逆不道律에 해당하므로 능지처참에 처해야 한다고 주장했다. 사헌부·사간원·홍문관에서도 상소를 올려 "인조 갑자년 대역부도 죄인 이괄의 전례에 따라 능지처참을 해야 한다"라고 논했다. 보고를 받은 고종은 "귀신과 사람이 공분하고 여론이 격화해 있으니 아뢴 대로 윤허한다. 즉각 형을 시행하라"라고 어명을 내렸다.

4월 14일 밤 9시, 양화진 백사장에서 어명에 의해 김옥균의 시신에 능지처참형이 집행됐다. 먼저 김옥균 시신에서 목을 베어낸 다음, 몸통과 팔·다리를 찢어 여섯 토막을 냈다. 이미 죽은 시신을 대상으로 형벌 중에서 가장 가혹한 형벌이 집행된 것이다. 여섯 토막으로 잘린 김옥균 시신은 백성들에게 경각심을 불러일으키기 위해 전국 팔도에 돌아가며 효시했다.

일본 「지지신보時事新報」(1894년 4월 28일)는 김옥균의 시신을 대상으로 능지처참형을 집행한 현장을 다음과 같이 보도했다.

> 김의 시신을 관에서 꺼내어 땅 위에 놓고, 절단하기 쉽게 목과 손 그리고 발밑에 나무판자를 깔았다. 목을 자르고 난 다음에 오른쪽 손목, 그다음 왼쪽 팔을 잘랐다. 이어 양 발목을 자르고 몸통의

죽은 시체에 또다시 능지처참형을 가해 효시된 김옥균의 머리

등 쪽에서 칼을 넣어 깊이 한 치, 길이 여섯 치씩 열세 곳을 잘라 형벌을 마쳤다. 시신을 조각조각 떼어서 팔도에 보내어 저잣거리에 내다 걸게 하고, 머리는 '대역부도大逆不道 옥균玉均'이라고 커다랗게 쓴 현수막과 함께 양화진 형장에 걸어놓았다.

고인의 머리카락·의복으로 장례 치러

한 시절 자신의 개화 동지였던 김옥균의 시신을 토막 내는 형벌이 집행됐다는 소식을 접한 고종은 뛸 듯이 기뻐했다. 『고종실록』은 김옥균의 형을 집행한 후 고종이 "하늘이 말없이 나라를 도와주어 비로소 죄인이 죽었다. 이미 역적 김옥균에게는 능지처사형을 시행했으니, 종묘에 고하는 의식을 행하고 대궐 뜰에서는 널리 선포하는 일을 거행하라.

그리고 온 나라에 대사령을 내리는 것을 어찌 주저하겠는가. 이달 27일 새벽 이전까지 잡범으로서 사형수 이하는 모두 용서하라"라고 발언했다고 기록해 놓았다(『고종실록』 31년 음력 4월 27일).

한 인간의 죽음이 때론 역사를 송두리째 뒤엎기도 한다. 김옥균은 일본 망명 생활 10년 동안 쿠데타 동지 박영효와 결별했고, 방탕한 사생활로 많은 일본 친구들을 잃었다. 그가 상하이로 떠날 때 배웅 나온 일본인은 가이 군지 단 한 명일 정도로 상황이 어려웠다. 그런데 그가 상하이에서 극적인 최후를 맞았다는 소식이 전해지면서 분위기가 돌변했다.

김옥균의 옛 친구였던 오이 겐타로大井憲太郎, 이노우에 가쿠고로, 오카모토 류노스케岡本柳之助 등은 '김옥균우인회友人會'를 조직하고 관계 당국과 연락을 취해 김옥균의 시신 인도와 장례 등을 주관했다.

김옥균의 수행원 와다 엔지로가 귀국하자 김옥균우인회는 와다를 통해 김옥균이 청국에 간 사연과 그의 최후, 시신 압수에 관한 상세한 사항을 알게 됐다. 이미 김옥균의 시신은 조선 정부로 넘겨져 참혹한 형벌을 당한 후였다. 와다 엔지로를 비롯해 김옥균을 따르던 몇몇 일본인들은 상하이에서 김옥균의 머리카락과 의복 일부를 수습해 일본으로 가져왔다. 김옥균우인회 주관으로 1894년 5월 20일 도쿄 아사쿠사의 니시혼간지西本願寺에서 김옥균 장례식이 열렸을 때 2,000여 명의 각계 인사와 82개 신문사 대표가 참석해 그의 죽음을 추모했다.

장례식장 한구석에 있던 김옥균의 여인 스기타니는 굵은 눈물을 하염없이 흘리면서 "나는 여인으로서 선인先人의 사상은 모르지만, 그 사람을 존경하고 사랑한다"라고 말해 주위를 숙연하게 만들었다. 김옥균은 고단한 망명 생활 과정에서 여러 여성과 정을 나누었다. 이 과정에서 나미라는 여성과의 사이에 아들을 두었고, 마쓰노 나카松野なか라

아산시에 있는 김옥균 묘

는 게이샤와의 사이에서 사다さだ라는 딸이 탄생했다. 사다는 김옥균이 상하이에서 암살당하기 일주일 전에 출생했다(박은숙, 『김옥균』, 2011, 27~28쪽). 스기타니는 자기가 낳은 김옥균의 아이는 물론, 다른 여자의 소생까지 거두어 김옥균의 도쿄 쓰키지 집에서 함께 살았다고 한다.

김옥균의 머리카락과 의복을 매장한 가묘假墓는 도쿄 아오야마青山의 외국인 묘지에 조성됐다. 묘 앞에는 박영효가 짓고 이준용이 글씨를 쓴 '김공옥균지비金公玉均之碑'라는 묘비를 세웠다. 묘비에는 "뜻이 크고 뛰어나 작은 일에 거리낌이 없고, 선한 것을 보기를 자기 일처럼 여기고, 호협해 많은 사람을 포용하는 것이 공公의 성품이다. 걸출하고 당당해 우뚝 서서 소신대로 행동하고, 백 번 꺾여도 굴하지 않고, 천만 번 다시 가는 것이 공의 기상이다"라는 글귀가 새겨졌다.

김옥균의 두 번째 묘는 도쿄 진조지眞淨寺에 조성됐다. 이 묘는 1900년 3월 김옥균을 따랐던 일본인 가이 군지가 조성한 것이다.

1894년 조선 농민들이 봉기해 청군과 일본군이 조선에 파병됐다. 이때 일본에 있던 이의고는 일본군 통역관으로 귀국해 충청도 옥천에서 숨어 지내던 김옥균의 처와 딸을 찾아냈다. 태평양의 오가사와라제도까지 따라가 김옥균을 지극정성으로 모셨던 이의고는 김옥균의 부인을 찾아내 생활을 돕는 등 끝까지 의리를 지켰다.

김옥균의 죽음 이용한 일본 정부

김옥균이 상하이에서 변을 당하자 후쿠자와 유키치는 자신의 집에 위패를 안치하고 죽음을 애도했다. 그는 조선으로 건너간 이의고가 김옥균의 처와 딸을 찾았다는 소식을 듣고 그들이 편안히 살 수 있도록 도움을 주었다. 1912년 12월 3일 김옥균의 사후死後에 양자가 된 김영진이 아오야마 외국인 묘지에 있던 김옥균의 유발을 옮겨와 자신이 군수로 있던 충남 아산군 영인면 아산리에 김옥균의 부인 유씨와 합장했다. 이로써 김옥균의 묘는 세 개가 조성됐다.

일본 정부는 김옥균을 쓸모없는 인물로 취급해 오가사와라제도로 유배를 보내는 등 방치했고, 그의 죽음에도 일부 책임을 면키 어렵다. 김옥균을 냉대했던 일본 정부는 김옥균이 상하이에서 변을 당하자 "김옥균은 일본인이나 다름없고, 상하이 조계지 내의 일본 호텔에서 살해당했으니 사건 관할권이 일본에 있다"라면서 시신을 일본 정부에 인도하라고 요구했다. 또 암살을 방치한 청국 정부를 맹비난했다. 일본 언론은 일제히 김옥균을 애도하고 의연금을 모금하며 시신 수습 문제를 협의하는 등 발 빠르게 움직였다.

언론 보도를 통해 일본 국민들은 김옥균 암살의 배후에 리훙장·리징팡 부자가 개입돼 있다는 사실을 알게 됐다. 이 과정에서 청나라에 대한 감정이 폭발했다. 국민 감정에 불을 지른 것은 일본 의회 의원들이었다. 1894년 5월 18일 중의원 본회의에서 모리야 고노스케守屋此助 의원은 "저들이 일본에게 모욕을 가하고 있지 않은가? 무례한 행위를 하고 있지 않은가?"라고 청나라를 성토하는 연설을 했다.

김옥균의 참혹한 형벌 소식을 접한 일본 지도층과 언론은 조선과 청국을 응징하자는 여론을 조성해 청일전쟁을 촉발시키는 분위기를 조성했다. 일본 외무 차관 하야시 다다스林董의 회고록에 의하면 무쓰 외상이 청일전쟁을 결의한 이유는 김옥균의 암살과 청국의 거동 때문이었다고 기록하고 있다.

고종은 자신의 원한을 풀어준 홍종우를 크게 신임했다. 그에게 관직을 내리기 위해 4월 20일, 예정에도 없던 특별 과거인 삼일제三日製(음력 삼월 초사흗날 특별히 치르던 과거)에서 유학(벼슬하지 않은 선비) 홍종우를 초시와 복시를 면제하고, 합격자 순서를 가리는 최종 시험인 전시에 응시할 수 있도록 직부전시直赴殿試의 특혜를 부여했다.

홍종우는 특혜를 받아 급제해 1894년 5월 28일 홍문관 부수찬에 파격적으로 제수됐다. 부수찬은 국왕의 문서 관리 및 역사 기술에 관여하며 국왕과 함께 학문을 논하는 종6품 관직이다. 홍종우는 부수찬 임명 10일 만에 정5품 관직인 사간원 헌납으로 승진한다.

홍종우, 황제 직속 정보 기관장에 임명

그로부터 몇 개월 후 동학농민봉기 진압 명목으로 청나라가 병력을 조선에 파병하자 일본도 대병력을 조선에 보내 7월 23일 경복궁을 점령한다. 그들은 민씨 척족 정권을 타도하고 흥선대원군을 권좌에 앉혀 친일 괴뢰 정권을 수립했다. 7월 25일 풍도 근해에서 일본 연합함대가 청국의 병력 수송 선단을 공격해 청일전쟁이 발발한다.

1894년 12월, 총리대신 김홍집과 내무대신 박영효 연립내각이 들어서 군국기무처를 설립하는 등 갑오개혁(갑오경장)을 실시했다. 1895년 1월 22일 대역 죄인 김옥균이 왕명에 의해 사후 복관復官됐고, 노비 신세로 전락했던 김옥균의 부인 유씨도 복권됐다. 1895년 러시아 세력을 끌어들여 일본을 견제하기 위해 인아거일引俄拒日 정책을 펼치던 민 왕후가 일본에 의해 시해되고 1896년 2월 고종이 러시아 공사관으로 피신하는 아관파천이 단행된다. 러시아 공사관에서 고종은 김옥균에 대한 복권 조치를 취소했다.

1년 후 러시아 공사관에서 경운궁(덕수궁)으로 환궁한 고종은 스스로 황제에 올랐다. 이때 국호를 조선에서 대한제국으로, 연호를 '광무光武'로 바꿀 것을 고종에게 건의한 인물이 홍종우다. 그는 고종의 총애를 받아 의정부 총무국장에 임명돼 자신이 구상했던 근황주의를 통한 자주적 개화 정책을 추진했다.

1898년 홍종우는 요즘으로 치면 경찰청장에 해당하는 경무사에 임명됐다. 고종은 홍종우에게 보부상을 통한 여론 형성, 정보 수집 등을 담당하는 정보 기관 운영을 맡겼다. 프랑스 유학을 다녀온 홍종우는 철저한 근황파로서 황제권을 강화해야만 독립을 유지할 수 있다고 믿었다. 외세 의존적이었던 개화파와는 달리 근황주의를 통해 자주적 개화를 추구한 특이한 인물이었다.

독립협회가 만민공동회를 통해 중추원 관제 개편과 입헌군주제 개혁을 주장하자 홍종우는 보부상을 동원해 1898년 6월 30일 황국협회를 조직했다. 황국협회의 존재 이유는 황권 강화를 통한 부국강병이었다. 황국협회의 회원 대부분은 보부상이었지만 황실에서 활동 자금을 하사했고, 발족식도 훈련원에서 진행하는 등 실질적인 관변 단체였다. 협회 지도부는 을미사변 후 의병장으로 활동한 허위, 회장은 법부의 민사국장 이기동이 맡았다. 협회의 중심인물은 홍종우를 비롯해 광산으로 거부를 축적한 이용익의 측근인 이기동과 길영수였다.

홍종우는 황국협회 회원을 동원해 공화제를 주장하는 독립협회와 만민공동회를 테러를 통해 해산시키는 데 앞장섰다. 그는 독립협회 운동 관련자로 구속돼 재판 과정에서 탈옥했다가 다시 체포된 최정식과 이승만의 재판을 맡게 됐다. 이승만의 자서전에는 자신이 사형을 면하게 된 데에는 홍종우의 노력이 컸다는 점을 다음과 같이 강조하고 있다.

> 7개월 동안 나는 형틀을 쓰고 있었다. 나의 정적이었던 홍종우가 고등재판소 재판장으로 부임했다. 그는 나의 앞에서 나의 형틀을 제거하도록 명령했다. 홍은 보황회保皇會(황국협회)의 회장으로 나에게 가장 큰 정적 둘 중의 하나였는데 재판장이 돼서 나의 사건을 결정하는 자가 됐던 것이다. 그런데 어떻게 된 일인지 나의 생명을 살리려고 온갖 힘을 써주었다. 참으로 인생의 야릇한 역전이었다. (중략) 최고재판소의 재판장 홍종우가 나의 부친에게 나의 생명은 구해 주기로 결정했다는 말을 전해 주었다는 소식은 퍽 후에 들었다.

김옥균 암살의 음덕에 힘입어 입신출세의 길을 질주했던 홍종우의 운도 저물기 시작한다. 러일전쟁에서 승리한 일본은 1905년 을사보호조약을 통해 대한제국의 외교권을 장악하고 조선 병합을 추진한다. 황실 주변에서 고종의 총애를 받으며 잘나갔던 홍종우는 제주 목사로 좌천됐다가 홀연히 사라졌다.

그사이 김옥균은 또다시 역사의 무덤에서 살아 나왔다. 1910년 순종은 한일합방을 두 달 앞둔 1910년 6월 29일, 김옥균을 규장각 대제학에 추증하고 충달공忠達公이란 시호를 내렸다. 김옥균을 상하이로 유인 살해하고, 황국협회를 이끌면서 독립협회를 탄압하는 등 한 시절 잘나가던 홍종우가 제주 목사를 지낸 후 행적은 알려지지 않았다. 조선이 합병되면서 일제가 김옥균을 높이 기리자, 홍종우가 스스로 자취를 감춘 것은 아닐까?

박영효도 살해당할 뻔

갑신정변 실패 후 김옥균과 함께 일본에 망명한 박영효·서재필·서광범의 운명도 순탄치 않았다. 1861년생인 박영효는 21세에 철종의 사위가 돼서 금릉위錦陵尉 봉작을 받았으나 결혼 3개월 만에 부인이 죽어 홀아비로 살았다. 청년 시절 박규수를 만나 개화에 눈떴고, 박규수의 사랑방에서 김옥균과 서광범을 만나 천하대세를 논하는 사이가 됐다.

박영효는 1882년 임오군란 사죄를 위한 수신사 전권대표로 일본에 파견돼 메이지유신 이후 격렬하게 근대화를 추진하는 일본의 신문명을 체험했다. 이때 일본에서 후쿠자와 유키치를 만나 신문 발간, 근대식 도로 개설, 도시계획 등 개화의 방법론을 배우게 된다. 귀국 후 1883년 한성 판윤(현재의 서울특별시장)에 임명되자 후쿠자와의 가르침대로 조선 최초의 신문인 「한성순보」 발간에 앞장섰다.

그는 또 일본을 본받아 도로를 닦고 근대식 도시계획을 실시했다. 한성 판윤에 임명된 지 몇 달 후 그는 민씨 척족 세력의 의심을 사서 광주 유수로 좌천됐다. 갑신정변 실패 후 일본으로 망명한 박영효는 서광범·서재필과 함께 1885년 4월 미국으로 건너갔다. 지체 높은 부마 신분이었던 박영효에게는 스스로 노동을 해야 먹고살 수 있는 미국 생활이 너무나 가혹했다. 결국 미국 생활에 적응하지 못하고 다시 일본으로 돌아왔다.

김옥균이 오가사와라제도와 홋카이도에서 유배 생활을 하는 동안 박영효는 미국 선교사들이 운영하는 메이지학원에서 영어와 서양 학문을 공부했고, 고종에게 「개화를 위한 건백서建白書」라는 장문의 상소를 올렸다. 이 상소에서 박영효는 봉건적 신분 제도 철폐, 근대적 법치국가 확립을 통한 조선의 자주독립과 부국강병을 주장했다.

자객 이일직은 고베에서 김옥균이 상하이로 떠나자 권동수·권재수 형제와 함께 박영효 암살 계획을 세웠다. 행동대는 한복을 입고 상투를 틀고 다니면 주목을 받게 되므로 모두 단발을 하고 양복을 구해 입었다. 이일직은 도쿄 시바구芝區(현재의 미나토구)의 운라이칸雲來館 여관에 투숙했다. 작전 계획은 박영효 일당을 객실로 유인해 살해한 후 시신을 주일 공사관으로 반입하기로 했다.

작업에 필요한 사체 운반용 대형 가방 4개와 모포, 살해에 필요한 무기를 준비했다. 모든 준비가 완료되자 이일직은 1894년 3월 26일, 박영효를 유인하기 위해 김태원을 친린의숙으로 보냈다. 그런데 박영효가 김태원과 대화 과정에서 이상한 낌새를 채고 운라이칸 여관행을 거부했다.

3월 27일 오후 김옥균이 상하이에 도착하고 홍종우는 늦어도 28일 중에는 김옥균 암살을 시행할 것이므로, 도쿄에서도 28일 중에는 박영효 암살을 결행해야 했다. 이일직은 장소 불문하고 박영효를 살해하기로 작정했다. 그는 직접 친린의숙으로 찾아가 박영효와 논쟁을 벌이고, 이때 기회를 노려 권동수·권재수 형제가 권총으로 박영효를 살해하기로 계획을 수정했다.

이일직은 3월 28일 오전, 6연발 권총과 일본도로 무장한 권동수 형제, 가와쿠보 쓰네키치와 함께 친린의숙으로 향했다. 수상한 낌새를 챈 개화당 동지들이 이일직을 체포해 경찰에 넘겼고, 권동수 형제와 가와쿠보는 주일 조선 공사관으로 탈출해 보호를 요청했다. 이로써 박영효 암살 계획은 실패했다.

제8장

조선은 '홉스적 자연 상태'

1885년 청·일 양국이 톈진조약을 체결하고 양국 군대가 조선에서 철병하면서 한반도에는 기묘한 평화가 찾아왔다. 1885년부터 청일전쟁 발발 전까지의 10년은 비록 내치와 외정에서 위안스카이의 감시와 감독이라는 불편이 따랐지만, 임오군란 때처럼 왕궁이 반란군에게 짓밟히거나 쿠데타가 일어나 외국군들이 왕궁 내에서 전투를 벌이는 행위는 없었다.

군란·정변의 와중에 민씨 척족의 핵심들이 연이어 변을 당했다. 왕비 민씨의 오빠 민승호는 1874년 의문의 폭탄 테러로 사망했고, 임오군란 와중에 민겸호가 창덕궁에서 난군에게 살해당했다. 갑신정변 때는 민영목·민태호 등이 개화당의 칼에 맞아 비명횡사했다. 여흥 민씨 척족 세력에게 닥쳤던 끔찍한 불행도 더 이상 반복되지 않았다.

1890년과 1891년 민 왕후와 고종이 마흔 살을 맞았다. 국왕 부부는 통치에서 안정을 찾았다. 하지만 임오군란이 청군에 의해 진압당하고 대원군이 톈진으로 압송되면서 대원군 추종 세력은 뿌리가 뽑혔다. 2년 후 갑신정변 실패로 개화당이 도륙당했다. 그 결과 정치 지형은 고종과 민 왕후 및 왕실을 후원하는 민씨 척족의 일당 독재 체제가 굳건하게 뿌리를 내렸다.

견제 세력이 사라져 권력이 한 곳으로 쏠리면 '견제받지 않는 권력'은 필연적으로 부패한다는 것이 고금동서의 진리다. 민씨 척족에 의한 일당 독재 세도정치는 안동 김씨와 풍양 조씨 찜 쪄 먹을 정도로 위세를 떨쳤다.

여흥 민씨 세도정치 세력의 세계관

여흥 민씨 세도정치의 최고 정점은 고종과 왕비 민씨였다. 민 왕후는 총명하고 민첩하며 계략이 풍부해 늘 고종 곁에서 국왕이 미처 생각하지 못하는 부분까지 세밀하게 보필했다. 일본 측 기록에 의하면 외국 사절이 고종을 알현해 외교 협상을 할 때마다 고종이 용상 장막 뒤편에서 소곤소곤 들려오는 소리를 들은 후 대화를 이어가는 장면이 자주 등장한다.

황현의 기록에 의하면 처음에는 임금에 의지하던 왕비가 시일이 지남에 따라 제멋대로 의사 결정을 해서 방자함이 날로 심해졌으며, 국왕의 제재를 받는 상황이 됐다고 한다. 1894년부터 조선을 네 차례 방문한 영국인 비숍 여사는 고종에 대해 "어떤 일을 단단히 그러쥐고 밀어붙일 만한 능력은 없는 인물"이며, "성격의 박약함은 그에게 치명적이었다"라는 평을 남겼다(이사벨라 버드 비숍, 이인화 옮김, 『한국과 그 이웃 나라들』, 살림, 1994, 300~301쪽).

여흥 민씨 세도정치의 끝판 왕은 왕비의 신임을 한 몸에 얻고 있던 민영익과, 임오군란 때 장호원으로 피신한 왕비를 자기 집에 숨겨준 공로로 단숨에 권력의 정상에 오른 민응식이었다. 연구자들은 민영익이 조선 개화의 앞길을 막았고, 그 결과 개화당이 모험적인 폭력의 길로 나아가도록 만든 인물이라고 비판한다(이정식, 『구한말의 개혁·독립투사 서재필』, 서울대학교 출판부, 2003, 35~37쪽).

민영익은 한때 개화당의 일원으로 개화를 지지했던 인물이다. 그는 보빙사로 미국을 방문하고, 귀국 길에 미국 정부의 도움으로 세계 일주를 했다. 하지만 그 후 민영익은 개화·독립에 대한 의욕을 상실하고 개화당에서 이탈했다. 해외 견문이 그에게 독으로 작용한 것이다. 대체 그 이유는 무엇이었을까?

민영익은 세계 일주 경험을 통해 조선의 적나라한 민낯을 생생하게 체험한다. 조선은 너무 가난하고 후진적이어서 개화와 독립이라는 광명의 세계는 아득히 먼 꿈이었다. 실현 가능성 없는 목표를 좇을 것이 아니라 청의 속국으로 남아 자족하는 것이 더 유리한 방법이라고 자위한 것은 아닐까?

이런 생각을 바탕으로 친청파의 길을 걸었던 또 한 명의 인물이 김윤식이다. 온건 개화론자였던 김윤식도 개화의 필요성 자체를 부인한 것은 아니다. 하지만 그는 조선이 소국小國이기에 졸속으로 서양을 따라 하는 일은 불가능하다고 주장했다. 가장 큰 이유는 '재정'이 극도로 피폐하고 교육받지 못한 '백성'이 그러한 개화 개혁을 견디지 못하리란 것이었다(기무라 간, 『조선/한국의 내셔널리즘과 소국의식』, 2007, 259~280쪽 참조).

1896년 조선 정부의 총세입은 전년도 이월분을 포함해도 약 500만 원에 지나지 않았다. 김윤식은 조선의 현실을 정확히 꿰뚫어 보고 있었다. 국가 재정이 고갈돼 관리들 봉급이 끊긴 지 오래됐고, 기병 7,000~8,000명 양성을 위해 세금을 부과하는 것만으로도 원성이 자자하고 민중들은 뿔뿔이 흩어지는 상황에서 어떻게 조선이 단기간 내에 부국강병을 실현해 열강의 침략을 막을 수 있겠는가. 실무 관료로서 오랜 경험을 쌓아온 김윤식이나 민영익은 급진 개화파의 개혁안은 그저 몽상에 지나지 않는다고 여겼을 것이다.

제2차 조-러 밀약 청에 밀고한 민영익

민영익은 조선의 독립 가능성 및 독립의 타당성에 대해서도 회의했다. 이것이 당시 위정척사를 부르짖던 유생들의 입장이자, 민씨 일가의 입장이었다(이정식, 『구한말의 개혁·독립투사 서재필』, 2003, 39쪽). 조선 독립에 지극히 부정적인 인식을 가지고 있었던 민영익의 모습은 1886년 11월 6일 윤치호의 일기에 잘 나타나 있다.

이날 주한 미국 공사관을 방문한 민영익이 미국 공사관 통역으로 근무하던 윤치호에게 "우리가 독립을 이룰 수 있는가?"라고 물었다. 윤치호가 "우리가 미·영 등 여러 나라와 조약을 맺은 날부터 독립국이 됐다. 열강 중에서 속국 신분의 나라와 평등한 조약을 맺을 나라가 있겠는가. 지금 우리나라는 독립 여부를 따질 필요가 없고, 다만 나라를 부강하게 하는 데 모든 노력을 기울여야 한다"라고 답하자 민영익은 아무 말도 못 했다고 한다.

이날 대화를 마친 윤치호는 "운미芸楣(민영익의 호)가 세계 일주를 하고도 저와 같이 완고하고 어리석어 자강의 영광됨을 알지 못한다. 다른 사람에게 예속돼 구차히 지키는 것을 좋아하고 있으니 어찌 한심스럽지 않은가?"(윤치호, 송병기 옮김, 『국역 윤치호 일기 1』, 연세대학교 출판부, 2001, 186쪽) 하고 한탄했다.

개화 독립 노선에서 이탈한 민영익은 1884~85년 고종이 극비리에 러시아와 제2차 밀약을 추진 중인 사실을 위안스카이에 밀고해 평지풍파를 일으켰다. 러시아를 끌어들여 청의 속국에서 벗어나려 한 고종의 행위에 격분한 위안스카이가 고종을 폐위하려 하자, 이번에는 청나라의 계략을 고종에게 밀고한다. 고종과 위안스카이로부터 보복이 가해질 것을 두려워한 민영익은 고종의 비자금을 가지고 홍콩으로 도주했다. 그는 홍콩에서 가장 호화로운 호텔 특실에서 안락한 망명 생활을 즐겼다.

이정식은 민영익이 이해하기 힘든 행동을 거듭한 이유는 그가 어린 시절 열악한 환경에서 자라난 트라우마 탓으로 분석했다. 대부분의 민씨 척족 세력은 민영익과 비슷하게 불우하고 가난했기에 권력의 후광을 업고 매관매직·착취·부패·사기·탐욕에 육신과 영혼을 내던졌다. 민 왕후를 비롯한 민씨 척족은 가족 및 가문의 생존과 번화繁華라는 근시안적 안목을 가질 수밖에 없었다. 그들은 민족의 장래라는 개념은 물론, 왕조의 미래라는 개념조차 갖고 있지 못했다.

찢어지게 가난했던 민씨 일족

그렇다면 민씨 일족은 어느 정도로 가난했을까? 민영익의 친아버지 민태호는 동생 민규호와 함께 살면서 아침저녁을 콩죽으로 연명하는 형편이었다. 그의 부친 민치오가 사망했을 때는 관을 마련할 돈조차 없어 짚자리에 둘둘 말아 출상出喪할 정도였다(노대환, 「민영익의 사상과 활동」, 『동북아東北亞』 제7집(1998 여름), 213쪽).

민씨 집안은 한 시절 탄탄한 가문이었으나 계속 쇠락해 민자영이 왕비로 책봉될 무렵에는 뭐 하나 내놓을 것조차 없는 몰락한 양반집이었다. 1866년 민자영이 고종의 왕비로 책봉되면서 민씨 집안 사정은 번개를 맞은 듯 호전됐다.

1870년 민태호가 문과에 급제했다. 민태호의 아들 민영익은 민승호 부자父子가 폭사한 후 민 왕후의 조카로 입양되면서 팔자가 피기 시작했다. 민영익은 1877년 민씨 집안의 장손이 됐고, 척족의 수령으로 등장한 민영준(후에 민영휘로 개명)과 함께 병과丙科에 급제했다. 이때 민영익의 나이 17세, 민영준은 25세였다.

이후 민태호는 아들의 권세(실은 민 왕후의 권세)를 등에 업고 벼락출세를 거듭했다. 1880년대 전반기에는 정계를 좌우하면서 청과의 전통적 속방 관계를 통해 왕권을 유지·강화하기 위해 노력했다. 한동안 민씨 일족의 구심점 역할을 했던 민영익은 고종의 제2차 조-러 밀약을 위안스카이에게 밀고한 후 홍콩으로 망명해 영향력을 상실했다. 이때 민두호의 아들 민영준이 등장한다.

민씨 일가인 민영준은 친청親淸 민씨 정권의 최고 실력자로서 떠올랐다. 그는 동학군이 전주를 점령하자 공론을 무시하고 위안스카이에게 청군 파병을 요청할 정도로 청나라를 따르는 것을 당연한 이치로 삼고 있었던 친청파 인물이다(이정식, 『구한말의 개혁·독립투사 서재필』, 2003, 39쪽). 고종과 민 왕후는 민영준을 위안스카이와 자신들 간의 메신저로 삼았다.

후에 민영휘로 개명하고 1906년 휘문학교를 설립하게 되는 민영준은 사실 왕비 민씨와는 15촌 간이었다. 족보상으론 여흥 민씨가 맞지만, 핏줄로 볼 때 민 왕후를 정점으로 한 민씨 척족 세력과는 먼 곳에 위치한 방계 인물이어서 일가친척이라고 말하기에도 쑥스러운 관계였다. 하지만 민영준은 권력층의 환심을 사는 재간에 있어서는 천부적 소질을 타고난 인물이어서 하루아침에 권력 실세로 부상하게 된다.

고종은 왕비 민씨가 신임하는 민영준을 지방직 중에서 최고 요직으로 꼽히는 평안 감사로 임명했다. 평안 감사가 된 민영준은 얼굴에 철판 깔고 백성들로부터 고혈을 쥐어짜 냈다. 그렇게 끌어모은 재물로 실제 송아지 크기 정도의 금으로 만든 송아지상을 고종 부부에게 헌납했다고 한다. 고종은 즉각 민영준을 재정 기관인 선혜청 당상(대동미·대동포 등의 출납을 맡은 부서 책임자)으로 임명했다.

그는 국왕 부부의 비호 아래 왕조의 재정권·군사권·인사권을 쥐고 흔들며 마음껏 재물을 긁어모았다. 황현은 『매천야록』에서 "그가 충성스럽다고 여겨 국왕은 국정을 민영준에게 모두 맡겼으며, 이로 인해 모든 국가 재정을 민영준이 좌우했다"라고 기록했다. 막장드라마 수준의 여흥 민씨 일당 독재 세도정치가 리얼하게 전개된 것이다.

민영준은 민 왕후의 비밀 개인 재산 관리를 맡았다. 1895년 을미사변으로 민 왕후가 일본인들에게 시해당한 후 민 왕후의 막대한 비밀 재산은 민영준 수중으로 넘어간 것이 아닌가 추측된다.

망나니, 철갈고리, 악귀, 미친 호랑이…

이 무렵 민씨 척족 세력의 탐욕과 악행에 대해 기록으로 남긴 사람이 황현이다. 황현은 성이 민씨인 사람들은 하나같이 탐욕스러웠고, 전국의 큰 고을은 대부분 민씨들이 수령 자리를 차지했으며, 평안 감사와 통제사는 민씨가 아니면 할 수 없게 된 지가 10년 이상 됐다고 통탄했다.

황현은 여흥 민씨 중에서도 서울의 민영주, 관동의 민두호, 영남의 민형식을 '세 명의 큰 도둑놈'으로 꼽았다(황현, 김종익 옮김, 『오하기문梧下記聞』, 역사비평사, 1994, 54쪽). 민두호는 민영준의 아버지요, 민영주는 민영준의 종형이며, 민형식은 민응식의 사촌 형제로 임오군란 때 민 왕후가 장호원으로 피난 갔을 때 그를 호위했던 인물이다.

민영주는 서울의 부자와 거상들의 재물을 갈취할 때 갖은 악형을 가해 돈을 뜯어냈다. 이 과정에서 너무나 악독한 짓을 많이 해서 사람들이 그를 '민 망나니'라고 불렀다. 민영준의 아버지 민두호는 끝없는 탐욕을 부려 백성들은 그를 '민 철갈고리'라고 불렀다. 민형식에 대해 황현은 "저 민형식 같은 놈은 고금에서도 처음 있을 정도였다. 백성들은 그를 '악귀惡鬼'라고 했으며, 때로는 '광호狂虎(미친 호랑이)'라고도 했는데, 이는 그가 능히 산 채로 사람을 씹었기 때문"(황현, 『오하기문』, 1994, 55쪽)이라고 표현했다.

어느 집단이나 단체를 막론하고 내부 갈등은 존재하기 마련이다. 민씨 척족 세력도 이 점에서 예외는 아니었다. 그들은 왕비의 은총을 받기 위해 투쟁했다. 한규설·박정양·이종건·조병직·김유연·정기희·김홍집·심상훈 등은 겉으로는 서로 협력하는 듯했지만 뒤에서는 서로 투쟁을 일삼고, 국내에 소요가 일어나도 이를 해결할 방도조차 강구하지 않았다(이노우에 가쿠고로, 「한성지잔몽」, 1993, 69쪽).

민씨 척족 간의 알력과 갈등이 심했다는 기록을 남긴 인물 중 일본 「마이니치신문」 특파원 사쿠라이 군노스케가 있었다. 사쿠라이는 민영준·민영환·민응식을 '위세를 가리기 어려운 3인방'으로 꼽았다. 실력으로는 민영준과 민영환이 민응식을 훨씬 능가했지만 정책 결정이나 인사 문제에 영향력을 발휘해 제멋대로 조정을 움직이는 자는 민응식이었다. 그래서 민영준과 민영환은 민응식을 원수처럼 여기고 항상 질시 반목하며 서로 용납하지 못했다고 한다(사쿠라이 군노스케, 「조선시사」, 1993, 349쪽).

당시 국내의 재원財源 중에서 이익이 될 만한 것은 모두 국왕의 내탕內帑(국왕의 개인 금고)과 척족들 창고로 들어갔다. 또 국왕이 필요하다고 말하면 국고에서 임시 지출을 하는 사례가 비일비재했다. 국왕은 개인적으로 필요한 물품을 구입하기 위해 외국 상인으로부터 자금을 빌리고, 그것을 외채 형식으로 국고에서 원리금을 지불하라고 명했다.

덕분에 국왕과 민씨 척족이 부유해지는 것에 반비례해 국고는 나날이 고갈됐으며, 관리와 군졸의 월급도 못 준 지가 오래됐다. 5만 엔, 10만 엔의 외채조차 월부로 3,000엔, 5,000엔씩 갚아나가는 상황이었다(다보하시 기요시, 『근대일선관계의 연구 (下)』, 2016, 89쪽).

왕실 무병장수 위해 흥청망청 예산 낭비

동학농민봉기가 발생하기 직전 왕실 재정 규모는 1850년대에 비해 대략 네 배 정도 확대됐다. 국왕 부부는 늘어난 수입의 대부분을 연회나, 정부의 대소 관료들에게 음식을 내리는 사찬賜饌, 왕세자를 비롯한 왕실의 무병장수와 안녕을 위해 궁중 전각이나 전국의 명산대천에 올리는 제사나 굿을 위해 아낌없이 탕진했다.

왕실 재정 기구인 명례궁明禮宮 기록에 의하면 1893년 한 해 동안 37회의 사찬과 29회의 고사가 행해졌다(이영훈, 「대한제국기 황실재정의 기초와 성격」, 『경제사학』 51, 2011, 13~14쪽). 국왕과 왕비가 참여한 가운데 왕실 주관으로 매월 5.5회, 그러니까 주 1~2회꼴로 사찬과 고사가 행해졌다는 뜻이다.

국가 재정은 막대한 지출과 차관 이자 등으로 날로 악화됐다. 그 결과 정부 소유 기선이 나가사키 수리소에서 수리를 마쳤으나 수리비를 지급하지 못해 3개월간 압류당했다. 양반 관료들의 극심한 부정부패로 인해 정부가 고용한 기선의 선장과 선원을 비롯한 전기·전신국 기술자, 군사고문들에게 봉급을 지불하지 못했다.

이 와중에 외채는 끝없이 늘어났다. 리훙장 산하 청나라 초상국과 광무국의 차관 50만 냥과, 요코하마쇼킨은행에서 빌린 차관 72만 달러를 제외하고도 1889년 8월 말까지 부채가 55만 달러에 달할 정도로 재정이 극도로 곤란한 상태에 처했다(국사편찬위원회, 『한국사 39: 제국주의의 침투와 동학농민전쟁』, 2013, 63~64쪽).

조선의 경제 상황이 날이 갈수록 피폐해진 이유는 무엇이었을까?

1876년 강화도조약 체결 이후 조선 왕조는 폐쇄경제에서 개방경제로 이행했다. 개항 전 조선의 대외 무역 규모는 일본 화폐로 환산할 경우 연간 310만 엔, 미곡으로 환산하면 120만 석 규모였다. 국내총생산에서 대외 무역이 차지하는 비중은 1~2퍼센트에 불과한 자급자족 경제였다. 1911년이 되면 대외 무역이 차지하는 비중이 20퍼센트까지 증가한다(김낙년 엮음, 『한국의 경제성장 1919-1945』, 서울대학교 출판부, 2006, 375쪽).

개항부터 1882년까지 6년간은 일본이 조선과의 무역을 독점하다시피 했다. 1882년 조선의 대외 경제 관계는 일대 전환점을 맞게 된다. 청의 주선으로 서양 열강과 수교하고, 그해 10월 청과 조청상민수륙무역장정을 체결했기 때문이다. 이로 인해 조선 시장을 독점했던 일본의 경제 침투에 브레이크가 걸렸다.

청나라는 무역장정을 통해 조선이 청의 속방임을 명문화하고, 청국 상인清商(혹은 화상華商)을 지원해 조선 상권을 장악하기 위해 한성개잔漢城開棧(서울에 화물을 쌓아두고 객상이 유숙하며 장사하는 곳), 내지채판권內地採辦權, 의주-회령 육로통상권, 종가 5퍼센트의 저율 관세, 청국 기선의 상하이-인천 간 정기 운항권, 청의 평안도·황해도 연안 어업권 등 막대한 이권을 챙겼다.

이로써 조선은 일본과 청국을 매개로 세계 자본주의 체제에 편입됐다. 조선에 대한 일본의 수출액은 1884년 34만 엔에서 1891년 141만 엔으로 네 배 정도 늘었다. 그러나 일본의 수출 총액에서 조선이 차지하는 비중은 1~1.6퍼센트에 불과했다(후지무라 미치오, 『청일전쟁』, 1997, 41쪽).

서울을 점령한 청군 3,000명의 위압과 조청상민수륙무역장정을 매개로 청의 속방화 정책이 가속화하자 고종은 청의 압제에서 벗어나기 위해 저항한다. 박정양을 주미 공사로 파견하고 미국을 이용해 청을 배제하려 했던 고종의 정책은 청의 압력으로 박정양 공사가 소환되면서 파국을 맞았다.

국가 기구 무시하고 국왕 멋대로 통치

1882년부터 1894년 사이, 조선은 미국·청·영국·독일·러시아·이탈리아·오스트리아에 이어 프랑스를 마지막으로 서양 열강과의 수교를 일단락했다. 하지만 조선이 청의 속방으로 전락하든 말든 열강은 관심이 없었다. 조선이 '착취할 것조차 없을 정도로' 가난했기 때문이다. 이로써 청이 의도했던 조선 속방화 정책은 완벽하게 자리 잡았다. 조선이 외국과 외교 교섭을 하려면 위안스카이와 그 배후에 있는 리훙장이 재가를 해야만 가능한 체제가 굳어졌다.

조선과 서양 열강 간의 통상조약 체결은 일본의 독점적인 경제 침투 체제를 붕괴시키면서 열강에 의한 다변적 침투 체제로 전환됐다. 이 과정에서 조선에 대한 청의 종주권 강화 정책이 일본의 대륙 진출 정책과 충돌하면서 청일전쟁 발발의 원인으로 작용하게 된다.

갑신정변이 실패한 뒤인 1885년 초부터 동학농민봉기가 발생한 1894년까지의 10년 동안 고종과 민씨 척족 정권도 나름대로 개화와 국가 발전을 위해 노력하지 않았다고 보기는 어렵다. 고종은 재정·군사·외교 등 국정 총괄 권한을 내무부內務府에 집중시켜 최고 의결·결정 기구로 만들고, 내무부를 통해 권력을 장악했다.

민응식·민영익·민영환·민영준 등 민씨 척족 세력은 내무부 독판(장관)과 협판(차관)직을 장기간 보유한 채 병조 판서, 중앙군 영사 및 호조 판서, 선혜청 당상, 전환국 등 군사·재정 관련 부서와 육영공원, 연무공원 등 개화·자강 추진 기구의 요직을 번갈아 역임했다(국사편찬위원회, 『한국사 39: 제국주의의 침투와 동학농민전쟁』, 2013, 94~95쪽).

그들은 중앙군이나 지방군 지휘를 담당했던 김기석·정낙용·한규설·이종건 등 친민계親閔系 무관들을 앞세워 왕실의 안전과 정권의 군사적 기반을 다졌다. 그리고 일본이나 중국 유학을 통해 외국어에 능통하거나 개화 실무, 국제 정세의 흐름을 이해하는 박정양·김가진·김학우 등 개화파 관료들을 내무 관료로 발탁해 개화 자강 정책을 추진했다.

내무부를 중심으로 한 고종의 국가 통치 행위는 국가 공조직을 무력화하고 특정 부서를 권력 기관으로 만들었다. 그 한 예로 고종은 조선의 외교 기관인 통리교섭통상사무아문을 제쳐두고 내무부가 외교를 주관하게 했다. 이 사실을 파악한 주한 미국 공사관은 주요 사안에 대해서는 통리아문 대표인 독판을 제치고 국왕과 교섭했다(현광호, 『서구 열강과 조선』, 2011, 89쪽).

최초의 주한 프랑스 공사 플랑시는 고종이 대외 정책을 주사를 통해 결정하고 외부 대신을 무시하기 때문에, 외부 대신은 왕궁 출입이 제한적이며 문서로 국왕에게 설명할 뿐이라고 본국 정부에 보고했다. 국왕이 외교 책임자를 무시하고 독자적으로 외교를 추진했다는 뜻이다. 전문화된 국가 통치 기구를 무시하고 내무부에 막강한 권한을 몰아줘 나라를 통치하는 고종의 스타일은 대한제국을 선포하고 황제권을 강화하면서 적폐가 더욱 적나라하게 드러났다.

대한제국 시기에 고종은 국가 안보와 관련된 외교·군사 정책 등은 의정부 회의를 거치지 않고 황제 의중대로 비밀리에 결정했다. 그 결과 외부 대신 등 정책 담당자가 정책 결정에서 소외됐다. 이것은 대한제국이 황제가 국정 운영을 친재親裁하는 전제군주 국가이기 때문에 가능했다. 의정부는 형식상 국정의 최고 기구였으나 국정 운영의 주체는 아니었다. 국정의 중요 사안은 황제와 그 측근에 의해 대부분 결정됐다(현광호, 『대한제국의 대외정책』, 신서원, 2002, 16쪽).

미친 듯이 화폐 발행

이러한 전제군주제 통치는 최고 리더인 황제가 유능하고 뛰어난 인재라면 최고의 효율을 발휘할 수 있지만, 그 반대일 경우 참극이 빚어진다. 조선에서 무엇보다 시급한 과제는 붕괴 상태에 처한 재정에 숨통을 트는 일이었다. 민씨 척족 세력은 홍삼 전매권을 장악하고 주전권을 통한 화폐 주조 차익을 확보하며, 기선 도입을 통한 세곡 운반 이익과 광산 개발 이익으로 재정 수입을 확보하려 했다. 하지만 세상만사가 계획대로 움직여주지는 않는 법이다.

홍삼은 조선 초기부터 해외 수출품으로 각광 받았다. 홍삼 수출은 국가의 중요한 재정 획득원 역할을 해왔다. 조선 시대에 홍삼의 제조 및 무역은 특정 상인과 역관 등에게 독점권을 부여하고 왕실은 이들에게 삼세蔘稅를 징수했다. 1884년부터 왕실은 재정 수입을 늘리기 위해, 궁내 사무를 관장하게 된 내무부가 홍삼 전매권을 관할하도록 제도를 변경했다. 그 결과 홍삼 무역으로 인한 수입은 정부 재정이 아니라 왕실

재정으로 들어가 고종과 왕비의 개인 용도로 사용됐다.

갑신정변 직후 조선 왕조의 화폐 주조를 담당했던 전환국은 인플레 방지를 위해 당오전 주조를 억제했다. 재정난이 심화하자 내무부는 1887년 4월 18일, 동銅 산지와 가까워 원료 조달이 손쉬운 창원·마산에 전환국 관리를 파견해 당오전을 주조했다. 이때까지만 해도 화폐 발행권의 중앙 통제가 엄격하게 시행됐다.

1888년 5월 18일, 내무부는 춘천부의 경비 조달을 위해 서강西江의 복파정伏波亭·탁영정濯纓亭 주전소에서 당오전을 주조하면서 춘천부와 호조가 이를 관리하도록 했다. 또 진어영鎭禦營에도 동전 제조를 허용해 전환국의 주전 사업 관리 통제 체제가 무너졌다.

1888년 7월 이후에는 서울 만리창·정화정精華亭 등에서 국가에 세금을 납부하는 조건으로 민간 업자에게 동전 제조를 허가하는 청부 주전 사업이 시작됐다. 민간 주전업자가 국가에 바치는 세금은 주전 일수를 기준으로 정했다. 민간 업자들은 더 많은 이익을 얻기 위해 야간에도 당오전 주조 작업을 강행했다.

만리창 주전소에서는 하루 6만~7만 냥의 당오전을 주조했다. 여기에 정화정과 서강 주전소의 주조량까지 합치면 하루 12만~13만 냥의 당오전이 쏟아졌다. 민간인의 도급都給 주전을 통해 당오전이 남발되자, 모리배들이 곳곳에서 엄청난 양의 당오전을 불법 주조해 화폐 품질은 더욱 조악해지고 화폐 가치는 폭락했다. 통화 문란은 날이 갈수록 극심해졌다.

자체의 조폐 기능이 유명무실해진 전환국은 1890년 12월 19일, 서북지방의 구리 산지에 가까운 평양에 주전소를 설치하고 관찰사 민병석의 주관하에 주전을 재개했다. 이때 민병석은 당오전을 비공식으로 대량 생산해 궁중에 30만 냥을 바치고 엽관 운동을 했다. 이런 과정을 거쳐 당오전은 조선 경제를 초토화시키는 주범 역할을 하게 됐다.

1883년 조선 정부는 영국인에게 국내를 답사해 금·은 등 자원 개발 조사를 의뢰했다. 이때 영국인이 만든 보고서는 아직 손도 안 댄 사금광이 곳곳에 있고, 은과 동 매장량이 꽤 많다고 지적했다. 조선 정부는 영국의 자딘매시슨 상회(Jardine Matheson & Co.)에게 금·은 채굴권을 허가했으나 실제 개발에 착수하지는 못했다. 1885년 일본인 이노우에 가쿠고로는 독일인에게 평안·황해 두 도를 답사하도록 했는데, 그 보고서에도 사금이 대단히 많이 매장되어 있다고 지적했다(이노우에 가쿠고로, 「한성지잔몽」, 1993, 69쪽).

외국 차관 불필요한 곳에 낭비

고종은 1887년 4월 5일, 내무부 지리사地理司 산하에 광산 개발을 전담하는 광무국鑛務局을 설치했다. 이 부서 책임자로 임명된 사람은 고종과 민 왕후가 가장 총애했던 민영익(당시 내무부 협판)이었다. 광무국은 정부 당국자들의 지대한 관심 속에서 출발했다. 하지만 근대식 광산 개발을 위해서는 광산 전문가와 기술 인력, 탐사 장비와 굴착 기계 등이 필요했다.

광무국은 미국인 피어스(Aillerd I. Pierce)를 광산 감독으로 임명했다. 피어스로부터 평안북도 운산에 풍부한 금이 매장돼 있다는 보고를 받은 조선 정부는 미국에서 광산용 기계를 구입하고 스코트(Scott)·하베이(Harvey)를 기술자로 채용했다. 조선 정부는 더 이상 광산 개발을 위한 재원을 마련한 방법이 없었다. 결국 계획만 거창했을 뿐, 조선 정부는 기술자를 해임해 그들의 기술을 활용해 보지도 못한 채 재정만 낭비했다(이배용, 『한국근대 광업침탈사 연구』, 일조각, 1989, 22~25·59~62쪽).

조선 정부가 관심을 보인 분야는 증기선 도입이었다. 청·일 양국이 조선에 신식 기선을 취항시켜 국내의 세곡 운송권을 장악하고 무역을 확대하자 조선 정부는 1883년 전운국轉運局을 설치했다. 정부가 해외에서 증기선을 도입해 직접 세곡을 운송한다는 계획이었다.

내무부는 1886년 7월, 증기선 해룡호·조양호를 외국에서 도입했다. 1889년 말에는 전운국 산하에 청의 초상국을 모방해 관영 기선회사인 이운사利運社를 설립하고 현익호·이운호를 구입해 세곡 운반을 담당했다. 하지만 세곡 운반 과정에서 전운국 관리들의 부패와 횡포가 이루 말할 수 없을 정도로 극심했다. 내무부는 전운국 관리들의 가렴주구를 통제할 의지도 능력도 없었다. 결국 정부 선박의 세곡 운반은 농민 부담만 가중시켜 1894년 동학농민봉기의 한 원인을 제공하게 된다.

게다가 증기선 도입 비용도 외국 차관을 빌린 것이었다. 증기선 도입 비용을 상환하기 위해 얼마 후 또다시 차관을 도입하는 악순환이 되풀이되면서 국가 재정을 더욱 골병들게 만들었다. 하는 일마다 재정 수입 증대는커녕 '돈 먹는 하마' 역할을 하면서 가뜩이나 위태로운 재정을 더욱 궁지로 몰아넣었다.

주한 프랑스 공사 르페브르(G. Lefèvres)는 조선 정부가 일본으로부터 300만 달러의 차관을 도입했는데, 항시 그랬듯이 조선 정부는 빌린 돈을 불필요한 부분에 지출할 것으로 전망했다. 또 차관 상환은 불가능하기 때문에 일본은 이권을 요구할 것이라고 전망했다(현광호, 『서구 열강과 조선』, 2011, 131쪽).

1882년 조청상민수륙무역장정이 체결되면서 조선에서는 일본 상인日商과 청국 상인華商이 영국산 면포인 카네킨(canequin)生金巾·한랭사寒冷紗(여름

용 옷감) 등의 중계무역을 둘러싸고 경쟁했다.

조선은 개혁이 불가능한 나라

당시 조선은 금·은·동의 가격이 국제 기준보다 크게 낮아 조선 금의 일본 수출이 성행했다. 일본이 메이지유신 첫해인 1868년부터 1893년까지 외국에서 수입한 금의 총액은 1,230만 엔 정도였다. 이 가운데 68퍼센트가 조선산이다. 조선에서 일본으로의 금 유출이 1897년 일본이 금본위제로 이행하는 데 공헌을 했다(조경달, 최덕수 옮김, 『근대조선과 일본』, 열린책들, 2015, 122~123쪽).

쌀의 대일(對日) 수출량

연도	수출(엔)	연도	수출(엔)
1885	27,201	1896	2,852,033
1886	10,523	1897	6,009,050
1887	128,948	1898	2,704,887
1888	21,472	1899	1,689,909
1889	54,394	1900	4,694,167
1890	2,540,652	1901	6,009,541
1891	2,225,043	1902	3,961,312
1892	1,348,796	1903	4,781,218
1893	470,208	1904	1,578,629
1894	810,475	1905	1,268,502
1895	888,022		

출처: 조경달, 최덕수 옮김, 『근대조선과 일본』, 열린책들, 2015, 123쪽.

1885년 외국인에게도 내지 여행이 허가됐다. 이때부터 일본 상인들은 직접 생산지까지 진출해 미곡 수매에 나섰다. 봄에 산지에서 싼값에 계약한 다음 가을 수확 철에 현물을 챙겨 가는 입도선매 방식의 미곡 거래는 점점 투기성이 강해졌다. 빈농층은 봄에 춘궁기를 넘기기 위해 싼값에 곡식을 넘기다 보니 형편이 점점 어려워졌다.

갑신정변 이후 청일전쟁 발발 전까지 극도의 경제적 궁핍 상황에서 유지된 10여 년의 일시적인 평화는 진정한 평화라고 보기는 어려웠다. 청의 강력한 라이벌인 일본과 러시아가 조선에 대한 야심을 포기하지 않았기 때문이다. 일본에 대한 관세 면제 조치, 영국과의 신조약 체결 과정에서 너무 낮게 책정된 수출입세로 인해 조선의 관세 수입은 보잘것없었다. 게다가 국왕과 왕비를 비롯한 민씨 척족의 매관매직과 가렴주구는 날이 갈수록 심해져 갔다.

이 모든 아비규환을 현지에서 목격한 프랑스 외교관들은 조선은 파산한 나라라고 지적했다(현광호, 『서구 열강과 조선』, 2011, 124~125쪽). 1895년 5월 고종은 청·일본·영국에 대한 부채를 상환하고 재정 위기를 타개하기 위해 프랑스에 차관 제공을 요청했다. 프랑스 정부는 조선이 차관 원리금을 상환할 여력이 없는 나라, 즉 미래를 기약할 수 없는 나라라고 판단하고 거절했다.

프랑스 외교관들이 조선을 절망적인 나라로 평가한 이유는 재정 파탄, 지배층의 반서구적 태도, 민民의 개혁 반대, 중앙 권력의 무기력화, 무능한 서구인 고용, 치밀한 계획과 일관성이 결여된 개혁, 외교 기구의 무력화, 백성들의 애국심 부족을 꼽았다. 그들은 조선처럼 정부의 힘이 미약하고 애국심이 부족한 국가에서 서양식 개혁은 실현 불가능하다고 보았다.

조선은 '홉스적 자연 상태'

조선은 파탄을 향해 질주하는 폭주 기관차였다. 이른바 '홉스적 자연 상태'가 19세기 말의 조선에서 완벽하게 재연된 것이다(최정운, 『한국인의 탄생』, 미지북스, 2017, 101~102쪽). 홉스가 그의 저서 『리바이어던(Leviathan)』에서 제시한 국가 이전의 상황, 즉 사회는 붕괴하고 사람들은 뿔뿔이 흩어져 생존을 위해 사투를 벌이는 '만인萬人에 대한 만인의 투쟁' 상태였다는 뜻이다.

조선이란 공동체는 문화와 윤리가 붕괴해 서로가 서로를 뜯어먹고 속이고 등쳐먹고 사기 치고 죽이는 극단적인 야만 상태였다. 이처럼 원초적 자연 상태가 도래하면 인간은 동물적 생존 본능으로 개인의 안전과 생명의 유지를 갈망하게 된다.

격동의 시대를 살았던 윤치호는 고종의 통치에 대해 "어리석음과 실수의 연속"이라고 결론 내렸다. 그는 고종의 정책을 "조선 사람의 것은 빼앗고, 타국 사람에게는 빼앗기는 것"이라고 비판했고, 위정자들의 정책은 "백성을 억압하기 위해 다른 사람들에게 의존하는 것"이라고 질타했다.

윤치호는 민 왕후에 대해서도 "그 영리하고 이기적인 여인이 귀신 섬기는 것의 반만큼이라도 백성을 열심히 섬겼더라면 그녀의 왕실은 안전했을 것"이라고 비난했다(박지향, 『윤치호의 협력일기』, 이숲, 2010, 111~113쪽 참조). 대체 국왕과 왕비가 얼마나 귀신을 열심히 섬겼기에 윤치호는 이처럼 심하게 비판한 것일까?

전라도 고부에서 농민들의 봉기가 일어나기 7개월 전인 1893년 7월, 사간원 정언正言(정6품) 안효제가 상소를 올렸다. 민 왕후의 총애를 받아 진령군眞靈君으로 책봉된 후 세도를 부리고 국정에까지 간섭하던 무당 관황녀關皇女(관우의 귀신을 섬기는 무녀)의 목을 베어 나라의 기강을 바로잡아야 한다는 내용이었다. 고종은 진령군의 목을 베는 대신 민 왕후가 총애하는 무당을 비난한 안효제를 육지에서 멀리 떨어진 섬으로 귀양 보냈다.

왕비가 무당에 크게 의존했다는 사실은 당시의 일반적인 풍조로 볼 때 이해할 수도 있는 일이었다고 치자. 하지만 국왕마저 무당이나 역술가들에게 농락당한다면 국왕의 통치는 무당·역술가에 의한 미신 통치가 된다. 불행하게도 고종 시대는 실제로 무당·역술가들의 점괘 통치가 무시로 일어났다. 관련 내용은 윤치호의 1898년 5월 일기가 증거물이다. 고종이 무당에게 놀아나는 내용을 소개한다(국사편찬위원회 엮음, 『윤치호일기』, 제5권, 1898년 5월 6일, 156~157쪽).

> 몇 해 전 무당들이 환궁해서 득세할 때 상감께서 무당 앞에 엎드린 것을 보는 것은 흔히 있는 일이었다. 무당들은 저세상 영혼들과의 중계자로 행세했는데, 영혼들은 무당을 통해 그들이 원하는 것을 왕과 왕비께 전하곤 했다. 예로 어느 날 저녁 무당이 마른 참나무 가지를 왕의 머리 위에 흔들면서 춤을 추다가 "나는 태조 대왕이다. 네가 왕위에 오르게 된 것은 누구 덕이냐?"라고 소리를 질렀다. 태조의 영혼이 무당에게 들어온 것이다.
>
> 그러자 상감마마는 그 무당이 실제로 그의 조상인 양 엎드려 큰절을 하고 안절부절못하고 있었다. 그리고는 상궁에게 명해 선왕께서 원하시는 바가 무엇인지 알아보라고 지시했다. 물론 무당은 태조의 이름으로 제사를 드리고 제물을 제공하라고 명했는데, 많은 양의 돈과 비단을 주라는 것이었다. 안타까운 일은 폐하께서는

그런 어처구니없는 일에 아직 흠뻑 빠져 계신다는 점이다.

이런 모습을 보면 고종과 왕비는 개혁이나 쇄신을 통한 국력 양성보다 무당·역술인들을 통한 요행에 왕조의 장래를 걸었던 것이 아닌가 착각이 들 정도다.

자립 역량이 전혀 없었던 조선

조선의 지도부를 구성하고 있던 양반 계층은 극소수 선각자적인 개화당을 제외하고는 철저히 공리공론에 젖어 있는 주자성리학 원리주의자들이었다. 윤치호는 조선 양반들이 수저를 들거나 붓으로 글을 쓰는 것 이외에는 자기 손으로 아무것도 하지 않는다고 비판했다. 구한말 고위 관직을 두루 역임한 민영익은 시계조차 자신이 차지 않고 하인이 가지고 다니도록 했다. 윤치호는 이런 양반 관료들이 나무 한 그루 없는 산, 다리 없는 시냇물, 도로 없는 나라, 이름도 없는 꽃과 여자들, 자유 없는 백성을 남겨놓았다고 한탄했다(박지향, 『윤치호의 협력일기』, 2010, 144쪽).

윤치호는 나무만 보면 부엌 아궁이를 생각하고, 그 나무를 자르지 않으면 행복하지 않은 조선 사람들에게 질려버렸다. 벌거숭이산을 만들고 아름다운 꽃을 잘라버리는 무자비한 손에 그는 혐오감을 느꼈다고 자신의 일기에 썼다.

보다 근본적인 문제는 조선 왕조 스스로의 의지와 능력으로 열강의 압력에 저항하거나, 자립을 할 만한 역량이 전혀 없었다는 점이다. 한 외세를 견제하기 위해 다른 외세를 끌어들여 문제를 해결하겠다고 나선 고종의 '세력 균형 외교'는 신중하게 추진되지도 않았지만, 현명한 전략이 되지도 못했다.

1880~90년대 한반도를 둘러싼 제국주의 연합은 러시아를 공동의 적으로 삼은 영국·미국·일본 등 해양 세력 동맹이라는 형태를 띠고 있었다. 이러한 정세 구도에서 고종은 조-러 수교, 제1·2차 조-러 밀약 등 해양 세력 동맹의 적으로 설정된 러시아를 한반도로 끌어들이는 자살·자폭·폭망 외교로 일관했다.

1888년 8월, 베베르 주한 러시아 공사는 외아문 독판 조병식과 두만강 변경 지역의 무역을 정상화하고 자국 상인들의 안전한 교역을 위해 변경 육지 100리 내에 무역 지대 설치를 허용하는 조-러 육로통상장정을 체결했다. 이 조약은 군사나 정치적 합의가 포함되지 않은, 순수한 통상장정이었다.

이 조약으로 조선의 항구와 블라디보스토크 간에 증기선이 운행하게 됐고, 경흥에 영사관이 설치됐으며, 무역 거래가 없었던 부산에 러시아 영사가 주재하게 됐다. 이것은 러시아가 조선에서 거둔 크나큰 외교 성과였다(국사편찬위원회, 『한국사 39: 제국주의의 침투와 동학농민전쟁』, 2013, 73쪽). 열강은 러시아가 이 장정 체결 과정에서 비밀 조항을 통해 조선의 동북 지역에 침투해 영흥만 일대를 지배하려는 것 아닌가 하고 의심하기 시작했다.

조선 정부가 또다시 러시아와 육로통상장정이란 이름의 조약을 체결하자 일본은 바짝 긴장했다. 러시아의 동아시아 진출 봉쇄가 시급한 과제였던 영국과 미국은 "부산에 러시아 깃발이 휘날리는 날이 곧 일본이 러시아에게 침략을 당하는 날"이라고 믿고 있는 일본을 적극 후원했다.

고종과 민 왕후는 러시아를 목표로 한 해양 세력 동맹국들의 살벌한 견제와 감시가 진행 중인 사실을 아는지 모르는지 러시아를 조선에 끌어들이기 위해 노심초사했다. 고종의 관심은 러시아를 끌어들여 국가와 주권, 백성의 생명과 재산을 보호하는 것이 아니라, 왕권을 보호하는 데 있었다. 더구나 그 전략과 정책은 세계 패권국의 의지와는 정반대되는 행로였다. 결국 고종의 외교는 실패를 향해 전력으로 질주하는 형국이 될 수밖에 없었다.

차관 도입 위해 이권 제공 악순환

앞서 소개했듯이 조선 왕조는 거듭된 악화惡貨 발행으로 인플레이션이 폭발해 경제는 날이 갈수록 엉망이 됐다. 더 이상 악화 발행이 불가능한 상태가 되자 국내의 이권을 담보로 제공하고 비싼 이자를 물어야 하는 차관에 의존하게 됐다. 급기야 차관 도입 범위가 청·일 양국 정부는 물론 일본의 다이이치第一은행, 미국과 영국의 민간 은행으로 확대됐다(기무라 간, 『조선/한국의 내셔널리즘과 소국의식』, 2007, 235쪽).

차관 도입은 청의 내정 간섭과 경제 예속을 방지하기 위해 청나라 이외의 국가를 대상으로 추진됐다. 이 과정에서 일본 다이이치은행의 역할을 주목해야 한다. 1894년까지 조선에 지점을 설치한 일본계 은행은 다이이치은행(1878), 제18은행(1890), 제53은행(1892) 등 세 개였다.

다이이치은행은 부산(1878), 원산(1880), 인천(1893), 서울(1887) 등에 지점 또는 출장소를 설치했다. 이러한 지점을 중심으로 일본인의 무역과 상업금융은 물론, 1886년부터는 일본 정부와 위탁 계약을 맺고 조선산 금을 매입해 일본으로 가져감으로써 조선의 부를 유출하는 데 큰 역할을 했다.

이 은행은 1884년 조선 해관세 취급권을 획득하고 이를 바탕으로 조선 정부에 소규모 차관을 지속적으로 제공했다. 당시 해관세는 수출입세와 톤세를 합쳐 1885~94년에 총계 약 343만 원 정도였다(김순덕, 「1897~1905년 관세정책과 관세의 운용」, 『한국사론』 15집, 서울대 국사학과, 1986, 312쪽). 이러한 해관세 취급권을 2만 4,000원의 단기 차관 대가로 다이이치은행에 넘긴 결과 일본의 경제적 침략을 허용한 것이다.

1887년 민영익은 광산채굴권을 담보로 미국인 기업가 타운센드(Walter Davis Townsend)로부터 100만 원 차관 도입을 시도했으나 불발됐다. 1889년, 고종은 민영익 및 미국인 고문 데니와 협의해 기존의 외채를 상환하고 광산을 개발하며 철도를 건설하기 위해 프랑스로부터 200만 원의 차관 도입을 추진했다. 앞서 설명한 대로 프랑스 정부는 이 제안을 거절했다. 1890년에는 미국인 르장드르(Charles W. LeGendre)를 고문으로 채용하고 그를 통해 일본과 미국에서 차관 도입을 시도했다. 하지만 사전에 정보를 입수한 청나라의 방해 공작으로 실패했다.

열강으로부터 차관을 도입하는 데 실패하면서 마지막으로 의지할 곳은 청나라밖에 없었다. 그 결과 청의 내정 간섭과 경제 예속에서 탈피하기 위해 추진했던 열강으로부터의 차관 도입 계획은 오히려 청의 내정 간섭을 더욱 강화하는 계기를 제공한 셈이 됐다.

고종은 1885년 요코하마 소재 미국 회사로부터 신식 개틀링 소총과 7만 5,000발의 탄약, 재장전 기계를 주문했다. 5월 19일, 내무부는 미국인 군사교관들이 근대식 군사훈련을 실시하기 위해 연무공원鍊武公院을 설치했다. 7월 22일에는 청나라 무기를 대체하기 위한 무기 구입과 화약 제조소 설립을 추진했다(이광린, 「미국 군사교관의 초빙과 연무공원」, 『한국개화사연구』(개정판), 일조각, 1969, 174~184쪽).

외국인 고문 초빙 통한 개화도 번번이 실패

미국식으로 군제를 개혁하는 일은 재정 부족과 종주국으로서 조선의 목을 죄고 있던 청나라의 방해로 좌절됐다. 조선에 초빙된 네 명의 미국인 군사교관 중 수석교관 다이를 제외한 커민스(Edmund H. Cummins), 리(John G. Lee), 닌스테드(F. H. Neinstead) 등 세 명은 정규 사관학교 교육을 받지 못했고 전투 경험도 별로 없는 일종의 아마추어 군인이었다. 닌스테드는 미 해군 사병 출신으로 고베 주재 미국 영사관 부영사 겸 통역관으로 일하다가 딘스모어 공사의 주선으로 조선에 왔다.

이들은 미제 무기 사용법, 대오 편성 연습, 전초전 전술 등을 가르쳤다. 하지만 조선 정부의 외국인 고문에 대한 처우에 불만을 느낀 커민스와 리는 숙소의 급수 시설 미비와 조선인 당번병 부족에 대해 불평했다. 커민스와 리는 닌스테드와 반목했고, 과음을 일삼으며 직무를 게을리했다. 그들은 조선 정부가 급여를 체불하자 이를 신랄하게 비판하는 기사를 미국과 청국에서 발행되는 신문에 투고해 평지풍파를 일으켰다.

조선 정부는 1889년 9월, 다이의 동의를 얻어 커민스와 리를 조선 정부 비판, 과음 및 무능 등의 이유로 해고했다. 두 사람의 계약 기간 만료 전에 일방적으로 해고하는 바람에 계약 기간까지의 봉급과 왕복 여비를 조선 정부가 부담해야 했다.

미국인 군사교관 사례에서 보듯 조선 정부의 외국인 고문 초빙을 통한 개화 정책은 번번이 실패했다. 근본 원인은 재정이 빈약해 정부가 장기적인 계획 아래 유능한 외국인 고문을 초빙하지 못하고 능력이 검증되지 않은 인물들을 마구잡이로 데려왔기 때문이다.

정부는 해관세 수입으로 외국인 초빙 비용을 충당하려 했다. 하지만 조선 해관은 청국 해관의 지배하에 있어 자유롭게 해관세를 사용할 수 없었다. 게다가 해관세 수입은 해관 직원 봉급과 외국에서 도입한 차관 상환금으로 대부분 지출돼 정부 재정에는 별 도움이 되지 못했다. 봉급을 제때 지급받지 못한 외국인 고문들은 업무를 성실히 이행할 의욕을 상실했고, 일부는 중도 해고당해 귀국하는 경우도 있었다(국사편찬위원회, 『한국사 39: 제국주의의 침투와 동학농민전쟁』, 2013, 132쪽).

1885년 텐진조약이 체결돼 청·일 양국군이 서울에서 철수하자 고종은 1888년 4월 19일, 비용이 너무 많이 든다는 이유로 5영 체제의 군대를 3영으로 통폐합했다. 친군 우영親軍右營·후영後營에 해방영海防營을 합쳐 통위영統衛營으로, 전영前營·좌영左營을 합쳐 장위영壯衛營으로, 별영別營은 총어영摠禦營으로 개편했다. 하지만 1891년 2월 27일, 수도의 요지인 탕춘대와 북한산성을 방어할 경리청經理廳이 신설돼 경리사에 민영준이 임명됐다. 1892년 윤6월 15일에는 국왕을 호위하는 용호영龍虎營이 재정비돼 중앙 군제는 종전과 동일한 5군영제로 회귀했다(국사편찬위원회, 『한국사 39: 제국주의의 침투와 동학농민전쟁』, 2013, 102~103쪽).

청이 조선의 외교와 내치에 간섭을 하면 할수록 고종은 러시아·미국으로 기울었다. 고종은 1890년 조 대비(신정왕후, 익종의 부인)가 승하했을 때 극비리에 허드 공사에게 왕궁을 호위할 50명의 미 해병대 요원 파견을 요청했다. 왕궁 내부에 심어놓은 첩자를 통해 관련 정보를 입수한 위안스카이가 조선과 미국 정부에 강력 항의하자 고종은 미 해병대 파병 요청을 철회했다.

미국은 조선에 대해 어떤 관심도 보이지 않았다. 미국은 이미 조선에서 '관심 퇴거'를 한 후 줄곧 지켜보는 입장을 유지했다.

제9장

동학의 탄생

1885년 톈진조약 체결로 청·일 양국군이 한반도에서 철수한 후 조선에서는 10년간 '불안정하고 기묘한' 평화가 유지됐다. 일본과 러시아가 조선에 대한 관심을 표명하는 순간 무효가 될 수 있는 위험성을 안고 있는 불안정한 평화가 이어지는 와중에도 조선 백성들의 삶은 날로 피폐해졌다.

백성들은 자신들이 고통받는 이유는 고혈을 쥐어짜는 조선의 탐관오리들과 함께 '외세' 때문이라고 해석했다. 탐관오리에 저항했다간 무슨 험한 꼴을 당할지 두려우니 만만한 일본 상인이 원성의 표적이 됐다. 일본 상인들이 곡물을 입도선매 방식으로 헐값에 사재기해 살림이 피폐해졌고, 서양 상인들의 온갖 상품을 마구잡이로 수입해 경제가 파탄났다는 식이었다.

이쯤 되면 만악의 근원은 '외세'이니, 저들을 몰아내야 형편이 필 것이라는 기대감이 부풀어 올랐다. 외세를 탓하는 것은 일종의 마녀사냥이었다. 조선 사회는 외세의 진출 이전에 이미 총체적 붕괴 상태에 직면해 있었다. 특히 세금 제도에 치명적 결함이 누적됐다.

조선 후기의 세금 제도의 핵심은 전정田政·군정軍政·환정還政이다. 그런데 관련 세금 부과 방식이 독특했다. 국가가 토지와 인민을 일일이 파악할 수 없으니 각각의 호마다 부과하지 않고 군현 단위로 미리 정해진 세금 총액을 공동 부담케 하는 총액제로 운영됐다. 중앙 정부에서 해당 군현의 세금 총액이 정해져 내려오면 지방 수령과 아전들은 각각의 가정마다 얼마를 내라고 액수를 정해 수취했다. 조세 수취 업무를 군현의 수령과 향촌 지배 세력에게 전적으로 위임한 것이다.

이 과정에서 지방 향촌에서 행세깨나 하는 양반을 비롯해 부농·지주들은 군현 수령이나 향촌 지배 세력과 작당해 조세 부과 대상에서 빠졌다. 이들이 부담해야 할 세금은 힘없는 백성들에게서 강제로 뜯어냈다. 지방 수령과 아전들은 자신들에게 주어진 조세 수취권을 이용해 무제한적으로 백성들을 수탈할 수 있었다. 그 구조적 모순이 나라가 망할 때까지 존재했다.

관리들에게 월급도 못 주는 나라

19세기 말에 이르면 하층 농민들이 더 이상 세금을 부담할 능력을 상실해 농토를 버리고 유민화하면서 '홉스적 자연 상태'가 도래하게 됐다. 만인에 대한 만인의 투쟁이 본격화한 조선 후기의 모습에 대해 우의정 조병세는 다음과 같은 분석을 남겼다(신복룡, 『전봉준평전』, 지식산업사, 2006, 20쪽).

> 첫째, 공사公事가 너무 문란하다.
>
> 둘째, 왕의 근신近臣들은 아부를 일삼아 왕은 허위 보고만을 들을 뿐이다.

셋째, 형벌이 정실에 흘러 기강이 잡히지 않는다.

넷째, 관리는 민정을 조정에 반영하지 않는다.

다섯째, 관리들에게 적절한 급여를 주지 못해 국민의 고혈로 생계를 유지하고 있다.

여섯째, 이러한 사회악은 금권과 직결돼 매관매직이 성행하고 있다.

일곱째, 국가 기강이 문란해져 왕에 대한 신하로서의 후원과 협조가 결여돼 있다.

조선 후기에 심각한 현안으로 제기된 것은 관리들에 대한 녹봉 지급 문제였다. 국가 재정이 붕괴하면서 조정 대신을 비롯해 말단 관리, 군인에 이르기까지 봉급을 지급할 능력을 상실했다. 국가를 위해 일하는 관리들도 사람인지라 생존을 위해, 더러는 호의호식을 위해 지위 고하를 막론하고 백성을 뜯어먹고 등쳐먹고 고혈을 빨았다. 오죽했으면 『한국과 그 이웃 나라들』의 저자 비숍 여사는 "조선은 아직도 두 계급, 약탈자와 피약탈자로 구성돼 있다. 면허받은 흡혈귀인 양반 계급, 그리고 인구의 나머지 5분의 4는 피를 공급하는 하층민인 평민 계급"이라고 질타했을까.

조선 시대 관료들의 월급 문제는 왕조 출범과 더불어 터져 나온 구조적 모순이다. 조선 중기 실학사상의 태두인 이익은 "우리나라의 봉록俸祿(관리들에게 연봉으로 지급하는 곡식·피륙·돈 등의 재화)이 너무 부족해 벼슬아치들 모두가 스스로 먹고살 수 없으므로 법을 어기고 가렴苛斂(세금 따위를 가혹하게 강제로 거둬들이는 행위)하게 된다. 그러지 않으면 살아갈 길이 없다. 삼공三公(조정에서 가장 높은 정1품 직위) 이하의 모든 벼슬아치들은 각 지방에 사람을 보내 돈을 거둬들임으로써 부모를 공양하고 자녀를 기른다"라고 한탄했다.

『한국천주교회사』의 저자 샤를 달레(Charles Dallet) 신부도 조선 관리들의 생활에 대해 "대개는 정규 보수가 없어 백성을 희생시켜 한편으로는 수령의 탐욕을 만족시켜 주고, 다른 한편으로는 자기 생활비를 충당한다"라고 기록했다(샤를 달레, 안응렬·최석우 공역, 『한국천주교회사 (상)』, 분도출판사, 1979, 106쪽).

관리들의 광범위하고 일상적인 가렴주구로 인해 백성들 삶의 기반이 허물어진 와중에, 조선 후기에는 해마다 흉년이 겹쳤다. 굶어 죽지 않기 위해 백성들은 자녀를 식량과 바꾸는 일을 마다하지 않았다. 자식을 노비로 팔아넘겼다는 뜻이다.

14년간 민란 52건 발생

1893년 수해가 전국을 휩쓸어 대부분 지역이 농사를 망쳤다. 논밭에서 거둬들이는 세금인 전결田結은 240만 결이 돼야 정상인데, 1893년에는 고작 60만 결이었다. 이런 궁핍 상황에서 관리들의 가혹한 착취가 계속되자 막다른 골목에 몰린 백성들은 죽기 살기로 지배층에 저항했다.

1880년부터 동학농민봉기가 발생하기 전해인 1893년까지 14년간 52건의 민란이 발생했는데, 그 가운데 절반인 25건이 1890~93년의 4년 동안 발생했다(조경달, 『근대조선과 일본』, 2015, 125쪽). 전라·충청·경상의 삼남 지방에서는 1891년부터 동학농민봉기까지 3년 동안 기근이 이어졌다.

극한의 혼돈과 기아로 난세가 닥치면, 메시아가 나타나 새로운 세상을 연다고 혹세무민하는 신흥 종교가 일어나기 마련이다. 사회 곳곳에서는 진인眞人이나 큰 장수가 등장해 세상을 구원한다는 남방진인설南方眞人說, 해도기병설海島起兵說이 널리 유포됐다(고성훈, 「조선후기 '해도기병설海島起兵說' 관련 변란의 추이와 성격」, 『조선시대사학보』 3, 1997, 129~162쪽).

진인이란 하늘의 명령天命을 받고 태어난 신비의 인물로, 용맹한 군사를 거느리고 은거해 있다가 백성이 극도의 고통에 시달릴 때 홀연히 나타나 적을 물리치고 새로운 세상을 연다는 전설 속의 인물이다. 난세가 닥치자 말세론, 미륵불 출현설, 각종 예언과 도참설이 홍수에 둑 터지듯 퍼져나갔다.

전라도 주민들은 자신들을 구원해 줄 구세주인 미륵이 강림할 곳이 익산의 미륵사와 김제·완주에 걸쳐 있는 모악산母岳山이라고 믿었다. 노령산맥의 말단부에 우뚝 솟은 높이 795미터의 모악산은 어머니가 아이를 안고 있는 모양의 바위가 있어 모악산이라는 이름을 얻었다.

모악산 일대는 계룡산 신도안, 풍기 금계동과 함께 풍수지리설에 의한 명당 겸 피난처로 알려져 수십 개의 신흥 종교 집단이 자리를 잡았다. 그곳은 미륵 신앙의 본거지로서 용화교龍華敎 등이 일어난 곳이다. 용화교 창시자 서백일은 모악산 기슭의 용화동은 후천개벽이 일어날 때 병겁病劫에서 살아남을 유일한 장소라고 주장하면서 신도들을 이곳으로 이주시켰다.

증산교 창시자 강일순은 황토현과 1킬로미터 떨어진 고부군 답내면 서산리 태생이고, 원불교 창시자인 박중빈은 영광군 백수면 길룡리 출신이다. 증산교나 원불교도 모악산 정기로 탄생한 셈이다.

때마침 시중에 『정감록鄭鑑錄』이 널리 퍼져나갔다. 제1권에서 소개했듯이 조선 후기에 널리 퍼진 이 책의 근원을 추적해 올라가면 타이완을 거점으로 명나라 부흥, 반청 운동을 지도했던 정청궁鄭成功 일가 이야기와 맥이 닿는다.

정감록, 도참사상 만연

명조 부흥 운동을 이끌던 정청궁 일가가 타이완을 점령하고 신흥 왕조 청과 대립할 때 한반도 해안에는 정체를 알 수 없는 이양선 혹은 황당선荒唐船이 종종 출몰했다. 조선 사람들은 이 배가 청에 협조하는 조선을 증오하는 타이완의 정씨 일가가 보낸 것으로 믿었다. 이러한 생각의 파편들이 세월이 흐르면서, 한반도 남쪽 바다 저 멀리 있는 섬에 사는 정씨 성을 가진 사람이 조선 왕조를 뒤엎고 민중을 구원하러 올 것이라는 메시아 신앙으로 발전해 창조된 것이 『정감록』이다.

『정감록』은 이씨가 세운 조선 왕조는 500년 후 망하고 정씨에게 천하가 돌아간다고 예언했다. 조선 왕조는 수명을 다했으니 필연적으로 망할 것이며, 머지않아 계룡산에 정도령이 나타나 새 왕조를 세우고 도읍을 정한다는 내용이었다. 앞으로 난리가 나면 피신할 수 있는 안전처인 십승지十勝地도 기록돼 있고, 또 '궁궁을을弓弓乙乙'이란 부적을 가지고 다니며 암송하면 난리가 났을 때 횡액을 면하고 목숨을 구해 준다는 등 밑도 끝도 없는 이야기들이 날개를 달고 퍼져나갔다.

혹세무민에 현혹된 사람들이 세간을 정리해 계룡산 근처로 이주하는 사례도 있었다. 비기祕記와 참설讖說에 담긴 예언은 현실 부정적인 생각이 강하다. 때문에 위정자들이 금지하려 하면 할수록 은밀하고 강력하게 퍼져나갔다.

아무리 노력해도 먹고사는 문제가 해결되지 않으면 굶어 죽든가, 남의 식량이나 재물을 도둑질하거나 빼앗아 우선 살고 보자는 유혹이 움트게 마련이다. 이때 뜻을 함께하는 사람들이 작당하면 공권력에 도전하는 용기가 생긴다. 1869년 전라도 광양에서 발생한 민란이 하나의 사례였다.

지방 수령의 가렴주구에 시달리던 농민 300여 명이 작당해 관아를 습격하고 무기고를 털어 화승총·칼·활로 무장했다. 그들은 현감縣監(현에 파견하는 종6품 수령)을 내쫓고 관청 창고에 쌓여 있던 곡식을 굶주린 백성들에게 나눠주었다. 이 사건을 지휘한 두목은 몰락한 양반의 후예였다.

광양 민란은 단순한 민란이 아니라 백성 300여 명이 관아를 습격해 무장하고 지방 정부를 공격한 병란兵亂이었다. 조정에서는 민란을 예삿일로 여겼다. 조선은 어질고 후덕함을 숭상하는 덕치德治를 바탕으로 나라를 세웠다. 백성들은 덕을 품고 의를 중시하므로 피치 못할 상황이 돼야만 난을 일으켰다. 난을 일으켜도 관리를 죽이거나 국가 시설을 약탈하지 않고 억울함을 호소하다가 임금이 타이르면 곧 해산했다(황현, 『오하기문』, 1994, 44쪽).

하지만 후기 조선 상황은 덕치의 영역에서 낭만성이 감지되는 항쟁은 찾아보기 힘들었고, 오로지 핏발 선 저항의 목숨 건 투쟁이 빈발했다. 광양 민란에 이어 1870~71년 진주·영해·문경 일대를 휩쓴 이필제의 난이나, 1872년 영남·해서(황해도) 역모 사건, 1877년 문경·전주의 역모 사건 등은 무장한 백성들이 일으킨 민란이었고, 주동 인물은 몰락한 양반, 즉 잔반殘班이었다(한우근, 『동학과 농민봉기』, 일조각, 1997, 44쪽).

전국에서 동시다발적으로 민란 폭발

1873년 빈발했던 병란이 진압된 후에도 사회는 안정을 찾지 못했다. 한편에서는 화적 떼가 들끓었고, 다른 쪽에서는 민란이 폭발했다.

1883년 이후, 특히 큰 가뭄이 닥친 1888년 이후에는 전국에서 동시다발적으로 민란이 발생했다.

이 무렵 발생한 민란은 대부분 철종 말년에 일어났던 패턴, 즉 지방민이 수령이나 아전들의 탐학에 분노해 봉기한 군현민의 난이었다. 반란이 진압되면 주모자는 목을 베어 높은 곳에 내거는 형벌(효수)로 처벌했으며, 부화뇌동한 자들은 섬에 유배 보냈다. 민란의 원인을 제공한 지역 수령들도 처벌을 면치 못했다.

월북 작가 박태원은 『갑오농민전쟁』이라는 대하 역사소설을 남겼다. 이 작품에서 1862년 익산 민란 주모자 임치수는 동료 6명과 함께 체포돼 목이 잘린다. 처형되기 직전, 임치수는 입회한 전라 감사에게 이렇게 외친다.

"이놈들, 똑똑히 듣거라! 이제 우리를 죽이거든 우리들의 눈알을 모조리 뽑아다가 전주성 남문 위에 높다랗게 걸어놔 다우. 앞으로 몇 년

고종 25년(1888) 이후 주요 민란 발생 지역

연도	지역	비고
1888	고산, 영흥, 북청, 길주	함경도 여러 읍에서 발생
1889	전주, 정선, 통천, 인제, 광양, 고성, 수원	강원도 여러 읍에서 발생
1890	안성, 함창	
1891	제주, 수원	
1892	고성, 함흥, 덕원, 양천, 예천, 회령, 종성, 성천, 강계, 서울, 청풍, 황간	함경도, 평안도 여러 읍에서 발생
1893	함종, 재령, 인천, 중화, 개성	평안도 여러 읍에서 발생

출처 : 한우근, 『동학과 농민봉기』, 일조각, 1997, 44쪽.

후가 될지 몇십 년 후가 될지 그건 모르겠다마는, 우리 농군들이 모두들 들구 일어나 너희 놈들을 모조리 때려잡으러 전주성 남문으로 몰려들어가는 광경을 우리는 기어이 이 눈으로 보구야 말 테다!"(박태원, 『갑오농민전쟁: 계명산천은 밝아오느냐 1』, 깊은샘, 1989, 308~310쪽)

임치수의 유언은 그로부터 32년 후 동학 농민군의 전주성 점령으로 현실화됐다. 1873년 무렵 잔반들이 주동이 돼 일으켰던 무장 민란이 진압되자, 이번에는 일반 농민의 민란이 마른 들판의 불길처럼 번졌다. 1894년 동아시아 역사를 바꾸는 기폭제가 된 동학 농민군 봉기도 그중 하나다.

사회 밑바닥에서 억눌려 있던 불평불만 분자들의 저항은 이념적 구심점이 없거나 조직적으로 연결되지 못하면 대부분 국지적인 민란으로 끝난다. 1873년 이후 지방 곳곳에서 일어난 민란은 공통되고 통일된 정신적 지주나 일관된 초점이 없었다. 하지만 오랫동안의 경험과 실패, 두려움 끝에 그들 의식이 점차 성숙하면서 사회 변혁 사상으로 발전하기 시작했다. 이러한 변혁 사상의 불씨를 제공한 집단이 1860년대 초 경주의 몰락한 양반 출신 최제우가 창도한 '동학'이다.

동학의 역사 무대 등장

동학의 등장은 19세기 중엽 이후 사회적 불안과 동요 속에서 "인仁을 실천함으로써 자기 자신을 수양하고 그 인을 사회 전체에 구현한다"라는 수기치인修己治人의 학문인 유교가 제 역할을 하지 못하고 있음을 반증하는 것이다.

공자와 맹자를 중심으로 일어난 유교는 인仁과 예禮를 중심으로 한 도덕 실천 학문이다. 한漢·당唐 시대에 유교는 경전을 수집 정리하고 자구에 대한 해석을 주로 하는 훈고학訓詁學으로 발전했다. 송·명 시대에 유학은 이론적으로 심화되면서 체제를 갖추게 된다. 남송南宋의 주희朱熹(주자)가 이것을 집대성해 철학 체계를 정립한 것이 성리학, 일명 주자학朱子學이다.

주자성리학은 우주의 생성과 구조, 인간 심성, 사회에서의 인간의 자세 등을 깊이 사색하는 형이상학적 유학 사상이다. 조선 왕조 양반 관료 정치의 기틀을 잡아준 유교는 450여 년 이어오면서 사회 변동에 따르는 변화에 대처하는 능력을 상실했다.

퇴계 이황을 주종으로 삼는 주자성리학은 교조화해 예론禮論에 치우쳤고, 사회 개혁에 어떤 기여도 하지 못했다. 성리학은 조선 왕조의 말기적 증상에 체계적으로 대응하지 못했다.

조선 왕실을 비롯해서 대중들이 신봉했던 불교는 주술적 토속 신앙과 결합해 민간 신앙으로 뿌리를 내렸다. 한편, 집안에 환자가 발생하거나 우환이 계속되면 무속에 의지했다. 19세기 말에는 무녀巫女가 전국에 광범위하게 존재했다. 주자성리학의 천국에서 무녀가 다수 존재한 이유가 있다. 양반 관료들은 한편에선 무녀들을 '저급한 사교邪敎'로 몰아 도성에서 쫓아냈지만, 다른 편에선 세금을 뜯어 낼 수 있는 고마운 존재로 보았다.

지방의 경우 무녀들로부터 징수하는 무녀세巫女稅는 규모와 액수가 다른 어느 잡세보다 많았다. 무당·박수에게서 나오는 무녀세는 서울에서는 예조禮曹(외교부와 교육부) 소속 직원들의 급료로, 지방에서는 흉년이 들었을 때 구휼 자금이나 군사 예산으로 요긴하게 쓰였다.

18세기 이후 조선 사회의 말기적 증상이 심화하면서 정신적 피난처 역할을 하는 비기祕記나 참서讖書가 유포돼 민심을 현혹했다. 기울어가는 나라에서 피폐해진 정신세계를 구원하기 위한 신흥 종교의 도래는 당연한 현상이었다. 백성들의 정신적 공황 상태를 뚫고 침투한 대표적인 종교가 서학西學 즉 천주교다. 천주교는 일부 몰락한 양반 지식인들이 받아들여 유포되기 시작했다. 조정은 서학을 전통적인 사회 윤리를 파괴하는 사교 집단으로 몰거나, 정치적 필요에 의한 정적政敵 소탕을 위해 주기적으로 천주교를 탄압했다.

여러 차례 과거에 낙방한 서자 신분의 최제우는 10여 년 수행과 종교적 편력 끝에 1860년 득도했다고 주장한다. 그는 조선이 처한 총체적 난국을 극복하기 위해 전통 사상의 재구성을 통해 본원적인 종교 윤리와 인간관계의 회복을 이루고자 했다.

그는 불교와 선교仙敎(도교)는 물론 음양오행설, 역학 사상, 당시 농민층 사이에 널리 유포된 풍수지리설, 단군 신앙, 귀신 신앙, 영부靈符 신앙, 정감록 사상, 샤머니즘, 치병술治病術 등 잡다한 민간 신앙을 자신의 사상 체계 안에 흡수 용해시켜 농민들과의 친화력을 높이는 데 활용했다(신용하, 『동학과 갑오농민전쟁연구』, 일조각, 1993, 15쪽).

그는 서양에서 전래된 천주교의 교리를 흡수한 다음, 서양 종교를 극복한다는 차원에서 '동학東學'이라는 이름을 붙였다. 발상지인 경상도 경주에서 싹이 튼 동학은 3년 만에 영덕·고성·영해·영일·안동·단양·울산 등 경상도 일대로 퍼져나갔다. 동학이 내포하고 있는 사상적 특징은 네 가지로 요약된다. 첫째, 시천주侍天主, 둘째, 보국안민輔國安民, 셋째, 후천개벽後天開闢, 넷째, 유무상자有無相資 등이다. 동학 연구가인 나카쓰카 아키라中塚明는 그 의미를 다음과 같이 설명한다(나카츠카 아키라·이노우에 가쓰오·박맹수, 한혜인 옮김, 『동학농민전쟁과 일본　또 하나의 청일전쟁』, 도서출판 모시는사람들, 2014, 46~48쪽).

시천주는 모든 사람은 누구나 자신 안에 천주(하늘님)가 존재하니, 누구라도 자신 안에 천주를 모실 수 있다는 뜻이다. 천주란 특정한 신이 아니라 우주 만물의 생명의 근원을 가리킨다. 어떤 사람이건 수련과 수양을 통해 하늘과 일체화할 수 있으므로 '천심즉인심天心則人心'이라고 최제우는 주장했다. 신분 차별, 남녀 차별이 심했던 당시 조선 사회에서 시천주는 만민평등을 주장하는 획기적인 사상이었다.

보국안민은 국가의 악정惡政을 고쳐 백성을 편안하게 한다는 민본주의 사상이다. 후천개벽은 혼란했던 시대의 종말론을 주장하면서 가까운 미래에 이상적인 시대가 올 것이라는 세상 개혁, 혁신의 사상이었다. 유무상자는 경제적인 여유가 있는 사람이 가난한 사람을 도와준다는 사상이다.

이 네 가지 요소를 아우르는 동학은 전통적인 양반 지배 사회 질서에 대한 부정, 새로 전파된 서학에 대한 저항이라는 기운 위에 서 있는 정신적 지주였다. 그것은 조선 왕조 말기에 정치·사회적으로 직면해 있던 여러 가지 문제를 민중 차원에서 개혁하고, 점점 압박해 오는 외국의 압력으로부터 민족적 이익을 지키려는 조선 사회의 역사적 바람을 반영한 사상이었다. 한편에선 고난을 피하고자 하는 유토피아적 종교로서의 성격을 가지고 있었던 것도 사실이다(나카츠카·이노우에·박맹수, 『동학농민전쟁과 일본』, 2014, 48쪽).

마른 들판의 불길처럼 번진 동학

19세기 들어 대내외적 모순이 점증하면서 이에 대한 대응으로 위정척사·개화·동학 등 세 조류가 등장했다. 위정척사는 자주화에, 개화는 근대화에 경도된 논리였다. 동학은 서도西道가 아닌 동도東道를 바탕으로 평등의 대동 사회라는 근대적 이상을 달성하고 외세 침략에 대응할 수 있음을 천명하면서 전통적 의미의 도학道學으로 출발했다(김정인, 『천도교 근대 민족운동 연구』, 도서출판 한울, 2009, 12쪽).

동학의 등장은 일본 막부 말기에 각지에서 농민 반란이 일어나는 등 사회가 불안해지자 구로즈미교黑住教·덴리교天理教·곤코교金光教 등 신흥 종교가 등장한 사례와 유사한 현상이다. 동학은 한편으로는 현실 부정적인 예언의 종교로서 혁명적 성격을 내포하고 있었고, 다른 한편으로는 외세의 위협에 대항해 보국안민의 종교로서 민족주의적 성격을 띠고 있었다(한우근, 『동학과 농민봉기』, 1997, 81~82쪽).

동학 지도부는 민중을 끌어들이기 위해 그들 계층이 받아들인 『정감록』이나 주술 신앙과의 접목을 꾀했다. 최제우는 자신의 가르침을 진심으로 믿으면 병을 고칠 수 있고, 콜레라 같은 전염병도 걸리지 않는다면서 돌림병에 관한 처방을 해주기도 했다.

그는 동학 교인들에게 여덟 자로 된 강령주문降靈呪文과 열세 자로 된 본주문本呪文을 외우도록 했다. 주문을 소리 내어 외우고 그 뜻을 깨달아 실현하면 불로장생한다 해서 장생주長生呪라고도 했다.

최제우는 열세 자 주문을 지극히 외우면 만권 시서가 필요 없다면서 신信을 수양 덕목의 하나로 제시했다. 그리고 신심을 유지하기 위해 불가로부터는 염주·송주誦呪 등을, 도가로부터는 선약·영부 등을 차용했다(김정인, 『천도교 근대 민족운동 연구』, 2009, 29쪽). 1882년 동학에 입도해 후에 동학 3대 교주가 된 손병희는 동학 주문을 하루에 3만 번 외웠다고 한다. 그것은 거의 하루 종일 주문을 외워야 하는 수련이었다(성주현,

『천도교에서 민족지도자의 길을 간 손병희』, 역사공간, 2012, 6쪽).

동학, 지상천국 건설을 지향

최제우는 자신에게 치료를 부탁하기 위해 찾아오는 사람들에게 주문을 외게 하고, 『정감록』에 등장하는 '궁궁을을弓弓乙乙'이란 글자를 쓴 부적을 주었다. 이 부적을 태운 재를 물에 타서 마시면 병이 낫는다고 했다. 이것은 동학이 『정감록』의 영향을 깊이 받았음을 입증하는 사례 중 하나다.

최제우의 동학은 한반도에 깊이 뿌리 내린 샤머니즘 신앙에 기초를 두고 있었기에 쉽게 대중의 마음을 파고들었다. 불과 2~3년 만에 여덟 자 주문과 열세 자 주문을 외는 소리가 경상도 전역에서 들릴 정도였다 (다보하시 기요시, 『근대일선관계의 연구 (下)』, 2016, 203쪽).

급속도로 동학이 전파되는 것에 놀란 조정은 이것이 민심을 현혹하는 서학과 다름없는 사악한 종교라고 간주하고 강력한 탄압에 나섰다. 1863년 11월 최제우와 그를 따르는 20여 명의 동학 지도부 인사들이 체포됐다.

다음 해인 1864년 3월 10일 최제우는 좌도혹민左道惑民, 즉 바르지 않은 도를 설파해 사람을 현혹시킨다는 죄목으로 대구 남문 밖에서 목이 잘

최제우의 주문

종류	내용	해석
강령주문 (降靈呪文)	지기금지원위대강 (至氣今至願爲大降)	지극한 기운이 마침내 오늘에 이르렀으니 원컨대 크게 내려주십시오
13자 본주문 (本呪文)	시천주조화정영세불망만사지 (侍天主造化定永世不忘萬事知)	하늘님을 모시며 자연의 조화를 따르며 영원토록 잊지 않으면 세상의 이치를 알 수 있다

렸다. 그를 따랐던 10명은 섬으로 유배됐다.

경상 감사 서헌순이 최제우를 심문하면서 동학이 무엇을 뜻하는지를 묻자, 최제우는 "동학은 동국에서 취했다는 뜻"이라고 답했다. 최제우는 서세동점의 위기를 유학이라는 큰 그릇에 불가와 선가의 전통과 서학까지를 회통한 자존과 주체의 동도로 극복하고자 했다. 최제우의 동도주의는 동도가 중화 문물을 유일하게 전승하고 있는 조선적 문명으로, 어떤 문명보다 우월하다는 신념에 기반을 둔 것이다(김정인, 『천도교 근대 민족운동 연구』, 2009, 31쪽).

일부 연구자는 동학이 서학에 반대하는 개념으로 창안됐을 뿐 아니라, 중국 문화 전통에도 도전하고 있다고 주장한다. 유구한 중국의 문화 전통에 도전했다는 점에서 동학은 참다운 한국적 민족주의를 대표한다고도 주장했다(임형진, 『동학의 정치사상 천도교 청우당을 중심으로』, 도서출판 모시는사람들, 2002, 85~86쪽).

임형진은 동학이 척왜양斥倭洋과 함께 탈중화의 문제의식을 갖고 있어 중국에 대한 자주의식을 강하게 갖고 있었다고 주장한다. 최제우의 유교에 대한 문제의식이나 동학혁명군의 격문에 나타난 척왜斥倭·척양斥洋·척화斥華가 그런 의미였다는 것이다(임형진, 『동학의 정치사상』, 2002, 91쪽).

그런데 임형진이 탈중화를 주장하는 근거는 황당하기 그지없다. 당시 조선과 중국 관계를 순망치한脣亡齒寒이라 했는데, 위정척사파들은 중국을 이, 조선을 입술이라고 해석했다. 반면에 최제우는 조선을 이, 중국을 입술로 비유해 민족 주체적 시각에서 조선과 중국 관계를 성찰했으며, 이것이 중국에 대한 자주의식을 내세운 증거라고 임형진은 말한다. 이런 주장이 설득력이 있는 팩트(fact)인지는 좀 더 진지한 성찰이 필요할 것 같다.

동학은 수양을 강조하는 계몽 운동으로 창도됐지만, 보국안민·광제창생廣濟蒼生(널리 백성을 구제함)을 달성할 수 있는 후천개벽과 지상천국 건설을 지향했다. 따라서 혹세무민하는 사교邪敎 혐의에서 자유롭지 못했다. 동학은 또 봉건적·신분제적 사회 질서에 대한 비판의식과 외세의 위협에 대한 저항의 산물이었다(김정인, 『천도교 근대 민족운동 연구』, 2009, 32쪽). 때문에 창시자가 처형된 후에도 끈질긴 생명력을 가지고 지하 조직을 통해 곳곳으로 퍼져나갔다.

조직 정비에 나선 동학

동학을 한반도 전역으로 확산시킨 인물은 제2대 도주道主 최시형이다. 고종의 즉위, 대원군의 지방 양반 토호 세력에 대한 탄압, 서원 철폐, 천주교 박해, 위정척사를 통한 외세 배격의 흐름은 동학에겐 호기로 작용했다.

개항(1876), 임오군란(1882), 갑신정변(1884) 등 연이은 무장 반란과 정변은 사회 불안과 동요를 야기했고, 정신적 의지처를 잃은 백성들은 병아리가 어미 닭 찾듯 자연스럽게 동학의 품을 파고들었다. 이 와중에 동학은 1871년 이필제의 반란에 휘말린다. 동학교도를 자칭한 이필제는 몰락한 양반 출신으로 역성혁명을 기도하면서 최시형에게 두세 차례 봉기를 제안했고, 결국 동의를 얻었다. 봉기군 500명은 교조 순교 기일인 4월 29일 경상도 영해에서 봉기해 관아를 점령하고 부사를 살해했다.

이필제의 난은 기존의 농민 항쟁과는 성격이 완전히 달랐다. 그 전까지는 군현 단위의 농민이 고을의 문제를 해결하기 위해 봉기했다. 이필제의 봉기는 지방 관아를 무력으로 점령하고 서울까지 진격하려 했던 전형적인 병란이었다. 하지만 기대와는 달리 주민 호응이 없었다. 이필제는 9월에 문경에서도 봉기했으나 곧 진압됐고, 체포된 후 능지형에 처해졌다(조경달, 『근대조선과 일본』, 2015, 126쪽).

동학은 지역의 소규모 조직을 접接이라 칭했다. 접은 도를 전해 준 접주接主와 도를 전해 받은 수도인受道人 간의 인맥을 통한 신앙 조직이다(천도교중앙총부 교서편찬위원회, 『천도교약사』, 천도교중앙총부 출판부, 2006, 34~35쪽). 창시자 최제우는 각처에 접소接所를 두고 지역 인물을 접주로 삼아 조직을 확장하고 수련을 시켰다.

최제우는 1862년 15~16명의 접주를 임명했는데, 35~70호를 기준으로 접주를 두었다. 교세가 확장되면서 접이 점점 늘어나자 몇 개의 접을 모아 포包를 구성했다. 그리고 대접주를 포주包主로 임명해 예하의 여러 접주들을 통솔하게 하고 행정 기능을 맡겼다. 포에는 사무를 분장하기 위해 교장教長·교수教授·도집都執·집강執綱·대정大正·소정小正 등 여섯 가지 조직을 두었다.

1893년 2월, 2대 교주 최시형은 접주의 관할 지역에 따라 대大접주, 도都접주, 수首접주, 접주 등으로 구분해 조직을 체계화했다. 호남이나 관동 등 넓은 지역과 지방의 읍에는 대접주를 두었고, 그 아래에 여러 명의 접주를 두어 이들이 읍내의 일부 지역을 분담하도록 했다. 충청도 보은에 총본부인 대도소大都所를 설치하고 각지의 '포' 명칭을 결정해서 대접주를 임명했다. 이때부터 동학은 대도소-포-접의 포접 제도가 확립돼 지휘 계통이 만들어졌다(나카츠카·이노우에·박맹수, 『동학농민전쟁과 일본』, 2014, 50쪽).

사람이 한울이요, 한울이 사람

최시형은 1878년경 동학의 접소接所(접들의 집회 장소)를 각처에 개설해 교조 최제우 시절 경상도 일대에 머물던 동학을 충청·전라·강원·경기 지방까지 확대했다. 특히 충청·전라도에서 동학이 강성했다. 전라도 금구는 다른 어느 지방보다 신도 수가 많았고, 지리산 남쪽 지역에서는 반상班常을 가릴 것 없이 부락민 모두가 동학의 영향을 받은 고장도 있었다(한우근, 『동학과 농민봉기』, 1997, 84쪽).

최시형은 1880년 문하의 학식 높은 제자들을 동원해 『동경대전東經大全』과 『용담유사龍潭遺詞』를 간행했다. 1880년대에는 단양·괴산·청풍·충주·청주·옥천·보은·공주·목천·예산 등 충청도 지역을 중심으로 조직이 확대됐다. 1880년대 후반 호서·호남의 평야 지대를 중심으로 본격적인 포교를 시작한 동학은 1890년대 초에 교세가 크게 확대됐다.

이러한 교세 확대는 동학 지도부 구성에 변화를 가져왔다. 호서·호남 지방의 교세가 기존의 영남·영서 지방을 능가하고, 유학적 소양이 강한 손천민 등 향반 출신 소장파 지도자들이 부상하면서 동학 교리를 유학적으로 해석하려는 경향이 강화됐다. 이들의 주도로 동학이 반反주자학이 아니라 주자학을 보완하는 사상이라는 점이 부각됐고, 따라서 최제우는 사문난적斯文亂賊이 아니라는 주장이 제기됐다. 이런 논리는 교조 신원 운동으로 이어졌다(박맹수, 「동학의 교단조직과 지도체제의 변천」, 『1894년 농민전쟁연구 3』, 역사비평사, 1993, 336쪽).

조선은 말기적 증세로 인한 사회 불안으로 동요하고 있었다. 일본 외상 무쓰 무네미쓰는 "언제나 난잡하리만큼 어지러운 조선의 내치"(무쓰 무네미쓰, 김승일 옮김, 『건건록蹇蹇錄』, 범우사, 2013, 33쪽)라고 외교관답지 않게 직설적으로 비판할 정도였다.

백성들이 열심히 땀 흘려 약간의 재물을 모으면 지방 수령이나 아전들의 표적이 돼서 가혹한 수탈을 당했다. 이런 상태라면 누가 열심히 땀 흘려 일할 마음이 생기겠는가. 조선의 백성들은 누구도 열심히 일하지 않고 빈둥대는 것이 최선의 생존 방식으로 굳어졌다.

동학 교인들은 부적을 몸에 지니고 주문을 외우면 물에 빠지지 않고, 불에 타지도 않으며, 비를 맞아도 옷이 젖지 않고, 화살·돌·탄환 같은 것이 몸에 들어오지 않는다고 외쳤다. 이성적이고 합리적인 분별력이 부족한 사람, 자포자기 심정으로 세상을 뒤엎으려는 충동에 사로잡힌 불평불만 분자들이 이런 선동에 쉽게 넘어갔다.

동학 추종자들이 날로 늘어난 이유 중 하나는 동학이 신분 해방과 평등을 주장하는 혁명적인 종교였기 때문이다. 동학은 "사람이 곧 한울(하늘)이요, 한울이 사람이다" "사람 섬기기를 한울 같이 하라"라는 휴머니즘이 바탕에 깔려 있었다.

덕분에 양반들에게 차별·학대당한 상민들, 서자로 태어나 설움 받던 사람들, 주인에게 평생 노동력을 착취당하던 노비와 천민들, 남성들의 성욕이나 채워주고 아이 낳는 기계 역할을 하며 인간 이하의 취급을 받던 여성들의 열광적인 환영을 받았다.

황현은 동학에 귀천노소貴賤老少의 차별이 없고, 노비와 주인이 모두 동학에 들어가면 서로 친구처럼 상호 간에 접장이라고 평등하게 부르고 평등하게 대접하므로 사노私奴·역인驛人(역참 소속 노비)·무부巫夫(굿판의 악기 연주자)·수척水尺(백정) 등 천민들이 기꺼이 동학과 농민군을 따랐다고 한다. 신분제로 억압받던 계층에게 동학은 일종의 복음이었다.

불씨만 당겨지면 폭발할 화약통

동학 농민군 덕분에 해방된 노비들은 동학과 농민군을 적극 지지하고 자신들도 농민군에 합류했다. 농민군 중에는 해방된 천민·노비들로 구성된 부대도 출현했다. 손화중은 고창의 광대 홍낙관을 지휘관으로 임명해 전라좌도에서 짐승 도살을 전문으로 하는 도한屠漢·광대·대장장이冶匠·승려 등으로 부대를 창설했다. 남사당패를 주력으로 한 이 부대는 손화중 부대의 정예가 됐는데, 너무나 용맹해 아무도 맞설 수 없었다고 한다. 김개남도 전라좌도에서 1,000여 명의 광대와 예능인을 중심으로 천민 농민군 부대를 창설했다(신용하, 『동학과 갑오농민전쟁연구』, 1993, 107쪽).

일본의 한국사 전문가인 다보하시 기요시는 동학을 비롯해 조선에서 발생한 신흥 종교(혹은 유사 종교)는 내세가 아닌 현세에서 직접적인 보상을 바라는 교리로 구성된 점을 흥미롭게 관찰한다. 조선의 신흥 종교가 현세에서 보상을 바라는 이유는 조선의 창업자들이 주자성리학에 심취해 개국 이래 불교를 탄압함으로써 과거와 미래의 인과응보를 망각했기 때문이라고 해석했다(다보하시 기요시, 『근대일선관계의 연구 (下)』, 2016, 205쪽).

천연자원이 부족한 땅에 정착해서 살아가는 조선의 백성들 입장에서는 농토에서 일군 부富가 아니라, 가난한 농민들을 수탈해 거부를 축적한 양반 관리들을 동경하게 됐다. 민심이 그런 방향으로 흘러가면 신흥 종교의 교주는 신도들의 욕망을 충족시키고 자신의 위신을 유지하기 위해 교인들에게 내세의 '천국' 대신 현세에서의 '벼슬' 자리를 약속해야 한다. 문제는 종교의 교주가 '벼슬' 자리를 마음대로 나눠줄 수 있는 국왕이 아니란 사실이다. 때문에 교인들이 원하는 '벼슬' 자리를 보장해 주려면 반란을 일으키는 것 외에는 현실적 방법이 없다.

후기 조선 사회는 불씨만 당겨지면 당장 폭발할 수 있는 화약통이었다. 동학이라는 신흥 종교의 등장으로 농민 봉기의 필요충분조건이 갖춰지면서 이제 폭발을 향해 질주하기 시작했다.

제10장

동학 농민군 봉기하다

당시 일본 외상이었던 무쓰 무네미쓰는 청일전쟁 과정을 분석한 회고록 『건건록蹇蹇錄』을 발간했다. 이 책에서 동학 농민군 봉기를 '동학당의 난'으로 정의하며 "종래 일·청 양국의 외교 관계를 일변시켜, 세계에서 일본을 동양의 우등국으로 인식하기에 이르도록 한 것도, 그 근본 원인은 청淸·한韓 양국 정부가 동학당의 난에 대한 내치와 외교 루트를 잘못 찾은 데 있었다. 앞으로도 일·청 양국 사이에 있어 당시의 외교 역사를 쓰게 된다면, 먼저 동학당의 난을 제1장에 놓지 않으면 안 될 것"이라고 회고했다(무쓰 무네미쓰, 『건건록』, 2013, 32쪽).

요약하자면 동학당이 난을 일으켜주어 청일전쟁이 일어났고, 이것이 외교 관계를 극적으로 반전시켜 일본을 동양의 우등국으로 떠오르도록 해주었으니 "동학당이여, 우리가 원하던 때에 봉기해 주어 참으로 고맙다"라는 뜻이다. 일본의 외무 대신이 이런 해석을 내놓은 사건을 '동학혁명'이라고 우기면서 국가가 선양 사업을 하고, 정읍시의 경우 동학 참여자의 후손(자녀·손자녀·증손자녀)에게 매월 10만 원씩 수당을 지급하고 있다.

동학이 무시할 수 없는 세력을 형성하자 그들은 집단으로 자신들의 요구 사항을 표출하게 된다. 그 최초의 사건이 1892년 10월 발생했다. 28년 전 처형당한 교조 최제우의 억울한 죄를 씻어달라면서 교조 신원伸冤 운동을 벌인 것이다. 신원이란 억울함을 푼다는 뜻이다. 교조 최제우에게 씌워진 "혹세무민과 사도난정邪道亂正이란 죄목이 부당하니 교조의 명예를 회복하고 동학의 포교를 인정해 달라는 집단 민원이었다.

동학 교인, 교조 신원 운동에 나서다

이 무렵에 동학 교인들이 집단적인 실력 행사에 나선 이유가 있다. 1880년대 이후 지방 수령들은 사학을 금한다는 명분 아래 동학 교인들의 재산을 수탈하거나 붙잡아 가두었다. 동학 교인들은 피신하거나 도망하거나 석방금을 내고 풀려나는 소극적인 방법으로 자신들의 종교를 지켰다.

방곡령 사건 당시 유교적 민본주의 입장에서 기개를 보인 인물이 조병식이었다. 그는 1892년 11월 충청도 관찰사에 임명되자 동학에 대한 탄압을 강화했다. 특히 영동·옥천·청산 지역에서 지방 관리들의 박해와 수탈이 심했다. 지방의 아전이나 군졸들이 양민을 동학교도라며 학대하고 백성들의 재산을 갈취하는 사례가 급증했다.

참다못한 동학 접주들이 들고일어났다. 1892년 10월 20일 공주에 모인 지역 접주들과 동학 교인 1,000여 명은 조병식에게 교조 신원과 동학 교인에 대한 탄압 금지를 요구하는 소장을 올렸다. 동학 측에서는 이를 의송 단자議送單子라 했는데, 이 소장에는 일본과 서양 세력을 물리쳐야 한다는 척왜양 의식이 강하게 표출돼 있었다(「각도 동학유생 의송단자」, 『한국민중운동사자료대계』, 여강출판사, 1986, 64~65쪽.)

동학의 척왜양 의식은 1892년 11월의 삼례, 1893년 3월 광화문 복합 상소, 4월의 보은 집회, 1894년 동학농민봉기에서 반복돼 나타난다.

동학교도들이 올린 의송 단자에 대해 충청 감사 조병식은 "동학을 금하거나 허용하는 것은 조정의 처분에 달린 것이다. 감영에서는 조정의 명령을 따라 시행할 뿐이므로 감영에 와서 호소할 일이 아니다"라고 답했다. 아울러 조병식은 10월 24일 충청도 각 고을에 "동학은 칙령으로 금하고 있으나 이를 빙자해 동학 교인들에 대한 무고한 침탈 행위가 없도록 아전들에게 주지시키라"라고 지시했다.

동학 지도부는 교조 신원이란 목적 달성에는 실패했지만, 교인들에 대한 관리들의 탐학을 금한다는 조치를 얻어냄으로써 크게 고무됐다. 동학 지도부는 탄압이 심했던 전라도에서도 교조 신원 운동을 전개할 경우 충청도에서와 같은 성과를 얻을 수 있을 것으로 기대했다.

서울 한복판에서 복합 상소 운동 벌여

11월 1일, 전라도 삼례에 수천 명의 동학 교인이 모였다. 삼례 집회는 동학 탄생 이래 최대의 인파가 모인 대규모 군중 집회였다. 1892년 11월 2일, 강시원·손천민 등은 최시형의 재가를 받은 의송 단자를 전라 감사 이경직에게 제출했다. 그는 동학을 이단으로 간주해 "모두 물러가 새사람이 돼 미혹하는 일이 없도록 하라"라는 입장을 밝혔다.

이때 이경직도 조병식과 마찬가지로 "동학 교인에 대한 수탈을 금하라"라는 지시를 내렸다. 공주와 삼례에서의 교조 신원 운동은 동학이 종교에서 사회 변혁 운동으로 전환되는 계기가 됐다. 1892년에 교조 신원 운동이 일어난 것은 이 무렵 포교의 자유가 완전히 허락된 가톨릭과 개신교의 활동에서 영향을 받은 탓이다. 또 이해가 『정감록』에서 서남쪽으로부터 대변혁이 일어날 것으로 예언한 해였기 때문이다(김삼웅, 『의암 손병희 평전』, 채륜, 2017, 56~57쪽).

삼례 집회를 통해 동학 교단은 봉건 체제를 타파하고 후천개벽을 이루기 위해서는 군중을 동원해서라도 창도 정신을 실천해야 한다는 급진파와, 평화적인 방법을 통해 교조 신원을 관철하고 합법적인 신앙생활을 보장받아야 한다는 온건파로 갈렸다(김삼웅, 『의암 손병희 평전』, 2017, 58쪽).

두 차례 지방 집회 과정에서 동학 지도부는 동학의 공인 문제는 중앙 조정의 권한이라는 사실을 확인했다. 동학 지도부는 서울로 올라가 국왕과 중앙 조정에 직접 호소하는 상경 투쟁을 준비했다.

1893년 3월, 서울에서 왕세자 탄신일을 기념하기 위해 별시別試가 치러졌다. 손병희를 비롯한 동학 교인 수백 명은 과거에 응시하는 선비로 가장하고 대거 상경해 서울 곳곳에 숨었다. 이 무렵 서울에는 동학교도 수만 명이 외국인을 몰아내기 위해 상경한다는 소문이 퍼졌다.

3월 28일, 손병희와 박광호·손천민·박인호·서병학을 비롯한 동학 지도부 40여 명이 상소문을 붉은 보자기에 싸서 받들고 경복궁 광화문 앞에 엎드렸다. 그들은 상소문을 들고 차가운 길바닥에 엎드려 사흘 밤낮을 애달픈 목소리로 울부짖으며 동학 공인을 요구했다. 서울 한복판에서 봉장규혼封章叫閽이란 복합 상소 운동을 벌인 것이다. 봉장규혼은 국왕 이외에 다른 사람이 보지 못하도록 밀봉해서 올리는 상소문을 들고 대궐 문 앞에 나가 호소하는 일을 뜻한다.

처음에는 상소 절차의 잘못을 들어 상소문 접수를 거부했던 국왕은 3월 31일, 정6품 관리를 광화문에 보내 "각자 집으로 돌아가 생업에 안주하면 원하는 바를 들어주겠다"라는 전교를 내렸다. 고종의 전교를 받은 교인들은 자진 해산해 충돌 없이 사건이 마무리됐다.

광화문 앞에서 벌인 동학의 복합 상소 운동을 통해 중대한 사실이 밝혀졌다. 동학 명의로, 혹은 익명으로 작성된 '척왜양' 벽보가 나붙으면서 동학이 배외주의를 주장하는 무리라는 사실이 공개된 것이다. 미국 선교사 기포드(Daniel L. Gifford)가 운영하는 학당에 붙은 괘서掛書를 시작으로 서울 주재 외국 공사관, 미국 공사 허드의 집 대문, 기독교 교회 건물에 "하늘이 너희를 미워하고 스승님이 경계하셨으니 너희들 땅으로 속히 돌아가라"라는 벽보가 나붙으면서 외교가는 충격에 휩싸였다.

비슷한 시기, 전라도에도 "지금 왜인과 양인 도적들이 나라의 심장과 폐에 들어와 대란이 극에 달했다. 수도는 오랑캐 무리의 소굴이 됐다. 옛말에 이르기를 큰 건물이 기울려 할 때 기둥 하나도 서 있기 어렵고, 큰 파도가 몰려올 때 갈대 하나로는 항해해 나갈 수 없다고 하였다. 우리 수백만 인민이 한결같이 죽기를 맹세하고 왜인과 양인을 타도한다면 큰 복수를 할 수 있을 것"이란 외국인 배척 격문이 내걸렸다.

일본 상인들, 곡물 매점매석

서울 장안에는 동학 교인들이 대거 몰려와 서양 사람을 학살할 것이라는 소문이 퍼져나갔다. 각국 외교관들은 조선 조정에 치안 유지를 위한 특별 대책을 요구했다. 주한 영국 총영사 힐리어(Walter C. Hillier)는 조선의 종주국인 청국 대표 위안스카이를 방문하고 청국 군함을 파견해 외국인에 대한 공격 행위를 차단해 줄 것을 요구했다. 영국과 프랑스는 인천에 자국 군함을 대기시켜 해병대를 투입할 준비를 했다(기무라 간, 『조선/한국의 내셔널리즘과 소국의식』, 2007, 240쪽).

일본은 동학의 교조 신원 운동에 배일적 성격이 강하게 표출된 사실을 확인하고 이때부터 동학의 활동과 관련한 정보 수집에 나섰다. 청나라도 조선에서 기득권을 지키기 위해 동학의 시위를 방치할 수 없었다. 러시아 공사관의 드미트렙스키는 일본이 공식적인 것 외에 비공식으로 많은 일본인을 충청도에 파견해 동학에 대한 정보 수집에 나섰다고 기록했다.

동학 교인들이 자진 해산해 가까스로 위기를 넘긴 조정은 저들이 머

1883~94년 주요 상품별 대일 수출입액 구성비

(단위 : 천円, ( ) 안은 수출·수입 총액에 대한 백분비)

연도	수출				수입	
	총액	쌀	콩	우피	총액	면제품
1883	1,656	46(2.8)	270(16.3)	155(0.3)	2,178	913(41.9)
1884	884	0(0.0)	101(11.4)	172	794	498(62.7)
1885	388	16(4.0)	29(7.4)	282(72.8)	1,672	1,122(67.1)
1886	504	12(2.4)	52(10.3)	382(75.8)	2,474	1,306(52.8)
1887	805	90(11.2)	335(41.7)	300(37.3)	2,815	1,894(67.3)
1888	867	22(2.5)	472(54.4)	211(24.3)	3,046	1,962(64.4)
1889	1,234	78(6.3)	645(52.3)	222(18.0)	3,378	1,709(50.6)
1890	3,550	2,038(57.4)	1,005(28.3)	147(4.2)	4,728	2,675(56.6)
1891	3,366	1,820(54.1)	914(27.1)	215(6.4)	5,256	2,875(54.7)
1892	2,444	999(40.9)	798(32.7)	291(11.9)	4,599	2,185(47.5)
1893	1,698	367(21.6)	628(37.0)	275(16.2)	3,880	1,733(44.7)
1894	2,311	979(42.4)	507(21.9)	337(14.6)	5,832	2,495(42.8)

출처 : 하원호, 「개항 후 제국주의의 침탈과 경제구조의 변동(1876~1894)」, 『수촌 박영석 교수 회갑기념 한국사학논총 下』, 탐구당, 1992, 9쪽.

지않아 경천동지할 내란을 일으키는 것은 아닌지 걱정이 태산 같았다. 동학 교인들이 해산·귀가하자 조정은 주모자를 체포하는 등 강경하게 대응했다. 동학 교인들의 상경을 막지 못한 전라 감사 이경직, 한성 부윤 신정희를 파직했다. 또 지방관들에게 "동학 교인들이 또다시 소요를 일으키지 못하도록 조치하라"라는 지시를 내렸다. 그 결과 지방 관리들이 대대적으로 동학 탄압에 나섰다(한우근, 『동학과 농민봉기』, 1997, 88쪽 참조).

1876년 일본과 강화도조약을 체결한 후 부산·원산·인천이 차례로 개방되면서 일본 상인과 청국 상인들이 대거 조선으로 몰려왔다. 외국 상인 중에서 청상淸商과 일상日商에 대한 반감이 폭넓게 형성됐다. 주된 이유는 양곡의 매점매석을 통한 해외 수출 때문이었다.

개항 이후 조선은 수출품의 대부분이 곡식이었다. 백미(흰쌀)와 대두(콩) 두 가지가 총수출의 41퍼센트를 차지했다. 외국 상인들이 조선에서 미곡 거래를 하는 방법은 전형적으로 자본을 동원한 수탈, 즉 농작물을 매점매석해 폭리를 취하는 방식이었다.

외국 자본은 매년 농민이 쌀이나 콩 등 곡식을 경작하기 전에 고리의 농업 자금을 빌려준다. 수확 때가 되면 원리금과 이자에 해당하는 만큼을 곡식으로 받아 갔는데, 수확고의 거의 절반을 가져가는 경우가 대부분이었다. 농민들은 추수기에 일제히 미곡을 방매해 현금화했다. 때문에 추수기의 쌀값은 평소의 절반 정도에 불과했다. 일본 상인들은 쌀값이 저렴할 때 대량으로 쌀을 사들였다가 몇 달 후 두 배의 값으로 일본에 수출했다(문정창, 『근세 일본의 조선침탈사』, 백문당, 1964, 283~284쪽).

서울 일대에서 외국인 배척 등 불온한 기운이 일어나자 위안스카이는 직속 상관인 리훙장에게 군함 두 척을 조선 해역에 파견해 줄 것을 긴급 요청했다. 리훙장은 즉각 순양함 라이위안來遠·징위안靖遠을 파견해

4월 8일 인천에 입항했다. 영국의 세방호, 일본의 야에야마八重山호, 미국의 피트레루호도 인천 항에 파견됐다.

동학이 '척왜양'을 내세우면서 조선에 체류하는 외국인들은 공포감과 불안감에 휩싸였다. 특히 핵심 표적이 된 일본인들은 외상 무쓰 무네미쓰에게 거류민 보호를 위해 순사를 증원해 줄 것을 청원했다.

일본, 동학 움직임 파악 위해 첩자 파견

일본의 대외 강경론자들은 동학당 토벌을 위해 즉시 군대를 파견하라고 외쳤고, 겐요샤 같은 국수주의 단체는 의용군을 조직해 조선에 보내자고 주장했다. 서울의 일본인들은 자위대를 조직해 칼로 무장하고 거류지 순찰을 돌았고, 일부 낭인들은 동학에 대한 정보 수집을 위해 조선 각지를 돌아다니며 정탐 활동을 벌였다.

1893년 동학 교인들이 서울에서 교조 신원 운동을 벌일 때 일본 정보원들이 사건을 샅샅이 조사했다. 그 후에도 일본 정보원들은 전라도의 동향을 예의주시했다. 서울에서 상업에 종사하던 기타가와 요시사부로北川吉三郎는 1893년 10월 말 동학당 내부 정찰을 위해 오토리 공사와 와타나베 대위의 지시에 따라 약장수로 가장하고 전라도 김제 부근에 숨어들었다(박종근, 박영재 옮김, 『청일전쟁과 조선 외침과 저항』, 일조각, 1989, 14쪽).

일본 참모본부는 1893년 12월부터 청일전쟁에 대비해 조선에 대한 첩보 활동을 대대적으로 강화했다(배항섭, 「중일전쟁이 동학농민전쟁에 미친 영향 전봉준의 생각과 행동을 중심으로」, 강성학 편저, 『용과 사무라이의 결투 중(청)일전쟁의 국제정치와 군사전략』, 리북, 2006, 395~396쪽). 1894년 5월 들어 동학 농민군의 활동 무대가 호남 일대로 확대되자 참모본부와 공사관은 만약의 사태에 대비하기 위해 현지에 정보원을 파견하고 대대적인 정보 수집에 나섰다.

가와카미 소로쿠 참모차장은 5월 20일 주한 공사관부 무관 와타나베 데쓰타로渡邊鐵太郎 대위와 참모본부 소속 이지치 고스케를 부산과 서울에 급파했다. 가와카미는 이들에게 "공사관과 별도로 정보를 수집해 참모본부에 보고하라"라고 명했다.

주한 일본 공사관의 정보 책임자였던 와타나베 대위는 1894년 3월부터 경기·전라·함경·충청·경상 5도의 각 지방을 유람하겠다는 명목으로 조선 정부에 허가를 신청했다. 주된 관심 지역은 전라·경상도였는데, 목표를 위장하기 위해 함경도 등을 집어넣은 것이다. 이때 일본군 정보장교들은 조선 정부가 1892년 10월부터 준비해 1893년 10월에 개교한 강화 갑곶 진해루의 통제영 학당을 두 차례에 걸쳐 정탐했다.

일본 첩자들은 해군군사학교의 정확한 도면·위치·편제와 최초의 입학 생도 수, 교육 내용, 생도의 복장에 이르기까지 상세한 정보를 확보했다. 이때 얻은 정보를 토대로 1894년 7월 23일 경복궁을 무력 점령한 일본은 다음 날 조선 군영 가운데 가장 먼저 해군군사학교를 지휘하던 통제영統制營을 폐지했다.

주한 일본 공사관 소속 무관인 니로 도키스케新納時亮 해군 소좌도 5월 초 전라·충청도 관광 여행을 신청했다. 니로 소좌는 1895년 10월 8일 경복궁에 난입한 일본군 및 낭인들에 의해 민 왕후가 시해됐을 때 "국왕 무사, 왕비 시해"란 내용을 가장 먼저 본국 정부에 보고한 유능한 정보원이었다(김문자, 김승일 옮김, 『명성황후 시해와 일본인』, 태학사, 2011, 173~184쪽 참조).

동학 교인들, 보은에서 대규모 집회 열어

1886년 3월 참모본부로부터 청국과의 전쟁에 대비한 병요지지서 편찬 요청을 받은 니로는 정보원으로 중국에 파견됐다. 그는 방산순邦山順이란 가명 아래 행상으로 분장하고 전병을 구워 팔면서 장쑤·푸젠·저장 등 각 성의 군사적 요충지에 대한 정보를 탐지했다. 니로는 3년 동안 중국 남부 연안 지방을 돌아다니며 인정·풍속·제도·지세·항만·포대 등을 상세히 조사한 후 귀환했다. 그가 수집해 온 자료를 바탕으로 『지나연안기요支那沿岸紀要』가 편찬됐다.

니로는 1892년 2월 주한 일본 공사관 배속 무관으로 서울에 부임했다. 그는 동학농민봉기가 벌어졌을 때 그 실황을 시찰하기 위해 현지에 나간 후 수개월 동안 소식 불명이 됐다. 그래서 가족과 선배들은 그가 순직한 것이 아닌가 걱정했다. 일본 해군도 3월 6일부터 측량을 명목으로 조선 남해안에 군함 두 척을 파견했다. 이때부터 제1차 농민 봉기가 일어난 1894년 3월 말까지 조선의 도로 현황, 조선에 정박하는 서양 각국의 선박, 평안도와 황해도 지방의 상황 등 광범위한 분야에 걸쳐 첩보 수집 및 정보 활동을 했다.

5월 21일에는 순양함 쓰쿠시筑紫, 포함 오시마大島 등이 조선 정부에 "관광 및 유람" 명목으로 전라·충청·경상도 연안에 군대 상륙을 요구했다. 전라도 연안에는 군함 야마토 등을 파견해 승무원을 군산에 상륙시켜 일대를 돌아보고, 청국 군함의 거동을 관찰했다(박종근, 『청일전쟁과 조선』, 1989, 14쪽).

동학 지도부는 서울로 올라가 국왕에게 직접 호소하는 방식마저 별다른 성과를 거두지 못하자 실의에 빠졌다. 이 와중에 조정이 1893년 4월 12일부터 동학 교인들을 체포하자 동학 접주들이 들고일어났다.

접주들은 교주 최시형에게 "이대로 당할 수는 없다. 강력한 대응을 해서 우리의 뜻을 조정에 알려야 한다"라고 압박 수위를 높였다.

접주들의 결기에 놀란 최시형은 동학 접주들에게 통문을 보내 "4월 25일을 기해 조선 전역의 동학교도들은 동학 총본부가 위치한 보은에 집결하라"라고 명했다. 이것이 보은 장내리에서 개최된 보은 취회聚會다.

동학 지도부는 공주·삼례·광화문에서의 경험을 통해 교조 신원이나 봉장규혼 같은 얌전한 슬로건이나 운동 방식으로는 문제 해결이 어렵다는 사실을 깨달았다. 이때부터 교조 신원이라는 종교 운동의 테두리를 벗어나 정치적 성격을 띤 민중 운동으로 방향을 전환한 것이다. 보은 취회를 계기로 동학 지도부는 농민들을 격분시켜 그 에너지로 자신들이 처한 문제를 해결하려 했다. 그 결과 보은 집회에서는 농민들을 자극하기 위해 '외세 배격' '탐관오리 응징' 등의 정치적 슬로건을 전면에 내세웠다.

보은으로 향하는 동학 교인들의 행렬이 끝없이 이어져 5월 5일 무렵에는 3만여 명의 대군중이 운집했다(김의환, 『근대조선의 민중운동』, 풀빛, 1982, 68~69쪽). 지도부는 이들을 포 조직으로 편성하고, 대접주를 임명해 자기 포를 통솔하도록 했다. 보은군 속리면 장내 앞에 성을 쌓고 내건 큰 깃발에는 '일본과 서양 제국을 물리치고 대의를 세운다'라는 '척왜양창의斥倭洋倡義' 다섯 글자가 휘날렸다.

집회는 교주 최시형이 지휘하고 서병학·손병희·손천민 등이 보좌해 한 달 넘도록 계속됐다. 5월 1일, 보은 군수 이중익이 해산령을 내렸으나 동학 교인들은 해산을 거부하고 행사를 계속했다. 동학의 본거지인 보은에 대군중이 집결해 장기적인 집회 시위에 나서자 충격을 받은 조정은 책임을 물어 충청 감사 조병식을 파직했다.

그리고 군중을 해산시키기 위해 보은 출신인 호조 참판 어윤중을 양호도어사兩湖都御史로 임명해 현지에 파견했다. 5월 10일, 고종은 어윤중의 직함을 양호선무사로 수정했다. '토벌'보다 '선무'에 주력하라는 뜻을 전한 것이다.

고종의 충격적인 발언, "청군 파병 요청하라"

놀란 것은 조선 조정만이 아니었다. 일본은 보은 집회에서 동학이 종전과는 비교할 수 없을 정도의 조직력과 동원력을 보여준 사실에 경악했다. 이것은 단순히 거류민 보호 차원이 아니라, 조선에 대한 자국의 권익과 관계되는 문제였다. 당시 동학과 관련해 청의 배후 조종설까지 제기되는 상황에서 자칫 잘못하다간 조선에서 일본 세력의 후퇴와 청국의 독점 지배 강화로 이어질 수 있다고 우려한 것이다.

일본의 「도쿄아사히신문」은 1893년 5월 6일, 주차조선총리통상교섭사의 위안스카이가 재빨리 군함 파견을 요청한 사실, 수시로 동학당 영수를 만나 동태를 파악하고 있는 사실, 특히 동학당이 일본 상인들은 쫓아내려 하면서 일본인보다 좋은 자리를 차지하고 있는 청국 상인에게는 시비 걸지 않는 점 등을 들어 위안스카이의 동학당 후원설을 보도했다.

5월 10일 고종은 보은 집회에 대한 대책을 논의하는 묘당 회의를 소집했다. 이날 영의정 심순택을 비롯해 우의정 정범조는 강화·평양 두 병영의 병력을 수원부와 용인군에 주둔시켜 동학 교인들의 북상에 대비하고, 국왕의 친위군이자 수도 방어를 담당하는 경군京軍은 형세에 따라 적절하게 사용할 것을 건의했다.

그런데 회의 도중 고종이 느닷없이 조선 군대가 아닌, 청국에 지원군 파병을 요청해 동학 교인들을 진압해야 한다는 충격적인 의견을 내놓았다. 국왕과 대신들의 묘당 회의 대화 내용 일부를 소개한다(『일성록日省錄』 고종 20년 음력 3월 25일).

고 종 : 요충지에 모두 몇 개의 길이 있는가?

심순택(영의정) : 수원과 용인이 직로直路입니다. 심영沁營(강화 친군영)과 기영箕營(평안 감영)의 병사를 우선 수원·용인 등지에 파견해서 주둔시키고, 경군은 형세를 관망하다가 조용調用하는 것이 좋겠나이다.

고 종 : 경군은 당분간 파견해서는 안 된다. 다른 나라 군대를 차용하는 각국의 전례가 있다. 그런데 어찌 군대를 빌리지 않는가?

심순택 : 그것은 불가합니다. 만약 다른 나라 군대를 쓴다면 군량을 우리나라에서 마련하지 않을 수 없습니다.

고 종 : 중국에서 일찍이 영국 군대를 차용한 일이 있다.

정범조(우의정) : 어찌 중국을 본받겠나이까?

고 종 : 각국에서 군대를 빌리려는 것이 아니다. 청병淸兵이 쓸 만하니, 그래서 말하는 것이다.

정범조 : 청병을 차용하는 것이 비록 각국과 같진 않으나, 어찌 애초에 빌리지 않는 것만 같겠습니까?

고종의 구상은 중국에서 천하를 뒤흔들었던 태평천국의 난 당시 상승군常勝軍의 사례를 본받아 외국 군대인 청군을 동원해 보은 집회를 진압하려는 것이었다. 하지만 이 계획은 우의정 정범조를 비롯한 여러 대신들의 강력한 반대로 뜻을 접었다. 그러나 고종이 이 계획을 완전히 포기한 것은 아니었다. 그는 비밀리에 전 협판내무부사 박제순을 위안스카이에게 보내 "청나라가 군함과 육군을 파견해 동학 진압에 참여해 달라"라고 요청했다.

국가·백성보다 왕실의 안위가 최우선이었던 고종

위안스카이는 "병력이 이동하는 소문이 들리면 반드시 소요가 있을 것"이라면서 청군 출동 요청을 거부했다. 그 대신 동학교도들은 변변한 무기도 없고 식량도 부족하니 경군과 국내 최정예군이라는 평을 듣는 강화영江華營 병사 1,000명을 충청도에 파견해 두목을 잡아 죽이고 저항하는 잔당을 무찌르는 것이 좋겠다는 의견을 제시했다.

며칠 후 고종은 박제순을 또다시 위안스카이에게 보내 청군 파병을 요청했다. 이번에도 위안스카이는 "조선 군대를 동원해 토벌하라"라면서 거절했다. 고종은 갑신정변 이후 러시아와 미국에 접근해 청의 간섭을 물리친다는 인아거청引俄拒清 정책을 추진해 왔다. 이 상황에서 느닷없이 청국 군대를 끌어들여 동학교도를 분쇄하려 한 이유는 무엇이었을까?

1893년 3월 동학 교인들의 광화문 복합 상소 이후 다수의 동학교도가 서울에 잠입해 언제 또다시 봉기를 일으킬지 알 수 없는 상황이었다. 국왕과 왕비, 척족 세력이 중심이 된 세도정치의 악정惡政으로 민심이 크게 이반해 여차하면 서울 한복판에서 동학 교인들이 주도하는 변란이 발생할 가능성을 배제할 수 없었다.

고종과 왕비 민씨는 수도 한복판에서 민란이 발생할 경우 임오군란이나 갑신정변 때와 비슷한 꼴을 당하지 않을지 걱정이 태산 같았다. 그에게 중요한 것은 국가나 백성의 안전이 아니라 왕권 유지와 왕실의 안위였다. 가산제 왕조의 국왕다웠다. 그는 왕실을 경호해야 할 친위군인 경군을 지방 소요 진압에 내보낼 생각은 털끝만큼도 없었다. 때문에 경군을 동원해 보은 집회를 진압하자는 대신들 의견에 난색을 표명한 것이다.

청군을 조선에 끌어들여 보은 집회를 강제 해산할 경우 톈진조약에 따라 일본이 대응해 동아시아에서 대란이 발생할 수도 있는 국제 정세는 고종에게 중요한 이슈가 아니었다.

현지로 내려간 선무사 어윤중은 5월 16일 동학 지도부를 만나 국왕의 윤음을 낭독하고 해산을 명했다. 동학 지도부는 사흘 내에 해산하겠다고 약속했다. 교주 최시형을 비롯해 손병희·서병학 등은 체포를 피하기 위해 교인들을 현지에 남겨둔 채 5월 17일 야음을 틈타 도주했다(국사편찬위원회, 『한국사 39: 제국주의의 침투와 동학농민전쟁』, 2013, 299쪽). 보은 취회는 3만 대군중이 모인 정치적 집회였음에도 불구하고 관군과 별다른 충돌 없이 해산했다.

보은에서 대규모 집회가 열리고 있던 시기에 전라도 금구현 원평에서도 1만여 명의 동학 교인들이 모여 금구 취당聚黨이라는 별도 집회를 열었다. 금구는 보은으로 향하는 호남 지역 교인들의 중간 기착지였고, 모악산과 금산사로 상징되는 민간 신앙의 근거지였다.

연구자들은 금구 취당을 주도한 인물이 '김봉균'이란 가명으로 활동한 전봉준으로 보고 있다. 금구 취당을 계기로 리더십을 인정받은 전봉준이 사발통문을 돌려 1894년 동학농민운동의 선두 주자로 나서게 됐다는 것이다(국사편찬위원회, 『한국사 39: 제국주의의 침투와 동학농민전쟁』, 2013, 303쪽).

보은 취회는 동학 지도부가 동원한 3만여 명에 이르는 참가자, 한 달에 이르는 집회 기간이 상징하듯 여러 가지 면에서 큰 의미가 있었다. 우선 교주의 통문에 호응해 각 지방 동학 접주들이 교인을 이끌고 보은에 집결했으나 지방관들은 이를 저지하지 못했다. 동학은 이제 조정의 금령과는 관계없이 조선 남부 지방에 견고한 세력을 확보한 정치적·종교적 결사라는 사실이 만천하에 증명됐다.

호남은 통치하기 어려운 지역

게다가 보은 취회는 동학이라는 종교 집단의 미래와 관련해 다음과 같은 시사점을 던져주었다(다보하시 기요시, 『근대일선관계의 연구 (下)』, 2016, 229쪽).

> 첫째, 동학의 실제 세력이 대단히 견고하며, 그 집단은 관헌도 함부로 대하기 어렵게 됐다.
>
> 둘째, 동학이 거대한 세력을 형성했음에도 불구하고 양호선무사의 설득에 따라 해산한 이유는 무장을 하지 않았고 관군에게 저항하는 방법을 몰랐기 때문이다. 일부 교인들은 보은 취회를 통해 앞으로의 집단 운동은 무기를 갖추고 병력을 동원해야 소기의 목적을 달성할 수 있다는 교훈을 얻었다.
>
> 셋째, 보은에 집결한 동학 교인 중에는 전라도 출신이 가장 많았다.

황현은 호남 지역에 대해 "산천의 경개가 뛰어나고 물산이 풍요로워 온 나라가 먹고 입는 자원의 절반을 호남에 의지하고 있다. 이 지방 사람들은 재주가 명민하고 잘 숙달돼 옛날부터 재주와 지혜가 뛰어나고 지략이 있는 선비들이 종종 배출됐다"라는 평을 남겼다.

이처럼 풍요로운 지역이 왜 동학농민봉기의 주요 무대로 등장한 것일까? 이와 관련해 다보하시 기요시는 전라도의 복잡 미묘한 정치·문화적 상황에 대해 이렇게 기술했다(다보하시 기요시, 『근대일선관계의 연구(下)』, 2016, 229쪽).

> "남도는 헛소문이 쉽게 퍼진다南道易訛"라는 말은 근대 조선의 위정자들의 일반적인 탄식이다. 전라도는 반도에서 가장 천연적 혜택을 많이 받은 지방으로, 그에 따라 인구도 조밀하고 인지人智도 개발돼 있다. 그 반면에 통치하기가 매우 어려워서 걸핏하면 집단적으로 위정자에게 반항하는 경향이 강하다.
>
> 남도에 헛소문이 쉽게 퍼진다는 것은 이조 시대뿐만 아니라, 통감부와 조선총독부를 거치면서 당국이 경험한 사실이다. 동학 도인들 중 전라도 출신이 가장 많다는 것은 쉽게 간과할 수 없는 문제로서, 보은 집회에 이어질 다음 동학 변란이 전라도에서 발생할 위험을 경고하는 것이었다고 할 수 있다.

호남 지역에서 동학농민운동이 일어난 이유 중 하나는 아이러니하게도 이 지역의 풍요로운 옥답이다. 조선 후기 지방 관리들의 착취가 극에 달해 호남 곡창 지대 농민들은 풍년이 들수록 가혹한 수탈을 당했다. 이런 이유 때문에 당시 서울에서는 "자식을 낳아 호남에 가서 벼슬하는 것이 소원"이라는 동요가 유행할 정도였다(황현, 『오하기문』, 1994, 63쪽). 호남에 가서 벼슬살이를 하면 그 지역 옥답의 생산물을 마음껏 수탈할 수 있었기 때문이다.

호남 지역이 가혹한 수탈의 대상이 된 이유는 중앙 정부 재정이 주로 전라도에서 실어 오는 세미稅米에 의존했기 때문이다. 평안도·함경도 지역의 세미는 변경의 군량 보급과 빈번한 사신 행차 경비에 사용하기 위해 서울로 수송되지 않았다. 경상도의 세미 중 적지 않은 분량은 왜관의 일본인들에게 공작미公作米로 공급됐다. 중앙 정부의 재정은 전국에서 가장 비옥하고 전결 수도 가장 많은 전라도에 의존했다(한우근, 『동학과 농민봉기』, 1997, 14쪽). 전라도 중에서도 전주·익산·김제·고부·여산·만경·임피·금구·정읍·흥덕·부안·옥구·용안·함열 등 전라우도右道 해안 지역 일대의 비옥한 땅이 집중적인 토색질의 대상이 됐다.

이곳에는 왕실이나 관청 소속 둔전이 다른 어떤 지방보다 많았다. 궁방이나 관아에서 파견한 도장導掌(궁방전 관리 및 조세를 거두는 청부인)이나 감독관들의 조세 수탈과 탐학이 혹심해 농민들은 이중 삼중의 고통을 당했다.

1888년, 전라도 지역에 비가 내리지 않아 많은 전답이 버려지면서 민심이 흉흉해졌다. 동학농민봉기뿐만 아니라 구한말 등장한 증산교와 원불교 등 신흥 종교가 전주 반경 100킬로미터 이내의 곡창 지대에서 발생한 사실은 이곳 백성들이 다른 어느 지역보다 심각한 삶의 고뇌에 처해 있었음을 의미한다(신복룡, 『전봉준평전』, 2006, 42쪽).

호남 농민들의 삶이 극도로 고달팠으니, 후천개벽의 세상이 오면 모두가 평등하다는 동학의 세례를 어찌 마다하겠는가. 황현은 호남에서 동학이 삽시간에 퍼져나간 모습에 대해 "난을 꿈꾸는 간사한 자들이 이를 빌미로 선동했다. 이때 동학의 무리가 돼서 쏠려가는 것이 마치 장터에 모이는 것 같았다. 우도에서 좌도의 산골짜기까지 동학도가 없는 고을이 없었는데, 그 수가 수십만이나 됐다"라고 기록했다.

동학은 민란인가, 혁명인가

조선 왕조의 사관이나 일제 식민사가, 서양 선교사들은 동학농민운동을 '동비東匪의 난' 혹은 '동학란'이라 칭하면서 청말의 의화단사건(1900)에 비견되는 시대착오적 민중 소요로 평가한다. 반면에 민족주의 혹은 민중주의적 사가史家들은 반봉건·반침략反帝 민중 운동으로 자리매김한다(유영익, 『동학농민봉기와 갑오경장』, 일조각, 1998, 1~2쪽).

동학농민봉기는 조선의 전통적인 양반 지배 체제의 종말을 초래했을 뿐만 아니라, 그 후 계속된 민족적 수난과 저항의 발단이 된 획기적인 사건이었다(한우근, 『동학과 농민봉기』, 1997, 3쪽). 동학은 그 교리에 사회 개혁과 혁명성을 담고 있었다. 즉 선천先天이 기존 체제라면 후천後天은 새로운 사회를 의미하며, 개벽은 '새로운 시대'의 개막을 뜻한다.

선천이란 인지가 열리지 못하고, 모순과 불합리와 상극이 지배하는 어두운 시대다. 이런 답답한 상황에서 인지가 열리고 합리와 상생이 지배하는 밝고 새로운 세상이 후천이다. 선천의 시대가 막을 내리고 후천의 신천지가 열리는 것이 후천개벽後天開闢이다.

동학을 비롯한 한말의 민족 종교에서는 '후천개벽'이 큰 자리를 차지했다. 동학의 창시자 최제우, 『주역』의 원리를 독자적으로 해석한 역학사상인 정역正易의 창시자 김항, 증산교 창시자 강일순, 원불교 창시자 박중빈 등의 공통적인 키워드는 후천개벽 사상이었다(김삼웅, 『의암 손병희 평전』, 2017, 65~66쪽). 최제우의 후천개벽 사상은 동학으로 집대성됐고, 그것은 전봉준·손병희 등이 주도하는 농민 봉기의 이념적·사상적 지표가 됐다(김삼웅, 『녹두 전봉준 평전』, 시대의 창, 2007, 158~162쪽).

동학농민운동은 동학 교인들의 보은 취회가 해산된 지 10개월 후인 1894년 2월 15일, 전라도 고부군에서 발생했다. 처음엔 단순한 민란으로 촉발된 고부 봉기가 동아시아의 전통 질서를 뒤흔들고, 일본을 '동양의 우등국'으로 데뷔시킨 청일전쟁으로 확대된 것은 조선에 사회 변혁의 운동 에너지가 팽배해 있었음을 반증한다.

동학농민전쟁, 동학농민혁명, 동학농민봉기, 한편에선 동학란이라고도 불리는 미증유의 사건은 ①고부 민란, ②제1차 봉기, ③집강소 시기, ④제2차 봉기 등 네 단계로 구분된다.

동학과 관련 없었던 고부 민란

고부에서 전봉준을 중심으로 일어난 고부 민란은 동학과는 아무 관련이 없는, 순수한 농민 봉기였다. 미곡 집산지로 유명한 고부는 전라도 53군현 가운데 으뜸으로 꼽히는 요지로서 19개 면을 통괄하는, 전주부 다음으로 거대한 군이었다. 서해로 흐르는 동진강 상류의 물줄기가 둘로 갈라지는 한복판에 위치한 고부읍은 김제와 만경을 잇는 넓은 평야로 이어져 그 주변에 28개 촌락을 거느리고 있었다. 고부에서 서쪽으로 20리 떨어진 줄포는 영광의 법성포와 더불어 전라도 세미 운송의 중심지였다.

동학농민운동의 단계

단계	기간	주요 내용
고부 민란	2월 17일~4월 8일	전봉준의 고부 봉기
제1차 봉기	4월 25일~6월 10일	무장에서 농민들이 전봉준·손화중·김개남의 지도하에 기포, 전주화약
집강소 시기	6월 11일~10월 10일	농민군, 각 군현에 집강소 설치
제2차 봉기	10월 10일~1894년 말	농민군이 일본군을 몰아내기 위해 재봉기, 일본군과 조선 관군 연합군에게 패배

토지가 비옥하고 농산물이 풍부해서 주로 쌀을 매입해 수출하는 일본 상인들이 가장 중요하게 꼽은 지역도 역시 고부였다. 훗날 식민지 시대에는 고부에서 가까운 군산이 조선 쌀의 대일對日 수출항으로 유명해지게 된다(박종근, 『청일전쟁과 조선』, 1989, 131쪽).

고부는 임진왜란 당시 최초로 순절한 동래 부사 송상현의 고향으로, 그를 모신 정충사旌忠祠가 이곳에 있다. 의성 김씨 문족으로 임진왜란 때 전라도 북부 지방 의병을 지도한 김제민도 고부 출신으로, 그를 모신 도계사道溪祠가 이 지역에 있다. 고부 주민들이 가지고 있던 충절의 고장이라는 긍지와 자부심이 1894년 농민 봉기의 한 원인이 됐다.

고부 농민 봉기의 근본 원인은 고부 군수 조병갑, 균전사均田使(전답 조사관) 김창석, 전운사轉運使(조세 운송관) 조필영의 농민 갈취와 수탈이 타의 추종을 불허할 정도였다는 점에서 출발한다. 고부 농민 봉기의 불씨를 제공해 조선 근대사를 뒤틀리게 만드는 데 결정적인 역할을 한 조병갑은 누구인가?

조병갑은 조 대비의 먼 조카뻘이고 좌의정 조병세, 전 충청도 관찰사 조병식과 현 관찰사 조병호의 일족이었다. 그가 고부 군수로 발령받은 시기는 1892년 4월 28일이었다. 여러 지방의 수령을 역임하며 악명을 떨친 인물이 만경평야의 노른자위인 고부 군수로 부임하자 그만 눈이 뒤집혔다.

일신의 영달을 위해서뿐만 아니라, 이곳 군수로 임명되도록 뒤를 돌봐 준 문족들에게 상납하기 위해 조병갑은 온갖 명목으로 농민들을 수탈했다. 조병갑의 도가 지나친 탐학질에 대해 황현은 "조씨들 중에서도 조병갑 일족은 다른 조씨들보다 그 정도가 한층 심했다"라고 평했다(황현, 『오하기문』, 1994, 71쪽).

그의 악정 가운데서도 가장 큰 물의를 일으킨 것은 만석보萬石洑의 수세水稅였다. 고부군을 관통하는 동진강의 배들평야에는 팔왕보八旺洑가 이미 조성돼 있어 심한 가뭄이 들어도 이곳만은 매년 풍년이 들었다. 주민들은 이런 이유로 팔왕보를 만석보라 불렀다.

조병갑은 고부 군수로 부임하자마자 만석보가 멀쩡한데도 기존의 보 아래 하류에 또 다른 보를 건설하기 위해 농민들을 강제로 동원했다. 일을 시켰음에도 불구하고 한 푼의 임금도 지급하지 않았으며, 보를 쌓는 데 필요한 수백 년 묵은 나무는 토호들의 선산에서 마구 베어다 썼다. 뿐만 아니라 보를 이중으로 축조하는 바람에 홍수가 나 배들평야가 물이 잠겨 농사를 망친 사례도 발생했다.

새로운 보가 완성되자 이 보에서 급수받는 농지에 대해서는 상답上畓은 마지기당 2말, 하답下畓은 마지기당 1말의 비율로 수세水稅를 추가 징수했다. 조병갑은 1893년 한 해 수세로 700여 섬의 양곡을 착복했다(신복룡, 『전봉준평전』, 2006, 92~96쪽 참조).

흡혈귀처럼 농민을 착취한 조병갑

19세기 말 고부 일대의 미개간지陳結는 전체 면적의 27.3퍼센트였다. 조병갑은 만경평야의 미개간지를 개간하면 5년간 세금을 면제해 주겠다고 약속하고 농민들에게 황무지 개간을 독려했다. 군수의 약속을 믿고 수많은 농민들이 황무지를 개간해 소출이 생기자 조병갑은 약속을 뒤집고 다른 농토와 똑같이 세금을 거두었다.

조병갑은 또 마을 사람들이 불효를 했거나, 동기간에 화목하지 않거나, 간음을 했거나, 도박을 하다 체포되면 벌금을 징수했다. 이렇게 긁어모은 벌과금이 2만 냥에 달했다.

조선 조정은 1886년부터 전운국을 설치하고 외국에서 도입한 증기선으로 세곡을 운반했다. 1893년 공미 운수 사업을 위해 이운사가 생겼다. 세곡 운반 업무를 담당한 전운사 조필영은 선박 수선비 및 파손비 등 가외의 세금을 농민들에게서 뜯어냈다.

조병갑과 균전사 김창석, 전운사 조필영의 토색질에 견디다 못한 고부 일대의 농민 20명은 1893년 11월 고부군 서부면 신중리 송두호의 집에 모여 사발통문을 작성했다. 이때 지도자 역할을 한 사람이 전봉준이다. 그는 보은·삼례에서의 교조 신원 운동 때부터 동학 조직을 이용해 봉건적 폐정을 개혁하려는 정치 운동을 구상했다. 1893년 보은 취회가 열릴 때 전라도 원평에서 독자적인 금구 취당을 연 것도 그런 구상의 일환이었다.

조병갑이 군민을 상대로 토색질에 열을 올리고 있을 무렵인 1894년 1월 6일, 익산 군수로 전출 발령을 받았다. 고부 군민들은 목에 걸린 가시 같았던 조병갑의 전출 소식을 듣고 덩실덩실 춤을 추었다. 그런데 군민들의 여망에 찬물을 끼얹는 일이 발생했다. 타군 전출 소식에 놀란 조병갑은 전라 감사 김문현을 찾아가 유임을 간청했다.

조병갑으로부터 막대한 뇌물을 받아먹은 데다가, 그의 든든한 배후를 잘 알고 있던 김문현은 후임 고부 군수로 임명된 이은용에게 군수직을 사양하라고 압력을 넣었다. 한편에선 상부에 보고를 올려 "조병갑이 세금을 징수하는 중인데, 타읍으로 전출하면 착오가 발생할까 우려된다"라면서 유임을 요청했다.

김문현은 후임인 이은용을 안악 군수로 보내는 데 성공했으나, 또 다른 후임이 줄지어 임명됐다. 이은용의 후임으로 신좌묵(1월 30일), 이규백(2월 1일), 하긍일(2월 2일), 박희성(2월 3일), 강인철(2월 4일) 등이 고부 군수로 임명됐으나 김문현의 농간과 조병갑 배후 인물들의 압력을 받자 모두 신병을 이유로 사임했다.

조병갑은 전출 명령을 받은 지 한 달이 조금 지난 1894년 2월 14일, 국왕의 재가를 받아 고부 군수로 다시 부임한다. 고부 군민들은 하늘이 무너지는 듯한 절망감을 느꼈다. 그들은 최후 수단으로 물리력을 동원해 조병갑을 추방할 수밖에 없다고 판단했다. 이때 전봉준이 농민들의 지도자로 등장한다.

조병갑 축출 위해 봉기 일으킨 전봉준

전봉준은 동학 교주 최시형을 따라다니며 동학을 배웠고 고부 지방 접주에 임명된 것으로 알려졌으나 확실한 근거는 없다. 사실 전봉준은 조병갑으로부터 직접적인 해를 입은 적도, 탐학질을 당한 적도 없다. 그럼에도 불구하고 그가 민란의 주동자로 앞장선 이유는 무엇이었을까? 그는 후에 체포돼 재판을 받을 때 재판장이 민란을 일으킨 이유는 묻자 "세상일이 날로 그릇돼 세상을 건지기 위해서"라고 밝혔다.

전봉준은 뜻이 맞는 동지들을 찾아가 조병갑 축출을 논의했고, 모두들 그의 거사 계획에 동조했다. 전봉준은 조병갑이 복직 임명을 받자 이틀 후인 1894년 2월 16일 새벽에 거사를 일으키기로 결정했다.

거사 장소는 만석보 남쪽 말목 장터 삼거리. 1,000여 명의 고부 군민들은 신새벽에 머리에 흰 수건을 동여매고 낫·죽창·몽둥이를 들고 모여들었다. 그들은 전봉준을 영도자로 추대하고 "탐관오리 조병갑을 잡아 죽이자"라고 외치며 관아로 몰려갔다. 군중들이 떼를 지어 몰려오자 조병갑은 뒷문으로 빠져나가 전주로 도주했다.

군민들은 무기고를 부수고 무기를 탈취했으며, 조병갑이 불법으로 징수한 양곡 1,400여 석을 군민들에게 나눠주었다. 그들은 새로 쌓은 보를 무너뜨리려 했으나 추위로 보가 얼어 있어 뜻을 이루지 못했다. 농민들은 무기가 모자라자 대장간을 차려 병장기를 만들었고, 죽창과 낫으로 무장했다.

간신히 관아를 탈출한 조병갑은 2월 20일 전주에 도착해 전라도 관찰사 김문현에게 사건을 보고했다. 조병갑은 고부 군민의 소요는 몇몇 역도들의 소행이라면서 "병사 1,000명만 내주면 간단히 진압하겠다"라고 큰소리쳤다. 전라 감사 김문현은 조병갑을 재부임시킨 책임을 추궁당할 것이 두려워 중앙에 민란 발생 사실을 보고하지 않았다. 그는 조병갑 대신 정석진에게 군졸 50명을 주고 고부로 출동시켜 농민군 해산에 나섰다.

정석진은 군졸들에게 농민 복장을 입혀 고부읍으로 잠복시킨 후 전봉준을 찾아가 해산을 종용하면서 전봉준을 체포하려 했다. 그러나 담판 도중 신분이 탄로 나 정석진은 군민들의 죽창에 찔려 죽었다.

뒤늦게 고부 민란 소식이 조정에 전해지자 조정에서는 조병갑을 파직하고 체포한 다음 의금부로 압송했다. 조정은 3월 21일 전 용인 현감 박원명을 고부 군수로, 장흥 부사 이용태를 안핵사按覈使(민란 수습을 위해 파견하는 임시 관리)로 임명했다. 현지에 부임한 신임 군수는 선정善政을 베풀어 백성들의 상처를 씻어주려고 노력했다. 박원명은 음식을 크게 차려 농민들을 잘 먹인 후 "각자 집으로 돌아가 생업에 힘써 달라"라고 당부했다.

전봉준은 조병갑을 축출한다는 목표가 달성됐으니 더 이상 민란을 확대할 뜻이 없었다. 그는 난민들을 해산시킨 뒤 자취를 감추었다. 전봉준을 중심으로 일어난 고부 민란은 4월 8일을 기해 종식됐다.

『플루타르코스 영웅전』으로 유명한 역사가 플루타르코스(Plutarchos)는 "역사는 작은 조약돌에 의해서도 방향이 바뀔 수 있는 시냇물에서 시작되는 것"이라고 정의한 바 있다. 우연한 사건이 기폭제가 돼 인간 세계를 평지풍파로 몰아감으로써 역사의 방향이 크게 바뀔 수도 있음을 설파한 것이다.

동학도 마찬가지였다. 전봉준은 자신이 일으킨 조병갑 축출 거사가 청일전쟁의 기폭제가 되리란 사실은 까맣게 몰랐을 것이다. 고부에서 일으킨 전봉준의 거사는 동학이나 민족주의적 동기와는 무관한, 조선 후기 전국 곳곳에서 발생했던 전형적인 민란의 연장선상에 서 있는 사건이었다.

늑대 쫓아내자 호랑이 들어와

이처럼 단순한 민란을 전국 규모의 혁명적 저항으로 확대시킨 주인공은 따로 있었다. 조정에서는 고부 농민들이 관아를 습격하고 군수를 폭력으로 몰아낸 사건을 아무 일도 없었던 것으로 덮어둘 수는 없다고 판단했다. 그 결과 진상 조사를 위한 안핵사로 장흥 부사 이용태를 임명했다. 이용태는 와병을 이유로 차일피일 시간을 끌다가 발령을 받은 지 한 달이 지난 4월 7일, 군졸 800여 명을 이끌고 고부로 향했다.

현지에 도착한 이용태는 주민들을 다독거려 사태를 수습하고 있는 박원명 신임 군수를 비판한 다음, 민란 주모자를 색출하고 난민을 엄중하게 다스린다는 명목하에 군졸들을 풀어 폭행과 약탈 행위를 저질렀다. 이용태는 신임 군수의 훈방 조치를 번복하고 민란에 가담한 고부 군민들을 잡아들여 가혹하게 고문했다. 이 과정에서 이용태는 난을 일으킨 농민 가운데 동학 교인들이 포함돼 있다는 사실을 발견했다. 이용

체포되어 한성부로 압송되는 전봉준

태는 동학이 고부 민란의 주동 세력이라고 판단하고, 민란 참여 여부와 관계없이 동학 교인들을 대대적으로 체포하기 시작했다.

당사자가 도망가고 없으면 처자를 잡아들였고, 죄 없는 농민을 함부로 구타하고 집을 불태웠으며, 재산을 약탈했다. 조사가 진행되는 동안 이용태는 기생을 끼고 음주가무로 날을 지샜고, 농민들로부터 엄청난 뇌물을 거둬들였다. 전봉준을 비롯한 고부 농민들은 탐관오리 조병갑을 몰아내는 데는 성공했으나, 늑대를 쫓아내자 호랑이가 안방을 차지한 꼴이 되고 말았다.

안핵사 이용태의 잔인한 처사에 분노한 전봉준과 고부 농민들은 또다시 봉기를 일으킬 수밖에 없는 상황에 몰렸다. 문제는 이용태가 지휘해 데려온 부대는 정규 훈련을 받은 군대여서 고부 군수 조병갑을 내쫓을 때와는 상황이 크게 달랐다는 점이다.

전봉준은 동학의 조직력과 동원력을 주목하고 전부터 알고 지내던 동학 지도자인 손화중·김개남·김덕명·최경선 등과 만났다. 전봉준은 이들에게 새로운 봉기를 일으키려는 자신의 심정을 밝히고 동학의 협조를 요청했다. 손화중과 김개남은 동학 교인들에게 강력한 영향력을 가지고 있는 인물이었다. 하지만 아직은 동학이 나설 때가 아니라고 판단해 전봉준의 요청을 거절했다.

이 와중에 안핵사 이용태의 동학 교인 탄압이 점점 극렬해졌다. 이제 동학 지도자인 손화중과 김개남도 상황을 외면할 수는 없었다. 전봉준의 간절한 부탁에 손화중은 "불량한 정부를 전복하고 정치를 개혁해 백성을 구제하자"라며 의기투합했다.

손화중과 김개남은 호남 각 지방 접주들에게 통문을 돌려 "보국안민을 위해 봉기하라"라고 비밀 지령을 내렸다. 전봉준도 민란을 전라도 전역으로 확산하기 위해 "우리는 비록 초야의 유민流民이지만 나라의 위기를 좌시할 수 없다. 각 읍의 군자들은 떨쳐 일어나 나라를 해치는 적을 제거해 위로는 종사를 보전하고 아래로는 백성들을 편안케 하자"라는 '창의 격문倡義檄文'을 써서 지역 유지들에게 돌렸다.

두 번째 거사일은 4월 26일 동학 교주 최시형의 탄생일로, 거사 장소는 전라도 무장의 당산 부락 앞 들판으로 결정됐다. 무장을 거사 장소로 선정한 이유는 손화중이 무장의 대접주로서 전라도에서 동학 세력이 가장 강한 지역이었기 때문이다. 전봉준은 무장으로 숨어들어 동학의 도소를 설치했다. 이 결정은 동학 조직에서 중대한 의미를 갖는다.

동학 남접·북접의 대립

동학은 교조 최제우가 살아 있을 때 그가 경주에서 주로 활동했던 관계로 이곳을 편의상 남접이라 불렀고, 그의 후계자로 내정된 최시형은 보은에서 활약했기 때문에 북접이라 불렀다. 최제우가 처형당한 후 충청도 보은에 최시형을 대접주로 하는 본거지(대도소)를 설치했다(오지영,

『동학사』, 영창서관, 1940, 136쪽 참조).

동학의 조직 체계상 각 지역의 포·접은 대도소의 지휘를 받아야 했다. 그런데 전봉준은 호남의 동학을 '남접南接'이라 칭하고 독자적으로 도소를 설치해 동학의 주류와는 선을 그었다. 전봉준이 호남의 동학 조직을 남접으로 명명한 결과 보은의 최시형을 중심으로 한 대도소는 자연스럽게 '북접北接'이 됐다.

동학의 주류인 북접은 성격상 수도사적 비폭력주의 노선을 지향한 반면, 전봉준의 남접은 전투적이고 개혁적이었다. 전봉준이 자신이 속한 조직을 남접으로 칭하고 독자적으로 도소를 설치한 것은 동학의 활동을 종교의 범주에 한정하려는 북접의 간섭에서 벗어나 동학을 사회개혁 운동에 적극 활용하기 위해서였다고 볼 수 있다(신용하, 「갑오농민전쟁의 제1차 농민전쟁」, 『한국학보』 40호, 1985).

남접 지도부는 1894년 4월 25일(일설에는 4월 26일), 전봉준·손화중·김개남 명의로 창의문倡義文을 발표해 동학이 가세한 본격적인 농민 봉기의 막이 올랐다. 무장에 집결한 농민은 4,000여 명. 이 밖에 동학의 비밀 조직을 통해 태인 접주 최경선이 300여 명의 농민군을 조직했고, 고부읍에서 1,000여 명이 합류하기로 했다.

이들은 관아의 무기고를 습격해 빼앗은 화승총·창·칼로 무장했고, 무기가 없는 사람은 낫·도끼·죽창을 들었다. 농민군이 첫 공격 목표로 선정한 지역은 안핵사 이용태에게 짓밟히고 있는 고부읍이었다. 4월 28일 무장한 농민군은 굴치를 넘고 흥덕을 지나 일부는 정읍을 거쳐 고부로, 일부는 줄포로 진군했다.

농민군이 야음을 틈타 고부 군아를 습격하자 안핵사 이용태와 군졸들은 전주를 향해 도망쳤고, 일부는 투항했다. 고부읍을 점령한 동학 농민군은 억울하게 옥에 갇혀 있던 농민들을 석방하고 무기를 보충했다. 봉기 소식을 듣고 2,700여 명의 농민이 합류했고, 고부 농민 1,000여 명까지 가세해 농민군 총수는 7,700명으로 늘었다(신용하, 『동학과 갑오농민전쟁연구』, 1993, 62~84쪽 참조).

교주 최시형, 전봉준 토벌 지시

4월 30일, 동학 농민군은 고부읍 북쪽에 위치한 요지인 백산白山으로 이동해 진을 쳤다. 백산은 대평야의 한복판에 봉긋 솟아오른 작은 구릉 지대다. 높이는 50미터밖에 안 되지만 시야가 탁 트여 동진·만경강 일대를 내려다볼 수 있었고, 곡창 지대여서 식량을 쉽게 확보할 수 있는 전술적 요충지였다.

이곳에서 동학 지휘부는 농민군을 확대 개편해 전열을 갖추었다. 백산에 호남창의대장소湖南倡義大將所를 설치하고 대장기에 '보국안민' 네 글자를 써넣었다. 전봉준은 호남창의대장군 명의로 각처에 통문을 보내 백성들의 궐기를 촉구했다. 이 통문에서 동학 농민군은 자신들의 봉기 목적을 "안으로는 탐학한 관리의 머리를 베고, 밖으로는 횡포한 강적의 무리를 구축하기 위해서"라고 선명하게 밝혔다(한우근, 『동학과 농민봉기』, 1997, 103쪽). 반제·반봉건의 봉화를 올린 것이다.

전봉준의 통문을 받은 각 지역 동학 접주와 농민들이 일제히 봉기했다. 태인의 동학 교인과 농민들은 태인 관아를 습격해 무기를 탈취했고, 다른 지역에서도 거의 비슷한 일들이 동시다발적으로 일어났다. 고부 백산 봉기는 이제 한 고을의 민란 테두리를 벗어나, 무기를 든 동학 농민군의 집권층에 대한 직접적인 도전으로 성격이 바뀌었다.

이때의 동학 봉기는 전라도에 있던 남접만의 봉기였을 뿐, 본류인 최시형과 북접은 호응도 참여도 하지 않았다. 동학 신자가 확대되고 영역이 넓어지면서 동학 교단은 경상도와 전라도의 전투적인 남접과 충청도 이북의 종교 색채가 짙은 북접으로 파가 갈렸다.

북접은 종교적 차원의 활동 범주에서 벗어나려 하지 않았다. 대중 집회를 개최해도 교단 내 강경파의 압력에 의해 어쩔 수 없이 하는 정도였고, 대의적 명분도 교조 신원에만 국한해 동학을 공식적으로 인정받기 위해 노력했다. 그들은 정부와 대결하기보다는 타협적으로 문제를 해결하려 했다(우윤, 『전봉준과 갑오농민전쟁』, 창작과비평사, 1993, 238쪽). 때문에 남접처럼 농민전쟁을 원치 않았다.

전봉준이 무장 봉기 과정에서 가장 괴로웠던 것은 동학 교주 최시형으로부터 철저히 무시당했다는 사실이다. 북접 지도자들은 고부에서 민란이 일어나고 그것이 동학과 연계되자 불쾌감과 배신감을 느꼈고, 북접은 남접을 적대했다(신복룡, 『전봉준평전』, 2006, 194~198쪽 참조).

전라도 일대에서 전봉준이 봉기해 큰 세력을 형성하자 동학 간부층이 밀집해 있던 북접은 전봉준을 비롯한 남접 지도자들을 "국가의 역적이요 사문난적"으로 규정했다. 북접의 손병희·손천민·김연국 등 간부들은 통문을 돌려 "호남의 전봉준과 호서의 서장옥은 국가의 역적이니 그들을 공격해야 한다"라고 주장했다(이환호, 「중국 태평천국혁명과 동학농민혁명의 비교연구」, 윤철상 편저, 『동학농민혁명의 역사적 의미』, 사회와 연대, 2003, 121쪽).

전봉준이 관군과 전투를 벌이자 최시형은 밀사를 보내 동학 농민군의 해산을 지시하고, "거병은 잘못된 일"이라고 준엄하게 꾸짖는 경고문을 보냈다.

전봉준은 동학 접주였나

하지만 1894년 7월 23일 일본군이 경복궁을 점령하고 청일전쟁이 발발해 동학 교인들의 피해가 전국화하자 북접 지도자들도 사태를 좌시할 수 없는 지경에 이르렀다. 10월이 돼 전봉준과 남접이 일본군과 싸우기 위해 제2차 봉기를 일으키자 보국안민을 주장해 온 북접은 난처한 상황에 처했다.

남접의 항전과 일본군의 조선 침탈이 계속되자 훗날 민족 지도자의 한 사람으로 떠오른 손병희가 중군 통령으로, 친일파의 거두가 된 이용구가 손병희 부대의 우익 부대장으로 참전한다. 솔직히 말하면 북접은 여론에 등 떠밀려 내키지 않는 참여를 한 셈이다. 결국 동학의 남·북접 분규는 혁명을 실패로 몰아간 중요한 원인이 됐고, 최시형이 상당 부분 그에 대한 책임을 져야 하는 상황이 됐다(신복룡, 『전봉준평전』, 2006, 197쪽).

게다가 전봉준이 실제로 동학 교인이었는가에 대해서도 이견이 제기됐다. 천도교 자료 가운데 전봉준이 동학 교인 또는 동학 접주로 기록

전봉준이 동학교도였다는 주장

이름	출처	주요내용
이돈화	『천도교창건사』(1933)	30세 되던 1884년 동학 입도
오지영	『동학사』(1940)	1888년 손화중을 만나 동학에 참여
	『천도교백년약사』	이돈화가 주장한 1884년설 그대로 인정
장도빈	『갑오동학란과 전봉준』(1926)	1874년경 동학에 입도
김상기	『동학과 동학란』(1947)	1890년 입도설, 서장옥의 부하인 황해일의 소개로 동학에 입도
김의환	『전봉준전기』(1974)	1890년 동학에 입도했다는 김상기 주장 추종

된 최초의 기록은 이돈화의 『천도교 창건사』(1933)다. 이 책에서 이돈화는 전봉준이 30세 되던 1884년 동학에 입도했다고 기록하고 있다. 유영익은 전봉준이 동학 교단에 가입은 했으나 교리에는 관심이 없었던 사이비 동학도였다는 입장을 내놓았다.

전봉준이 1895년 체포돼 일본 취조관으로부터 조사를 받을 때 전봉준은 "1892년 김치도에 의해 동학 문건을 건네받고 '정심正心'이라는 내용에 감동해 입교했다"라고 밝혔다. 이이화는 전봉준이 동학에 입도했으나 처음에는 접주나 실무 책임자가 아니라 북접의 강경파 계열을 보고 그의 꿈을 실현하기 위한 수단으로 접장 대접을 받았다고 밝혔다(이이화, 『이이화 역사인물이야기』, 역사비평사, 1992, 262~263쪽).

하지만 전봉준이 동학 교인이나 접주가 아니었다는 반론도 만만치 않다. 『전봉준평전』의 저자 신복룡은 전봉준의 동학교도 혹은 동학 접주설을 부정하는 대표적 학자다. 신복룡은 전봉준이 동학에 입교했다는 사실은 어떠한 사료로도 입증되지 않으며, 후세 사가들의 곡필에 의해 동학교도로 규정됐다고 주장한다(신복룡, 『전봉준평전』, 2006, 201~220쪽).

전봉준은 동학교도가 아니었을 수도…

신복룡은 전봉준이 법정 진술 과정에서 "너를 가리켜 전라도의 동학 괴수라 하던데 과연 그런가?" 하고 묻자 "애당초 나는 의義를 부르짖어 기포했을 뿐이니 동학 괴수라 칭한 바 없다"라는 「전봉준공초 초초初招」를 증거물로 제시했다. 일본 공사관은 전봉준을 동학 괴수라고 기록한 반면, 선교사 헐버트(H. B. Hulbert)는 "전봉준은 동학교도가 아니었다"라고 주장했다.

신복룡은 전봉준이 일으킨 농민 봉기는 "종교의 표피를 쓴 민란"이라고 정의한다. 만약 신복룡의 주장대로 전봉준이 동학교도가 아니었다면 수많은 사가나 저작들이 '갑오농민혁명'이니 '동학혁명'이니 하는 용어는 어떤 변고를 겪을 것인가?

사정이 이렇다 보니 김삼웅은 "학계 일각에서는 아직도 논란이 뜨겁지만 전봉준이 동학교도였는가 아닌가는 그리 중요한 것이 아닐 수도 있다. 문제는 그가 어떻게 해서 그토록 역사 발전의 혜안을 갖고 혁명의 비전을 제시하고 농민을 동원할 수 있었던가에 있다"라고 한발 물러섰다(김삼웅, 『녹두 전봉준 평전』, 2007, 75쪽).

"전봉준은 동학 접주이기는커녕, 동학교도도 아니었다. 전봉준은 후세 사가들의 곡필에 의해 동학도로 규정됐을 뿐"이라는 신복룡의 주장(신복룡, 『전봉준평전』, 2006, 220쪽)이 타당하다면 '동학농민혁명'이라는 명칭은 원론부터 재검토돼야 할 것 같다. 이처럼 과장된 명칭은 영웅과 자신의 동일시를 통해 위광효과(identification)를 얻으려는 동학 교단 측과, 학문적 수련이 철저하지 못한 몇몇 학자들의 일방적인 네이밍에 불과하기 때문이다.

제11장

관군에 승리한 동학 농민군

동학농민봉기와 관련해 조선 조정이 취할 수 있는 선택지는 군대를 보내 일벌백계로 토벌을 감행하든가, 아니면 농민들 요구를 수용해 내정 개혁을 단행하든가 두 가지였다. 후자를 택하자니 왕조 지배 체제의 근간이 흔들릴 위험성이 있었다. 그렇다고 대규모 토벌군 동원은 재정 형편이나 군대의 현실을 볼 때 도저히 그럴 만한 상황이 아닌 것이 딜레마였다.

전봉준의 통문에 호응한 호남 일대의 동학 접주들은 농민군을 이끌고 속속 백산으로 모였다. 백산에 집결한 농민군은 동도대장東徒大將이라고 쓴 큰 깃발을 앞세우고, 각각의 대오는 청·황·적·백·흑 오색기로 부대를 표시했다. 대오를 갖춘 동학 농민군은 백산 언덕 위의 세 곳에 진을 쳤다. 백산에 모인 농민군이 일시에 모두 일어서면 산이 하얗게 보였고, 앉으면 죽창 빛으로 산이 파랗게 보였다고 한다. 이때부터 "앉으면 죽산, 서면 백산"이라는 민담이 생겨났다.

전봉준은 동학 농민군을 통솔하기 위해 '4대 명의名義'라 불리는 행동강령을 선포했다(정교, 『대한계년사大韓季年史』, 국사편찬위원회, 1971, 94쪽). 그 내용은 다음과 같다.

첫째, 사람을 죽이지 않고 물건을 파괴하지 않는다不殺人 不殺物.

둘째, 충과 효를 모두 온전히 하며 세상을 구하고 백성을 편안케 한다忠孝雙全 濟世安民.

셋째, 일본 오랑캐를 몰아내 없애고 왕의 정치를 깨끗이 한다逐滅倭夷 澄淸聖道.

넷째, 군대를 몰고 서울로 들어가 권세가와 귀족을 모두 없앤다驅兵入京 盡滅權貴.

백산에서 동학 농민군 지휘부 조직

전봉준은 '4대 명의'를 통해 이번 봉기가 민 왕후 중심의 수구파 정권 타도, 일본 침략 세력 추방, 새로운 정치 실현임을 공표했다. 지도부는 농민군이 민심을 거스르는 일을 저지를 경우 대세를 그르칠 수 있다고 보고, 규율을 정돈하기 위해 다음과 같은 12개조를 제정 공표했다(신복룡, 『전봉준평전』, 2006, 147쪽).

① 항복한 자는 대접을 받는다降者受待.

② 곤궁한 자는 구제한다困者救濟.

③ 탐학한 자는 몰아낸다貪者逐之.

④ 순종하는 자는 경복한다順者敬服.

⑤ 도주하는 자는 좇지 않는다走者勿追.

⑥ 굶주린 자는 먹인다飢者饋之.

⑦ 간교하고 교활한 자는 없애버린다奸猾息之.

⑧ 가난한 자는 구해 준다貧者賑恤.

⑨ 불충한 자는 없애버린다不忠除之.

⑩ 거역하는 자는 효유한다逆者曉諭.

⑪ 병자에게는 약을 준다病者給藥.

⑫ 불효자는 죽인다不孝殺之.

손화중은 전봉준보다 6년 연상이었으나 학식과 지략에서 전봉준이 자신보다 한 수 위라는 사실을 인정하고 전봉준을 대장으로 추대했다. 전봉준은 손화중·김개남을 총관령總管領에, 김덕명·오시영을 총참모에, 최경선을 영솔장領率將에, 송희옥·정백헌을 비서에 임명했다(국사편찬위원회, 『한국사 39: 제국주의의 침투와 동학농민전쟁』, 2013, 328~329쪽). 이때부터 동학 교인과 농민들은 단순한 민란이 아니라 군사 집단으로 조직돼 지휘 계통을 확립하게 된다. 그 결과 2월의 고부 봉기와는 성격이나 차원이 전혀 다른, 동학 농민군이 일어섰다. 이것이 전봉준의 1차 거병이다.

동학 농민군, 백산 전투에서 지방군에게 승리

전라 감사 김문현은 영관領官 이경호에게 전주 감영군 300명을 지휘해 백산의 동학 농민군을 토벌하라는 명을 내렸다. 이경호는 백산으로 통하는 길목을 막고 군량 공급을 차단하면 열흘 이내에 이들을 소탕할 수 있을 것으로 판단했다. 5월 7일, 관군 300여 명은 백산 아래 동편 10리쯤 떨어진 평지에 진을 쳤다(한우근, 『동학과 농민봉기』, 1997, 103~105쪽 참조).

한편에선 전라 중군 김달관, 초관 이재섭이 그 왼쪽 10리 지점에 진을 쳤다. 초관 유영호는 태인 등 각 지역 보부상들을 끌어모아 조직한 부상대負商隊 1,000여 명을 이끌고 백산 뒤편 30리 지점에 진을 쳤다. 관군은 각지에서 차출된 향병鄕兵(지방에서 그 지역 사람을 훈련시킨 병력)과 영병營兵(감영·병영·수영 소속 병사), 부상대 등 혼성 부대로 구성됐다.

관군에게 포위당한 백산의 동학 농민군은 기선 제압을 위해 5월 8일 새벽, 기습 작전을 벌였다. 농민군의 한 지대는 백산 아래를 돌아 관군 진영의 측면을 쳤고, 주력 부대는 이에 호응해 관군을 협격했다. 불의의 기습을 당한 관군은 전열이 무너지면서 적지 않은 사상자를 내고 전라 감영으로 도주했다. 영관 이경호는 전투 중 총탄에 맞아 전사했다.

전봉준이 백산에서 봉기했다는 소식을 접한 묘당은 5월 6일 전라도 병마사 겸 장어영 정령관正領官 홍계훈을 양호초토사兩湖招討使에 임명했다. 그에게 서울 주둔 장위영 병력 800명을 이끌고 현지로 내려가 반란을 진압하라고 명령했다. 홍계훈은 임오군란 당시 위기에 처한 민 왕후를 궁에서 극적으로 탈출시킨 공로로 출세가도를 달린 홍재희의 고친 이름이다.

장위영은 위안스카이의 지도하에 재건된 후 미국인 군사 교관 윌리엄 다이(William McEntyre Dye)의 조련을 받은 조선 왕조 최정예 부대다. 이 부대는 마우저(Mauser) 소총과 독일제 크루프 야포 등 신무기를 보유하고 있었다. 마우저는 독일에서 개발된 소총이다. 조선에 반입된 마우저 소총은 톈진기기국에서 제조된 것으로, 구경은 11밀리미터로 M71형은 단발총, M71/84형은 연발총이었다. 유연화약을 사용했기 때문에 발사 연기가 시야를 가리는 등 단점이 있었다.

묘당은 이들을 전라도로 수송하기 위해 위안스카이와 교섭을 벌였다. 위안스카이는 동학 농민군이 북상할 경우 외국과 마찰이 일어나 종주국 지위가 흔들릴 수도 있다고 판단했다. 때문에 조선 정부를 원조해 하루빨리 난을 진압하는 것이 청국의 이익에 부합하는 길이라고 생각했다.

조선 정부로부터 군대 수송 협조 요청이 오자 위안스카이는 인천에 정박 중이던 북양함대 소속 포함 핑위안平遠호를 제공했다. 위안스카이는 휘하의 장교 쉬방제徐邦傑에게 청국 군인 17명과 대환포大丸砲 4기를 이끌고 종군해 상황을 파악하라고 지시했다.

청국이 기민하게 움직이는 모습을 포착한 주한 일본 공사관의 대리공사 스기무라 후카시杉村濬는 인천에 정박해 있던 일본 군함 오시마大島호를 출동시켜 시위를 했고, 순양함 쓰쿠시筑紫호는 청군의 동정을 관찰하도록 조치했다. 또 통역관을 조선 외무 부서에 보내 핑위안호가 어디로 갔는지를 문의했다(곽위동, 「동학농민군의 기의와 중·한·일 삼국의 외교 각축」, 동학농민혁명기념사업회 엮음, 『동학농민혁명의 동아시아사적 의미』, 서경문화사, 2002, 83쪽).

주한 공사 자주 교체한 일본

이 무렵 일본 정부는 주한 공사를 자주 교체했다. 방곡령 도발을 위해 특별 임명했던 오이시 마사미는 7개월 만에 해임했다. 서울 주재 외교관들에게 혐오의 대상이었던 오이시는 일본으로 돌아가기 전 외교관들을 오찬에 초대했는데, 대부분이 참석하지 않았다. 오이시의 후임으로 오토리 게이스케, 이노우에 가오루 등이 조선 주재 공사로 임명됐다. 이들은 본국 정계의 실력자였으나 외교관으로서 적임이라고 보기는 어려웠다.

반면에 스기무라 후카시 1등서기관은 1880년 외무성에 들어온 후 거의 대부분을 조선 현지나 조선 관계 부서에서 근무했다. 또 주한 일본

역대 주조선 일본 공사

이름	재임 기간	주요 활동 내역
하나부사 요시모토 (花房義質)	1880. 4~1882. 9 (2년 5개월)	– 임오군란 경험. 임오군란 수습 위해 제물포조약 체결 – 임오군란 당시 일본 공사관 지키지 못한 책임 물어 경질
다케조에 신이치로 (竹添進一郎)	1882. 11~1885. 6 (2년 6개월)	– 한학에 조예 깊은 한학자 – 김옥균의 갑신정변 지원 – 관직에서 물러난 후 도쿄대서 경서 강의 및 저술. 중국 관련 불후의 명저로 꼽히는 『좌씨회전(左氏會箋)』, 『모시회전(毛詩會箋)』, 『논어회전(論語會箋)』 삼부작 집필
곤도 마스키 (近藤眞鋤)	1887. 8~1889	– 의사의 아들로 태어나 메이지 초기 외교관이 돼 주로 조선에서 활동 – 1872년 4월 주영 공사관 근무 – 1876년 10월 부산항 관리관, 1880년 2월 부산포 영사, 1882년 4월 서울(경성) 공사관 근무
가와키타 도시스케 (河北俊弼)	1890. 12~1891. 3 (3개월)	– 요시다 쇼인(吉田松陰)의 제자로 쇼카손주쿠(松下村塾) 재학 – 1867년 7월 영국 유학 – 1891년 3월 임지인 서울에서 사망
가지야마 데이스케 (梶山鼎介)	1891. 3~1892. 12 (1년 9개월)	– 1877년 5월 육군 소좌, 참모국 제2과장, 참모본부 국장 – 1880년 3월 청국공사관 무관 근무 – 야마구치현 중의원
오이시 마사미 (大石正巳)	1892. 12~1893. 7 (7개월)	– 1874년 릿시샤(立志社)에 들어가 자유민권 운동, 1881년 자유당 결성(간사) – 조선 공사 재임 중 방곡령 사건 교섭 – 제1차 오쿠마 시게노부(大隈重信) 내각의 농상무대신
오토리 게이스케 (大鳥圭介)	1893. 7~1894. 10 (1년 3개월)	– 막부 군대에서 서양식 조련 담당 – 1867년 대정봉환(大政奉還) 때 관군에게 대항해 싸우다 투옥, 1872년 출옥 – 1889년 주청 특명전권공사 – 청일전쟁 도발의 주역
이노우에 가오루 (井上馨)	1894. 10~1895. 8 (10개월)	– 1863년 조슈 파이브 일원으로 영국 유학 – 외무·내무·대장대신 역임 – 사망 전까지 일본 겐로(元老)로 활동
미우라 고로 (三浦梧樓)	1895. 8~1895. 10 (3개월)	– 1878년 육군 중장, 1882년 육군사관학교 교장 역임 – 1884년 서구 및 미국 병제 시찰 – 민 왕후 시해 사건 배후 조종

이름	재임 기간	주요 활동 내역
고무라 주타로 (小村壽太郎)	1895. 10~1896. 6 (8개월)	– 제1회 문부성 해외 유학생 선발돼 하버드 로스쿨 유학, 1877년 하버드대 법학 학사 학위 취득 – 주청 대리공사, 외무차관, 주미·주러 공사 역임 – 1901년 제1차 가쓰라 내각 외무대신으로 영일동맹 성사시킴
하라 다카시 (原敬)	1896. 6~1897. 2 (9개월)	– 1879년 사법성 법학교 중퇴, 기자 생활 – 1882년 외무성, 1889년 농상무성 근무 – 주한 공사 사임 후 「오사카마이니치신문(大阪每日新聞)」 편집총리·사장 – 이토 히로부미 내각의 체신상, 1902년 중의원 의원, 제1·2차 사이온지(西園寺) 내각, 야마모토 곤노효에(山本權兵衛) 내각의 내무상 역임 – 1918~1921년 수상 역임
가토 마스오 (加藤增雄)	1897. 2~1899. 6 (2년 4개월)	– 1877년 외무성에 들어가 네덜란드·이탈리아·러시아 공사관 근무 – 1894년에 부산 거류지 일등영사, 1896년에 1등서기관이 돼 서울 공사관 근무 – 고종의 칭제건원을 흔쾌히 받아들이도록 주도 – 1902년에는 대한제국 고문
하야시 곤스케 (林權助)	1900. 1~1906.	– 1887년 도쿄대학 법대 정치과 졸업, 외무성 통상국장 역임 – 1905년 11월 을사조약 체결 – 이탈리아·청국·영국 대사 역임

대리공사를 여러 차례 맡아 "조선의 작은 왕"이라 불릴 정도로 조선 정세에 정통했다. 외무 대신 무쓰 무네미쓰는 "스기무라는 수년간 조선에서 근무해 조선 실정에 대단히 밝기 때문에 정부는 그의 보고를 신뢰하고 그것에 의지했다"라고 토로할 정도였다.

조선 경군의 승리 낙관한 조정

1894년 동학 농민군이 백산을 점령하는 등 위급 상황이 진행 중인 5월 4일, 오토리 게이스케 공사는 휴가를 받아 본국으로 귀임했다.

임시 대리공사에는 조선통인 스기무라 후카시 1등서기관이 임명됐다. 조선 정세가 급박하게 진행되고 있던 순간에 오토리 공사의 휴가는 상식적으로 볼 때 이해가 가지 않는다. 과연 그의 휴가는 개인적 휴가였을까, 아니면 급변하는 조선 정세에 따라 보다 내밀한 정책 수립을 위한 '휴가' 명목의 소환이었을까?

위안스카이가 제공한 청국 군함 핑위안호에는 홍계훈과 이문영이 지휘하는 장위영 병력 386명이 탔고, 대포 4문(야포 2문과 구식 개틀링 기관포 2문), 탄약 141상자를 탑재했다. 조선 기선 창룡호에는 247명, 한양호에는 194명이 탑승했다. 핑위안호는 5월 8일 인천을 출항해 다음 날인 5월 9일 군산에 입항했다. 군산에 상륙한 홍계훈은 군대를 이끌고 전주로 이동했다.

스기무라 대리공사는 홍계훈이 동학 농민군 토벌을 위해 출정할 때 북양해군 소속 포함 핑위안호가 동원된 사실을 예의 주시했다. 그는 핑위안호의 움직임을 감시하기 위해 해군 대좌 미요시 가쓰미가 지휘하는 순양함 쓰쿠시호를 파견했다.

홍계훈이 토벌군을 이끌고 현지로 출발한 다음 날, 조정에서는 어전회의를 열어 대책을 논의했다. 이때만 해도 조정은 동학농민봉기를 소규모 민란으로 이해했기 때문에 낙관론이 지배했다. 전라도 관찰사 김문현으로부터 "경군 출동 소식을 듣자 대부분의 농민군이 도주했다"라는 보고가 올라오자 사태가 곧 진정될 것으로 판단했다. 일부 대신들은 "경군의 전라도 상륙은 필요 없으니 수송선을 회송해야 한다"라고 발언했다.

하지만 현지에서는 조정의 기대와는 전혀 다른 상황이 전개되고 있었다. 백산 전투에서 승리한 전봉준은 5월 8일, 고부·태인·금구·부안 등 4개 읍에서 모인 농민군을 이끌고 부안을 공격했다. 농민군은 부안 관아를 습격해 현감 이철화를 체포하고 무기와 식량을 약탈했다. 농민군 수천 명은 흥덕읍으로 몰려가 탄약·화승총·창검을 탈취하고 고창으로 향했다. 고창에서도 옥문을 부수고 수감 중인 죄수 7명을 방면했으며, 관청을 파괴한 다음 무장으로 돌아갔다.

관청 습격을 통해 농민군은 필요한 무기를 획득해 전투력이 크게 높아졌다. 이 무렵 농민군은 1만여 명으로 늘어났다. 부안 근처의 수령들은 모두 난을 피해 도망갔다. 미처 도망가지 못하고 동학 농민군에 체포돼 살해당한 수령이 네 명이었다.

감영군 약탈로 민심 이반

농민군은 '보국안민' '동도대장' 기를 앞세우고, 그 뒤에 청·홍·흑·백·황의 오색기가 따랐다. 대장 전봉준은 백립·백의 차림에 손에 염주를 들고 주문을 외며 군대를 지휘했다. 농민군 병사들은 어깨에 '궁을弓乙' 두 글자를 써 붙여 부적으로 삼았고, '동심의맹同心義盟' 네 글자를 새긴 천을 몸에 감았다.

이런 부적을 몸에 지니고 주문을 외우면 물에 빠지지도 않고, 불에 타지도 않으며, 비를 맞아도 옷이 젖지 않고, 화살·돌·탄환 같은 것이 몸에 들어오지 않는다는 교주 최시형의 말을 믿었기에 그들은 용맹하게 싸웠다.

백산에서 관군이 패하고 부안 일대가 동학군에게 습격당했다는 소식이 전주까지 전해지자 성내 민심이 동요하기 시작했다. 전라 감사 김문현은 전주 감영군 250명과 보부상으로 구성된 부상대 1,300명을 파견해 부안 방면의 동학군 토벌령을 내렸다.

영장領將(속오군 지휘관) 이광양은 보부상 중심으로 편성한 전주 감영군을 이끌고 고부를 향해 출발했다. 이들은 기본적인 군사 훈련을 받았다고는 하나 전투 경험이 없는 신참들이었다. 게다가 군기가 엉망이어서 감영군은 행군하는 곳마다 민가를 약탈하고 점포를 습격했으며, 상인들의 물건을 빼앗았다. 그들은 군대가 아니라 굶주린 도적떼였다. 그들은 온 마을을 뒤져 닭이나 개 등을 닥치는 대로 잡아먹었다. 백성들이 이를 갈고 두려워하며 그들을 피했다. 감영군의 약탈로 민심이 크게 이반했고, 탈영병이 속출했다.

황토현은 말목 장터와 고부의 중간 지점에 위치한 해발 35미터의 완만한 구릉지다. 이 일대는 토질이 황토여서 황토현(황톳재)이라는 이름이 붙었다. 황토현에 도착한 전주 감영군은 농민군의 습격을 우려해 소나무로 영채 주변에 불을 놓았다. 영채 안이 대낮처럼 밝았고, 연기가 자욱한 데다 때마침 안개가 짙어 사방을 분간하기 힘들었다.

5월 10일, 밤이 깊어지자 갑자기 요란한 포 소리와 함께 감영군 영채에 탄환이 빗발치듯 날아들었다. 안개가 짙게 끼어 시야가 가려진 상황에서 농민군은 감영군을 삼면으로 포위한 다음 한쪽을 터놓고 몰아대면서 사격을 가했다. 감영군 수비진이 모래성처럼 무너졌다. 그들은 농민군의 공격에 저항 한번 못 해보고 허수아비처럼 쓰러졌다.

황토현 전투에 감영군의 일원으로 동원됐던 보부상 대원의 기록을 통해 황토현 전투 과정을 복기해 본다(기쿠치 겐조, 『近代朝鮮史 (下)』, 鷄鳴社, 1939, 220~222쪽; 신복룡, 『전봉준평전』, 2006, 138~139쪽).

5월 10일 아침, 전주 감영군은 고부를 떠나 징집된 마을 사람들과 함께 군량을 운반했다. 비가 온 후라서 수레와 짐을 실은 마차의 기동이 어려워지자 관군은 커다란 짐만 챙겨 진군했다. 두승산 동쪽의 장거리에서는 계곡을 더듬으며 진군했는데, 길은 좁았고 비탈길은 고르지 않았다.

황토현 전투에서 또다시 승리한 농민군

이때까지만 해도 병사들은 원기 왕성해 행진 중에도 노래를 부르는 등 왁자지껄했다. 여러 차례 휴식을 취하면서 행군한 끝에 저녁 무렵 전 부대가 황톳재에 도착했다. 곧바로 짐을 풀고 막사를 세웠다. 각 부대는 소규모 진지를 만든 뒤 밥을 지었다. 모두들 배가 고파 저녁밥을 기다렸다. 장교 한 명과 10여 명의 군사가 마련한 쇠고기와 술을 먹고 군사들이 원기를 회복했다.

관군은 "아둔한 농민군은 나무껍질을 먹고 계곡의 물로 배를 채워 내일은 힘이 없어 걷지도 못할 것"이라고 비웃었다. 초저녁에는 보초를 세우는 등 긴장했으나 농민군 진영이 조용해 불빛조차 보이지 않자 모두들 경계심이 해이해졌다. 농민군을 우습게 본 병사들은 진탕 술을 마시고 노래와 춤을 추다 깊이 잠들었다.

한밤중에 느닷없이 "적의 습격이다"라는 고함에 잠이 깬 관군 병사들은 기습을 당해 허둥대다 학살당했다. 진영 주위에는 시체가 계속 쌓여갔다. 감영군 가운데 무기를 들고 대적한 사람은 거의 없었다. 대부분이 앉아서 칼을 맞거나 자다가 죽었다.

이 내용을 증언한 보부상은 황톳재 북쪽 소나무 숲에 몸을 숨겼다가 백산 서쪽 해안까지 도주해 배를 타고 아산으로 탈출했다. 동쪽으로 도주한 병사들은 곳곳의 샛강을 건너지 못하고 우왕좌왕하다가 농민군 별동대에 의해 대부분 목숨을 잃었다.

5월 11일 동이 트기 전에 전주 감영군은 완전 패배해 무기를 버리고 항복했다. 지방군과 동학 농민군이 맞붙은 황토현 전투에서 관군은 영장 이광양이 전사하는 등 800여 명이 죽거나 부상을 당했고, 총기 600정을 빼앗겼다. 동학 농민군의 사기는 크게 높아졌고, 참혹한 패전을 당한 관군은 '농민군' 소리만 들어도 겁에 질렸다.

황토현에서 전주 감영군이 대패한 사실이 전주에 알려지자 홍계훈과 동행해 전라도까지 온 서울 주재 청국 사서使署는 5월 12일 밤 전주 감영에서 핑위안호 함장에게 "동학당은 고부·태인·부안·무장·고창·금구 등 6개 현에 만연하고 금산과 여산에서도 봉기했다. 5월 10일 전라 영병 300여 명과 보부상 600여 명으로 고부 두승산에서 난민을 요격했으나 대패하고 많은 무기류를 빼앗겼다는 보고가 있었다. 정읍·고부·연지·모천 일대의 지방 관리는 도피했고 초토사는 행군할 마음이 없다"라는 정보 보고를 보냈다.

백산과 황토현에서 관군에게 대승을 거둔 동학 농민군은 여세를 몰아 정읍으로 진격했다. 그들은 정읍 관아를 습격해 갇혀 있던 죄수들을 풀어주었으며, 군기고를 파괴해 무기를 탈취한 후 고부 삼거리로 이동했다. 무장-고부-황토현 전투로 이어진 제1차 봉기는 동학 농민군 활동 과정에서 중요한 의미를 가진다. 『전봉준평전』의 저자 신복룡은 그 의미를 다음과 같이 정리했다(신복룡, 『전봉준평전』, 2006, 139~140쪽).

> 첫째, 고부 민란에 동학교도들이 대거 가담해 종교적 성격이 착색됐다.
>
> 둘째, 전투 승리로 노획한 무기로 농민군 전투력이 강화돼 그 후 황룡촌 전투 승리와 전주 함락에 중요한 역할을 했다.
>
> 셋째, 동학농민운동은 민란의 단계적 확산 현상일 뿐 일부 학자들의 말처럼 처음부터 계획된 것은 아니었다.

넷째, 황토현 전투를 통해 조정은 중국 대륙을 15년간 뒤집어놓았던 태평천국의 난을 연상했다. 동학 농민군은 종교로 무장돼 있고, 강한 배외심과 정권에 대한 도전 의지를 가지고 있었다.

'권력자 편'에 선 보부상

동학 농민군이 봉기해 전라도 일대를 휩쓸자 농민군으로부터 농토와 재산을 지키기 위해 민보군民堡軍, 지방 유생을 중심으로 조직된 유회군儒會軍 등이 조직됐다. 보부상도 조정과 깊은 연계를 맺고 농민군 진압에 동원됐다. 보부상들은 관군과 연합 전선을 형성해 척후·정찰·전령 임무, 그리고 보급 및 병참을 담당하는 치중대輜重隊 역할을 맡았다.

경제적으로 열악한 형편에다가 사회적으로도 하층민으로 차별받던 보부상이 동학 농민군이 아니라 그들을 억압하는 '권력자' 편에 선 이유는 무엇이었을까? 이 무렵 왕실과 조정은 보부상에게 상인·수공업자들을 대상으로 한 상업세 징수를 맡기고 일정한 특권을 보장해 주었다. 국가 권력을 매개로 정부와 상인층이 결탁한 것이다.

그 결과 보부상은 소상인들에 비해 우월한 위치에 설 수 있었다. 보부상은 정부에 일정액의 신표가信標價만 지불하면 잡세가 면제되고, 수탈도 당하지 않았다. 반면 소상인은 보부상과 같은 면세 특권이 없고, 가혹한 통행세 등 물품 거래 과정에서 각종 세금을 수탈당했다.

상리국商理局에서는 지방 보부상에 명령을 내리면 보부상은 이유 여하를 막론하고 상리국의 명을 실행한다는 규정을 두었다. 또 보부상에게 범인 정탐 및 추적·체포 임무까지 부여했다. 보부상은 왕실·조정과 결탁해 집권층, 가진 자, 권력자의 이익에 봉사하는 어용 단체로 전락했다.

권력과 결탁한 어용 보부상의 눈으로 볼 때 후천개벽을 외치며 봉기

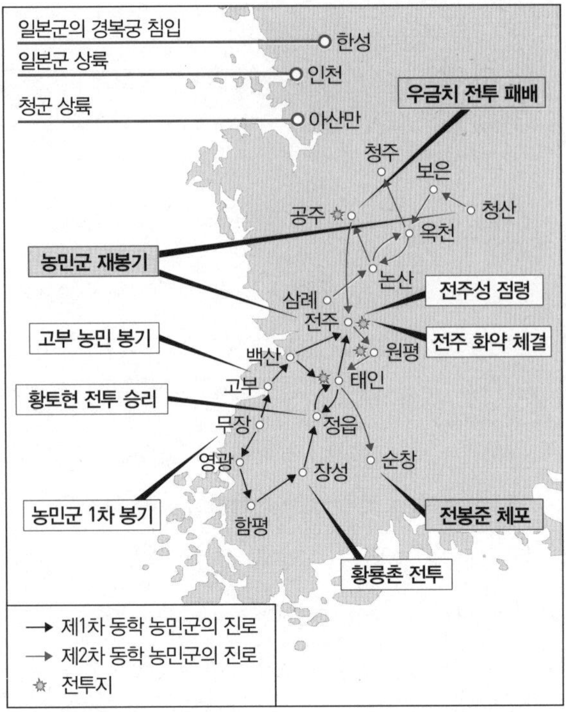

동학 농민군의 진로

한 농민군은 당적黨賊이나 비류匪類에 불과했다. 농민군 봉기로 상업 활동에 큰 지장을 받게 된 보부상들은 "장삿길을 편하게 하고, 나라를 위해 해를 제거한다"라는 명분으로 관군과 농민군 토벌에 나섰다(조재곤, 『한국 근대사회와 보부상』, 혜안, 2001, 149~151쪽 참조).

농민 입장에서 보면 보부상은 권력과 결탁해 사회 변혁을 추구하는 자신들을 공격하는 반反농민 어용 집단이었다. 1894년 봉기 초, 공주 이인의 농민군은 보부상을 발견하는 즉시 다 잡아 죽일 정도로 양자의 관계는 험악했다.

1894년 4월 2일 전라도 보부상 도반수都班首(보부상 조합에서 조를 거느리는 책임자) 송봉호는 도내 보부상 수천 명을 이끌고 전라도 감영 병사들과 함께 태인현 서문 밖 용두사를 방어했다. 이때 부상負商을 가장한 무장 농민군의 유인에 빠져 백산 전투에서 대패해 수많은 사상자가 발생했다.

동학 농민군 남진 작전 실패

백산에서의 패전 소식을 접한 금산 보부상 1,000여 명은 김치홍과 임한석의 인솔 아래 4월 초 현지에 도착했다. 그들은 읍민과 함께 동학 농민군을 공격해 114명을 살해하고 410명을 생포했다. 태인현의 행상 접장 임화연도 행상 80명을 이끌고 고부군에 집결했다. 보부상들은 농민군이 숨어 있는 금구군 수류면에 난입해 '동학당'이라 불리는 68명을 체포했다. 이 밖에도 충청도 충주 부근의 보부상, 충청도 서해안 지역의 엄순영이 이끄는 부상 100여 명도 농민군 토벌에 참여했다.

동학 농민군 토벌 과정에서 보부상들은 무고한 농민들까지 '동학당'으로 몰아 가혹 행위를 자행하면서 원성이 자자했다. 참다못한 고부군 농민들이 보부상이 머물던 집을 불태우는 사건이 발생했다. 동학 농민군과 보부상은 적대 관계가 형성됐고, 그 후유증은 크고 심각했다.

황토현에서 승리한 동학 농민군은 여세를 몰아 5월 13일 무장으로 향했다. 농민군의 이동 경로는 정읍 연지원(5월 10일)→흥덕(5월 11일)→고창(5월 12일)→무장(5월 13~16일)→영광(5월 16~20일)→함평(5월 20일)→무안(5월 22일)→나주(5월 23일)로의 남진이었다.

만약 전봉준이 천하를 도모할 계획으로 거병했다면, 그는 남진이 아니라 북진을 했어야 정상이다. 전봉준이 농민군의 진로를 남쪽으로 잡은 이유는 두 가지로 관측된다. 하나는 전라우도의 동학 세가 강했기 때문에 그 세력을 포섭하기 위한 것이었고, 다른 하나는 물자가 풍부한 나주를 점령해 보급 문제를 해결하기 위해서였다.

결과적으로 전봉준의 남진 작전은 실패였다. 1만여 명의 동학 농민군이 나주성 서문을 공격했으나, 나주 목사 민종렬이 끈질기게 공격을 막아냈다. 전투 과정에서 다수의 농민군이 목숨을 잃자 전봉준은 나주 점령을 포기하고 장성으로 북상했다. 그들은 5월 25일 장성 황룡촌에 도착해 월평 삼봉 아래에 진을 쳤다.

탈영자 속출한 조선 경군

초토사 홍계훈이 이끌고 온 경군이 전주에 도착한 것은 황토현 전투에서 전주 감영군이 패퇴한 다음 날인 5월 11일이었다. 군산에 상륙한 경군 800명은 조선 조정의 재정난으로 인해 식량조차 제대로 보급받지 못했다. 군산에 상륙한 후 매 끼니를 멀건 죽으로 때우는 등 사기가 말이 아니었다.

경군은 군산에서 전주로 행군하는 과정에서 탈영자가 속출해 전주에 도착했을 때는 470명으로 줄어 있었다. 총병력의 40퍼센트가 탈영한 것이다. 심지어 탈영한 경군 병사들이 농민군에 가담해 경군을 공격하는 사태까지 벌어졌다.

반면에 농민군 사기는 왕성했다. 홍계훈은 아무리 근대식 훈련을 받고 무기가 뛰어난 경군이라 해도 470명에 불과한 병력으로 1만여 명으로 불어난 동학 농민군을 상대할 자신이 없었다. 그는 전선으로 출동하는 것을 계속 늦추면서 중앙 정부에 증원군을 요청했다. 또 순창과 담양 일대의 보부상을 동원해 병력을 강화했다.

홍계훈은 전주에 머무는 과정에서 치명적인 실수를 저지른다. 남문시장 앞에 군민을 집합시킨 홍계훈은 동학군과 내통한 혐의가 있는 60여 명을 체포했다. 그중에는 전주성을 수비하고 있던 전주 영장 임태두와 김시풍을 비롯해 전주 감영의 엘리트 장교들이 포함돼 있었다. 홍계훈은 일벌백계로 군율을 바로잡는다면서 전투 때마다 용맹을 떨쳤던 감영군 장교들을 처형해 그들 머리를 성문에 내걸었다.

홍계훈이 처형한 김시풍은 전라 감사 휘하 장교들 가운데 무공이 뛰어난 인물로서, 동학 농민군이 그의 이름만 들어도 벌벌 떨던 존재였다. 이처럼 유능한 장교를 서울서 내려온 초토사가 잡아 죽였으니 농민군 입장에서는 춤이라도 추고 싶었을 것이다. 김시풍이 처형되면서 민심이 싸늘하게 돌아섰다. 장교들의 죽음을 애석하게 여긴 사람들이 전주성에 다음과 같은 방을 몰래 써 붙였다(정교, 『대한계년사大韓季年史』, 1971, 75쪽).

> 주위를 둘러싸고 있는 형편을 보면 집권 대신들은 모두 외척이다. 이들이 밤낮으로 하는 일은 자기들 배를 채우는 일이고, 자기 당과 자기 파만을 각 읍에 임명해 백성들 해치는 것을 일삼고 있다. 백성들이 어찌 이를 견딜 수 있단 말인가? 초토사 홍계훈은 본래가 무식한 사람으로, 동학의 위세를 두려워하면서도 부득이하게 출병했다. 망령되게 공이 있는 김시풍을 죽이고 이것을 공으로 삼으려 하니 반드시 형벌을 받아 죽을 것이다.

이 무렵 전라도 여러 고을의 수령들은 동학 농민군을 피해 달아나거나 지하로 숨었다. 관리들은 농민군 진압을 위해 백성들을 강제로 끌어다 군대를 편성했다. 행상을 잡아들이고 돈으로 장정들을 모집했지만 여차하면 달아나고, 울부짖는 사람들 때문에 대오를 갖출 수조차 없었다(황현, 『오하기문』, 1994, 74~75쪽).

농민군에게 혼쭐이 난 지방 수령들은 초토사 홍계훈에게 한시라도 빨리 경군을 출동시켜 난을 진압해 줄 것을 하소연했다. 홍계훈은 "지금은 움직일 때가 아니다"라며 전주성에 눌러앉아 전주 일대의 지방군만을 전장으로 내몰았다.

도망 온 지방 수령들, 밤마다 술잔치

홍계훈은 날마다 조정에 증원군을 요청했다. 이 과정에서 자신이 지휘해 온 경군에서 탈영병이 속출한 사실은 철저히 은폐했다. 증원 요청을 받은 조정은 장위영 300명, 강화영 500명의 증파를 결정했다. 5월 23일 800명의 증원 병력이 기선 현익호 편으로 인천을 출발해 영광 법성포로 떠났다.

동학 농민군에게 고을을 점령당해 도주한 지방 수령과 안핵사들은 전주로 모여들었는데, 이들 작태가 한심했다. 황현의 기록에 의하면 그들은 날마다 선화당에서 먹고 마시며 골패를 즐겼고, 기생을 끼고 웃고 떠드는 소리가 밖에까지 들렸다. 어느 고을이 급습을 당해 농민군에게 빼앗겼다는 비보가 날아들자 전라 감사 김문현은 용하다는 역술인을 불러 점을 쳤다. 목숨 걸고 난을 진압해야 할 감사가 점이나 치며 하늘의 도움만 바라고 있었으니 기강이 제대로 설 리가 있었겠는가.

사태가 점점 심각해지자 조정은 전라 감사 김문현을 삭탈관직하고, 고부 군수 조병갑은 의금부로 압송했다. 동학 교인들을 괴롭혀 사태를 악화시킨 안핵사 이용태는 유배를 보냈다.

경군 증원 부대 출발 소식을 접한 홍계훈은 그제야 농민군 추격에 나섰다. 5월 22일 전주를 출발한 경군은 5월 23일 정읍에 도착해 숙영했다. 홍계훈은 5월 26일 대관隊官(중대장급) 이학승에게 군사 300명, 대포 2문을 주고 장성 방면으로 보내 황룡촌에 진을 치고 있는 농민군을 공격하라고 명령했다. 5월 27일 법성포에 상륙한 증원 부대 800명은 영광에서 초토사 홍계훈의 본진과 합류했다.

보름 동안 전라도 서남부 지역을 휩쓴 농민군은 경군의 추격 소식을 듣고 영광을 떠나 장성 방면으로 이동했다. 그들은 가급적 경군과 부딪치는 것을 피했고, 경군도 동학 농민군과 격돌하지 않고 그들 뒤만 따라가는 형국이었다. 초토사 홍계훈은 좀처럼 선봉에 나서지 않았다.

5월 27일, 동학 농민군 본대 5,000여 명이 장성 남쪽 월평리에 진을 쳤다. 경군 대관 이학승이 이끄는 별동대 200여 명이 5월 26일 영광을 떠나 27일 오전 장성에 도착했다. 이들이 황룡천을 건너 월평리로 진출하려 할 때, 마침 황룡촌에서 식사 중이던 동학군을 발견하고 포격을 가했다. 포탄 세례를 받아 수십 명의 사상자를 낸 농민군은 곧바로 삼봉에 올라가 전투태세를 갖추었다.

농민군은 황토현에서 전주 감영군과 전투를 벌여 승리했으나 조선 최정예 부대인 경군과의 격돌은 장성 황룡촌이 처음이었다. 경군은 외국에서 수입해 온 크루프 야포, 회전식 기관총, 마우저 소총 등 근대식 장비로 무장했다(국사편찬위원회, 『한국사 39: 제국주의의 침투와 동학농민전쟁』, 2013, 341쪽).

농민군은 삼봉 정상에서 학익진을 치고 관군을 공격했다. 포를 쏘아대는 관군 앞에서 농민군은 일종의 방탄차인 장태를 끌고 나왔다. 대나무를 쪼개 원통을 만들고 그 안에 볏짚을 채워 넣은 다음 바퀴를 달아 움직이는 장태에 불을 붙인 뒤 수백 개를 경군 쪽으로 굴렸다. 그 뒤에서 농민군이 몸을 숨기고 경군에 접근해 공격했다.

관군은 장태를 향해 총과 화살을 쏘았으나 대나무를 관통하지 못하고 튕겨 나갔다. 농민군은 장태 뒤를 따라 전진해 왔다. 황현은 장태에 대해 "커다란 대나무로 만든 통을 밀고 나왔는데, 둥그스름한 닭 우리처럼 생긴 것이 수십 개였다. 밖으로 창과 칼을 꽂아서 고슴도치와 같았고 아래는 두 바퀴를 달아 굴러서 몰려온다. 관군은 총탄·화살·돌을 쏘았지만 대나무통이 모두 막아주고 적은 그 뒤를 따라 총을 쏘면서 몰려왔다"(황현, 『오하기문』, 1994, 90~91쪽)라고 설명했다.

황룡촌에서 관군 패하자 청군 파병 요청

농민군이 장태를 앞세워 밀고 들어오자 관군 전열이 무너지면서 병사들이 도망치기 시작했다. 이때 이학승이 "나는 대관 이학승이다. 역적들은 어찌 나를 죽이지 않느냐?"라고 외쳤다. 이학승이 탄환에 맞아 쓰러지자 농민군이 머리를 베어 갔다(황현, 『오하기문』, 1994, 89~90쪽).

멀리서 전투를 지켜본 초토사 홍계훈의 본진은 경군 별동대가 패주하는 모습을 보고도 지원을 하지 않았다. 황룡촌 전투에서 전사자는 지방군 300명, 경군 12명이었다. 농민군은 별동대로부터 크루프식 기관포, 회전식 기관포 각 1문, 소총 다수를 노획했다.

황룡촌 전투는 동학 농민군이, 외국 교관을 초빙해 근대식 훈련을 통해 양성한 조선 정예군을 격파한 최초의 전투였다. 이후 농민군은 신비한 부적을 지니고 있어 총탄을 맞지 않고, 또 맞아도 죽지 않는다는 이야기가 나돌았다. 하지만 홍계훈이 황룡촌 전투에 투입한 별동대는 지휘관은 경군이었지만, 대부분이 전라도 일대에서 끌어모은 지방군이었다.

서울서 엄선해 내려보낸 경군마저 패전했다는 소식이 전해지자 고종과 조정 대신들은 절망 낙담했다. 조선의 정예군마저 믿지 못할 상황이

되자 고종은 1년 전 동학의 보은 취회 당시 청군 파병을 요청하려 했던 일이 떠올랐다. 청군 증원 요청 문제는 황토현 전투에서 전주 감영군이 패한 직후인 5월 14일경부터 조정 일각에서 제기됐다. 청국 군대를 조선에 불러들여 농민 봉기를 진압한다는 구상은 임진왜란이나 임오군란·갑신정변을 체험한 소중화의 나라 조선 입장에서는 어쩌면 당연한 요구였는지도 모른다.

하지만 당시는 청-일 간에 톈진조약, 조-일 간에 제물포조약이 체결돼 있었다. 만약 청국 군대가 조선에 파병되면 일본군도 조선에 출동해 청-일 간에 격돌이 일어날 것은 불을 보듯 뻔했다. 그러나 대안이 없었다. 이러지도 저러지도 못하고 있는 와중에 현지에 파견된 초토사 홍계훈이 청군 원병을 강력 요청해 불을 질렀다.

홍계훈은 "바라옵건대 외국 군대를 빌려서 돕게 하신다면 저들은 형세가 고립돼 흩어지다가 힘이 다하면 와해될 것입니다. 일거에 만전을 기할 수 있는 것은 오직 이 한 가지 일에 달려 있사옵니다"(다보하시 기요시, 『근대일선관계의 연구 (下)』, 2016, 257쪽)라는 상주문을 올려 청군 증원을 요청했다.

홍계훈으로부터 청군 원병 요청을 받은 민영준은 5월 17일, "적의 세력이 갈수록 확대돼 그들을 초멸하거나 체포할 수 없으므로 이 사실을 전보로 연락해 원병을 요청하는 것이 사리에 맞을 것 같습니다"라고 고종에게 건의했다. 고종이 결정을 못 하고 머뭇거리자 민영준은 "이미 위안스카이와 밀약했으니 대신들을 불러 물어보는 것이 어떻겠습니까?"라고 재차 요청했다.

농민군, 잔혹하게 양반 공격

황룡촌에서 패전했다는 소식을 접한 조정은 5월 31일 이원회를 양호 순변사兩湖巡邊使에 임명했다. 이원회는 6월 2일 1,000명의 병력과 크루프식 야포 2문을 이끌고 서울을 출발해 육로로 남하했다.

농민군 지도부는 백산에서 12개조 기율을 제정 공포한 바 있다. 하지만 목숨이 오락가락하는 전투 현장에서, 더구나 민병대가 그런 기율 따위를 지켜야 할 이유는 없었다. 동학 농민군은 지배 계층의 학정에 억눌리고, 양반-상놈의 신분 구조에 억압받으며 갖은 학대를 받아왔던 존재들이었다. 이 와중에 억눌렸던 자들이 주인이 되는 세상이 왔으니, 자신들을 억압했던 계층에 대한 불타는 적개심과 복수심을 제어할 수단은 존재하지 않았다.

농민군은 양반·유생층을 "조상의 뼈다귀를 우려 백성의 고혈을 빨아먹는 족속"이라면서 잔인하게 공격했다. 농민군이 휩쓸고 간 곳에서는 참혹하고 끔찍한 일들이 연이어 벌어졌다. 농민들은 부호들의 재산을 약탈하고 보복했다. 충청도에서는 노비들이 상전을 붙잡아 불알을 까는 등 사형私刑을 가했다(신복룡, 『전봉준평전』, 2006, 162~163쪽).

갓 쓴 양반을 만나면 달려들어 "너도 양반이냐?"라면서 갓을 빼앗아 찢었고, 어떤 자들은 빼앗은 갓을 자기가 쓰고 거리를 쏘다녔다. 노비들은 주인을 붙잡아 주리를 틀고 곤장을 때렸고, 노비 문서를 불태우고 면천을 강요했다. 이 무렵 노비가 있는 집안에서는 흉흉한 소문을 듣고 노비 문서를 불태워 화를 피했다. 노비 가운데 착실한 사람은 노비 문서를 태우지 말아달라고 했으나, 그들의 기세가 점점 강해지자 주인들은 노비들을 두려워했다. 양반들 가운데는 주인과 노비가 함께 동학 농민군을 추종해 서로를 '접장'이라 부르는 일도 있었다(황현, 『오하기문』,

1994, 231쪽).

윤치호는 "그들(동학도)은 가는 곳마다 양반에게 깊고 깊은 증오감을 나타냈다. 양반들을 다룰 때 동학도들의 잔혹성은 프랑스 혁명 기간에 프랑스 귀족이 당했던 유혈 낭자한 대우를 연상시킨다"라고 썼다(『윤치호 일기』 1894년 2월 19일).

하지만 봉기한 농민군은 '척왜양' '척왜양창의'란 구호와는 달리 외국인에 대해서는 별다른 위해를 가하지 않았다. 제1차 봉기 과정에서 적지 않은 일본인들이 충청도·전라도를 여행했지만, 농민군이나 일반 백성들로부터 적대 행위를 당하지 않았다. 서양 선교사들도 호남 지역에서 농민군들로부터 해를 입은 사례는 없었다.

이 무렵 충청도에서 부산까지 여행한 일본인의 말에 의하면 동학 농민군을 만났지만 위해를 가하지 않았다. 농민군 중에는 오랫동안 일본에 체류했거나 서양을 다녀온 자도 있어 학식을 가지고 사리가 통하는 자들이 적지 않았다고 한다(배항섭, 「동학농민군의 외세 인식」, 『청일전쟁·동학농민혁명과 21세기 동아시아 미래 전망』, 동학과 청일전쟁 120주년 기념학술회의 자료. 2014년 11월 21일).

제12장

동학에 대한 과장된 신화

해리 맥도프(Harry Magdoff)는 미국의 정치경제학자이자 제국주의 이론의 대가이며, 저명한 좌파 계열 잡지 「먼슬리 리뷰(Monthly Review)」의 편집장을 역임했다. 그는 1875~1914년 기간을 그 이전의 제국주의(old imperialism)와 구분되는 신제국주의(new imperialism)의 발호기로 정의한다.

신제국주의 시대의 뚜렷한 특징은 자본주의 국가들의 산업화가 격렬하게 진전되면서 세계가 대량생산과 대량소비 시대로 이행됐다는 점이다. 대량생산을 뒷받침하기 위해 원자재 수요가 급격히 늘었고, 원자재의 국제적 운송을 위해 선박·철도의 증기화·대형화·고속화가 진행됐다. 한편에선 대량생산된 상품을 소비해 줄 시장의 확대가 요구됐다.

원자재를 안정적으로 확보하기 위해서는 자국에 원자재를 싼값에 독점 공급해 주는 나라가 필요했고, 대량소비를 위한 시장 국가의 필요성이 제기됐다. 이를 획득하기 위한 가장 편리한 수단은 군함과 대포를 앞세워 다른 나라의 주권을 빼앗아 식민지로 만드는 것이었다. 그 결과 대량생산-대량소비라는 새로운 패러다임은 인류의 앞날을 예측하기 힘든 질풍노도의 시대로 전력 질주하게 만들었다.

신제국주의 시대의 특징

제국주의 열강은 아시아·아프리카·태평양·중남미에서 식민지 획득을 위한 싸움을 치열하게 벌여 전 세계적인 식민지 분할 경쟁이 벌어졌다. 이처럼 식민지 쟁탈전이 러시를 이루던 시기를 해리 맥도프는 신제국주의 시대로 명명했다. 해리 맥도프는 신제국주의 시대에 벌어졌던 중요한 현상을 다음과 같이 분석했다.

첫째, 19세기 전반까지 구舊제국주의 시대에는 서양 열강의 팽창주의가 이미 장악하고 있는 영토들에 대한 지배력을 공고히 하는 데 집중됐다. 새로운 식민지 획득은 부차적인 일이었다. 반면에 신제국주의 시대에는 그때까지 독립을 유지하고 있던 아프리카의 거의 전 지역과 아시아의 상당 부분과 태평양의 많은 섬들이 서양 열강의 식민지로 넘어갔다. 그 결과 전 세계적으로 식민지 영토는 그 이전에 비해 거의 세 배로 증가했다.

둘째, 기존의 전통적 식민주의 제국들뿐만 아니라 독일·미국·이탈리아는 물론, 비서양 국가로서는 처음으로 일본이 식민주의 열강으로 가는 열차에 승차했다. 제국주의 국가가 수적으로 크게 늘면서 열강 간에 다른 열강이 이미 차지한 식민지를 빼앗기 위한 싸움이 벌어졌다(이삼성, 『동아시아의 전쟁과 평화 1』, 한길사, 2017, 333~334쪽 참조).

영국의 마르크스주의 역사가 에릭 홉스봄(Eric John Ernest Hobsbawm)은 신제국주의 시대가 구제국주의 시대와 비교해 다음과 같은 변화가 있었다고 지적한다.

우선 1875년부터 1914년까지 40년 동안, 지구 전체 넓이의 4분의 1 정도가 서구 제국들에 의해 분할되거나 재분할됐다. 이 시기에 대영제국 영토는 400만 평방마일이 늘었고, 프랑스는 350만 평방마일, 독일은

100만 평방마일 이상, 벨기에와 이탈리아는 각각 100만 평방마일에 약간 못 미치는 정도, 미국은 10만 평방마일, 일본도 이 시기에 중국·러시아·한국에서 약 10만 평방마일의 영토를 획득했다.

버마가 영국 식민지가 됐고(1886), 베트남·라오스·캄보디아가 프랑스 식민지로 전락했다(1884~93). 1898년 하와이와 필리핀이 미국 식민지가 됐다. 동아시아에서 간신히 독립을 유지했던 나라는 중국·시암(태국)뿐이었다.

그다음으로는 경제적 성격이 가미된 제국주의가 본격화하면서 중화제국의 변방을 놓고 영국·프랑스·러시아는 물론 일본까지 끼어들어 중화 제국의 붕괴를 야기했다. 청일전쟁은 조선을 속방으로 지키려는 청과, 그것을 빼앗아 자신의 영향권으로 만들려 한 일본 간의 전쟁이었다.

미국의 역사 무대 등장

청일전쟁이 진행된 1890년대는 유럽 중심의 근대사가 막을 내리고 '세계사'로서의 현대사가 시작된 시기다. 아편전쟁 이래 중국을 비롯한 동아시아에 집중됐던 영국 주도의 구제국주의를 대신해 미국·러시아·일본이라는 새로운 제국주의적 팽창이 동아시아에 밀려왔다. 시베리아로 향한 러시아의 동진東進과 태평양을 향한 미국의 서진西進은 동아시아가 그 종착지였다.

동아시아를 둘러싼 국제 환경도 이 시기에 근본적으로 변화한다. 우선 미국의 전통적 대외 정책이 1890년대 들어 급변했다. "먼 나라의 일에 말려들지 않는다"라는 '먼로주의(Monroe Doctrine)'로 상징되는 미국의 고립주의 외교 정책이 폐기되고, 1890년대 말부터는 가능한 지역으로의 적극적 팽창이 전개된다.

먼로주의란 미국은 유럽 일에 간섭하지 않을 것이니 유럽도 아메리카 대륙의 일에 간섭하지 말라, 아메리카 대륙에 더 이상 식민지를 만들지도 말라는 뜻이었다. 미국의 고립주의적 사고는 아시아 문제에서도 예외가 아니었다. 그런데 아시아에서 중국이라는 '젖과 꿀이 흐르는' 시장을 발견하면서 미국은 아시아를 위한 외교 정책 마련에 나섰다.

미국이 제국주의 쟁탈전에 뒤늦게 뛰어든 원인 중 하나는 군사력이다. 1890년대까지 미 해군력은 서양 열강에 비해 대단히 취약했다. 베어(George W. Baer)의 연구에 따르면 1889년 미국 해군보다 더 큰 해군을 보유한 국가는 11개국이나 존재했다(조지 베어, 김주식 옮김, 『미국 해군 100년사』, 한국해양전략연구소, 2005, 13쪽).

미국 최초의 팽창주의자는 링컨·존슨 행정부에서 국무장관을 지낸 윌리엄 수어드(William H. Seward)였다. 그는 1867년 미드웨이군도를 확보했고, 러시아로부터 알래스카를 사들여 태평양으로 진출했다. 1880년대 미국 팽창주의자들은 해군 증강 운동을 벌였다.

알프레드 머핸(Alfred Thayer Mahan)은 1890년 "강력한 해군을 보유한 국가가 세계적으로 더 강력한 영향력을 점유한다"라는 주장을 담은 『해양력이 역사에 미치는 영향(The Influence of Sea Power upon History)』을 발표했다. 머핸의 해양력(Sea Power) 개념은 전 세계 해군 전략에 큰 영향을 미쳤는데, 특히 미국·독일·영국 등이 그 영향을 많이 받았다.

미국의 외교사학자 윌리엄스(William Appleman Williams)는 1890년대를 미국의 내부적 위기가 본격화하기 시작한 시기로 평가했다. 1893년 시장 과열과 철도 분야에 대한 과도한 투자 거품이 결합해 경제 공황이 닥쳤다.

1790년 미국 인구는 393만 명에 불과했으나 1890년에는 6,297만 명으로 늘었다. 1890년대 중반 미국은 석탄, 철강 등을 비롯한 세계 산업 생산의 28.9퍼센트를 차지하는 세계 최대 공업국으로 부상했다. 미국의 산업화는 서부 개척과, 개척된 지역을 연결하는 철도 건설로 추진됐다.

미국의 철도 건설은 1850년 1만 2,000킬로미터, 1860년에는 4만 8,000킬로미터로 불과 10년 만에 네 배로 늘었다. 남북전쟁이 끝난 후 철도 건설은 폭발적으로 늘었다. 철도는 아메리카 대륙을 하나로 통합하고 서부 황무지 개척의 주인공 역할을 했다. 하지만 철도가 난개발되면서 200개의 철도회사가 난립했다. 급기야 철도 투자가 과열되면서 1893년 5월, 경제 공황이 폭발했다(조길연, 『비틀거리는 자본주의』, 꿈엔비즈, 2015, 270~273쪽).

미국인들이 대륙의 프런티어가 소멸했다고 생각했을 때, 해외에서 경제적 제국의 형태로 팽창을 계속해 나가는 것이 최선의 방법이라는 사실을 깨달았다(윌리엄 애플맨 윌리엄스, 박인숙 옮김, 『미국 외교의 비극』, 늘함께, 1995, 32쪽). 공황에 따른 경기 침체를 해결하기 위해 미국은 해외로 눈을 돌렸다. 하지만 이미 대부분의 해외 지역은 유럽 열강의 식민지로 변해 있었다.

미국의 '섬 제국주의' 전략

후발 주자인 미국이 진출 가능한 지역은 서양 열강의 손이 덜 탄 동아시아 지역뿐이었다. 1899년 미국은 구제국주의에 의해 이미 분할이 이루어진 청나라에 대해 '문호 개방' 압력을 넣는 등 동아시아 제국주의 세계의 일원으로 등장했다. 1890년대를 전후로 미국은 강력한 해군력 건설을 시작했다. 해군력을 바탕으로 미국은 쿠바·하와이·괌·필리핀을 비롯한 카리브해와 태평양으로 폭발적 팽창을 시작했다.

전문가들은 미국의 태평양 진출을 위한 교두보 확보 전략을 '섬 제국주의(insular imperialism)'로 명명했다. 즉, 중국과 같은 주요 시장에 접근하는 전략적 디딤돌로서 잠재적 유용성이 있는 섬이나 지역을 미국령으로 확보하는 전략이었다(이삼성, 『동아시아의 전쟁과 평화 2』, 2017, 399~400쪽 참조).

유럽 열강에 비해 아시아 진출이 늦었던 미국은 영국과는 반대로 아시아 국가들이 영국과 같은 유럽 열강의 영향권 아래 빨려 들어가지 않도록 하는 것이 자국의 국익에 부합되는 길이었다. 영국의 아시아 정책은 아시아 분할을 통해 힘을 빼는 '아시아 약화(weak Asia) 정책'이었다. 반면에 미국은 아시아 각국의 독립을 유지 강화시켜 자유로운 통상을 유도하는 '아시아 강화(strong Asia) 정책'이었다.

미국은 자국의 아시아 진출에 큰 걸림돌인 유럽 열강, 그중에서도 이미 확고부동한 기득권을 확보한 영국이 더 이상 아시아에 침투하는 것을 막는 작업을 외교의 우선 목표로 정했다. 이를 위해 일본을 강화시키기로 정책 방향을 설정했다. 미국의 아시아 정책이 친일적 색채를 띨 수밖에 없었던 이유는 바로 이것이다.

미국 입장에서는 조선이 확실하게 독립을 유지해 특정 국가의 독점적 지배 아래 들어가지 않아야 미국도 다른 열강과 대등한 통상 기회를 얻는다. 그런데 미국이 볼 때 조선은 이미 청·일 두 나라에 예속된, '희망 없는 나라'였다.

러시아도 시베리아횡단철도 건설을 통해 미국의 서부 개척과 비슷한 시기에 동진을 시작했다. 그 결과 러시아는 한반도에 깊은 이해관계를 만드는 데 성공했고, 영국과 일진일퇴의 외교 공방을 벌였으며, 1895년에는 삼국간섭을 통해 일본과 대결 국면에 들어섰다. 이것은 유럽을 중시하던 러시아가 아시아·태평양을 중시하는 전략으로 전환했음을 뜻한다. 1891년 러시아가 시베리아횡단철도를 착공하면서 영-러 간 대립은 더욱 첨예해졌다.

시베리아철도가 건설되는 모습을 착잡한 눈으로 지켜보던 일본은 이에 대한 대응으로 조선 진출을 위한 준비를 시작했다. 하필이면 비슷한 시기에 러시아·미국·일본이 중국에 출현하게 됐다는 점을 눈여겨봐야 한다. 청일전쟁 이후 동아시아 역사 전개는 이 세 나라의 각축이 진행되다가 러일전쟁으로 러시아 세력이 패퇴한다. 이후에는 미-일 간의 각축과 경쟁이 벌어져 태평양전쟁으로 향하는 방아쇠가 당겨진다.

1894년, 질풍노도와 같은 신제국주의 시기에 동학농민봉기가 일어났고, 동아시아의 전통적인 역내域內 지배 국가가 교체되는 청일전쟁이 발발했다. 이어 조선의 문명을 변화시킨 아관파천이 전개됐다.

동학농민봉기는 한국 역사상 가장 대규모였고 격렬한 민중 봉기였다. 청일전쟁 기간에 추진된 갑오경장은 조선 사회를 뿌리부터 뒤바꾸는 제도 개혁 운동이었으며, 청일전쟁은 수천 년 중국 중심으로 전개돼 온 동아시아의 구도를 근본적으로 재편하는 획기적인 전쟁이었다.

1894년이야말로 한국 근대화의 기점을 이루는 결정적인 시기였다. 일본 입장에서도 중대한 의미를 가지는 해였다. 메이지유신으로 근대화의 기틀을 완성한 일본은 중국 중심의 동아시아 질서를 일본 중심으로 재편한다는 국가적 과제가 눈앞에 닥쳤다. 이를 위해서는 가장 먼저 조선 문제 해결이 급선무였다.

청나라는 조선을 속방으로 여기고, 사대를 기축으로 하는 화이질서의 틀 속에서 보호하고 있었다. 조선 문제 해결을 통한 동아시아 질서의 재편은, 말을 바꾸면 중국 중심으로 작동하던 동아시아 질서를 일본 중심으로 돌려놓겠다는 뜻이다. 이를 위해서는 중국과 속방의 고리로 묶여 있는 조선을 독립 국가로 만든 다음, 일본의 세력권에 포함시켜야 했다.

하지만 몇백 년 동안 끈질기게 작동해 온 화이질서를, 말을 앞세운 외교 능력으로 단절시킬 수는 없었다. 당시는 군함과 대포를 앞세워 강한 나라가 약한 나라를 잡아먹는 신제국주의 시대였다. 근대화의 세례를 받은 일본도 '파우스트 정신'을 표출할 실력이 어느 정도 갖춰진 나라였다.

동학군, 전주성 점령

동아시아의 새 질서 창조는 물리적 방법이 유일한 해결책이라 믿고 때를 기다리던 일본 앞에 호박이 넝쿨째 굴러들었다. 조선에서 동학 농민군이 봉기한 것이다. 장성 황룡촌 전투에서 승리한 동학 농민군은 전주를 향해 북진을 개시했다. 월평을 출발한 농민군은 노령을 넘어 정읍을 통과했다. 5월 29일 농민군이 원평에 이르렀을 때 때마침 관군을 위로하기 위해 내탕금 1만 냥을 가지고 서울에서 내려온 선전관 이주호 및 수행원 두 명과 마주쳤다. 농민군은 이들을 체포해 원평 장터에서 목을 쳤다.

5월 30일, 농민군은 전주에서 30리 떨어진 두정에 도착했다. 홍계훈이 이끄는 경군은 장성에서 패퇴한 병력을 수습해 고창·정읍을 거쳐 금구에 이르렀다. 경군은 동학군의 뒤를 따라 북상한 형국이 됐다. 동학 농민군은 5월 31일 날이 밝을 무렵 전주 서문 밖에 나타났다.

홍계훈이 동학군을 추격하러 나가면서 거의 모든 병력을 쓸어 갔기 때문에 전주성 내에는 성을 지킬 병력이 거의 없었다. 게다가 감사 김문현은 삭탈관직됐고 신임 감사 김학진은 아직 부임해 오지 않아 지도부 공백 상태가 발생했다. 동학군이 전주에 육박했을 때 전주성은 무방비 상태나 다름없었다. 이미 파면된 전라 감사 김문현과 판관判官 민영승이 성내에 남아 있는 군졸과 민간인 장정들을 긁어모아 성문을 지켰다.

5월 31일은 전주 서문 밖에서 장이 서는 날이었다. 농민군 수천 명은 이날 새벽 장꾼들과 섞여 성안으로 잠입했다. 정오 무렵 장터 건너편 용머리고개에서 요란한 대포 소리와 함께 수천 발의 총소리가 울렸다. 요란한 총소리에 놀란 장꾼들이 정신을 잃고 뒤죽박죽이 됐다.

서문이 열리면서 농민군이 일제히 난입하자 전주성을 지키던 군졸들은 뿔뿔이 흩어져 달아났다. 그 바람에 전주성은 힘 한번 제대로 써보지 못하고 무너졌다. 전봉준은 농민군을 이끌고 서문으로 들어가 선화당을 점령했다. 김문현과 판관 민영승은 조경전肇慶殿(전주 이씨 시조의 위패를 봉안한 사당)과 경기전慶基殿(태조 이성계의 영정을 모신 사당)에 있는 위패와 영정을 위봉산성으로 옮긴다면서 성을 탈출했다.

순식간에 전라도 감영이 설치돼 있는 수부首府 도시이자 조선 왕조의 발상지를 빼앗겼다. 이것은 동학 농민군의 전라도 장악, 나아가 조선 조정에 대한 실질적인 도전이었다. 이날 서울에서는 국왕이 주재하는 긴급 대신 회의가 열렸다. 이 자리에서 동학 농민군 진압을 위해 청군의 출동을 요청하는 문제로 열띤 논란이 벌어졌다. 회의 결과 청군 파병 요청으로 결론이 났다.

같은 날 바다 건너 일본에서는 의회가 이토 히로부미 내각에 대한 불신임안을 가결해 파란이 일었다. 이 와중에 조선에서 날아온 '청국에 원병 요청' 소식은 정치적 위기에 몰린 이토 내각에게는 무엇보다 반가운 소식이었다.

홍계훈이 이끄는 경군은 동학 농민군의 뒤를 따라 6월 1일 전주성 외곽에 도착했다. 전주성 남쪽 완산에 진을 친 관군은 전주성을 포위하고 성내의 동학군과 대치했다. 동학 농민군 스스로 전주성에 들어가 농성하는 바람에 양군의 전면전은 불가피해졌다.

전주성에서 두 차례 패전한 동학 농민군

높이 183미터의 완산은 전주천을 건너 시가지가 내려다보여 전주성을 공격하기에 유리한 지형이었다. 관군은 6월 1일 밤, 크루프 포를 동원해서 전주성을 향해 포탄을 퍼부어 성안 곳곳에서 화재가 발생했다. 농민군은 장성 황룡촌 전투에서 관군에게 야포와 기관포 각 1문과 탄약을 노획했으나 사용법을 몰라 팽개쳐 두었다.

하지만 농민군의 전주성 점령은 전략·전술 면에서 치명적인 실수였다. 그동안 동학 농민군은 전라도 일대를 휘젓고 다니면서 어디로 튈지 모르는 럭비공처럼 어지럽게 기동했다. 덕분에 추격하는 관군은 농민군 행로를 예측하지 못해 계속 뒷북만 쳤다. 이 와중에 주력 부대가 통째로 전주성으로 들어가 농성하는 바람에 농민군은 독 안에 든 쥐 신세가 돼버렸다.

관군에게 포위당한 농민군은 양식이 바닥나고, 완산에서 시도 때도 없이 날아오는 포탄과 총탄에 많은 사상자가 발생했다. 그제야 농민군은 전주를 계속 점령하는 것이 불가능하다는 사실을 깨달았다.

바다 건너 청국과 일본에서 군대 파병을 위한 움직임이 시작되고 있을 때, 동학 농민군은 전주성에 갇혀 관군의 포탄 세례에 시달렸다. 며칠간 관군의 포격으로 큰 피해를 당한 농민군은 6월 4일 오전 10시경 남문과 서문을 열고 나왔다. 그들은 완산 주봉에 진을 친 관군을 공격하기 위해 돌격했다. 헐떡이며 경사로를 올라오는 농민군을 향해 관군은 개틀링 기관포 공격을 퍼부었다. 농민군은 300여 명이 전사하는 큰 손실을 입고 퇴각했다.

6월 5~6일 본격적인 대전투가 벌어졌다. 완산에서의 승리로 사기가 오른 관군은 6월 5일 크루프 포와 회선포로 전주성에 포탄을 퍼부었다. 이때의 포격으로 서문 밖 일대 민가에 화재가 발생해 500~600호가 불에 탔다.

6월 6일, 농민군은 또다시 서문과 북문을 열고 나왔다. 그들은 황색 깃발을 앞세우고 용두현 서쪽 봉우리의 관군 진지를 공격했다. 그러나 관군에게 역습을 당해 500여 명이 사살당하고 대장기와 총검 500여 자루, 화약 1,000여 근, 탄환 5만 8,000발 등을 빼앗겼다. 이날 전투에서 전봉준은 왼쪽 허벅지에 총상을 입었고, 소년 장사로 이름을 날렸던 이복룡과 용맹을 떨쳤던 농민군 장수 김순명도 전사했다.

역습에서 간신히 살아남은 농민군은 사방으로 흩어져 도주하다가 관군에게 붙잡혀 참수됐다. 이날 북문 밖에서의 패전으로 동학 농민군은 전의를 완전히 상실했다. 일부에서는 전봉준을 잡아 홍계훈에게 바치고 목숨을 빌자는 논의가 일어났다(국사편찬위원회, 『한국사 39: 제국주의의 침투와 동학농민전쟁』, 2013, 349쪽).

조정은 경군이 성 내부를 함부로 공격해 왕조 창업자들의 위패와 영정을 모신 사당이 부서지거나 불에 탈 우려가 있으니 조심하라는 지시를 내렸다. 관군 지휘관 홍계훈은 조심스럽게 공격할 수밖에 없었다. 고종은 신임 전라 감사에 김학진을 임명하면서 그에게 "동학 농민군을 귀순시켜 생업으로 돌아가도록 회유하라"라고 지시했다. 이러한 고종의 뜻이 김학진을 거쳐 초토사 홍계훈에게 전달됐다.

동학 농민군, 전주성에서 철수·해산

조정이 동학 농민군 섬멸이 아니라 해산으로 방침을 전환한 이유는 전주성 공방전의 와중에 청군 원병 파병이 결정됐기 때문이다. 국왕의 뜻을 전달받은 홍계훈은 동학군이 전의를 상실한 기회를 타서 고종이 내린 윤음綸音을 성안의 동학군에게 뿌리고 선무 공작을 실시했다.

홍계훈이 전주성 내에 뿌린 윤음의 요지는 "관리 탐학의 폐는 조정에서 법으로 다스릴 것이며, 전라 감사와 고부 군수, 안핵사 등은 이번 변란의 책임을 물어 정부가 적절히 징계했다. 수령들에 대해서는 그들의 행적을 조사해 처벌할 것이니 너희들은 각자 고향으로 돌아가 본업에 종사하라"라는 내용이었다.

홍계훈은 "동도대장 전봉준은 이미 죽었으므로 그의 위협으로 추종했던 자에 대해서는 문책하지 않을 것이니 무기를 바치고 귀화하라"라고 헛소문을 퍼뜨렸다. 그는 또 고향에 돌아가 본업에 종사하면 아무 일도 없을 것이며, 귀향 도중의 안전 보장을 위해 '물침표勿侵票(귀향 허가증)'를 내주겠다고 약속했다(한우근, 『동학과 농민봉기』, 1997, 120쪽).

6월 4일에 이어 6일 전투에서도 동학 농민군이 대패해 수많은 사상자가 발생하고 일부는 달아나는 등 전의를 완전히 상실했다. 게다가 그 무렵은 보리 수확과 모내기 준비에 바쁜 농번기였다. 때문에 집으로 돌아가고자 하는 농민들이 속출했다. 고민 끝에 전봉준은 6월 7일 초토사 홍계훈에게 "아무리 학정을 해도 정부에서 못 들은 척하고 내버려 두어 백성들만 생명 재산을 보존하기 어려워 거병했는데 탐관오리를 없애버리자는 것이 무슨 죄가 있는가?"라는 내용의 원정서原情書를 보냈다. 이른바 휴전을 제의한 것이다.

조정에서는 논의 끝에 전봉준의 휴전 제의를 수락하기로 결정했다.

고종이 홍계훈에게 농민군과의 휴전을 수락하라고 지시함으로써 6월 10일 전주화약이 성립됐다. 조정은 27개조의 폐정 개혁안을 실시하고 농민군은 전주에서 철수하기로 했다(국사편찬위원회, 『한국사 39: 제국주의의 침투와 동학농민전쟁』, 2013, 349쪽).

양측이 포위를 풀고 해산을 결정한 6월 8~10일, 청군 2,500여 명이 충청도 아산만에 상륙했다. 뿐만 아니라 청군이 아산만에 상륙하기 전인 6월 9일부터 인천에 대규모 일본군 병력이 상륙했다. 6월 11일, 홍계훈은 사면령을 내리고 관군의 전주성 포위를 풀었다. 관군이 포위를 풀자 전주성에서 농성하던 농민군은 동문과 북문을 열고 북을 울리고 춤을 추면서 일제히 성을 빠져나갔다.

관군은 농민군이 성에서 다 빠져나간 후 성벽에 사다리를 걸고 군사를 성안으로 들여보내 남문을 연 다음 전주성에 입성했다. 홍계훈이 전주성에 들어갔을 때 시체가 여기저기 널려 있었다. 날씨가 무더워 시체에서 고약한 냄새가 풍겼다. 며칠 동안 시체를 치웠지만 다 치우지 못할 정도였다.

전주는 물산이 풍부하기로 남쪽에서 으뜸가는 지역이었다. 서문 밖 상점과 부잣집들은 재물과 돈이 가득해 '금구덩이'라 불렸다. 관군의 포격으로 화재가 발생해 상점과 부잣집 밀집 지역 일대가 잿더미로 변했다. 타고 남은 거적과 돌 부스러기들이 뼛조각과 뒤엉켜 거리 풍경은 처참했다(황현, 『오하기문』, 1994, 104쪽).

전봉준의 봉기 초반 남접 토벌을 강력 주장했던 북접 간부들은 남접 소속의 동학 농민군이 황토현과 장성 황룡촌 전투에서 승리하고 전주성까지 점령하자 슬그머니 주전론으로 돌아섰다. 북접도 남진해 전주성에 일부 병력을 보냈다. 이것은 전봉준이 이끄는 남접을 지원하기 위한 거병이 아니라, 남접 세력이 더 이상 강해지는 것을 저지하기 위한 목적이었다.

동학 농민군은 전주성에서의 패전과 관군 측의 선무 공작으로 지리멸렬했다. 만약 남·북접이 힘을 합쳤다면 그 후의 역사는 어떻게 전개됐을까?

'전주화약和約'의 실체는 무엇인가

증원 병력을 이끌고 남하하던 양호순변사 이원회가 공주에 이르렀을 때 전주의 동학 농민군이 해산해 고향으로 돌아갔다. 6월 22일 이원회는 앞으로 관리들이 귀향한 농민들을 다시 괴롭히는 일을 엄금할 것이며, 각 면·리에 집강執綱을 두어 민간에 억울한 일이 있으면 집강을 통해 관아에 호소하게 해서 공정히 처리하겠다는 뜻을 밝혔다(한우근, 『동학과 농민봉기』, 1997, 127~128쪽).

이 무렵 동학 농민군의 봉기로 전라도 일대의 행정 체계가 붕괴했다. 때문에 동학의 협력 없이는 전라도 일대의 지방 행정이 불가능한 실정이었다. 6월 23일, 신임 전라도 관찰사 김학진은 전봉준을 비롯한 농민군 지도부를 감영으로 초청해 전라도 일대의 치안 복구를 위해 관민이 서로 화합할 것을 제안했다.

이날 전봉준은 큰 관을 쓰고 마의를 입은 채 나타났다. 신임 관찰사와 전봉준은 관민이 서로 화해할 수 있는 수습 방안을 논의했다. 이 자리에서 조정과 동학 농민군 지도부 간에 폐정 개혁과 탐관오리 제거를 위한 12개조의 폐정 개혁안에 합의했다고 알려졌다. 조정은 농민군의 폐정 개혁 12개조 제안을 수용해 동학 농민군 봉기는 막을 내렸다. 이것이 '전주화약和約'이다.

그런데 전주화약의 정황을 정밀 분석해 보면 지금까지 알려진 것과는 다른 내용들이 많다(장영민, 「동학농민군의 '전주화약'에 관한 재검토」, 『진산 한기두 박사 회갑기념문집』, 원광대, 1993, 1268~1286쪽 참조).

우선 전주성 전투는 일부 연구자들의 주장처럼 동학 농민군의 승리가 아니라 관군의 일방적인 승리였다. 전주성 전투에서 동학 농민군이 관군을 제압했다고 기술한 것은 역사적 사실(historical fact)을 거꾸로 뒤집은 엉터리다. 관군이 압승하고도 전주성을 즉시 탈환하지 않은 이유는 고종이 전주성 내 양민의 무고한 희생을 걱정해 자제를 명했기 때문이다.

둘째, 일방적으로 승리한 관군이 동학 농민군에게 화약을 요청해야 할 이유는 없었다. 농민군은 두 차례 성문을 열고 나가 무모한 전투를 벌이다 패주해 궤멸 일보 직전에 몰렸다. 농민군은 휴전 조건으로 뭔가를 요구할 상황도 아니었다.

홍계훈도 동학 농민군에게 폐정 개혁이나 탐관오리 처벌을 약속한 사실이 없다. 초토사의 목표는 '비도匪徒의 귀화'였을 뿐, 농민군과 관군 사이에 화약 같은 것은 존재하지 않았다. 관군의 무력에 압도당한 농민군이 자진 해산한 것이 전주성 전투의 진상이다.

미증유의 반란이 일어난 지역을 선무해 원상을 회복해야 할 책임이 있던 전라도 관찰사 김학진은 전봉준에게 남원·나주·운봉을 제외한 전라도 53개 군현에 동학교도에 의한 자치 기구를 설치해 개혁안을 추진할 것을 약속했다. 이날 김학진은 "백성들이 살고 있는 마을마다 집강을 배치할 것이니 원통하고 답답한 일이 있으면 해당 집강이 사유를 갖춰 관청에 호소한 다음 그 결정에 따르도록 할 것"이라고 약속했다(황현, 『오하기문』, 1994, 175~176쪽). 이것이 전주화약의 실체다.

전주에는 전라좌우도 대도소大都所를 두고, 각 군현에 집강소가 설치됐다. 전봉준은 금구 원평에 머물면서 전라우도를, 김개남은 남원을 근거로 전라좌도를 담당해 전라도 내의 집강소를 총괄 지휘해 폐정 개혁을 시행했다. 집강소는 집강 산하에 서기·집사 등을 두고 행정을 관장했다. 군수·현령·현감은 이름뿐이었고, 지방 정부의 아전들은 모두 동학에 입적해야 이름을 보전할 수 있는 형편이었다.

하지만 집강소 설치가 순조롭게 진행되지는 않았다. 남원·운봉·나주·순창의 경우 관리들이 집강소 설치를 거부하고 농민군 입성을 저지했다. 나주는 목사 민종렬이 지휘하는 관군이 농민군을 무력으로 내쫓았다. 농민군 지도부는 남원에 김개남, 운봉에 김봉득, 나주에 최경선 부대를 파견해 무력으로 점령하고 집강소를 설치했다(신용하, 『동학과 갑오농민전쟁연구』, 1993, 184~185쪽).

집강소가 설치된 후 동학이 내세운 폐정 개혁안이 어느 정도나 실시됐는지는 분명치 않으나, 지방에 새로운 기풍을 불어넣은 것은 분명해 보인다. 일부 연구자들은 이런 모습에 흥분해 집강소가 한국 민주주의의 뿌리라고 주장한다.

집강소 운영 기간 동안 호위군 역할을 한 것은 해방된 천민들로 구성된 천민군賤民軍 부대였다. 이들은 무법한 활동을 통해 원한을 갚으려 하면서 호남 일대가 아수라장이 됐다(신용하, 『동학과 갑오농민전쟁연구』, 1993, 108쪽). 동학 농민군이 전주를 점령한 동안 충청도와 전라도 곳곳에서 봉기가 일어나 관청과 지방 양반들 저택이 습격당했다. 양반 집안은 하인들로 자위대를 조직해 농민들과 전투를 벌여 곳곳에서 죽고 죽이는 비극이 연출됐다.

이처럼 극렬한 신분 투쟁은 일본군을 몰아내기 위한 제2차 봉기 때

적나라하게 드러났다. 각지에서 봉기한 농민군이 양반들을 공격하자, 양반들은 관군과 일본군에 호응해 민포군民包軍을 편성하고 농민군을 공격했다(신용하, 『동학과 갑오농민전쟁연구』, 1993, 113쪽).

폐정 개혁 12개조도 '역사적 사실'이 아니다

조정과 농민군 대표는 각 읍에 집강소를 설치하고 폐정 개혁을 위한 12개조를 공포했다고 알려졌는데, 그 내용은 다음과 같다.

① 동학교도와 정부 사이에 오래 끌어온 원한을 씻고 모든 행정에 협력할 것.
② 탐관오리는 그 죄상을 조사해 엄하게 징계할 것.
③ 횡포한 부호를 엄하게 징계할 것.
④ 불량한 유림과 양반의 무리를 징벌할 것.
⑤ 노비 문서를 불태워 버릴 것.
⑥ 7종의 천인 차별을 개선하고 백정이 쓰는 평량갓(패랭이)을 없앨 것.
⑦ 청상과부의 재가를 허락할 것.
⑧ 무명잡세는 일체 폐지할 것.
⑨ 관리의 채용은 지벌地閥을 타파하고 인재를 등용할 것.
⑩ 외적外敵과 내통하는 자는 엄하게 징계할 것.
⑪ 공·사채를 물론하고 기왕의 것을 무효로 할 것.
⑫ 토지는 평균해 나누어 경작케 할 것.

폐정 개혁에 제시된 노비 제도 혁파, 천민에 대한 차별 금지, 토지 균분 같은 내용이 사실이라면 동학은 체제 변혁 성격이 분명하므로 반봉건·평등주의적 혁명이라는 평가가 가능하다. 그런데 학자들의 연구에 의해 폐정 개혁안 12개조는 실제 존재한 것이 아니라 꾸며낸 허구라는 사실이 밝혀졌다.

폐정 개혁 12개조는 국내에 사회주의 사상이 팽배했던 1930년대 후반, 동학에 몸담았던 오지영이 쓴 『역사소설 동학사東學史』라는 작품에 처음 등장했다. 천도교계의 오지영이란 사람이 꾸며낸 소설이었다는 뜻이다. 오지영의 12조 '폐정 개혁'에 등장하는 반봉건적·평등주의적 개혁 요구 조항은 1894년 이전에 쓰인 다른 어떤 동학 관련 논저에서도 찾아볼 수 없는 내용이다(유영익, 『동학농민봉기와 갑오경장』, 1998, 17쪽).

이런 내용들이 밝혀지자 동학을 혁명이라 주장해 온 학자들이 말을 바꾸기 시작했다. 재일 교포 학자 조경달은 오지영이 주장한 『동학사』의 폐정 개혁안 조목은 모두 의심스럽다고 전제하면서도 이 내용이 오지영에 의한 작위作爲의 산물로 생각하지는 않는다고 밝혔다. 똑 부러진 강령은 없었지만 폐정 개혁 12조목은 도찰都察 직임을 가진 오지영이 각 도소에서 민중의 내적인 요구나 실제로 행해진 폐정 개혁을 견문한 것에 기초해 기술했다는 것이다.

국사편찬위원회가 펴낸 『한국사 39』도 이와 비슷한 입장이다. 김학진과 전봉준 사이에 문서화하지는 않았지만 서로의 양해로 합의된 사항들로서, 농민군이 실제로 시행한 개혁 사업이나 장차 시행하려는 내용 중 일부를 오지영이 기술한 것이 12개조 폐정 개혁안으로 생각된다는 것이다(국사편찬위원회, 『한국사 39: 제국주의의 침투와 동학농민전쟁』, 2013, 408쪽).

독립운동사 연구가 박찬승은 "12개조와 같이 명시된 폐정 개혁 정강은 없었다고 생각되지만, 그 폐정 개혁 정강들은 집강소 시기의 정황을 잘 요약해서 보여주는 것들"이라고 주장했다(박찬승, 「1894년 농민전쟁의 주체와 농민군의 저항」, 『1894년 농민전쟁 연구』 5, 역사비평사, 1997, 126~127쪽). 어쨌거나 어떤 주장을 근거로 하든 '명문화된' 폐정 개혁 12개조는 존재하지 않았다는 사실에는 변함이 없다.

반일反日 정서보다 더 강했던 반중反中 정서

또 한 가지 유념해야 할 부분은 동학농민운동의 반외세 투쟁을 논할 때 반일 정서만 강조할 뿐, 반중 정서는 거론조차 하지 않는다는 점이다. 이런 현상은 심각한 오류이자 역사 왜곡이다. 1882년 청이 군사 개입해 임오군란을 진압한 후 1894년 동학 농민군이 봉기하기까지 12년간, 청나라에 의한 철저한 속방화 정책이 시행됐다.

이 기간 동안 조선의 내·외정에 집요하게 간섭하고 광범위한 이권 탈취와 조선인 수탈을 자행한 주인공은 일본이 아니라 중국이었다. 특히 위안스카이가 주차조선통상교섭사의로 부임한 이후 청국 정부의 비호 아래 자행된 경제 침탈은 전 국민적 저항을 불러일으켰다.

이제 동학 농민군의 봉기가 이후 역사 흐름에 어떤 영향을 주었는지를 점검할 차례다(이환호, 「중국 태평천국혁명과 동학 농민혁명의 비교연구」, 129~132쪽).

우선 동학 농민군의 개혁 요구는 갑오경장 개혁, 1895년 1월 7일 자주독립 서고문誓告文, 폐정 개혁안(홍범 14조)으로 이어졌다. 그 결과 지주제도 폐지, 토지 개혁 추구, 문란했던 삼정三政의 개혁 등 백성을 위한 대개혁의 계기가 됐고, 근대화의 모형을 제시했다는 의미를 갖는다.

둘째, 반상의 엄격한 질서로 이루어졌던 신분제 폐지의 결정적 계기가 됐다.

셋째, 불평등한 경제 체제, 문화 제도 등 봉건적 잔재를 뿌리 뽑는 데 일조했다.

이환호는 1850년대 중국에서 일어난 태평천국운동과, 1894년 조선에서 일어난 동학 농민군 봉기가 여러 가지 공통점이 있다고 밝혔다(이환호, 「중국 태평천국혁명과 동학농민혁명의 비교연구」, 133~134쪽).

첫째, 시대적 배경과 주도 세력의 공통점이다. 중국과 한국에서 일어난 운동의 주도 세력은 소외된 양반이나 농민으로서 사회에 불만이 많은 계층이었고, 이들이 구심점이 돼서 운동을 이끌어갔다.

둘째, 두 운동 모두 반봉건적이고 민주주의적인 경향을 내포하고 있었다는 점이다.

셋째, 종교적 요소와 색채다. 태평천국은 변형된 기독교 사상과 도가 사상, 중국 고유의 토속 신앙이 융합된 독특한 종교적 교리를 근본 사상으로 삼았다. 동학은 샤머니즘을 바탕으로 유儒·불佛·선仙을 융합한 교리를 가진 종교 운동이었다.

넷째, 두 운동 모두 외세의 개입으로 실패했다는 사실이다.

동학농민혁명기념재단 홈페이지(http://www.1894.or.kr)에는 동학농민봉기의 역사적 의의를 "미완의 혁명으로 끝났으나, 19세기 후반 우리나라와 동아시아의 국제 질서를 변화시키고 중세에서 근대로 이행하는 과정에 큰 영향을 끼쳤으며, 을미의병 활동, 3·1 운동, 4·19 혁명, 5·18 광주민주화운동의 모태로서 오늘날 평등 사상과 자유민주화의 지평을 연 근대 민족사의 대사건"으로 규정하고 있다. 학계의 일반적인 시각도 이와 비슷하다.

동학의 참모습

오늘날 한국의 국사학계는 청일전쟁과 갑오경장에 대해서는 거의 무관심한 반면, 이 두 사건의 기폭제가 된 동학농민운동에 대해서는 '혁명' 혹은 '농민전쟁'으로 정의하고 한국의 대표적인 반봉건·반침략(반제) 민중 운동으로 자리매김하고 있다.

동학을 혁명 또는 농민전쟁으로 평가하는 사람들은 이 운동을 토마스 뮌처(Thomas Müntzer)가 일으킨 독일 농민전쟁(1524~1525)이나 홍슈취안洪秀全의 태평천국의 난(1850~1864), 프랑스 대혁명(1789)에 대비시켜 근대적 이상을 지향한 사회 혁명으로 정의한다. 그 결과 1894년 농민 봉기는 한국의 민족주의, 사회주의, 대중적 민주주의 발달에 획기적인 발판을 마련한 진보적 민중 운동이었다는 것이다(유영익, 『동학농민봉기와 갑오경장』, 1998, 2~3쪽).

문재인 정부의 문화체육관광부는 2018년 9월 5일부터 동학농민혁명 참여자와 후손의 명예 회복을 위한 유족 등록 사업을 9년 만에 재개했다. 노무현 정부 시절인 2004년 '동학농민혁명 참여자 명예회복 심의위원회'가 동학혁명 참여자 3,644명과 유족 1만 567명의 등록을 받고 2009년 활동을 종료한 바 있다. 이 위원회가 또다시 활동을 재개한 이유는 2017년 12월, 호남 지역구 의원들을 중심으로 "유족 등록을 못 한 사람들이 많다"라면서 '동학농민명예회복법' 개정안을 통과시킨 탓이다.

명확하게 밝혀진 사료에 근거할 경우 이런 긍정적 평가와는 전혀 다른 모습의 동학이 눈앞에 나타난다. 동학 농민군은 두 차례 봉기했다. 전봉준이 주도한 1894년 봄의 제1차 봉기는 조선 왕조에 불만을 가진 농민들이 벌인 '무장 개혁 운동'이었다. 그것은 민씨 척족 정권을 무너뜨리고 대원군을 받드는 새 정부를 세우려 했던 정치 혁명이었다.

1894년 겨울의 제2차 봉기는 전봉준 등이 대원군과 협의해 일으킨 한국 근대사상 최초의 본격적인 의병 운동이었다(유영익, 『동학농민봉기와 갑오경장』, 1998, 207~208쪽).

평소 '공맹孔孟의 학學'을 배우고 가르치던 전봉준이 1891년부터 대원군과 내통하고 동학 교단 조직을 이용해 일으킨 것이 제1차 봉기다. 전봉준을 비롯한 동학 지도부는 다양한 문건을 통해 자신들의 거사 동기를 밝히고 개혁을 요구했다.

제1차 봉기를 이끈 지도자들이 거사 동기를 천명하기 위해 발표한 문건 중 가장 중요한 것은 4월 27일 전라도 무장에서 공포한 '포고문'이다. 이 포고문에서 전봉준은 신하들이 나라에 보답할 일은 생각지 않고, 봉록과 지위만을 도둑질해 차지하고, 국왕의 총명을 가리고 온갖 아양을 일삼으며 정직한 사람을 비도匪徒로 몰아세운다고 통렬히 비판했다.

그는 또 벼슬아치 임명을 돈벌이 수단으로 생각하고, 과거 치르는 마당은 물건을 사고파는 저자로 변했으며, 백성에게서 거둔 세금과 물건은 국고에 들어가지 않고 세도가의 배만 채우고 있다고 질타했다. 그 결과 나라 망하는 꼴을 구경만 하고 있을 수 없어 "의기義旗를 들어 나라를 보전하고, 백성을 편안케 하고자 일어섰다"라고 선언했다.

'혁명가'로 포장된 전봉준의 실제 모습

'무장 포고문' 다음으로 중요한 문건은 1894년 4월 30일 동학 농민군이 백산에 주둔했을 때 발표한 '4대 명의名義'다. 이 자료에 나타난 지도부의 바람은 '충효 및 성도聖道·성훈聖訓의 실천'이다. 이후 농민군은 장성에서 전라 감사 김학진에게 12개조의 요구 사항原情을 내걸고 이를 허가하라고 촉구했다. 이때의 요구 사항도 부정부패가 심각한 전운사 혁파, 조세 수취 과정에서 중간 수탈을 행하는 수령과 향리 처벌, 그리고 마지막 12조에 "대원군이 국정에 간예干預하는 것이 민심이 바라는 바"라고 주장했다.

동학 농민군이 전주성을 점거한 후 전봉준은 초토사 홍계훈에게 "국태공인 대원군을 받들어 나라를 맡기자는 것은 너무나 당연한 일이거늘 어찌하여 (이런 주장을 하는 우리들을) 불궤죄不軌罪로 몰아 죽이려 하는가"라고 주장했다.

전봉준이 이끄는 동학 농민군은 민씨 척족 정권을 타도하고 대원군을 받드는 새 정권을 수립해 내정을 바로잡으려 했다. 그리고 붕괴하는 양반 신분 체제를 온존시켜 유교적 사회 기강을 유지하려 했다. 또 삼정의 폐단을 시정하라고 요구했다. 다시 말하면 동학 농민군은 국가 지도자 교체를 통한 보수적·복고적 구국 방책을 주장한 것이다.

이것은 왕조 교체를 목표로 한 역성혁명도 아니요, 민주주의적 원리를 바탕으로 한 국민혁명은 더더욱 아니었다. 그들은 기존의 사회 체제를 전면 부정하고 만민평등 사상에 입각한 평등주의 사회를 창출하려는 사회혁명을 기도하지도 않았다(유영익, 『동학농민봉기와 갑오경장』, 1998, 218쪽).

전봉준은 자신의 거사를 '충의' 명분으로 정당화했다. 자신이 거느린 농민군을 '충의지사忠義之士' 혹은 '의병'이라 불렀고, 농민 봉기를 '의거'라 명명했다. 봉기 과정에서 기회가 날 때마다 조선 왕조에 대한 충성심을 표출함으로써 자신이 조선 왕조를 확고히 받드는 충신임을 증명하기 위해 노력했다.

동학 농민군은 공자의 가르침에 기반을 둔 전통적 정치·사회 질서의 복구 내지 재건을 내세웠다. 이를 통해 세상을 구제하고 백성을 편안하게 하는 제세안민濟世安民이 봉기의 주된 이유였다. 그들은 위정척사파 유생과 동학 상소자들이 주장했던 것처럼 일본 및 서양 오랑캐 추방을 행동 목표로 삼았다.

유영익은 전봉준의 재판 기록과 일본 영사관 심문 기록 등을 연구한 끝에 전봉준은 농민 항쟁을 통해 체제 변혁을 추구한 사실이 없음을 명확하게 밝혀냈다. 전봉준은 '반봉건 혁명'을 한 것이 아니라 농민을 괴롭혀온 수령과 탐관오리를 징치하고, 보부상의 작폐와 부세의 남징을 국왕이 바로잡아 달라고 요구한 것이다. 전봉준은 농민군을 이끌고 서울로 진격해 국왕을 현혹하는 권세가를 멸하고, 기강과 명분을 바로잡고, 성인의 가르침을 떨치고자 했다는 것이다.

전봉준에 대한 판결 선고서에 나타난 농민군의 요구도 마찬가지다. 농민을 괴롭히는 수령과 탐관오리를 징치하고, 보부상의 작폐와 조세의 남징을 국왕이 바로잡아달라는 것 그 이상도 이하도 아니었다. 동학 농민 봉기는 유교적 근왕주의에 입각해 백성의 살림살이를 안정시키고자 한 복고적 개혁이었다(유영익, 『동학농민봉기와 갑오경장』, 1998, 16~28, 178~205쪽).

전봉준이 이끈 농민군의 최대 관심사는 한국 역사상 빈번히 일어났던 여느 민란의 경우와 마찬가지로 그들이 겪고 있던 경제적 불만의 해소였다. 전봉준과 동학 농민군은 전통 사회 농민들이 보편적으로 갖고 있던 근시안적 '농민적 사고방식'(peasant mentality)을 탈피한 새로운 '근대적' 비전 내지 이상을 제시하지 못했다. 1894년 농민군의 개혁 요구 속에는 자유민주주의 내지 평등주의적 정치·사회 질서의 창건을 지향하는 혁명적 요구가 결여돼 있었던 것이다(유영익, 『동학농민봉기와 갑오경장』, 1998, 27쪽).

대원군 권좌에 복귀시키려 했던 전봉준

때문에 농민군 지도부에게 당면한 목표는 세도정치 타파였다. 그 목표는 집권 시에 세도정치 타파를 추구했던 대원군의 정치적 목표와 일치했다. 그런 탓으로 제1차 봉기 때 농민군 지도부는 민씨 척족을 축출하고 대원군을 권좌에 복귀시킬 것을 요구했다(유영익, 「대원군과 청일전쟁」, 김기혁 외, 『청일전쟁의 재조명』, 한림대학교 아시아문화연구소, 1996, 82쪽).

1894년 9월 9일 순창 근처에서 전봉준을 만나 대화를 나누었던 한 일본인 첩자의 「동학당 수령 방문기」에 의하면 일본인 첩자가 전봉준에게 "기존 왕조를 전복하고 새 왕조를 창건하는 것이 어떤가" 하고 질문했다. 전봉준은 무릎을 바로하고 안색을 고친 다음 "그런 말은 신자臣子의 입에 담을 수 있는 것이 아니다. 만약 그것을 실행하면 내 의義는 어찌되고 명분은 어찌 되겠는가?"라고 힐책했다고 한다.

사례에서 보듯 동학 농민 봉기를 이끈 주도층은 보수적 색채를 띠고 있었다. 때문에 이 봉기를 과연 근대적 민주주의, 혹은 사회주의 지향의 진보적 사회 혁명이나 계급전쟁 성격의 혁명으로 간주할 수 있는가에 대한 심각한 이의가 제기됐다. 유영익은 전봉준의 봉기 관련 문건을 면밀히 검토한 후 1894년 농민 봉기는 유교에 바탕을 둔 보수적 '의거'라고 정의했다(유영익, 『동학농민봉기와 갑오경장』, 1998, 4~5쪽). 전봉준은 진보적 혁명가가 아니라 효도·충성·의행義行과 같은 유교적 윤리 덕목을 철두철미하게 준수했던 모범적 선비이며, 유교적 합리주의자라는 주장이다.

현실의 동학이 이런 모습이었음에도 불구하고 후대의 사가들이 이를 '혁명'으로 자리매김하는 것은 그야말로 명백한 곡학아세요 사실 왜곡이다.

제13장

일본 낭인, 조선에 오다

메이지유신 이후 일본이 처한 현실은 초기 자본주의 단계에서 제품 원료 확보, 상품 판매 시장 개척, 특권을 상실한 사무라이 계급의 불만 해소라는 난제를 안고 있었다. 이를 단숨에 해결할 수 있는 돌파구는 식민지의 확보였다. 그 첫 목표가 류큐 왕국의 합병이었고, 두 번째가 타이완 침공, 세 번째는 대륙으로 향하는 교두보인 조선으로의 진출이었다.

일본이 조선 진출을 위해 공을 들였던 개화당은 갑신정변으로 일망타진됐고, 김옥균마저 조선 국왕이 보낸 자객에 의해 상하이로 유인돼 암살당하자 일본 내에서 혐한嫌韓 감정이 폭발했다. 김옥균이 암살당한 1894년, 동아시아 정국은 일본에게 유리하지 않았다. 일본은 조선의 종주국으로서 강력한 영향력을 행사하고 있는 청나라로 인해 조선에 접근할 수 있는 동력을 상실했다. 일본 입장에서는 조선 진출을 위한 획기적인 모멘텀이 필요했다.

"기회가 오면 청나라와 전쟁도 불사한다. 그 전쟁을 통해 메이지유신으로 몰락한 사무라이들의 불만을 해소하고, 조선에서 청의 세력을 몰아낸 다음 일본의 보호국으로 만든다."

이것이 일본 군부를 비롯해 국수주의 낭인 세력의 한결같은 꿈과 희망이었다. 이를 위해서는 청국과 전쟁을 하기 위한 뇌관이 필요했다. 그 뇌관 역할을 자임하고 나선 것이 일본 군부의 첩자 역할을 하던 대륙 낭인 세력이었다.

이들은 수단 방법을 가리지 않고 조선에서 일대 사건을 일으킬 기회를 엿보던 중 조선에서 동학 농민군 봉기라는 천우신조의 기회가 왔다. 그들은 동학이 강력한 세를 이루어 전라도 일대를 휩쓸자 목이 터져라 만세라도 부르고 싶은 심정이었다.

'낭인'이라 불린 일본 청년 집단

일본 군부와 대륙 팽창주의자들은 농민군 봉기 초기부터 조선의 난리를 이용해 한반도에 군사 진출 기회를 만들기 위해 비밀리에 행동을 개시했다. 영국「데일리메일(Daily Mail)」신문사 특파원으로 조선에 주재하며 취재한 프레드릭 매켄지(Frederick Arthur McKenzie)는 저서『대한제국의 비극』에서 "서울에 있는 외국인들의 공통된 견해에 의하면 동학도 봉기는 청국과 문제를 야기하려는 일인들에 의해 조장된 것"이라고 주장했다.

작가 천순천陳舜臣도 자신의 작품『청일전쟁』에서 일본 군국주의자들이 조선을 혼란에 빠뜨리기 위해 동학에 접근하려 했음을 주장했다. 일본 군국주의자 입장에서는 동학당이 계속 문제를 일으켜 한반도가 소용돌이에 빠져야 일본군의 조선 출병이 가능해진다. 때문에 군국주의 첨병 역할을 자임한 낭인 행동대원들은 동학 농민군에 침투해 동학 지도부를 자신들이 지도하려 했다는 것이다.

동학이 봉기할 무렵 조선에는 이러저러한 이유로 '낭인浪人'이라 불리는 일본 젊은이 수백 명이 체류하고 있었다. 낭인은 피지배 계급 가운데 본적지를 떠나 불법 유랑하는 부랑자를 칭하는 용어였다. 지배 계급인 무사武士(사무라이)들 가운데 주군을 떠나 영지나 봉록 등을 잃은 자들도 낭인이라 불렸다. 후에는 '하급 검객'을 뜻하는 소시壯士라 불렸다.

메이지유신 과정에서 낭인들은 스스로 지사志士라 칭하면서 도쿠가와 막부를 타도하고 중앙집권적 천황제 국가 건설에 앞장섰다. 이때부터 군인이나 관료 같은 직업을 가지지 않은 채 재야에서 활동하는 무리들이 국사國士, 지사로 행세했다. 이때부터 낭인은 순수한 민간인으로서 국가주의를 주장하며 일본의 대륙 진출에 앞장선 사람들을 칭하는 용어가 됐다. 그들은 스스로를 "국체 옹호의 사명감을 가지고 대륙 진출을 위해 조선과 중국 대륙에서 활동하는 민간인 지사"라고 정의했다.

막부를 타도하고 출범한 메이지 정부는 국민 통합과 민족적 독립을 유지하기 위해 고군분투하는 와중에 두 파로 분열했다. 한 그룹은 내부 개혁을 통한 국력 신장파, 다른 그룹은 대외 팽창을 통한 아시아 경영파였다. 양 파벌의 갈등은 사이고 다카모리의 반란으로 서남전쟁이라는 무력 충돌로 비화했다.

일본은 근대화 과정에서 메이지유신의 주역으로 활동했던 사쓰마薩摩(가고시마 일대), 조슈長州(야마구치 일대), 도사土佐(시코쿠 남부 고치현), 히젠肥前(사가현·나가사키현 일대) 등 네 번 출신들이 국가의 핵심 요직을 장악했다. 메이지 정부는 조슈·사쓰마 출신 인사들을 중심으로 번벌藩閥 세력을 형성하게 된다. 나머지 260여 번 출신은 권력에서 철저히 배제됐다.

번벌정치 소외 세력, 해외 침략의 선봉에 나서다

새로운 체제 형성 과정에서 몰락하거나 소외된 계층은 자유민권 운동과 대륙 팽창이란 두 가지 전략으로 대응했다. 자유민권 운동은 정한파 주전론자였던 이타가키 다이스케가 1874년 관직을 사퇴하고 향리인 도사로 낙향해 릿시샤立志社를 결성하면서 시작됐다.

일본의 자유민권 운동은 서구 사회처럼 개인의 자유나 인권 확장을 통해 다수의 사람이 평등하게 정치에 참여하기 위한 목적은 아니었다. 그것은 일본의 주전론자들이 추진한 새로운 형태의 반정부 운동이었다. 그들의 의도는 강력한 국가 건설과 국력 팽창이었다. 1880년대부터 메이지 정부가 중앙집권화 정책을 추진하면서 민권 운동을 억누르자 활동 영역을 상실한 민권 운동가들은 국권론자로 변신해 대륙을 향한 팽창의 길로 나아갔다(한상일, 『아시아연대와 일본 제국주의　대륙낭인과 대

조선 재류 일본인 수 (1886~93년)

연도	A: 조선 재류자 (인)	B: 해외 재류자 총수 (인)	비율 (A/B)
1886	3,107	13,541	22.9
1887	3,717	15,033	24.7
1888	4,358	16,457	26.5
1889	5,589	18,688	29.9
1890	7,245	23,950	30.3
1891	9,021	32,146	28.1
1892	9,137	39,011	23.4
1893	8,871	42,202	21.0

출처 : 강창일, 『근대일본의 조선침략과 대아시아주의』, 역사비평사, 2002, 60쪽.

륙팽창』, 도서출판 오름, 2002, 23~24쪽).

자유당이나 개진당改進黨 소속 인사들은 아무리 재능이 뛰어나고 학벌·자질·가문이 우수해도 번벌 정부에 참여할 기회가 주어지지 않았다. 4개 번을 제외한 다른 지역 출신 인사들의 불만이 팽배하자 후쿠자와 유키치는 "조선을 일본 세력권으로 편입시킨 다음 자유당·개진당 인사들이 조선으로 진출해 요직을 차지하라"라고 선동했다.

청일전쟁으로 타이완을 식민지로 획득한 후 총독부를 비롯한 관청이 세워졌고, 일본의 초등 교사, 농업시험장 기사, 재판관, 경찰관, 군인 등이 대거 타이완으로 건너갔다. 태평양전쟁 종전 무렵 타이완 총독부에는 4만 3,870명의 일본인 관료가 근무하고 있었다. 식민지 획득은 본국 정부에서 소외된 사람들 입장에서 보면 새로운 기회 창출의 무대가 된다. 때문에 자유당·개진당 소속 인사들은 전쟁을 부추기는 대열에 앞장섰다.

그들이 추구한 또 하나의 길은 활동 무대를 해외에서 찾는 것이었다. 당시 일본인들의 첫 해외 진출지는 하와이와 북아메리카였다. 일본 정부에 의해 하와이·북아메리카로 집단 이민한 것을 제외하면, 지리적으로 가까운 조선이 일본인의 최대 진출지였다. 조선 진출 일본인들의 이주 목적은 상업과 농·어업 등 경제적 목적이 주를 이루었다.

낭인들의 활동 무대는 중국·조선·만주

대륙에서 활동한 일본 젊은이들은 대부분 사무라이 가문 출신이었고, 메이지유신 이후 성인이 된 청년 세대다. 이들은 서구의 근대를 이념 틀로 모방하는 근대화 정책에 편승하지 못하고, 근대적 관료 수급 체계 정착 과정에서 낙오한 정치적 불만 계층이자 반골형 인물들이었다.

그들은 실력은 있으나 국가를 위해 일할 기회를 얻지 못했다. 작심하고 판을 벌인 자유민권 운동도 정부의 탄압을 받으면서 좌절되자 뜨거운 피가 부글부글 끓어올랐다. 이 와중에 이웃 나라인 조선과 중국이 혼란 상태에 빠지자 실의에 빠졌던 반골들의 혼이 깨어났다. 그들은 '대륙 웅비의 꿈' '대륙 진출의 야망'이라는 시대 분위기에 휩싸인다. 야망의 분출구를 해외에서 찾은 젊은이들은 낭인이 돼서 중국으로, 만주로, 시베리아로, 조선으로 뛰쳐나갔다.

이 과정에서 도야마 미쓰루의 겐요샤玄洋社, 소네 도시토라曾根俊虎의 고아카이興亞會, 기시다 긴코岸田吟香의 라쿠젠도樂善堂, 아라오 세이荒尾精의 일청무역연구소, 고노에 아쓰마로近衛篤麿의 동아동문회東亞同文會 등 국가주의 단체와 연대를 형성했다. 도야마 미쓰루와, 후에 일본 내각 총리대신을 역임하는 이누카이 쓰요시犬養毅가 이들을 후원하는 2대 거두巨頭였다. 겐요샤가 후쿠오카 지역 인사를 중심으로 조직됐다면, 구마모토 지역 인사들이 만든 단체가 시메이카이紫溟會와 국권당國權黨이다(배병욱, 「한말·일제하 熊本 國權黨의 '조선어학생 파견사업' 연구」, 동아대학교 박사학위 논문, 2018, 2쪽).

그들은 서남전쟁 패배와 자유민권주의 탄압, 극심한 경제 불황을 통해 느낀 좌절과 분노를 대륙 진출로 폭발시켰다. 그들은 중국·조선·만주 일대에서 자신들의 이상을 실현할 수 있는 활동 무대를 찾았다.

우리 사회에서는 일본 낭인에 대해 권력과 결탁한 조폭·깡패나 정치 브로커의 행동대원이 아닐까 하는 부정적 이미지가 각인돼 있다. 때문에 그들의 정치적 역량이나 영향력을 과소평가하는 경향이 있다. 그들은 개항장에 진출한 일본 상점·상사 등을 거점으로 활동하면서 현지 풍속과 관습, 정치·경제 사정과 관련한 첩보 수집에 종사했다. 또 일본 군부의 직·간접 지원을 받아 군사적 요충지에 대한 정탐 활동을 벌이거나, 일본군의 대륙 진출을 위한 선봉 역할을 담당했다.

낭인에 대한 일본인들의 인식은 "국체國體 옹호의 사명감을 가지고 대륙 진출의 목표를 위해 대륙에서 활동하는 민간인 지사"로 자리매김됐다. 메이지 시대에 '일본주의' 형성에 지대한 영향을 미친 잡지 「니혼진日本人」을 주도한 미야케 세쓰레이三宅雪嶺는 대륙 낭인을 "정부나 인민의 요구 또는 금전적 보수에 개의치 않고 국가 발전의 큰 뜻을 품은 자들로서 항상 나라를 위한 근심과 걱정의 마음을 가진 지사들"이라고 정의했다.

반면에 피해자인 조선·중국 입장에서 보면 낭인은 일본 군부와 국수적 군국주의 단체가 추진하는 대륙 침략의 선봉대로서, 군부나 정부의 후원과 지시를 받아 현지에서 행동하는 무뢰배 집단이 된다. 때문에 낭인에 대한 이미지는 한-일 간에 확연히 차이가 난다.

낭인들의 가장 큰 관심사는 '나라의 일'이었고, 모든 사고나 행동은 보국報國이라는 대의에 귀착됐다. 그들은 정치 권력이나 고위 관직을 추구하지 않았고, 개인적인 부나 명예를 위해 행동하지도 않았다. 다만 국가의 영광과 부강, 일본의 대국화를 최상의 목표로 삼았다(한상일, 『아시아연대와 일본 제국주의』, 2002, 19~20쪽). 이러한 지사적 사상은 메이지유신 이후 일본이 근대화·대국화로 나아가는 원동력이 됐지만, 동시에 일본을 극단적인 국수주의로 인도해 제2차 세계대전을 일으키고 패전의 수렁에 빠지게 만든 근본 원인의 하나가 됐다.

메이지유신 이후 권력에서 낙오되거나 소외된 사족들 중 국내에서 활동하는 자는 내국낭인, 대륙을 무대로 활동하는 자는 대륙낭인이라 불렀다. 대륙낭인 중에서도 중국 본토를 주 무대로 활동하는 자들은 지나支那낭인, 조선에서 활동하는 무리는 조선낭인, 그 밖에 지역에 따라 만주낭인, 시베리아낭인으로 불렀다(강창일, 『근대 일본의 조선 침략과 대아시아주의』, 역사비평사, 2003, 20~21쪽).

대륙낭인들의 급선무는 서양 열강의 침략으로부터 아시아를 방어하는 일이었다. 아시아인들의 단결과 노력으로 동양 평화와 질서를 확립해 공영의 생활권을 만드는 것이 이들이 추구하는 아시아 연대주의의 궁극적 목표였다. 시간이 흐르면서 그들의 목표는 아시아 국가를 향해 그 세력을 확장하려는 팽창주의 성격으로 변모한다.

대륙 팽창주의 사상의 계보를 거슬러 올라가면 막부 말기의 경세가 사토 노부히로佐藤信淵, 히라노 구니오미平野國臣, 요시다 쇼인吉田松陰, 하시모토 사나이橋本左内, 가쓰 가이슈勝海舟 등이 나타난다. 이런 선각자들의 사상적 근저에는 '일본의 안보'가 뿌리 깊게 자리 잡고 있다.

즉 일본의 이웃 나라인 조선 혹은 중국이 일본과 적대하는 서양 열강 세력에 편입되면 일본의 존망이 위태로워진다. 때문에 서양의 제국주의적 압력으로부터 일본을 지켜내려면 이와 입술, 바퀴와 바퀴살 같은 한·중·일 3국이 연대해야 한다는 '순치보거론脣齒輔車論'이 등장했다.

일본이 중심이 된 '아시아 연대' 구상

여기서 흥미로운 점은 대륙낭인들이 주창한 아시아 연대주의는 한·중·일 3국의 평등한 연대가 아니었다는 사실이다. 고쿠류카이 간부 우치다 료헤이는 "일본의 독립과 안전을 위해서는 반드시 한반도를 경영해야 한다. 완전한 한반도 경영을 위해서는 만주 경영이 급선무다. 한국과 만주의 영구 지배를 위해서는 중국 본토 경영이 해결돼야 한다"라고 주장했다.

메이지 초기 일본 외교를 전담했던 소에지마 다네오미는 약육강식의 정글의 법칙으로 움직이는 세계에서 생존하고 만세 독립을 유지할 수 있는 유일한 길은 일본이 대륙에서 영토를 가져야 하는데, "가질 수 있는 영토라고는 중국과 조선 두 나라뿐이라는 사실을 명확히 알아야 한다"라고 밝혔다.

일본의 지식인들이 내세운 아시아 연대주의에서 '아시아의 단결'은 단지 위장이었다. 그 근본 논리는 문명화된 일본이 힘없고 미개한 조선과 중국을 지배하는 것이 순리라는 상하 개념의 연대, 즉 '새로운 형태의 일본식 제국주의'였다.

대륙낭인의 대표적 인물인 우치다 료헤이는 몽골·시베리아·만주·한국을 통합한 대일본제국 건설을 꿈꾸었다. 우치다는 일본이 한국과 중국을 완전히 경영할 때 일본을 지도국으로 하는 진정한 아시아 연대가 완성된다고 주장했다. 이러한 대륙 팽창 정책은 '아시아 연대'라는 이름으로 위장됐고, '대아시아주의'라는 슬로건을 앞세워 진행됐다. 1930년대에는 이것이 대동아공영권으로 발전한다.

대동아공영권 논리는 일본과 조선이 합방하고, 이를 모체로 퉁구스족의 만주·몽골을 병합해 대아시아 제국을 건설한다는 것이다. 그 후 한족의 중국과 연대해 서양의 백인 세력에 맞서는 것이었다. 여기서 그들에게 조선 문제는 제1의 급무이자, 조선은 가장 중요한 정치적 활동의 근거지가 된다(강창일, 「미우라 고로 공사와 민비시해사건」, 최문형 외, 『명성황후 시해사건』, 민음사, 1992, 36~37쪽). 대동아공영권의 경제적 본질은 전시국가독점자본의 폭력적인 블록경제 체제였다.

대륙낭인은 엘리트의식이 강한 행동주의자들이었다. 또 목적을 위해 수단과 방법을 가리지 않는 폭력주의자이자 호전주의자였다. 그들은 조선에서 임오군란이 발생하자 대청對淸 개전론을 주창했고, 갑신정변이 실패한 후엔 무장대를 조직해 민씨 정권을 타도하려 했다. 동학농민봉기가 일어나자 동학군을 지원하기 위해 텐유쿄天佑俠 무장대를 조직해 청일전쟁 도발을 획책했다.

우치다는 대륙 팽창이라는 자신의 꿈을 실현하기 위해 정계·군부·재계의 팽창주의자들과 긴밀한 유대관계를 맺었다. 또 자기와 동일한 사상을 가진 낭인들을 끌어모아 국수주의 단체인 고쿠류카이를 결성하고 일본의 대륙 팽창을 선도했다.

스기타 데이이치杉田定一는 아시아의 단결을 호소하는 '흥아책興亞策'을 발표하고 중국과 제휴하기 위해 상하이로 건너갔다. 그는 동양학관을 설립해 중국 전문가를 양성했다. 하지만 그는 중국이 세계 정세에 어두운 존재임을 깨닫는다. 고루한 중국과의 연대로는 일본의 독립을 보존할 수 없다고 판단한 스기타는 미련 없이 연대론을 폐기하고 일본의 중국 지배론으로 돌아섰다.

사냥을 할 것인가, 아니면 사냥을 당할 것인가

"일본인은 서양인들이 즐기는 잔칫상의 제물이 될 것인가, 아니면 그들과 나란히 잔칫상의 제물을 즐기는 손님이 될 것인가."

"사냥꾼이 돼서 토끼와 사슴을 사냥할 것인가, 아니면 토끼와 사슴이 돼서 사냥을 당할 것인가."

전자는 스기타 데이이치의 말이요, 후자는 후쿠자와 유키치의 주장이다. 두 사람 모두 약육강식의 정글에서 일본이 생존해 강국의 반열에 오르려면 서양인들보다 먼저 이웃 국가들을 지배해야 마땅하다는 철학을 가지고 있었다. 이러한 일본 우월의식은 주변국에 대한 멸시의식으로 치환됐다.

그들의 인식과 발상은 일본이 동아시아를 백인의 압박으로부터 구제해야 할 사명을 부여받았고, 이를 위해 황인종의 맹주가 될 수밖에 없다는 '동아東亞 맹주론'으로 발전한다. 김옥균과 절친 관계였고 자유민권 운동의 선봉에 서서 자유와 인간애 사상으로 아시아의 개혁을 주장한 오이 겐타로大井憲太郎는 "조선의 풍속은 지극히 야만스러워 아프리카인과 다를 바 없고, 중국인은 머리를 때려도 수치를 모르는 짐승인지 인간인지 구별할 수 없는 천한 종족"이라고 비판했다. 조선과 중국이 이런 한심한 상황이니 일본이 주변 아시아 국가를 "칼武로 보호하고 글文로 깨우칠 책임이 있다"라고 주장한다.

대륙낭인의 선구자로 꼽히는 인물은 조선과 일본이 동등한 조건에서 합방해야 한다는 대동합방론을 주창한 다루이 도키치樽井藤吉와 상하이에 일청무역연구소를 설립한 아라오 세이다. 다루이 도키치는 1882년 동양사회당을 창당했으나 정부에 의해 해산당하고 1년간 수감 생활을 했다. 석방된 그는 대아시아주의를 지향하는 국권주의 단체인 겐요샤 학

낭인들의 행동 양태

유형	활동 양태	주요 인물
행동형	중국 신해혁명 등에 직접 투신해 만주 마적과 전투	미야자키 도텐(宮崎滔天), 야마다 요시마사(山田良政)
첩보원형	군 당국과 일정한 관계를 맺고 각처를 떠돌며 정보 수집	아라오 세이(荒尾精)의 지도 아래 상하이와 한커우의 라쿠젠도·일청무역연구소에서 활동했던 인사들
이념가형	기자·문필가로 활동하며 신문이나 잡지 기고를 통해 각지 사정을 소개하고 대륙 팽창 여론 형성	다케다 한시(武田範之), 스즈키 덴간(鈴木天眼), 요시쿠라 오세이(吉倉汪聖) 등

교에서 국제법을 공부했다. 이때 그는 서구 여러 나라가 채택하고 있는 연방제를 연구했다. 그는 스위스 연방 조직을 공부한 후 '일선日鮮연방론'을 기초했고, 이것을 토대로 『대동합방론』이란 저서를 출간했다.

그는 상하이의 동양학관 설립에 앞장섰고, 갑신정변 후 일본에 망명한 김옥균과 친교를 맺었다. 중의원에 당선돼 제도권 정치인으로 진입한 다루이는 만주·조선·몽골에서 광산 개발에 나섰다가 사업에 실패했다. 그의 모든 관심은 조선 문제로 집약됐다.

다루이 도키치의 『대동합방론』

1893년 모리모토 도키치森本藤吉라는 필명으로 출간된 『대동합방론』은 후쿠자와 유키치의 「탈아론脫亞論」과는 반대로 아시아인들의 연대를 강조하고 있다. 덕분에 출간 후 조선과 중국 지식인들의 큰 관심을 불러일으켰다. 특히 일진회원을 비롯해 한-일 합병을 위해 일본인들에게 협력했던 친일 한국인들에게 지대한 영향을 주었다. 일진회장 이용구는 이 책에 큰 감명을 받아 자기 아들 이름을 오히가시 구니오大東國男로 창씨개명했다.

다루이 도키치의 합방론은 러시아에 대한 위기의식에서 출발한다. 세계에서 가장 호전적인 러시아가 부동항을 찾아 남진하고 있는데, 시베리아횡단철도가 완성되면 동아시아는 러시아의 먹이로 전락할 것이 분명하다. 따라서 명백한 국가 위기에 대응하려면 아시아의 모든 황인종들이 단결해 연대 세력을 형성해야 한다는 주장이었다.

위기 극복의 대안으로 다루이는 세 단계를 제시한다. 1단계는 일본과 한국이 합동해 '대동大東'이라는 합방국을 세운다. 2단계는 대동국이 중국과 동맹 관계를 수립한다. 3단계는 대동국과 중국을 연합해 남양제도를 포함한 대아시아 연방을 실현한다.

다루이가 주창한 합방론의 핵심은 1단계, 즉 한·일이 하나로 합쳐 대동국을 건설하는 부분이다. 한일합병으로 형성되는 대동국은 "동쪽에서 태양이 떠오르는 것과 같이 축복받은 국가로 번성할 것"이라고 그는 주장했다. 그의 합방론은 겉으로는 선린의식으로 포장돼 있으나 내면에는 조선에 대한 우월의식과 한반도 지배라는 비수가 숨어 있었다.

1910년 한국 병합을 강행하기 두 달 전 재출간된 『대동합방론』의 서문에서 다루이 도키치는 "일본과 한국의 연합이 성취된다 해도 한국인들을 합성국의 국가 정책 결정 과정에 참여시켜서는 안 된다. 한국은 어디까지나 일본의 보호 아래 두어야 한다"라고 밝혔다. 자신이 주장해 온 대동국은 일본과 한국이 평등한 대등 관계가 아니라 주종 관계라는 사실을 명쾌하게 주장한 것이다.

그의 눈에 비친 한국은 빈약한 데다 문화는 미개하고, 정치는 부패했으며, 기후는 불순하고, 국민은 독립심이 결여된 민족이었다. 이처럼 미개한 나라가 한국이라면 굳이 일본이 합병까지 해야 할 필요는 없다. 따라서 합병을 포기하는 것이 순리다. 그럼에도 불구하고 다루이 도키치를 비롯한 다수의 일본인들은 한국과의 합병을 주장했다. 과연 '미개한 나라'와 합병할 경우 일본이 얻을 이익은 무엇인가?

이 질문에 다루이 도키치는 "일본은 한반도를 통해 중국이나 러시아를 포함한 대륙과의 통상을 편리하게 실현할 수 있다. 이것이 일본이 취할 수 있는 첫째 이익이다. 한국인들은 일본인에 비해 체구가 장대하고 완력이 강하다. 한국인들을 일본식 군사 제도로 훈련하고 우리 무기로 무장시켜 활용하면 러시아의 침략을 막기에 충분하다. 이것이 두 번째 이익"이라고 답했다.

다루이의 주장에 의하면 한국은 일본이 대륙으로 진출하는 징검다리, 러시아의 위협으로부터 일본을 방위하기 위한 인간 방파제 그 이상도 이하도 아니라는 뜻이다.

"하늘이 내려준 인물" 아라오 세이

도야마 미쓰루는 아라오 세이에 대해 "500년에 한 번 태어날 수 있는, 하늘이 내려준 위대한 인물"이라고 평했다. 일본 육군사관학교 출신인 아라오 세이는 1885년 육군참모본부 중국과에 배속돼 중국 관련 정보 수집과 분석을 담당했다.

중국 대륙에서 활동한 지나낭인의 효시는 메이지 시대의 선각자이자 신문기자였던 기시다 긴코다. 기시다 긴코는 일본에 파송된 의료선교사 제임스 헵번(James C. Hepburn) 박사의 집에 기거하며 영어를 배웠다. 기시다는 헵번이 일영日英 사전을 편찬할 때 조수 역할을 했고, 1872년 「도쿄니치니치신문東京日日新聞」이 창간되자 주필에 취임했다. 일본군이 타이완에 출병할 때 일본 최초의 종군기자로 활약한 지성인이다.

이후 사업가로 변신한 기시다는 1877년 도쿄 번화가 긴자에 라쿠젠도란 약방을 개업해 헵번 박사가 전수해 준 '정기수精錡水'라는 안약을 판매했다. 사업은 크게 성공해 1878년 상하이에 지점을 개설했고, 출판 사업도 벌였다. 그는 사업으로 번 돈으로 수많은 대륙낭인을 길러냈다.

그는 상하이에 러산탕樂善堂이란 약재상을 설립했는데, 중국에서 활동하는 일본 청년들이 이곳으로 모여들었다. 1886년 참모본부는 중국의 군사력 실태 파악을 위해 육군 중위 아라오 세이를 상하이에 파견했다. 상하이에 침투한 육군 첩보무관 아라오 세이는 이 약재상을 설립한 기시다 긴코를 만났다.

아라오는 기시다의 도움을 받아 한커우漢口에 이 약재상 지사를 설립해 대륙낭인의 거점으로 삼았다. 아라오는 한커우에 모인 낭인들을 약과 책을 판매하는 행상으로 위장시켜 중국 내륙과 중앙아시아 오지에 파견했다. 아라오 휘하의 낭인들은 파견지의 각종 정보를 수집하는 대륙 첩보 활동의 선구자가 됐다.

3년간의 약재상 생활을 통해 아라오는 동아시아에 대한 서양 세력의 경제적 침투를 적나라하게 체험했다. 그는 서양 세력에 대처하기 위해서는 무역에 종사할 인재 양성이 시급하다는 결론을 얻었다. 육군 대위로 전역한 아라오는 정부 도움으로 1890년 9월 20일 상하이에 일청무역연구소를 설립하고, 일본에서 선발한 150명을 1기생으로 받아들였다.

아라오는 일청무역연구소 운영을 통해 서양 열강의 침탈로 위기에 처한 일본의 독립을 지키고, 동아시아의 상권을 장악하며, 아시아 모든 항구에 일장기를 휘날려 아시아 지배자가 되는 것이 꿈이었다. 1기 졸업생 86명 중 절반은 통역관이나 비밀 정보 요원으로 일본 육군에서 일했고, 나머지는 대륙낭인으로 활동했다. 오직 두 사람만이 본래 취지인 무역에 종사했다.

동분서주하던 아라오는 1896년, 37세의 나이로 타이완에서 흑사병으로 요절했다. 그는 중국에서 활동하면서 서양 문명의 도전이라는 위기의식을 느꼈다. 두 문명이 충돌할 경우 일본을 포함한 동양이 약세이며, 이를 방치하면 아시아는 백인 제국주의의 속국으로 전락한다는 공포감을 갖게 됐다.

이 과정에서 일본이 서양에 승리하려면 이웃 나라들과 강력한 연대를 맺어야 한다는 결론에 도달했다. 그는 "조선의 빈약함은 조선을 위해 우려되는 것이 아니라 일본을 위해 더 걱정된다. 중국의 쇠퇴는 중국 때문에 슬픈 것이 아니라 일본을 위해 비통한 일"이라면서 먼저 빈약한 조선을 구하고 쇠퇴한 중국을 도와 세 나라가 정립鼎立해 서구의 야심을 막아야 한다고 주장했다.

대륙낭인의 고향은 규슈九州

하지만 중국과 조선이 이처럼 엄중한 국제적 현실을 인식하지 못하는 것이 문제였다. 두 나라는 빈약과 노후 상태에서 벗어나기 위해 어떤 노력도 하지 못했다. 이 상태를 방관하면 일본도 덩달아 위험해진다. 따라서 조선의 독립을 위해 조선에 의병을 파견해 동아시아의 평화와 번영을 영속시키는 것이 급선무였다.

이웃 국가를 위한 일본의 사명은 빈약하고 쇠퇴한 조선과 중국을 지배하는 것이고, 일본이 유럽·미국 같은 강대국과 대등해지려면 대륙 진출이 필요하다고 보았다. 아라오 세이의 신념은 일본을 동양의 맹주로 만드는 것이었다.

대륙낭인의 배출지는 초기에는 규슈九州 지방이 압도적 우위를 차지했다. 구마모토의 국권당國權黨, 후쿠오카의 겐요샤가 그 사례다. 이 지역은 바다를 끼고 대륙과 가까이 위치하고 있는 지리적 여건상 오래전부터 대륙과의 왕래가 빈번했다. 게다가 메이지유신 이후 서남전쟁이 일어났을 때 사이고 다카모리 편에 가담하는 바람에 메이지 권력 체계에서 소외됐다.

이 지역 출신 낭인들의 정치·사회적 배경은 반정부적 성향이었다. 그들은 메이지 정부를 '번벌 전제 권력'으로, 메이지 정부의 대외 정책을 '연약 외교'라고 비난했다. 그들은 국수·국권·흥아라는 이념으로 뭉쳐 아시아로 진출했다. 이것이 일본 우익 사상의 핵심을 이루게 된다.

규슈 최대의 도시 후쿠오카는 일본의 대륙 팽창에 결정적 역할을 한 난세의 인물을 배출한 도시로 이름 높다. 후쿠오카에서 태어나 이곳에 태를 묻은 대륙 팽창론자는 도야마 미쓰루, 히라오카 고타로平岡浩太郎, 하코다 로쿠스케箱田六輔, 스기야마 시게마루杉山茂丸, 아카시 모토지로明石元二郎, 히로다 고키廣田弘毅, 나카노 세이고中野正剛 등이다.

후쿠오카는 근대 일본사에 등장한 가장 과격한 국가주의 제국주의자들의 정신적 고향이다. 그런 전통을 가진 도시였기에 우치다 료헤이 같은 국권주의 대륙 팽창주의자가 태어날 수 있는 토양은 갖춰진 셈이다. 우치다 료헤이는 무진戊辰전쟁에 참전했고, 사이고 다카모리가 일으킨 서남전쟁 때는 메이지 정부군에 맞서 싸웠다.

우치다의 정신 세계에 깊은 영향을 준 인물은 '일본의 동아시아 지배를 위한 아시아 연대주의'를 주창한 숙부 히라오카 고타로였다. 히라오카는 1894년 중의원 의원에 선출됐고, 사업에도 재능을 발휘해 광산업으로 거부를 쌓아 규슈 제일의 부호 반열에 올랐다.

히라오카는 사업으로 번 돈을 겐요샤와 대륙낭인들의 활동 자금으로 아낌없이 내놓았다. 또 의회 내에서 국권주의와 대륙 팽창주의를 국가 정책에 반영하기 위해 앞장섰다. 우리가 히라오카를 주목해야 하는 이유는 그가 1881년 결성된 겐요샤의 초대 회장이기 때문이다.

서남전쟁을 전후해서 후쿠오카에서 활동했던 다양한 반체제파 국권주의 집단이 통합해 탄생한 단체가 겐요샤다. 그들은 선언문에서 "겐요샤는 우국지사의 단결이고, 애국지사의 단결이고, 천황을 위해 목숨 바치는 충신의 단결이고, 민권신장론자의 단결이고, 군국주의자의 단결이다. 천금을 가볍게 아는 의기, 천하를 짊어질 기상, 비분강개의 뜨거운 피, 이 모든 것이 하나로 모여 겐요샤가 태어났다"라고 밝혔다.

조선낭인의 형성

이후 겐요샤는 동학농민봉기에 개입했고, 러시아와의 전쟁을 주장했다. 한일합방 과정에 깊이 개입했으며, 중국에 혁명의 기운이 소용돌이치자 캉유웨이康有爲·량치차오梁啓超 등의 개혁파는 물론 쑨원孫文·황싱黃興 등 혁명가들과 긴밀한 관계를 맺었다.

우치다는 1892년 2월 15일 실시된 중의원 선거에서 반정부적 민당民黨 진영을 공격해 친정부 인사들을 당선시키는 공작에 앞장섰다. 이후 도쿄로 가서 낮에는 유도를, 밤에는 소에지마 다네오미의 동방학회가 경영하는 동방어학교에서 러시아어를 공부했다.

도쿄 생활을 통해 그는 대륙 웅비의 꿈을 키웠다. 그가 구상한 대륙 웅비란 일본의 독립과 안전을 위해 한반도를 경영하고, 완전한 한반도 경영을 위해 만주를 경영하는 것이었다. 조선과 만주의 영구 지배를 위해서는 중국 본토 경영이 궁극적 귀결점이라고 믿었다.

그는 6년에 걸쳐 조선·만주·시베리아 일대를 여행하며 그곳의 언어·관습·지리를 익히고 정세를 파악했다. 이 과정을 거쳐 국권주의자로서 명성을 쌓았고, 대륙낭인 세계에서 지도자로서의 역량을 보여주기 시작했다. 이 와중에 조선에서 동학 농민군이 봉기하자 정한론 이래 조선 진출의 꿈을 키워온 대륙 팽창주의자들의 피가 끓기 시작했다.

중국은 워낙 규모가 크고 나라가 넓어 의협심 강한 젊은 낭인 몇몇의 힘으로 역사의 물줄기를 바꿀 수 있는 간단한 나라가 아니었다. 한계를 절감한 낭인들 중 중국보다는 훨씬 만만한 조선으로 활동 거점을 옮기는 무리들이 나타났다. 시마다 게이이치島田經一, 다나카 지로田中侍郞, 세키야와 니시무라가 지나낭인에서 조선낭인으로 전환한 사례다.

다나카 지로는 일본 육사 1기 출신으로 육군 대위로 전역한 군사 전문가였고, 세키야와는 겐요샤와 관계를 맺고 있는 인물이었다. 이들은 혼마 규스케, 지바 구노스케를 매개로 부산의 '양산박' 무리와 관계를 맺게 된다. 그렇다면 조선낭인은 어떤 과정을 거쳐 형성됐는지 계보를 추적해 본다.

1895년 을미사변에 가담해 악명을 떨친 다케다 한시武田範之는 불교 조동종曹洞宗 승려였다. 조동종은 세상에 나서길 꺼리며 고목처럼 좌선에 전념하는 수행법을 기본으로 삼는 불교 종파였다. 다케다 한시는 '고목'처럼 좌선에 전념하기에는 가슴이 너무 뜨거웠다. 그는 1889년 종교 전파를 목적으로 쓰시마를 거쳐 부산에 도착했다. 즉시 어선을 타고 전라도 금오도로 가서 무인武人 이주회를 만난다. 1843년 경기 광주에서 태어나 무과에 급제해 오위장에 오른 이주회는 병인양요 때 프랑스 함대를 물리치는 공로를 세워 대원군의 심복이 된다.

연일현감으로 승진했고 김옥균 및 후에 을미사변에 가담한 우범선 등과 가깝게 지냈다. 임오군란 때 금오도로 유배됐다가 갑신정변 실패 후 일본으로 망명했다. 이주회는 도쿄에서 3년여 생활하는 동안 다케다 한시를 비롯한 일본 낭인들과 친분을 쌓았고, 고쿠류카이에 가입했다.

얼마 후 사면되자 귀국한 그는 전라도 순천 앞바다의 금오도에서 개간 사업과 어업에 종사했다. 그가 섬에서 사업에 몰두하고 있던 1892년, 다케다 한시가 찾아왔다. 다케다 한시는 금오도에서 이주회와 함께 해산물과 소를 구입해 일본에 수출하는 사업을 했으나 실패했다. 이후 그는 부산에 체류하며 때가 오기를 기다렸다. 이때 부산에서는 도쿄법학교(현 호세이대학의 전신) 출신인 요시쿠라 오세이吉倉汪聖가 낭인의 뿌리를 형성하고 있었다(강창일, 『근대 일본의 조선 침략과 대아시아주의』, 2003, 64~67쪽 참조).

약장수로 위장하고 전국을 정탐

요시쿠라는 1891년 겨울 함경도로 들어가 활동하던 중 동상에 걸려 도쿄로 돌아가 치료를 받았다. 조선에서 동학의 움직임이 심상치 않다는 소식을 접한 요시쿠라는 1893년 8월 도쿄법학교 동기 오자키 마사요시大崎正吉, 오자키와 동향인 육군 특무조장 출신 지바 구노스케千葉久之助와 함께 부산으로 건너왔다.

세 사람은 부산에서 일본인 아리마有馬鹿之助가 운영하는 유마有馬여관에 투숙했다. 그곳에는 1893년 봄 이후 조선에서 활동하던 다케다 한시, 부산에서 발행되는 「조선신보」 기자로 활동한 다니가키 가이치谷垣嘉一, 혼마 규스케本間九介 등이 머물고 있었다.

조선에 진출한 이들은 일정한 직업 없이 주로 행상을 하며 조선 곳곳을 정탐하고 다녔다. 그들 중 일부는 조선 사정이나 경험담을 본국 신문에 투고해 호구지책을 삼았다. 당시 일본의 신문사들은 영세해서 조선에 특파원을 보낼 형편이 아니었으므로 조선에 대한 정보와 기사를 조선낭인들의 기고에 의존했다.

그 대표적인 인물이 혼마 규스케다. 혼마는 스즈키 덴간鈴木天眼이 주필로 있는 「니로쿠신보二六新報」에 '조슈고지如囚居士'란 필명으로 조선을 여행하며 취재한 내용을 연재했다. 후에 자신이 쓴 글을 모아 『조선잡기朝鮮雜記』란 책을 출간했다. 『조선잡기』에 의하면 조선에 진출한 낭인들은 대부분 의사 혹은 약상藥商이라 칭하면서 전국을 돌며 병을 진찰하고 약을 팔았다.

그들은 의학 상식이나 약품에 대해 아는 것이 거의 없는 무면허 돌팔이였다. 때문에 뱀에 물린 사람에게 만금단萬金丹을 바르고, 고환염에 해열제를 주는 식으로 순진한 조선 사람들을 속여 돈을 벌었다. 그들이 약상을 주로 한 이유는 조선 동전은 무거워 휴대하고 다니기 불편했기 때문이다(혼마 규스케, 최혜주 옮김, 『조선잡기』, 김영사, 2014, 232쪽). 조선낭인들은 동전 대신 무게가 가벼우면서도 환금성이 뛰어난 약품을 등에 지고 다니며 팔아 여비로 썼다.

유마여관에서 호구지책을 마련하기 위해 고민하던 일본 낭인들은 도쿄법학교 출신인 오자키 마사요시가 법률 지식이 해박한 것을 발견했다. 이것을 사업 아이디어로 발전시키기 위해 부산 영사관 서기로 활동하던 야마자 엔지로山座圓次郎의 후원을 받았다. 그들은 일본 거류민의 채권 문제나 조선인들과의 송사를 담당하는 오자키 법률사무소를 개업했다.

왜관이 설치됐던 부산 용두동 기슭에 사무실을 연 오자키 법률사무소는 후에 부산 서구로 이전했다. 그들은 부산 낭인들의 사무소 겸 합숙소, 활동 거점인 이곳을 '양산박'이라 불렀다. 경기도 안성에도 노다 헤타로野田兵太郎라는 일본 낭인이 안성의 친일 관료 김종한의 집을 빌려 약포를 경영했다. 이곳은 충청·경기 지역 낭인들의 거점 역할을 했다.

조선 병합을 위한 단체 결성

당시 일본에서는 군인·관료·정치가뿐만 아니라 대륙낭인을 중심으로 앞서 소개한 겐요샤·고아카이·라쿠젠도·일청무역연구소·동아동문회 외에도 도쿄지학협회·동방협회·식민협회 등의 단체가 속속 출범했다. 이들은 일본의 대륙 진출을 위한 행동대, 싱크탱크, 첩보원 역할을 했다.

일본에서 조선 병합을 추진하기 위한 목적으로 결성된 단체로는 동방협회·동아동문회를 비롯해 일한통상협회·조선협회·한국연구회 등을 꼽을 수 있다. 이들 단체들은 조선 곳곳에 상인으로 위장한 첩자들을 침투시켜 조선 병합을 위한 체계적인 자료 수집, 현지 답사, 인맥 형성, 연구 사업을 전개했다. 동방협회는 조선의 자연과 문화에 대한 연구에 집중했고, 동아동문회는 정한론 세력과 대륙낭인들의 집합소였다.

부산에 위치한 '양산박'의 낭인들은 1894년 4월 하순, 전라도 지방에서 농민군이 봉기해 관군을 격파했다는 소식이 들려오자 본격적인 활동을 개시할 때가 왔다고 판단했다. 5월 24일, 다케다 한시와 몇몇 낭인이 동학당 정찰을 위한 행동을 개시했다. 5월 31일 동학 농민군이 전주성을 함락했고, 농민군 진압을 위해 청군이 출병할 것이라는 소문이 나돌았다.

이때 '양산박' 낭인들 중 겐요샤와 관계를 맺고 있던 세키야와 니시무라는 기타규슈北九州에서 청년단을 모집해서 그들을 현지로 보내 동학 농민군 활동을 부추기자는 계획을 내놓았다. 반면에 양산박에 터를 잡고 있던 사람들은 조선에서 활동하는 낭인을 중심으로 30~40명의 무장 집단을 결성해 전라도로 들어가 동학당을 지원해야 한다는 입장이었다.

이 와중에 청군과 일본군이 조선에 파병되자 양산박 낭인들은 무장대를 결성해 전주로 들어가 농민군과 손잡고 청군과 싸우기로 결정했다. 그들은 본국으로부터 자금을 지원받기 위해 오자키 마사요시를 도쿄에 파견했다.

"겐요샤가 청-일 개전의 불을 붙여라"

오자키가 도쿄에 도착하기 직전, 겐요샤는 조선의 동학 봉기에 일본이 개입할 수 있는 길을 찾기 위해 긴박하게 움직였다. 5월 말 도쿄에서 김옥균 장례식이 치러진 후 겐요샤 간부이자 대륙낭인의 원로인 마토노 한스케的野半介는 무쓰 무네미쓰 외상을 찾아갔다. 그는 무쓰 외상에게

덴유쿄 관계자 인적사항

	이름	학력	직업 (출신 계층)	비고
부산 양산박 참가자	다케다 한시 (武田範之)	조동종 전문학교 중퇴	승려(士族)	
	요시쿠라 오세이 (吉倉汪聖)	도쿄법학교	「동아무역신문」 기자 (士族)	
	오자키 마사요시 (大崎正吉)	도쿄법학교	법률사무소	
	지바 구노스케 (千葉久之助)		전 육군 특무조장	후에 겐요샤
	다나카 지로 (田中侍郎)	육사(제1기)	전 육군 대위 (사족)	아라오 세이(荒尾精)계
	오쿠보 하지메 (大久保肇)		초등학교 교원	
	니시와키 에이스케 (西脇榮助)		조선어 통역	
	시라미즈 겐키치 (白水健吉)		전 육군 조장 (士族)	야마자키 고자부로 (山崎羔三郎)의 동생
	이노우에 도사부로 (井上藤三郎)		신문사 사원	
원정 그룹	스즈키 덴칸 (鈴木天眼)	도쿄제국대학 예비교 중퇴	「니로쿠신보」 주필	자유당계
	도키자와 우이치 (時澤右一)	육사 3기	육군 중위(휴직)	아라오 세이(荒尾精)계
	구사카 도라기치 (日下寅吉)		법률사무소	
	오하라 요시타케 (大原義剛)	게이오의숙	신문사 기자	겐요샤계
	우치다 료헤이 (内田良平)	초등학교	탄광 감독 (士族)	겐요샤계

	이름	학력	직업 (출신 계층)	비고
부산 양산박 미참가자	혼마 규스케 (本間九介)		「니로쿠신보」 기자	
	시바타 고마지로 (柴田駒次郎)			
	세키야 가마타로 (關屋釜太郎)		士族	영진사계
	니시무라 기사부로 (西村儀三郎)			
	구즈우 슈스케 (葛生修亮)		의료업	자유당 좌파
	간사바라 간시치 (菅佐原勘七)			자유당 좌파
후원자	야마자 엔지로 (山座圓次郎)	도쿄제국대학	부산영사관 서기 (士族)	
	아키야마 데이스케 (秋山定輔)	도쿄제국대학	「니로쿠신보」 사장	구루메(久留米) 장년의회

출처 : 강창일, 『근대 일본의 조선침략과 대아시아주의』, 역사비평사, 2002, 87쪽.

조선 장악을 위해 청국과의 전쟁을 선포해야 한다고 주장했다.

무쓰 외상은 아직 개전 시기가 무르익지 않았다면서 적극적인 주전론자인 육군 참모차장 가와카미 소로쿠를 소개했다. 마토노 한스케는 무쓰의 소개장을 들고 가와카미 참모차장을 찾아가 면담했다. 이 자리에서 가와카미는 "겐요샤가 불을 붙여놓으면 그다음 작업은 내가 책임지겠다"라면서 겐요샤가 조선에서 '봉화'를 올려달라고 제안했다.

이날 면담에 여단장 하세가와 요시미치長谷川好道가 배석했는데, 그는 후에 제2대 조선 총독을 지냈다. 하세가와도 마토노에게 "전쟁의 횃불이

오르기만 하면 이후는 우리가 책임진다"라면서 도발을 부추겼다.

마토노 한스케는 겐요샤의 원로인 히라오카 고타로와 도야마 미쓰루에게 이 사실을 보고하고 조선에서의 '방화'를 위한 방법론을 논의했다. 히라오카는 도쿄에 있는 우치다를 불러 행동 단체에 참여시켰다.

이 무렵 도쿄에 도착한 오자키는 혼마 규스케를 통해 '양산박' 낭인을 지원하고 있고 청일전쟁을 열렬히 주창하는 「니로쿠신보」를 찾아가 자금 지원을 요청했다. 당시 「니로쿠신보」에는 동방협회 회원이자 대외강경파 중의원으로서 조선 문제에 지대한 관심을 가진 시바 시로柴四郎가 근무하고 있었다.

다케다 한시와 친구인 시바 시로는 하버드대학과 펜실베이니아대학에서 경제학을 공부하고 귀국해 제1차 이토 내각의 농상무대신 비서관으로 활동했다. 이후 그는 도카이산시東海散士라는 필명으로 정치소설 『미인의 기구한 운명佳人之奇遇』을 집필했다. 이 책이 베스트셀러가 되면서 작가로서 유명세를 타게 된다.

전쟁 일으키기 위해 덴유쿄 조직

「니로쿠신보」는 겐요샤의 도야마 미쓰루에게 이들을 소개했다. 이 과정을 통해 겐요샤와 오자키 간의 협력 관계가 만들어진다. 그들은 히라오카의 재정 지원을 받아 15명의 대원으로 구성된 덴유쿄를 조직했다. 도야마 미쓰루는 덴유쿄의 성격을 "가와카미 장군의 '방화 역할'을 위한 조직체, 조선의 동학당을 고무해 조선에 풍운을 일으켜 일청전쟁의 대결전을 꾀할 수 있는 계기를 만드는 것이 주요 목표"라고 설명했다. 덴유쿄는 조선 농민 투쟁의 예봉을 위안스카이로 대표되는 청국 세력에 집중시키고, 일본의 도발 정책을 위해 봉사하게 된다(왕소방, 한인희 옮김, 『중국외교사』, 도서출판 지영사, 1997, 270쪽).

오자키는 덴유쿄 회원을 인솔해 6월 27일 밤 부산에 도착했다. 이 무렵 동학당은 전주성에서 관군에게 대패한 후 해산한 상황이었다. 그들은 논의 끝에 덴유쿄 대원들을 동학 농민군에 침투시켜 농민군이 재기하게 만들기로 결정했다.

덴유쿄, 전봉준과 접촉

동학 농민군을 지원하기 위한 다이너마이트는 경남 창원의 용장龍藏 금동산金銅山에 보관돼 있는 것을 강탈하기로 했다. 이 광산은 나가사키 출신 마키 겐조馬木健三가 운영하고 있었는데, 마키가 다이너마이트 제공 요구를 거절하자 덴유쿄 회원들은 그를 체포해 가둔 후 다이너마이트·화약·뇌관 등을 강탈했다.

남원에 도착한 일본 낭인은 총 14명. 그들은 7월 6일 남원 광한루에서 농민군과 접촉하기 위해 격문을 작성했다. 이때 자신들의 소속 단체 이름을 덴유쿄라고 밝혔다. 7월 8일 요시쿠라 오세이, 다케다 한시, 다나카 지로는 동도대장 김봉균이라는 동학 지도자와 만나 필담을 나누었다. 김봉균이 동학 농민군 지도자 전봉준이었다.

전봉준과 만난 요시쿠라 일행은 민씨 정권과 청국을 규탄하는 격문을 전봉준에게 주었다. 하지만 남원에 나타난 일본인은 14명에 불과했고, 또 난폭한 행동을 일삼고 민폐를 끼치는 등 무뢰배나 다름없었다. 전봉준과 농민군 지도부는 이들에게 약간의 돈과 짚신, 의류 등을 제공한 다음 다른 지역으로 이동했다.

아무 성과도 없이 전봉준 일행과 헤어진 덴유쿄는 서울을 향해 길을 가던 중 7월 13일 전주성에 들어갔다. 여기서 관군과 부딪친 덴유쿄는 총격전 끝에 전주성을 탈출해 계룡산 신원사로 들어갔다. 신원사에서 텐유쿄는 동학과 연합해 신정부를 조직한다는 구상을 했다. 그 내용은 엉성하기 짝이 없어 일종의 망상에 가까운 것이었다.

계룡산 신원사에 숨어 지내던 텐유쿄 회원들은 7월 23일 일본군의 경복궁 점령, 7월 25일 풍도 해전 등 청일전쟁 개전의 어수선한 틈을 이용해 서울에 잠입했다. 당시 서울의 일본 영사관에는 치외법권에 의해 일본 영사경찰이 주재하면서 일본인 범죄자 문제를 처리하고 있었다. 창원 용장 금동산의 다이너마이트를 강탈한 텐유쿄 회원들에게 체포령이 내려진 상황이었다.

일행은 남산의 한 은신처에 숨어 지내던 중 서울을 점령한 오시마 요시마사大島義昌가 지휘하는 혼성여단에 들어가 전시 군사탐정 임무를 수행한다. 텐유쿄 소속원들에게 주어진 임무는 성환 전투에서 패해 평양으로 퇴각하는 청군을 추적해 그 정보를 보고하는 것이었다. 그들은 강원도 방면의 청군 상황 및 동태를 추적 보고한 후 일본군을 따라 9월 17일 평양에 입성했다.

청일전쟁이 본격화하면서 대부분의 텐유쿄 대원들은 일본군 정보원으로 조선에서 활동했으나 우치다 료헤이는 스즈키 텐칸, 오하라 요시타케와 함께 일본으로 돌아갔다.

사례에서 보듯 텐유쿄가 동학 농민군과 접촉한 것은 사실이나 어떤 연계도 맺지 못했다. 다만 공명심에 부푼 겐요샤나 고쿠류카이 회원 일부가 후에 자신들의 역할을 과장해 동학농민봉기에 결정적으로 기여한 것처럼 기록한 부분이 있다(신복룡, 『전봉준평전』, 2006, 175쪽). 일본의 우익 작가 다키자와 마코토瀧澤誠는 동학 농민군 봉기 당시 텐유쿄의 역할을 '환각의 전투'라고 비판할 정도였다.

덴유쿄의 활동은 '환각의 전투'

우치다는 3개월간의 덴유쿄 활동을 통해 훗날 한일합방을 위해 일하게 되는 다케다 한시, 6년 후 고쿠류카이 결성 때 힘이 돼준 혼마 규스케, 요시쿠라 오세이 등 평생 동지들을 만나게 된 것이 큰 소득이었다. 조선에서 활동하는 과정에서 우치다가 보여준 과감하고 적극적인 활동에 크게 만족한 히라오카는 우치다에게 든든한 재정적 지원을 약속했다(한상일, 『아시아연대와 일본 제국주의』, 2002, 91쪽).

일본 낭인들이 조선에서 집단적으로 정치적 활동에 가담한 것은 세 차례였다(강창일, 『근대 일본의 조선 침략과 대아시아주의』, 2003, 15~16쪽 참조). 첫 번째는 1894년 동학농민봉기가 발생했을 때다. 이때 낭인들은 덴유쿄를 결성해 '동학 농민군 토벌'이라는 일본 정부 방침과는 달리 동학 농민군을 지원하기 위해 접촉했다. 두 번째는 1895년 삼국간섭 이후 민 왕후 시해 사건에 낭인들이 동원된 사건이다. 세 번째는 조선 및 만주 문제를 해결하기 위해 1901년 고쿠류카이를 결성해 대러 전쟁론을 주창하고, 러일전쟁 이후에는 조선에 건너와 일진회를 배후 조종하면서 한일합방 운동을 전개한 일이다.

낭인들이 직접 개입한 이 세 사건은 그들이 주장한 한일합방 운동의 일환이었고, 또 일본의 조선 병합 과정에서 실제로 중요한 역할을 수행한다. 덴유쿄 소속 낭인들은 한-일 연방론을 제기했고, 고쿠류카이는 한일합방을 주창했다.

재일 교포 학자 조경달은 동학농민봉기 과정에서 일본인 가운데 전봉준과 만난 세력은 덴유쿄(7월 8일), 우미우라 도쿠야海浦篤彌(7월 20일), 그리고 신원이 밝혀지지 않은 일본 참모본부 밀정(9월 2일) 등 세 그룹으로 분석했다(조경달, 『근대조선과 일본』, 2015, 140쪽). 전봉준은 김봉균金鳳均(혹은 김봉균金奉均)이란 가명으로 이들과 접촉했다.

우미우라 도쿠야는 1890년 조선에 건너왔다. 그는 '일본 의회 정치의 아버지'로 불리는 유력 정치가 오자키 유키오 문하의 대륙낭인이었다. 전봉준과 가장 친밀한 관계를 맺었던 사람이 우미우라였다. 그도 텐유쿄와 동일한 목적을 띠고 파견됐으나 전봉준은 "미곡 수확이 끝나는 가을에 다시 봉기할 예정"이라면서 우미우라의 제안을 뿌리쳤다.

신원이 밝혀지지 않은 참모본부 밀정은 가와카미 소로쿠 참모차장의 지시로 조선에서 정보 수집 활동을 벌였던 와타나베 데쓰타로의 밀명을 받아 개전 후 농민군 동향을 탐색했던 인물이다. 그는 농민군에게 조선 왕조 타도를 시사했는데, 전봉준은 분노한 표정을 드러내며 밀정의 입을 막았다고 한다.

제5권 연표

1678년	상평통보 발행 개시
1864	3월 10일, 동학 창시자 최제우 좌도혹민左道惑民 죄목으로 처형
1866	12월, 당백전 발행
1867	6월, 청전 유통 합법화
1868	11월, 당백전 유통 금지
1869	5월 10일, 미국 대륙횡단철도 완공
	5월, 일본 메이지 정부 해군 발족
	11월 17일, 수에즈운하 개통
1871	7월, 일본 병부성兵部省 내에 육군참모국 설치
	이필제의 반란
1872	도쿄 신바시-요코하마 구간 일본 최초의 철도 개통
1873	육군성 참모국 제6국으로 개칭
1874	청전 유통 금지
1875	영국, 수에즈운하회사 주식 매입해 이집트 진출
	일본, 자국 병요지지서인 『일본지지략日本地誌略』 간행
1876	영국, 파키스탄 남부 발루치스탄 지역 보호국화
1877	영국 빅토리아 여왕, 인도 여제에 올라

11월, 일본, 6권 분량의 중국 작전용 『지나지지支那地誌』 간행

청, 영국·독일 등 선진국 조선소에 최신예 함정 주문

1878 영국, 키프로스 획득

12월 5일, 일본 육군성 참모국이 참모본부로 독립

1880 최시형, 『동경대전東經大全』 『용담유사龍潭遺詞』 간행

1881 영국, 아프가니스탄 보호국화

1882 영국, 이집트 군사 점령

미국인 그리피스, 『은자의 나라 조선』 발간

일본 천황, 「군인칙유軍人勅諭」 교서 내려

일본 오사카방적회사 설립

1883 조-영 신조약(파크스조약) 체결

일본, 6년에 걸친 함선 건조 계획 착수

청국, 리훙장의 제안에 의해 북양함대 창설

1884 청-프랑스 전쟁 발발

1885 1월 9일, 조-일 간 갑신정변 후속 처리 위한 한성조약 체결

4월 15일, 영국, 거문도 점령

청·일 양국 톈진조약 체결

5월 19일, 군사 훈련 위해 연무공원鍊武公院 설치

6월, 고종, 김옥균 일당 살해 위해 자객 장은규 일본 파견

갑신정변 실패 후 일본에 망명한 박영효·서광범·서재필·변수·이규완 미국 망명

조선 정부, 외국인에게도 내지 여행 허가

1886 조불통상조약 체결

러시아 알렉산드르 3세 "시베리아 최단거리로 횡단하는 철도 부설"

포고

5월, 고종, 김옥균 일당 살해 위해 자객 지운영 일본 파견

7월 3일, 러시아 해군상 셰스타코프 제독, 거문도 상륙

8월 7일, 일본 정부, 김옥균을 태평양의 오가사와라제도로 유배

10월 6일, 리훙장-라디젠스키 협약(톈진협약) 체결

12월 12일, 러시아 해군상 셰스타코프 제독, "조선에서의 항구 획득 포기" 제안 채택

청국 북양함대, 딩위안·전위안호 앞세워 나가사키 친선 방문

1887 2월 27일, 영국 해군 거문도에서 철수

4월 5일, 고종, 내무부 지리사 산하에 광무국鑛務局 설치

6월 18일, 러시아 알렉산드르 3세, 시베리아철도 부설을 위한 측량 실시 명령

일본, 청일전쟁 작전 계획인 「청국정토책안淸國征討策案」 완성

1888 4월 19일, 고종, 군제를 5영에서 3영 체제로 통폐합

5월 8일, 코르프-지노비예프 회담

8월 1일, 일본 정부, 김옥균 유배지 홋카이도北海島 삿포로札幌로 조정

11월, 8권 분량의 『조선지지략朝鮮地誌略』 간행

일본, 육군 편제를 프랑스식에서 프로이센식으로 변경

조러육로통상장정 체결

1889 영국, '2강국 표준주의(Two Power Standard)' 선포

2월, 일본, 대일본제국 헌법 공포

10월 24일, 함경도 관찰사 조병식, 일본인을 대상으로 방곡령 실시

전운국 산하에 관영 기선회사 이운사利運社 설립

일본, 신바시-고베 간 도카이도東海道선 철도 개통

1890 10월 30일, 일본, 「교육칙어」 반포

11월 29일, 일본 제1회 제국의회 개원

11월, 일본 정부, 김옥균 유배 해제

야마가타 아리토모 일본 총리, 의회에 「군사 의견서」 제출

청, 뤼순에 해군 기지 완공, 일대 요새화

1891 조선 정부, 당오전 주조 중단

5월 11일, 러시아 니콜라이 황태자, 일본 오쓰大津에서 암살 모면

5월 19일, 러시아 니콜라이 황태자, 블라디보스토크에서 시베리아횡단철도 기공식

일본, 동방협회 설립돼 소에지마 다네오미副島種臣 회장 취임

일본, 우에노-아오모리 간 도호쿠선東北線 철도 개통

1892 5월, 조선 정부, 김옥균·박영효 암살 위해 이일직 일본에 밀파

8월, 비테, 러시아 재무상에 올라 시베리아철도 건설 관장

10월 20일, 동학 교인, 공주에서 교조 신원과 동학 교인에 대한 탄압 금지 요구

11월 2일, 동학 교인, 삼례 집회

1893 일본, 「조선전도」 간행

3월 28일, 동학 지도부 40여 명, 광화문에서 복합상소

4월, 일본, 청일전쟁 대비해 무기·군수품 비축 시작

4월 25일, 동학 지도부, 전국의 동학교도 보은 집결 통문(보은 취회)

5월, 일본, 전시 대본영 조례, 해군 군령부 조례 제정

5월, 대청對淸 개전론자 오이시 마사미 주한 일본 공사로 부임

5월 5일, 보은에 3만여 명의 동학 교인 집결

5월 10일, 고종, 보은 집회에 청군 파병 요청해 해산 구상, 대신들 반

대로 철회

12월, 일본, 러시아 작전 위한 『서백리지지西伯利地誌』 간행

다루이 도키치樽井藤吉, +821091633611모리모토 도키치森本藤吉라는 필명으로 『대동합방론』 출간

일본우선, 고베에서 인도 뭄바이까지 원양 항로 개척

1894 2월 15일, 전라도 고부에서 민란 발생

3월 28일, 조선 자객 홍종우, 상하이 둥허양행에서 김옥균 암살

4월 13일, 조선 정부, 김옥균 시신 상대로 능지처참형 집행

4월 26일, 무장에서 전봉준의 동학 농민군 봉기

5월 8일, 동학 농민군, 백산에서 전주 감영군에게 승리

5월 9일, 홍계훈의 경군, 청국 군함 핑위안호 편으로 군산 상륙

5월 10일, 동학 농민군, 황토현에서 관군에 승리

5월 20일, 도쿄 아사쿠사 니시혼간지西本願寺에서 김옥균 장례식 거행

5월 27일, 동학 농민군, 장성 황룡촌 전투에서 경군 격파

5월 31일, 동학 농민군, 전주성 점령

6월 1일, 일본 군부, 인천으로 병력 수송 위해 기선 집결 명령

6월 2일, 양호순변사 이원회, 증원 병력 이끌고 육로로 남하

6월 3일, 스기무라 후카시 주한 일본 대리공사, 위안스카이와 회담

6월 3일, 고종, 청나라에 원병 파병 요청

6월 4일, 동학 농민군, 전주성 앞 완산에서 관군에게 패배

6월 5일, 일본 군부, 히로시마 주둔 제5사단에 동원령

6월 6일, 동학 농민군, 관군에게 또다시 패배

6월 7일, 전봉준, 초토사 홍계훈에게 휴전 제의

6월 11일, 홍계훈, 전주성 포위 풀어 동학 농민군 해산

6월 23일, 신임 전라도 관찰사 김학진, 전라도 53개 군현에 집강소 설치 약속

7월 8일, 일본 덴유쿄 멤버들, '김봉균'이란 가명 쓴 전봉준과 회담

7월 23일, 일본군 경복궁 점령

7월 25일, 풍도 해전으로 청일전쟁 발발

12월, 총리대신 김홍집과 내무대신 박영효 연립내각 출범

1895 1월 22일, 대역죄인 김옥균 왕명에 의해 사후死後 복관復官

10월 8일, 민 왕후 일본 낭인들에게 시해

1896 2월, 고종, 러시아 공사관으로 파천

일본우선, 미국·유럽·호주 등을 왕래하는 원양 항로 개척

1897 일본, 금본위제 실시

1898 6월 30일, 황국협회 결성

1901 2월 3일, 일본 민간인들, 고쿠류카이 창립

고베-시모노세키下關 간 산요山陽철도 개통, 혼슈本州 종단철도망 완성

1904 한일의정서 체결, 국가 재정과 화폐 금융 업무 일본인 메가타 다네타로目賀田種太郎에게 위임

11월, 조폐 업무 일본 오사카 조폐국으로 넘겨

1905 6월 8일, 일본은행이 발행한 일본은행권 및 제일은행권 대한제국 본위화폐로 사용

1910 6월 29일, 김옥균 규장각 대제학에 추증, 충달공忠達公 시호 내려

참고문헌

가토 요코加藤陽子, 박영준 옮김, 『근대 일본의 전쟁논리』, 태학사, 2003.

______, 윤현명·이승혁 옮김, 『그럼에도 일본은 전쟁을 선택했다 청일전쟁부터 태평양전쟁까지』, 서해문집, 2018.

강성학, 『시베리아횡단열차와 사무라이 러일전쟁의 외교와 군사전략』, 고려대학교 출판부, 1999.

강성학 편저, 『용과 사무라이의 결투 중(청)일전쟁의 국제정치와 군사전략』, 리북, 2006.

강정일, 「지정학으로 본 러시아제국의 대對한반도정책 (1884~1904)」, 고려대학교 정치외교학과 박사학위논문, 2013.

강창일, 「미우라고로 공사와 민비시해사건」, 최문형 외, 『명성황후 시해사건』, 민음사, 1992

______, 『근대 일본의 조선 침략과 대아시아주의』, 역사비평사, 2003.

계승범, 『정지된 시간 조선의 대보단과 근대의 문턱』, 서강대학교 출판부, 2011.

고성훈, 「조선후기 '해도기병설海島起兵設' 관련 변란의 추이와 성격」, 『조선시대사학보』 3, 1997.

고지마 신지小島晉治·마루야마 마쓰유키丸山松幸, 박원호 옮김, 『중국근현대사』, 지식산업사, 1998.
곽위동, 「동학농민군의 기의와 중·한·일 삼국의 외교 각축」, 동학농민혁명기념사업회 엮음, 『동학농민혁명의 동아시아사적 의미』, 서경문화사, 2002.
구대열, 「자유주의 열강의 한반도 진출과 그 성격」, 『한국사상과 문화』 21, 한국사상문화학회, 2003.
구태훈, 『일본근대사』, 히스토리 메이커, 2017.
국사편찬위원회, 『한국사 39: 제국주의의 침투와 동학농민전쟁』, 탐구당, 2013.
______, 『한국사 40: 청일전쟁과 갑오개혁』, 탐구당, 2003.
국사편찬위원회 엮음, 『윤치호일기』, 제5권.
권내현, 「17세기 후반~18세기 전반 조선의 은 유통」, 『역사학보』 221, 역사학회, 2014.
______, 「17~18세기 조선의 화폐 유통과 은」, 『민족문화연구』 74호, 고려대학교 민족문화연구원, 2017.
기무라 간木村幹, 김세덕 옮김, 『조선/한국의 내셔널리즘과 소국의식』, 산처럼, 2007.
기시모토 미오岸本美緖, 노영구 옮김, 『동아시아의 '근세'』, 와이즈플랜, 2018.
기쿠치 겐조, 『近代朝鮮史 (下)』, 鷄鳴社, 1939.
김기혁 외, 『청일전쟁의 재조명』, 한림대학교 아시아문화연구소, 1996.
김낙년 엮음, 『한국의 경제성장 1919-1945』, 서울대학교 출판부, 2006.
김문자, 김승일 옮김, 『명성황후 시해와 일본인』, 태학사, 2011.
김삼웅, 『녹두 전봉준 평전』, 시대의 창, 2007
______, 『의암 손병희 평전』, 채륜, 2017.
김순덕, 「1897~1905년 관세정책과 관세의 운용」, 『한국사론』 15집, 서울대 국사학과, 1986.

김영림, 「청조의 근대식 함선 도입과 동아시아의 충격　갑철함 정원과 진원의 등장과 그 여파」, 동국대학교 사학과 석사학위 논문, 2006.

김영수, 『미쩰의 시기　을미사변과 아관파천』, 경인문화사, 2013.

김옥균·박영효·서재필, 조일문·신복룡 편역, 『갑신정변 회고록』, 건국대학교 출판부, 2006.

김용구, 『러시아의 만주·한반도 정책사, 17~19세기』, 푸른역사, 2018.

김용삼, 『지금, 천천히 고종을 읽는 이유』, 백년동안, 2020.

김원수, 「청일전쟁 및 삼국간섭과 러시아의 조선정책」, 『한국정치외교사논총』 제36집 2호, 한국정치외교사학회, 2015.

______, 「영국의 해양 패권과 동아시아 해양전략」, 최덕규 엮음, 『제국주의 열강의 해군과 동아시아』, 동북아역사재단, 2018.

김의환, 『근대조선의 민중운동』, 풀빛, 1982.

김인곤·유명철, 「일본의 청일전쟁 도발의 국제적 요인」, 『경북대학교 논문집』 40, 1985.

김정인, 『천도교 근대 민족운동 연구』, 도서출판 한울, 2009.

김종원, 「수에즈 운하 건설에 대한 영국 정부와 자본가의 태도」, 『역사학연구』 40호, 2010.

김현수, 『대영제국의 동아시아 외교 주역 해리 S. 파크스』, 단국대학교 출판부, 2011.

나카츠카 아키라中塚明, 박맹수 옮김, 『1894년, 경복궁을 점령하라』, 푸른역사, 2014.

나카츠카 아키라·이노우에 가쓰오井上勝生·박맹수, 한혜인 옮김, 『동학농민전쟁과 일본-또 하나의 청일전쟁』, 도서출판 모시는사람들, 2014.

남영우,『일제의 한반도 측량침략사』, 법문사, 2011.
노대환,「민영익의 사상과 활동」,『동북아東北亞』 제7집(1998 여름).
다보하시 기요시田保橋潔, 김종학 옮김,『근대일선관계의 연구 (下)』, 일조각, 2016.
(샤를) 달레, 안응렬·최석우 공역,『한국천주교회사 (상)』, 분도출판사, 1979.
동학농민혁명기념사업회 엮음,『동학농민혁명의 동아시아사적 의미』, 서경문화사, 2002.
(필립 모로) 드파르쥐, 이대희·최연구 옮김,『지정학 입문　공간과 권력의 정치학』, 새물결, 1997.
(조지) 린치, 정진국 옮김,『제국의 통로』, 글항아리, 2009.
(A.) 말로제모프, 석화정 옮김,『러시아의 동아시아정책』, 지식산업사, 2002.
(프리데릭 A.) 매켄지, 신복룡 역주,『한국의 독립운동』, 집문당, 1999.
모리야마 시게노리森山茂德,「청일전쟁 중 일본 군부의 대한정략」, 김기혁 외,『청일전쟁의 재조명』, 한림대학교 아시아문화연구소, 1996.
무쓰 무네미쓰陸奧宗光, 김승일 옮김,『건건록』, 범우사, 2013.
문정창,『근세 일본의 조선침탈사』, 백문당, 1964.
(루트비히 폰) 미제스, 박종운 옮김,『사회주의 1』, 지식을만드는지식, 2015.
______, 박종운 옮김,『사회주의 2』, 지식을만드는지식, 2015.
박 보리스 드미트리예비치, 민경현 옮김,『러시아와 한국』, 동북아역사재단, 2010.
박맹수,「동학의 교단조직과 지도체제의 변천」,『1894년 농민전쟁연구 3』, 역사비평사, 1993.
박영준,『제국 일본의 전쟁 1868-1945』, 사회평론아카데미, 2020.
박은숙,『김옥균　역사의 혁명가, 시대의 이단아』, 너머북스, 2011.

박종근, 박영재 옮김, 『청일전쟁과 조선　외침과 저항』, 일조각, 1989.
박지향, 『윤치호의 협력일기』, 이숲, 2010.
박찬승, 「1894년 농민전쟁의 주체와 농민군의 저항」, 『1894년 농민전쟁 연구』 5, 역사비평사, 1997.
박태원, 『갑오농민전쟁: 계명산천은 밝아오느냐 1』, 깊은샘, 1989.
배병욱, 「한말·일제하 熊本 國權黨의 '조선어학생 파견사업' 연구」, 동아대학교 박사학위 논문, 2018.
배항섭, 「중일전쟁이 동학농민전쟁에 미친 영향　전봉준의 생각과 행동을 중심으로」, 강성학 편저, 『용과 사무라이의 결투　중(청)일전쟁의 국제정치와 군사전략』, 리북, 2006
______, 「동학농민군의 외세 인식」, 『청일전쟁·동학농민혁명과 21세기 동아시아 미래 전망』, 동학과 청일전쟁 120주년 기념학술회의 자료(2014년 11월 21일).
백준기 외, 『아시아의 발칸, 만주와 서구 열강의 제국주의 정책』, 동북아역사재단, 2007.
(조지) 베어, 김주식 옮김, 『미국 해군 100년사』, 한국해양전략연구소, 2005.
(제노네) 볼피첼리, 유영분 옮김, 『구한말 러시아 외교관의 눈으로 본 청일전쟁』, 살림출판사, 2009.
(이안) 부루마, 최은봉 옮김, 『근대일본』, 을유문화사, 2014.
(이사벨라 버드) 비숍, 이인화 옮김, 『한국과 그 이웃 나라들』, 살림, 1994.
(W. G.) 비즐리, 정영진 옮김, 『일본제국주의 1894~1945』, 한국외국어대학교 출판부, 2013.
(에드워드) 사이드, 김성곤·정정호 옮김, 『문화와 제국주의』, 도서출판 창, 1998.
사쿠라이 군노스케柵瀨軍之佐, 「조선시사朝鮮時事」, 한상일 역·해설, 『서울에 남겨둔 꿈』, 건국대학교 출판부, 1993.
서길수, 「개항 후 대차관계 및 이자에 관한 연구 (II) 민간 이식 형태와 이자를 중심으로」, 『국제대 논문집』 15, 1987.
서민교, 「1894~5년 중일전쟁기의 일본군과 조선군」, 강성학 편저, 『용과 사무라이의 결투 중(청)일전쟁의 국제정체와 군사전략』, 리북, 2006.
성주현, 『천도교에서 민족지도자의 길을 간 손병희』, 역사공간, 2012.
송금영, 『러시아의 동북아 진출과 한반도 정책 (1860-1905)』, 국학자료원, 2004.
스기무라 후카시, 「재한고심록在韓苦心錄 1894~1895」, 한상일 역·해설, 『서울에 남겨둔 꿈』, 건국대학교 출판부, 1993.
신복룡, 『전봉준평전』, 지식산업사, 2006.
______, 『동학사상과 갑오농민혁명』, 선인, 개정판, 2006.
신용하, 「갑오농민전쟁의 제1차 농민전쟁」, 『한국학보』 40호, 1985.
______, 『동학과 갑오농민전쟁연구』, 일조각, 1993.
야마무로 신이치山室信一, 정재정 옮김, 『러일전쟁의 세기』, 도서출판 소화, 2010.
오두환, 『한국근대화폐사』, 한국연구원, 1991.
오비나타 스미오大日方純夫, 「청일전쟁 전후 일본 정치에서의 동아시아 질서 구상」, 왕현종 외, 『청일전쟁기 한·중·일 삼국의 상호전략』, 동북아역사재단, 2009.
오지영, 『동학사』, 영창서관, 1940.
오타니 다다시大谷正, 이재우 옮김, 『청일전쟁 국민의 탄생』, 오월의봄, 2018.
왕소방王紹坊, 한인희 옮김, 『중국외교사』, 도서출판 지영사, 1997.
왕현종 외, 『청일전쟁기 한·중·일 삼국의 상호 전략』, 동북아역사재단, 2009.
우윤, 『전봉준과 갑오농민전쟁』, 창작과비평사, 1993.
원유한, 『조선 후기 화폐사 연구』, 한국연구원, 1975.

______,『한국화폐사 고대부터 대한제국 시대까지』, 한국은행, 2006.

(윌리엄 애플맨) 윌리엄스, 박인숙 옮김,『미국 외교의 비극』, 늘함께, 1995.

유승주·이철성,『조선후기 중국과의 무역사』, 경인문화사, 2002.

유영익,「대원군과 청일전쟁」, 김기혁 외,『청일전쟁의 재조명』, 한림대학교 아시아문화연구소, 1996.

______,『동학농민봉기와 갑오경장』, 일조각, 1998.

유이 마사오미由井正臣, 서정완·김성희·문희수·이기은·이시현 옮김,『대일본제국의 시대』, 도서출판 소화, 2016.

육군군사연구소,『청일전쟁 (1894~1895)』, 육군인쇄창, 2014.

윤상원,『동아시아의 전쟁과 철도 한국철도의 정치사』, 도서출판 선인, 2017.

윤철상 편저,『동학농민혁명의 역사적 의미』, 사회와 연대, 2003.

윤치호, 송병기 옮김,『국역 윤치호 일기 1』, 연세대학교 출판부, 2001.

윤휘탁,「극동세계의 제국주의적 근대화 증언」, 조지 린치, 정진국 옮김,『제국의 통로』, 글항아리, 2009.

은정태,「청일전쟁 전후 조선의 대청정책과 조청관계의 변화」, 왕현종 외,『청일전쟁기 한·중·일 삼국의 상호 전략』, 동북아역사재단, 2009.

이광린,「미국 군사교관의 초빙과 연무공원」,『한국개화사연구』(개정판), 일조각, 1969.

______,『개화당연구』, 일조각, 1973.

이노우에 가쿠고로井上角五郎,「한성지잔몽漢城之殘夢」, 한상일 역·해설,『서울에 남겨둔 꿈』, 건국대학교 출판부, 1993.

이데 마사이치井手正一, 신동규 옮김,『1910년 일본인이 본 한국병합 「조선사정」과「조선사진첩」』, 동아대학교 역사인문이미지연구소, 2020.

이민식,「19세기말 한미관계 연구」, 한국교원대학교 박사학위 논문, 1994.

______, 『여명기초 한미관계사 연구』, 정훈출판사, 1996.
______, 「초기 미국의 대조선 교섭에 관한 일연구　한국문화에 대한 인식문제를 중심으로」, 『문화사학』 8, 1998.
이배용, 『한국근대 광업침탈사 연구』, 일조각, 1989.
이삼성, 『동아시아의 전쟁과 평화 1』, 한길사, 2017.
______, 『동아시아의 전쟁과 평화 2』, 한길사, 2017.
이상호, 「19세기 미국의 해군력 확장과 태평양 제국으로의 부상」, 최덕규 편, 『제국주의 열강의 해군과 동아시아』, 동북아역사재단, 2018.
이승만 편저, 김용삼·김효선·류석춘 번역 해제, 『쉽게 풀어쓴 청일전기』, 북앤피플, 2015.
이영형, 『지정학』, 엠애드, 2006.
이영훈, 「대한제국기 황실재정의 기초와 성격」, 『경제사학』 51, 2011.
이원순, 「임진·정유왜란시의 조선부로노예 문제」, 『변태섭박사 회갑기념 사학논총』, 삼영사, 1985.
이윤섭, 『일본 100년』, 아이필드, 2016.
이이화, 『이이화 역사인물이야기』, 역사비평사, 1992.
이정식, 『구한말의 개혁·독립투사 서재필』, 서울대학교 출판부, 2003.
이칠성, 「조선후기 연행무역과 수출입 품목」, 『조선실학사상연구』 20, 2010.
이태진, 「1876년 강화도조약의 명암」, 『한국사 시민강좌』 36, 일조각, 2005.
이헌주, 「개항기 영국의 대한정책과 주한 영국공관」, 하원호 외, 『개항기의 재한 외국공관 연구』, 동북아역사재단, 2009.
이헌창, 「1678~1865년간 화폐량과 화폐가치의 추이」, 『경제사학』 27. 1999
______, 「1910년 조선 식민지화의 내적 원인」, 『조선시대사학보』 55. 2010.
이환호, 「중국 태평천국혁명과 동학농민혁명의 비교연구」, 윤철상 편저, 『동학

농민혁명의 역사적 의미』, 사회와 연대, 2003.

임종국, 『일본군의 조선침략사 I』, 일월서각, 1988.

임형진, 『동학의 정치사상　천도교 청우당을 중심으로』, 도서출판 모시는사람들, 2002.

장영민, 「동학농민군의 '전주화약'에 관한 재검토」, 『진산 한기두 박사 회갑기념문집』, 원광대, 1993.

전용덕, 『신분제와 자본주의 이전 사회』, 태학사, 2017.

정교, 『대한계년사大韓季年史』, 국사편찬위원회, 1971.

정성일, 「조선과 일본의 은 유통 교섭 (1697~1711)」, 『한일관계사연구』 41호, 한일관계사학회, 2012.

조경달, 최덕수 옮김, 『근대조선과 일본』, 열린책들, 2015.

조길연, 『비틀거리는 자본주의』, 꿈엔비즈, 2015.

조병옥, 『나의 회고록』, 도서출판 선진, 2003.

조재곤, 『한국 근대사회와 보부상』, 혜안, 2001.

천도교중앙총부 교서편찬위원회, 『천도교약사』, 천도교중앙총부 출판부, 2006.

최덕규, 『근대 한국과 동아시아 변경 연구』, 경인문화사, 2016.

최덕규 엮음, 『제국주의 열강의 해군과 동아시아』, 동북아역사재단, 2018.

최문형, 『제국주의시대의 열강과 한국』, 민음사, 1990.

______, 『한국을 둘러싼 제국주의 열강의 각축』, 지식산업사, 2006.

최문형 외, 『명성황후 시해사건』, 민음사, 1992.

최정수, 「미국의 세계안보전략과 만주 개방정책의 실체」, 백준기 외 지음, 『아시아의 발칸, 만주와 서구 열강의 제국주의 정책』, 동북아역사재단, 2007

최정운, 『한국인의 탄생』, 미지북스, 2017.

최종고, 「한독수교 100주년의 군사적 의의」, 『군사』 7호, 국방부 군사편찬연구소, 1983.12.
최혜주, 「일본 동방협회의 조선사정 조사활동과 조선인식」, 『한국독립운동사연구』 통권 43호, 한국독립운동사연구소, 2012.
(W. R.) 칼스, 신복룡 옮김, 『조선풍물지』, 집문당, 1999.
쿠로노 타에루黑野耐, 최종호 옮김, 『참모본부와 육군대학교 제국육군의 영광과 종언』, 논형, 2015.
(한스 알렉산더) 크나이더, 최정인 옮김, 『독일인의 발자취를 따라 한독관계 초창기부터 1910년까지』, 일조각, 2013.
(안드레 군더) 프랑크, 이희재 옮김, 『리오리엔트』, 이산, 2014.
하원호 외, 『개항기의 재한 외국공관 연구』, 동북아역사재단, 2009.
한상일, 『아시아연대와 일본 제국주의 대륙낭인과 대륙팽창』, 도서출판 오름, 2002.
한우근, 『동학과 농민봉기』, 일조각, 1997.
함재봉, 『한국사람 만들기 III: 친미기독교파 1』, H프레스, 2020.
현광호, 『대한제국의 대외정책』, 신서원, 2002.
______, 『서구 열강과 조선』, 채륜, 2011.
______, 『새로운 시각으로 보는 개항기 조선』, 유니스토리, 2015.
혼마 규스케本間九介, 최혜주 옮김, 『조선잡기朝鮮雜記』, 김영사, 2014.
(에릭) 홉스봄, 김동책 옮김, 『제국의 시대 1875~1914』, 한길사, 1998.
황현, 김종익 옮김, 『오하기문梧下記聞』, 역사비평사, 1994.
후지무라 미치오藤村道生, 허남린 옮김, 『청일전쟁』, 도서출판 소화, 1997.
후지와라 아키라藤原彰, 서영식 옮김, 『일본군사사日本軍事史 上』, 제이앤씨, 2013.

세계사와 포개 읽는 한국 100년 동안의 역사 5

동학 폭발하다

펴낸날 **초판 1쇄 2022년 2월 14일**

지은이 **김용삼**
펴낸이 **김광숙**
펴낸곳 **백년동안**
출판등록 **2014년 3월 25일 제406-2014-000031호**

주소 **경기도 파주시 광인사길 22**
전화 **031-941-8988**
팩스 **070-8884-8988**
이메일 **on100years@gmail.com**

ISBN 979-11-86061-89-3 04910
979-11-86061-70-1 04910 (세트)

※ 값은 뒤표지에 있습니다.
※ 잘못 만들어진 책은 구입하신 서점에서 바꾸어 드립니다.